小田慈舟
講伝録

3

東方出版

凡　例

一、本講伝録は昭和五十三年四月二十八日に遷化せられた元御室派管長・仁和寺第四十二世門跡小田慈舟和尚の生誕百年を迎えるに当り、昭和四十二年から昭和五十年に至る『大日経』・『金剛頂経』・「両部曼荼羅」・『理趣経』・『秘蔵記』等の講伝の記録と、特に教学に関する論文を選んで刊行するものである。

一、第三巻収録分のうち、「西院流十八道伝授記」「施餓鬼法講授記」「率都婆について」は和尚自筆のノートより活字化し、「両部曼荼羅講伝」については、訂正等の入った和尚所持の謄写本を用いることができた。城福寺・小田哲舟様、信明様の御好意には厚く感謝申し上げます。その他については、『密教学』等の研究誌に発表されたものである。

一、本書の編集には山崎泰廣がこれに当り、髙橋良海・小田信明の各師・東方出版の編集部等と共に、現代表記・常用漢字の使用・校正等を行なった。

一、現代・将来の学習者のため現代表記・常用漢字に改訂した。ただし講伝の荘重を保つため文語体・専門用語はなるべくそのままとした。

一、書名は『　』に、品名は「　」とした。

一、『弘法大師全集』は『弘全』、『大正新修大蔵経』は『大正』と略した。

目次

凡例

西院流　四度伝授記　十八道次第

四度折紙の事

古来両様あり。

一、宏教（一一八四—一二五五）の九通折紙

高野御室覚性親王（一一二九—一一六九）の御伝なり。高野山能禅方、宥快師（一三四五—一四一六）『広略口訣』、『快遍問答』、元瑜方『通解鈔』、栂尾文妙上人（印玄のこと）『四度口訣』等一具にこの折紙を用う。

印玄（一二七八—一三四六）。仁和寺尊寿院の学匠、文妙上人、または尊寿院少輔法印という。正安三年二月八日仁和寺甘露王院にて禅助大僧正に密灌を受け、延慶四年禅助に本願方印信を受く。『西院秘』一帖、『西院聞書』四帖（玄海口、印玄記）等多くの著書あり。

二、『八結』第五結「雑部」の内にある四度并びに灌頂加行折紙

三位法印最寛の御伝、宏教律師の記なり。今時、東寺宝菩提院の加行折紙はこれを用う。

以上二様の折紙四度加行に勤行式并びに道場荘厳等小異あり。

現時仁和寺にて用いる昭和四十五年川井法運編・仁和密教学院四度加行用折紙九通（謄写本）。その目録は次の如し。

一、加行所作十八道（『八結』第五結「加行作法ム」）

二、初行時表白（并）結願事由

三、十八道初行神分祈願

四、初行壇図（十八道両界）

五、手印図私
六、振鈴作法并閼伽等
七、金剛界加行所作
八、護摩壇并支分等
九、神供并破壇等加神供啓白
以上、九通の内、八通は宏の作、一通は元の作なり。

一、加行所作　十八道　九帖の内
加行日数　百ヶ日、或いは七十五日、五十日なり。大師御伝は三ヶ月と見ゆ。近来多分に七十五日、五十日。重受の人は三七日、または七ヶ日。人により不同。

加行は初夜開白、結願は日中なり。例えば七十五日の行ならば、第七十六日の日中に結願す。

開白には吉日良辰を撰ぶべし。甘露日、金剛峯日を最上とす。師弟の忌日は除くべし。

加行日数に表示あり。『通解鈔』、文妙上人の記等に詳なり。百日は百劫修行、七十五日は七十五法、五十日は五十位の菩薩の断惑証理の功徳、三七日は三祇の修行、一七日は七果の道品を示す。三日は三密の表示。
一、十八道加行本尊の懸け様の事
両界曼荼羅を懸く。合幅なれば仔細なし、別幅なれば行者の右方に胎曼、左方に金曼を祀る。胎曼の右に大師御影を懸く。或いは別壇に大師御影を祀ることもあり。図の如し。

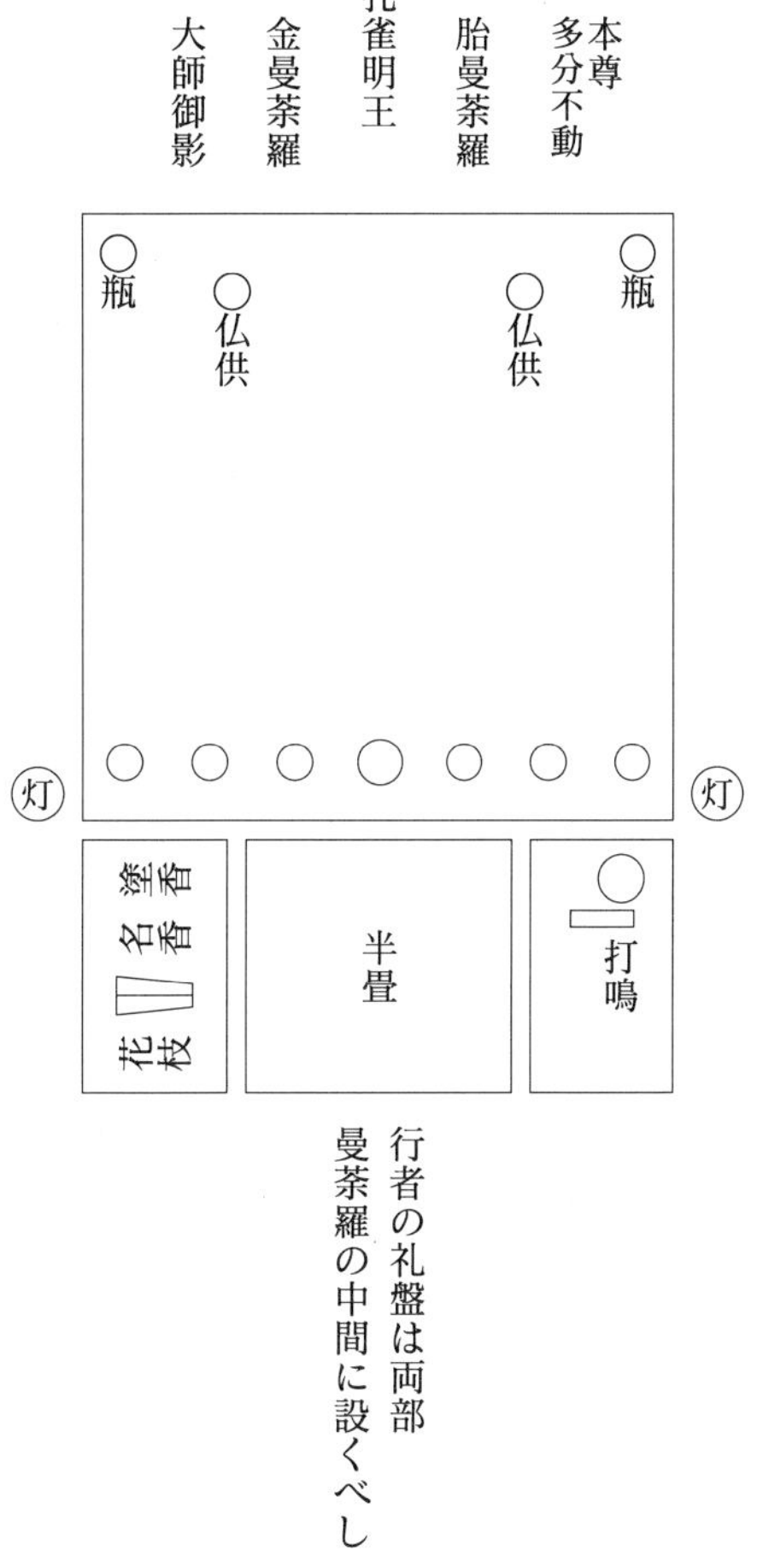

ただし十八道加行壇とて別にこれなし。壇一面または小机にても宜し。佛具一面、瓶二口、灯台二本、打鳴し。鈴杵はあれば取り去るには及ばず、無ければ別に求むるにも及ばず。洒塗も荘ざるに及ばず。『通解鈔』によれば、脇机の上に『理趣経』『礼懺経』等を置くべし、と。快師の口訣には別に沙汰なし（『通解鈔』六丁、『聞書』三丁）。

○大師の所作

もし別壇なれば両界壇の左右宜しきに従うべし。小壇一面、本尊の如く設く。もし道場狭小ならば別壇を設くるに及ばず。本尊壇并びにその佛具等をそのまま用うべし。快遍問答には胎曼の右に大師御影を懸くといえり。左右何れにても壇の都合に従うべし。

○四度加行中、不動尊像を懸けたてまつるべきか、否か。

快師の応永、至徳の両口訣并びに快遍問答等に沙汰なき故にその意計り難きも、已に十八道初行終われば不動の加行、正行、護摩に不動尊を本尊とし、両界加行にも皆不動尊を引き入れて修する故に、四度共に不動尊をならべ懸けて然るべきか。仁和寺孝源一六三八―一七〇二の相伝、東寺宝菩提院代々の相伝皆不動尊を懸けて祀るなり。

○加行中の佛供の事

開白には初夜にも佛供を供う。翌日よりは初夜には花水供、後夜には丁寧には粥を供う（略儀には洗米に水を加えて和し粥に擬す）。日中は熟佛供なり（略儀には洗米）。

○供華の作法

快遍問答の意によれば、先ず佛具を行者の左方より華、塗、閼と供え、右方は華、塗とならべて上の器に入れたる水を左に閼伽器に半分入れて、右の閼伽器を花埦に据えるなり。華の前《さき》を本尊の方へ向けて華鬘器に四葉ならべて、行者の方を開《あ》くるなり。次に華を二葉取り重ねて、二つながら末を少し切りて最中《まんなか》より二つ折りて、先ず本《もと》の方を行者の左、次に右の塗香器に入れ、次に末《まつ》の方を左右の順に閼伽器に入れて供う云々。（取意。供える時は左右の順、正しく供養するには右方が左方より前なり。）

四葉華のならべ方は行者の左方より始めて順に右方へと供ずべし。快師の応永の口訣にこの意見ゆ。また供じたる後に重ねるときは右方よりすることを記す。

閼伽器に華を立つることは西院口訣等に沙汰なき故にただ打ち入れて然るべきか。

他流には塗香器に塗香を入るること有るも、当流にはこのことなし。印玄の記にいわく、香を取り塗閼両器に入れる事、口訣にいわく、塗香器に香を入るる事、沙汰の外なり云々。

この意は香の代わりに華を入るる上は重ねて之れを入るるべからず。或る師説にいわく、塗香器に華を入るる事、香の代わりにあらず、吉器等損する故に、華を敷きてその上に香を入るるなり。香華を入るる事、古き法則なり。『法華経』七にいわく、応以青蓮華香盛満抹香散其上。この意、華の上に香を加え入るる事、尤も然るべきなり云々。

○華鬘器の華

前記の如く。快遍問答には四葉とするも、東寺宝菩提院、今時五葉を用う。『一二口訣』第十一に、華鬘器は五葉または五房之れを供ずべし、と。能禅の口伝またこれに同じ。仁和寺にはいま四葉を供う。

○行法了って閼伽器等を撤する次第

晴の時は承仕の法則なり（『通解鈔』）。自行の時は供養の華并びに閼伽の残り、花垸の水等悉く塗香器に入れ、次に塗香器を華鬘器に重ね、次に二器を閼伽器に重ねて元の塗香器の花垸に置く。故に塗香器を含蔵器という（『左記』）。

前供後供の器を重ね取りてそそぐ時は、後供の方を前供の方へ重ねるなり。弁供の時は前供、後供の順なり。

『左記』にいわく、修法終わって後、器を重ねる様、先ず行者の右の方の器に残れる所の一葉之れを取り、焼香の火を差し消して、その一葉を右の方の塗香器に之れを入る。後に供して壇上に投げたる三葉、并びに閼伽器の葉の末を之れを取りて塗香器に入れ、則ちその器を取りて、先ず華鬘器の上に重ね、また閼伽器の上に重ぬ。然して三つ重ねながら、中の花垸に置くなり。左方もまた、かくの如し云々。

○供華用意の事

華は蝕《むしくい》なき好華を用う（『通解鈔』の意）。『大日経疏』、儀軌、本経等の意は専ら時花を用いるなり。ただし本朝にては樒葉を多く用う。この葉には香気あり、天竺の青蓮の香に似たり、故に之れを用う。またこの葉は四季通用するに便なり。樒は浄木なり。

印玄の記にいわく、華に樒を用いる事。大日経疏并び本経儀軌等の説、時花を用うべきと見えたり。然るに樒を用いる事は、本説無き事か。ただし天竺には青蓮華を用い、此方には赤白二蓮華有りと雖も青蓮華無きが故、天竺の青蓮華に樒すべてに相似たるが故に之れを用う。或いはまたこの樒は四季に渡りて用いるに煩無きが故に之れを用う。或いはまた異香、青蓮華に似るが故に之れを用う。或いは樒は浄国の華なるが故に之れを用う云々。（印玄の『西院十八道口訣』印本四丁左）

○供華の作法についての追記

印玄の記にいわく、一、供華の作法の事、師のいわく、器を重ねて閼伽棚或いは池棚等にて三度滌《すす》いで上の器に水を三分の一許り入れて先ず行者の右の塗香、華鬘、閼伽と次第して置いて残り三器重ねながら水を半分前供養の閼伽の器に之れを入るべし。次に後供養の方の次第、前の如し云々。或いは已前の如く成し畢って右の方に塗香、華鬘、閼伽とならべて、次に左の方は塗華をならべて閼伽を置く時、右の方の閼伽器に水半分入れ、後に閼伽器を花垸に之れを置く云々。何れも水少しきは苦しからず、多くは晴の時、不覚の事之れ在り。意得べし云々。

御流には先ず器三宛《ずつ》重ねて二度洗いて第三度には六つ乍ら別々にならべ置いて水を少しずつ入れて各々の水を捨て後に佛前に備う云々。

次に華を取って華鬘の器に鳥の羽を重ねたる如く右の方へ三葉置き廻って後また一葉左の方に重ねて之れを置く。合わせて四葉なり。或いは五葉云々。ただし供養法を行ぜざる時は華の数の多少強きに之れを定めず。次に一度に二葉を取って華の本の方を三分の一許り切って左右の塗香器に之れを入れ、末の方は左右の閼伽器の端《はた》に立ち副えて之れを置く。華鬘の如し云々。或はいわく、華鬘は前の如し。次に華を一葉取って華の本を三分の一計り切って塗香器に入れ置くか。末の方を閼伽器の端に立ち副えて華鬘の如く之れをならべる。左またかくの如し云々。師のいわく、閼伽器に華を立つる事は御流の一説なり。西院、保寿院、忍辱山流の口訣には見えず。ただし先師御流の説を用う云々。詮ずるところ、この事御流の或説か。西院口訣等に見えざる上は向後ただ閼伽器に折って入るは宜べなるか、由深く存す、と云々。

○閼伽に水を入れる事

印玄の記（六丁右）にいわく、或る口訣にいわく、閼伽に水を入るまでなり。香華を入れ加うる事、蓮華池の蓮華香水を表するなり。『法華経』巻第四にいわく、清涼の池を蓮華にて荘厳せるが如し文。『観智儀軌』にいわく、閼伽を華水に入れ合するは吉気有り文。またいわく、閼伽は諸佛を召請して双身并びに御足を洗う義なり。『浴像経』にいわく、香水を以て佛像を洗するに無量の功徳を得文。『軍荼利儀軌』にいわく、瑜伽者応弁　閼伽二新器

○充満盛香水　時花浮於上○文。閼伽かくの如し、塗香もまたかくの如しか、と。

宝思惟訳、『仏説浴像功徳経』（大正一六、七九八頁下）にいう。

又以二華香幡蓋一而以供養、復以二香水一浴二如来身一。（中略）以二此功徳一廻二向一切種智一、所得功徳無量無辺、乃至得レ成二無上菩提一文

義浄訳、『浴仏功徳経』（大正一六、七九九下）にいう。

若於如レ是諸仏如来、以二清浄心一種々供二養《シ》香花瓔珞幢蓋敷具一、布二在仏前一種々厳飾《セリ》上妙香水《ヲモテ》澡二浴尊儀一焼香普薫《ク》運心法界（中略）所生功徳無量無辺、乃至菩提常令相続文

『軍荼利軌』（甘露軍荼利菩薩供養念誦成就儀軌不空訳）（大正二一、四六中）にいう。

瑜伽者応弁　閼伽二新器　商佉或金銀　雑宝及熟銅　下至瓦木等　充満盛香水　時華汎於上　二手捧当額文

○行法畢って閼伽器等を撤する次第の事

印玄の記（七丁左）にいわく、行法畢って閼伽器等を撤する次第の事。晴の時は承仕の法則なり。もし自行の時は『左記』にいわく、供散の華并びに閼伽の残り、花垸に漏る水等悉く塗香器に取って入れて、次に塗香器を取って華鬘の器に重ぬ、次に器を閼伽の器に重ね、本《もと》の塗香の器の花垸にならぶべきか云々。是れ後供なり。前供またかくの如し。故に北院の御記に塗香器を含蔵器という云々。また前後の器を重ね取って洒ぐ時は後供の方を取って前供の方に重ねて取るなり。弁供の時、前供の方より備うるか。これ順逆の義なり云々。また義にいわく、もし自行の時は弁備の時に反して後供養の方を撤す。謂わく閼伽の器に投げたる華等を取り入れ、先ず華鬘の器を取って塗香器に重ねて閼伽の器を取って華鬘器に重ねて置くなり。前供養またかくの如し云々。いまは先の説を用うべきか。

一、晴の時も供養法畢って、後供養の閼伽器ばかり塗香器に重ねて投げたる華等を取り入れて下礼盤云々。私にいわく、この義常には之れ無きか云々。

一、御口訣にいわく、供養法畢って、下華不浄の地に捨てるべからず云々。（以上、印玄の記）

一、閼伽水を汲む事

毎日後夜に之れを汲むべし。即ち寅の刻なり。この時には水に華さき、蟲は水底に入りて水清浄なり。行者自ら之れを汲むべし。（印玄の記には丑刻とす。丑刻と寅刻との間と知るべし。卯刻に下るべからず。）

閼伽水を汲むに作法あるか。快遍問答には別に作法を用いずという。閼伽井に至って桶を三度すすぎ、水を汲むなり。ただし宝菩提院には今時加行者はこの作法を用う。兼日に之れを伝授するなり。（別に記す。西院流折紙等の手記に記す。）

一、浄衣の事

袈裟衣等清浄の物を用うべし。白布もしは木綿等しかるべきなり。

一、加行中禁制の事

加行中に禁制の條項、当流に十七ヶ条あり。兼日に書き認めて行者に渡すべし。東寺宝菩提院の作法は予ねてより折紙に認め、閼伽汲み作法等と共に伝授すべし。

十七ヶ条の禁制并びに日割り等は書き付けて渡し、便宜の所に張り置くべし。(帋を横紙に四折にして竪中央より二折)

一、本尊勤行の事

折紙の如し。先ず初夜より始む。

両界の御前に弁備供物の後、本尊に向かって礼拝二十一返。念珠を摺り五体投地にて礼拝す。念珠は両手に懸けながら、先ず左の腕、次に右の腕を地に着け、次に左の膝、次に右の膝を着き、次に頭を地に付けて礼す。両手に懸けたる念珠の中程に頭を着けるなり。両手は念珠を懸けて仰げたるなり。両手の指などを頭に着くる事は無し。是の如くして立ち上がり念珠を摺り礼するなり。この事、快遍問答に見ゆ。応永の口訣にいわく、拝して念珠を摺り五体投地するなり云々。同じ意なり。之れに付き、快遍問答にいわく、礼拝の間、宝号等を唱うるか。答う、而らず。問う、観念有りや。答う、加行者の初心の行者などには示すべし。惣じて五体を阿字本不生の理に帰すると意得作すべきなり云々。『通解鈔』には、礼拝の時南無大日如来と唱うべし云々。東寺にはこの説に依る。

○念珠の摺り様の事

快遍問答と『一二口訣』と念珠の懸け方相反するなり。左手を上にして摺ることは同じなり。

快遍問答にいわく、達磨をば右の中指の外にあて、弟子をば掌中に入る。緒留をば左の頭指の外に当つ。故に摺るにも左を上にして摺るなり。左をば右の大指頭指の方へやり、右をば左の腕の方へやる様に摺るなり。摺り留めの時は上の手を先きへやるなり。余流に於いては右を上にするも之れあり。両手を立てざまに合せて摺らず、験者のモミョウに似たるが故に。問う、摺る数如何。答う、不定なり云々。

また『一二口訣』巻第十には、祈誓の時に数珠を摺ることは専ら表示ありと云々。示していわく、数珠を摺る時は達磨の処を左の火指に懸け、緒留の処を右の風指に懸け、左の手を少し仰げ、右の手を少し覆せて、数珠を摺るなり。数珠は是れ百八煩悩なり。故に火中に入れて之れを摺るは、能く惑障を摧滅して、即ち百八尊の妙体を顕すと之れを観ずるなり。問う、左を仰げ右を覆す由緒は如何。答う、火は下より焼き上がるが故に左の火指に懸け仰ぐ。下の火能く風に依って熾燃を増すが故に右の風指に懸け上を覆う。風は即ち虚空に有るが故なり。問う、左は火指、右は風指の由緒は如何。答う、左は定胎、即ち𑖀字地輪なり。五輪の生起の時は火輪は地輪の一分の縁起なり。故に火は是れ左の手に相応せり。右は慧金、即ち𑖪字水輪なり。風輪は水輪の縁起なり。故に風は右の手尤も相応せりと知んぬべし云々。

今いわく、『一二口訣』と快遍問答は念珠の懸け様、左右両手達磨緒留全く相反す。然らば両伝の相違如何。答う、この両義古来の相伝なり。是非すべからず。両義の用不は行者の意楽なり。この外に一説には達磨を右の中指に懸け、緒留を左の中指に懸け、右を上にして左を下にして、摺り止めは左を先へやるなり。弟子は掌中に入るるなり云々。

○次に礼拝了りて礼盤に登り、金三打打ち鳴らし、懐に均等に三つ打つべし。

之れに付き、金打ち様の事、小野広沢不同なり。小野の方は前方の外を右の方へ打つ。広沢は前方の内を左の方へ打つ。（頭註）小野方は外の方を右の方へ打つ。広沢は内を右の方へ打つ。

打ち鳴らしは行者の右方の机上に置く。撞木を加え置く（『通解鈔』の意）。金を打つ時、香呂を取らず。念珠を左の風空の間に懸け、或いは腕に懸く（『通解鈔』。快師はただ合掌すべし云々）。次に金剛合掌して三力偈を唱う。その余の所作は折紙の如し。ただし両部の真言を誦する時、初金後胎なり。真言は各百返。また大金剛輪真言を誦ずる事は越三昧耶の罪を除く為めなり。猶また所作の始めには念珠を摺らず、所作了って念珠を摺り祈願すべし。次に金一打。下礼盤、礼拝三度（『通解鈔』）。

加行中祈念の事。『一二口訣』巻第十一にいわく、院内と師匠と我身との安穏を専ら念ずるなり云々。

印玄の口訣にいわく、

一、本尊勤行の事。九通の如し。口訣にいわく、毎度、加行は初夜より之れを始む。先ず両界御前に供物を弁備したる後に左右無く礼盤に登って、次に金三打、香呂を取らず。念珠を左の風空の間に之れを懸ける。或いは左の腕に之れを懸ける。金剛合掌して三力偈之れを唱う作法二類之れ有り。次に礼盤を下りて礼拝二十一度、南無大日如来と唱うべし。（この所、快遍問答と異なる。彼には礼拝二十一返の後、礼盤に登り金二打なり。）次に礼盤に登り両部大日、先に金、次に胎、各百返之れを誦ず。大金剛輪呪、結縁灌頂を未だ打たざる人は之れを誦し、若し結縁灌頂を打てる人は之れを誦せず。文に見えたり。元瑜のいわく、所作の始めに念珠を摺らず、所作畢って数珠を磨って祈願すべし。次に金一打の次に下礼盤、礼拝三度云々。

以上、本尊勤行の式畢る。

次に大師の所作

折紙の如し。先ず香華等の弁備。次に五体投地の礼、礼拝二十一度、南無大師遍照金剛。礼拝二十一返は御室様なり、常には百返礼す。ただし近来は三時の中、日中に一度百返礼する風あり。重受、或いは人によりて二十一返、または七度礼するを許せり。最寛の『一二口訣』巻第十一にいわく、大師の所作の事、礼拝百返と見えたり。ただし病者にて相叶わざる者は毎時三十六返礼拝の義而るべきかと。故に九通の中の作法に朱にて、私にいわく三十六返という。次に登礼盤、金三打、前の如し。次に合掌して三力偈。次に読経。ただしこの中、礼懺は『金剛界礼懺』なり。この事『通解鈔』に見ゆ。また大師の宝号につき、醍醐方には多分に南無遍照金剛と唱えて大師の二字を除く（ただし実賢方の加行作法には大師の言を加う）。当流は南無大師遍照金剛と唱うるなり。

已上の所作了って数珠を摺りて祈願すべし。次に金一打、次に下礼盤、礼拝三度。

詮ずるところ、この折紙は初夜後夜には本尊、不動、大師の三座勤行し、日中には不動、孔雀明王の所作、折紙の如く修すべし。この外、朝夕の例時入堂勤行作法等怠るべからず。

印玄の口訣（八丁右）にいわく。

一、大師の所作の事、九通の如し。師のいわく、香華、更に本尊の如く、左右無く礼盤に登り、金三打。三力偈、先の如し。次に下礼盤、礼拝二十一返。南無大師遍照金剛と之れを唱う。ただし二十一度は御室の御様なり。常の儀には毎時百度なり。然りと雖も近来は三時の中に日中一時百度云々。或いは重受、或いは人に依って二十一度、或いは七度も相許すべきなり（已上、法則等本尊の如し）。私にいわく、十八道加行、常には礼拝加行と名づける。然るに礼拝は佛地証入の前方便なり。五体を地に投じて信心を至すべし。五体投地とは佛に対して金剛合掌して端身正立して漸く蹲踞して、先ず右の膝之れを突き、次に左の膝、次に右の手を以て地に投げ、次に左また同じ、次に両手上に向けて少しく額を屈し両手の間に受ける。礼拝の間、念珠を左の風空の間に持ち数之れを取る。『蘇婆呼童子経』巻中の分別遮難分品（大正蔵一八、七三〇上）にいわく、若し礼拝せざれば直ちに真言を成ぜざるのみに非ず、夫れ乃ち諸佛を毀謗す文。而らば顕密共に礼盤に登る時、必ず礼拝を用いるなり。
問う、大師の所作の記に、礼懺一巻文。両界の間、何れを用うべきか。師のいわく、『高野御室口訣』（仁和寺第四世・覚法。初め真行、後に行真、更に覚法と改名す）にいわく、礼懺は四度共に金界を用うと云々。或る口訣にいわく、『明鏡抄』、胎の礼懺は小野仁海僧正の作、金の礼懺は或いは不空、或いは恵果の御作と云々。然れば元より金礼懺を用うべし云々。

現時真言の諸経集に収して朝夕誦すが礼懺は不空訳『金剛頂経金剛界大道場毘盧遮那如來自受用身内証智眷属法身異名佛最上乗秘密三摩地礼懺文』一巻に依る。現行文に五悔を前にして礼佛を後にするも、『礼懺文』は之れに反して礼佛名を前にす。また五悔中の帰依方便無し、文句に多少出没あり。

一、朝暮例時の勤めの事

師のいわく、坊中の作法なるが故に懈怠すべからず云々。大略、礼懺白月は金、黒月は胎と両界を分って用いるなり。広沢は毎時金界を用うなる。ただし醍醐にも全てに金界を用いる方之れ在り云々。朝には理趣三昧また懈怠すべからず云々。已上、高野御室御伝文、勝蓮華院御室覚法親王の御事なり。委細は血脈に在り。

一、加行日数の事

口訣にいわく、九通に百ヶ日、七十五日、五十日文。宏教のいわく、三ヶ月を兼ぬ文。私にいわく、近来大略七十五日、或いは五十日なり。ただし宏教のいわく、重受に於いては三七日なり。ただし一七日、人に依って相許すべきなり云々。有る師のいわく、当流は阿闍梨位已達人に於いては加行一七箇日の後、印可を授け一流を引き渡す事、其の例之れ多し。意得べし。

ムにいわく、広沢は御室の法流を本と為すが故に日数も勤行も易き様なり。これ別儀なり。一般の輩は極信の義尤も相応すべし。然からば九通の定め、七十五日、或いは五十日勤行すべきなり。然りと雖も、初心の行者、三時の中に日中一時は百度然るべきなり。これ祖師の口訣、緩急すべからず云々。ムにいわく、『浄名経』にいわく、無量の功徳より智慧生ず文と。何れも、行を続け劫を累ねて、金剛智を発すべし云々。

一、加行日数表示の事

或る口訣にいわく、随心院、百日とは百劫修行を表す。七十五日は七十五法を表す。五十日は五十位断位を表す。三七日は三祇の修行を表す。一七日は七果の道品を表す。もし三日一宿等の精進の事之れ在り。三日は三世を表し、一宿は一念自性清浄の義を表す云々。ムにいわく、修行の長短は機根の利鈍に依る、之れを察思すべし。

一、宏教のいわく

両界相続して一年に之れを極めず。自他門大略この定なり。疏の意、大師の御記に分明なり。ただし大師の御受法は一年なり。その外の例之れ多し。もし然れば一日と雖も両界の間隔てるべし。之れに依って、広沢流には両界の間に護摩を修す、この義なり云々。ムにいわく、時分は一隔忘情なり。延促劫智は諸佛自在証徳なり。故に一刹那に摂在す文。恵果の三日九時の表白の文にいわく、時は三時なりと雖も三世の修行を摂す。日三日なりと雖も三祇の劫を越す。『大日経疏』巻巻五（大正蔵三九、六三〇中）にいわく、或いは加持の方便を以て百劫を促めて一夜とし、或いは一夜を演べて百劫とす。脩短は縁にあり、定限あることなし。もし浅行の阿闍梨ならば、則ち須く具さに法則に依るべし文。若し見諦の阿闍梨に於いては受者の心相を見て日数の多少相計るは違失すべからざるか。大師の御受法既に六月上旬、七月上旬等文。上々智根に於いては何ぞ年月を送るべきや。ただし浅行の阿闍梨は具さに法則を守るべきなり云々。

一、九通の中、大師の所作にいわく

暗誦・校合の後、更に三（立カ）印の儀有り云々。これ何れの印なるや。口訣無し、また之れを知らず云々。口訣にいわく、元瑜僧正のいわく、十八道初行より大師の所作の時、香華弁備の後、登礼盤して金三打、三印の儀之れ有り。先ず三古印を以て軍荼利の明を誦し、香華等を加持す順逆各三度作法常の如し。次に普供養の印明の結誦、次に金剛合掌して三力偈之れを誦ず。この三印の儀、ただし口訣にいわく、金剛界の加行より之れを用うと見えたり。いま十八道の加行の作法には暗誦校合の後に見えたり。而れば文言異なると雖も、その意同じなるか。而れば十八道の加行より之れを用うべしと聞こえたり。何れも祖師の口訣なり、意に任すべし云々。重義、私にいわく、今時加行の作法を見るに暗誦校合の後、更に立印の義有り文。これは十八道暗誦の後より立印の儀之れ有るべしという事なり。詮ずるところ、立の字と三の字と文字相似たる間、書写誤るか。正本を以て校合し明師に決すべし。ただし元瑜僧正は宏教の付法の人なり。彼の口訣既に三印の儀というが故に、立の字に後学の暗推して之れを書くか。

一、鎮守入堂の事

或る口訣にいわく、本寺本山はその勤めの分限之れ有り。その外は意に任すべし云々。私にいわく、神は法味に依って威を増し、人は冥助に依って道に達す。之れに依って三門徒共に法流を守って神在り、仰信に依って法験有り。信ぜざるべからず、慎まざるべからず云々。

一、十八道次第書写の事

亮禅のいわく、百日加行の時は七十五日已後、七十五日加行の時は五十日已後、五十日の時は三十日已後、もし三月を懸けし時は三七日已後なり。ムにいわく、三宝院頼瑜口訣は大略この定なり。ただし時宜に依って相計るべし云々。両界、護摩之れに准ず。

一、加行初行の間、開白結願の事

師のいわく、加行の時は之れ無し。初行の時は四度共に之れを用う。印可灌頂加行の時は之れ有るべきか。印可灌頂は初行無し。而らば加行の時、開白結願有るべし云々。

一、加行伝授初行等の日次の事

大師受法記にいわく、甘露金剛峯日を撰定し、また師弟の忌日を除く文。ムにいわく、悪日ならば必ず障礙有り。惣じては三宝吉日、別しては徳日を除くか云々。ただし徳日に善を修すという事之れ在り。之れを尋ぬべし。『北院御記』にいわく、毎月二十一日、伝授灌頂等の日に用うべからず。大師御入定の当日、悲歎の跡なり。加行等は息災を計り国土安全の基なり。而るに今の宗は即事而真の教なり、相応すべからざるなり云々。ただし『釈摩訶衍論』に造論の意趣を明かさんが中に、少分、師の大恩を報ぜんが故に文。抄に『智度論』を引きていわく、若不伝法度衆生畢竟無能報恩者文。然るに大師の御流を弘通し伝授する事、真実の報恩なり。然からば、恩を知り恩に報いは息災の善苗という事、経軌の説、一に非ず。近来の阿闍梨は大略廿一日を以て之れを用う。宜しく人の意に任すべし云々。（以上、印玄の記）

次に伝授の事

『通解鈔』にいわく。口訣（宏教）にいわく、加行日数畢って吉日を以て伝授すべし。次の日より立印の作法之れ有るべし。日数の事は器の利鈍に依る。詮ずるところ、これらの意は加行中に次第を書写し、加行日数了って更に吉日を撰び之れを伝授す。次に暗誦、次に校合、次に立印等と次第すべし。

最も伝授暗誦校合の間、縦令《たとい》加行結願の後と雖も猶お両界并びに大師の所作等、日中の時之れ行ずべき旨、折紙等に分明に見えたり。かくの如くするは如法の儀式なり。然るに今時末代の劣機は之れに堪えざるが故に、次第は多分に古き次第を用い、暗誦もまた之れを略す。ただ加行中に吉日を撰び伝授し立印するまでなり。随って加行初行引続に行ずるが故に、前行は日中に結願し、同日初夜より初行開白す。是れ今時の風儀なり。随って東寺宝菩提院代々の規則を見るに、加行七十五日の時は開白より三十日目に伝授し、その翌日より七日目に立印、またその翌日より七日目校合、前後都合七十六日目の日中に前行結願し、同日初夜より初行開白なり云々。快師の口訣には、私にいわく、次第を書する時、百日ならば六十日以後に本を賜う、もし七十五日ならば四十日已後なり云々。猶また当流は伝授暗誦校合立印の次第なり云々。また『四度加行私記』にいわく、行者幼少なれば前行一七日已後に次第を授く文。これらの意なり。詮ずるところ、今この伝授とはただ次第之れを読み渡す。立印とは一々の印相説文等を示す。校合とは師の前に於いて暗記する所の真言観念等校合する事なり。ただし校合の時は印相説文は読むべからず。観念真言等は分明に之れを読むべし。

次に伝授作法の事、当流には両界及び諸尊法を伝授する作法の事、『八結』第六結の内に「伝授用心」一帖之れ在り。先ず大師の御前に六種の供具を弁備し、師は大師の右辺に坐し、弟子は左辺に坐す。各々半畳を敷き相対して伝授するなり。その作法は、先ず阿闍梨運心事供普供養印明、次に略念誦小供養法別に之れ在り。次に伝授作法、師弟は大日金薩の観を作し畢って、次に次第を伝授すべし。之れに付いて、『通解鈔』にいわく、十八道、護摩は一日に之れを伝授し、両界は各両日なり。近来は略儀を以て四度一日に引き渡す。委細の沙汰は立印の時に之れ在るべし云々。

印玄の記（一二左）にいわく、

伝授の時の事。口訣にいわく、宏教のいわく、加行日数畢って吉日を以て伝授すべし。次の日より立印の沙汰之れ有るべし。日数の事は機の利鈍に依るべし云々。師のいわく、真俗に付き師弟の間に急時有るは加行の日数の中に伝授有るべし。もし而れば次第の書写の日限に准ずべし。然りと雖も勤行は加行の日数を限るべし云々。師のいわく、急事の時とは前の初行の日数を已後の加行の日数に加え入れて授くる事在るか。当流の古き例なり。

一、伝授并びに加行初行等の当日に沐浴并びに新衣を着るべき事、自他門通法則なり。『大日経疏』巻第五にいわく、師及び弟子皆澡浴清浄にして新衣を着す文。『仁王般若念誦次第法』にいわく、大師、息災を求めんが為めに、先ず須く沐浴して新衣を着すべし文。北院の御口訣にいわく、行法の時、袈裟衣別に之れを調え置くべし。不空三蔵修行の記に之れ在り云々。師のいわく、堪えざる人々は旧衣を洗濯し用うべし云々。大師伝授作法にいわく、堪に随う文。ただし沐浴の事は尤も然かるべし。

一、伝授時の師弟装束の事。師のいわく、古記にいわく、阿闍梨は重衣、弟子は鈍色云々。近来阿闍梨は単衣、弟子は重衣なり。ただし受者に依り、阿闍梨に依る、用心すべし云々。

一、伝授時の作法の事。伝授用心池記にいわく、先ず大師御前に六種供具を備え、次に師は右、弟子は左に坐す。各々半畳を敷く。次に阿闍梨、先ず運心事供、次に略念誦（小供養法なり云々）、次に伝授の作法、大師（ママ）師弟は大日金薩の観之れ有るべし文。或口訣にいわく、通用の次第、或いは時所、或いは閑所を構えて、兼ねて私阿闍梨の座の前に、或いは小机、或いは香台等に灑水塗香散杖を加え、念珠五古次第は阿闍梨之れを取り持す云々。阿闍梨、受者相対して坐すべし。衣装の障る程に相近付くべからず。総じて礼は即ち阿闍梨に依り、受者に依る、用心有るべきなり。大師の御記にいわく、師を弟子礼する事、火の如し、近からず遠からず、近きは身を焼き、遠きは便を無さんと。次に塗香の作法、常の如し。次に洒水常の如し。受者の頂きに洒ぐ（加持、五古を用う）。ただし後心の受者の為めには洒水を用うべからず。次に受用加持、常の如し。次に阿闍梨観想せよ、我身大日なり。字の智水を以て弟子の乾地に洒ぐ。之れに依って薩埵の身を成ずるが故に、大日、薩埵に授くる儀式に住すべし。

次に次第を読みて之れを授くべし云々。師のいわく、古記にいわく、十八道護摩一日之れを伝授し、両界は各両日なり。近来略儀を以て四度一日に引き渡すなり。委細の沙汰は立印の時に有るべきが故なり云々。

一、次第を読む声の高下の事。宏教のいわく、弟子の耳に聞こゆる程に相計るべし、高声にすべからず。また弟子は我が前の本を見て、師の前の本を見るべからず云々。師のいわく、重受已達の人に於いては作法に及ぶべからず、宜しく時儀に依るべし云々。ただし阿闍梨、五古と次第と計りは取り持すべし云々。

一、暗誦校合の間の作法の事。口訣にいわく、閑静の所を点じて時非時の外、交衆すべし、暫時なりと雖も緩怠せず云々。次に校合の事、暗誦畢って師の前に於いて校合、その作法は次第を師の前に置いて、行者暗に之れを読むべし、暗に校合有るべきなり。ただし印相説文は之れを読むべからず。観法真言等は分明に之れを読むべし。

一、法則作法の事。師のいわく、『大日経疏』にいわく、法則の阿闍梨文。内教に於いては故《ことさら》に相伝あるべし、もしその沙汰無ければ、阿闍梨一徳、闕所なるべし云々。

一、伝授暗誦の間の所作の事。口訣にいわく、元瑜、両界并びに大師の所作等、日中一時之れを修す云々。師のいわく、加行日数の中に伝授暗誦交合の義有れども、加行の日数相残らば勤行は三時なるべきなり云々。

一、十八道初行道場料理の事。師のいわく、十八道の初行より加行を改めて鈴杵洒水塗香名香等加え置くべし。九通内壇図之れを見るべし。

一、初行時の佛供の事。九通の内に之れ在り。熟佛供大小四杯椙盛。開白の初夜、後には日中一時なり。合して八ヶ度なり。分米は九通の中に之れ在り。ただし近比は最略の定、一時の分、白米一升。この内の大佛供二杯（杯別一合、但し此の内の小佛供一杯残歟、粥料也）、また小佛供四杯（二杯本尊、二杯大師）。師のいわく、四杯佛供の時は粥二杯なり。八杯佛供の時は四杯なり。

一、粥は如法には常の如し。略儀には飯を水にといて之れに備う云々。

一、大師の佛供の事。九通のその外に見えず。之れを略すべきか。ただし或口訣にいわく、二杯佛供云々。爾らば汁菓子餅粥等具さに之れを備うべきか。向後この定、然るべし云々。

一、汁の事。師のいわく、九通の中に之れ在り。小豆を煮て、汁を少したらし捨て置いて、備うる時は閼伽水、切花を少分入れ具して之れを備う云々。『瞿醯経』にいわく、若し種種の羹を弁ぜざれば、但だ小豆羹を用いて供養することも亦た得。文ただし小豆少分充て之れを入るべし。

一、餅の事。口訣にいわく、米粉を水を以て堅くこね合わせて槲の葉の如く平たく作りて焼餅にするなり。一器に三つずつの定めなり。米はウルシ子なりと云々。

一、菓子の事。栗、棗《ナツメ》、柑子《カンシ》等、時の菓子を用うべし云々。ただし苦辛等の物を用いず。甘味を用い、辛苦味を用うべからず云々。

一、初行の間の勤行の作法の事。師のいわく、本尊不可改違加行云々。口訣にいわく、十八道初行三時なり（如常次第）。ただし後鈴を用いず。初行已後之れを用う云々。

一、開白結願作法の事。師のいわく、九通の中に之れ在り。四度共に之れを用うべし云々。ただし本尊等の入句改めて之れに替えるべし。

一、佛布施、巻数の事。四度共にこの儀なきか。ただし印可灌頂には佛布施之れ在り。然りと雖も巻数之れ無し云々。

一、初行の間の大師の所作の事。元瑜のいわく、日中一時之れを行ず。所作の次第加行の時の如し。九通には分明ならず云々。

一、四度伝授の次第は十八道、金剛界、護摩、胎蔵なり。
一、およそ加行は三年に修すべし。初年に十八道、第二年に金剛界、護摩、第三年に胎蔵なり。然りと雖も事に依り、一年二年不定なり。
一、聞書にいわく、閼伽等は其の期に備うるを好む。兼ねて備え置いて時刻を経るは懈怠の儀なり。もし左様の時は、軍荼利咒を以て之れを加持し置くべきなり。印は三古印なり云々。（以上、印玄の記）
以上、十八道加行分畢る。

○初行折紙
一、初行の時表白并びに結願の事　九帖の内
一、初行壇図十八道両界　九帖の内
一、手印図　九帖の内
一、振鈴作法并びに閼伽等印　九帖の内

先ず十八道初行壇荘厳の事
委しくは折紙の如し。大壇脇机佛具等は前行の如し。ただし鈴杵洒水塗香名香等を加え置くべし。また供物の弁備は日中は図の如し。大小佛供汁菓子餅等を弁備すべし。後夜には粥二杯、初夜には供物之れ無し。ただ香華灯明ばかりなり。また如法ならば壇敷を用意すべし。常途には之れを略する耳。ただし熟佛供は椙《すぎ》モリ、大小四杯（先細きに盛る佛供を椙モリという）開白初夜の分なり。後々は日中の時、一時なり。粥は飯を水に研いて備え、略儀なれば洗米を水に和して備え、汁は小豆を煮て汁を捨てて之れを備う。餅は米の粉を以てコネ合わせ榼の葉の如く平

たく作して焼餅にするなり。菓子は栗・棗・柑子・柿等時菓を用うべし云々。委細は『通解鈔』の如くなり。

○次に初行の間の勤行作法の事

日数は一七ヶ日、初夜より始行す。本尊供、十八道次第之れを修すべし云々。ただし初行の間は後鈴を用いず。初行には四度共に開白、結願の作法之れ有るべし。ただし表白神分祈願并びに結願作法等は折紙の如し。佛布施、巻数は多分に之れを略す。洒水には沈白丁等の名香を入るべし。塗香器も抹香を入るべし。極めて好き香を極細抹にして之れを入るべし。名香は沈白丁の名香を細きにきざみ之れを用うべし。散杖は梅柳等を用うべし。その削り様は本は三層、末は八葉に之れを作り、長短は壇の大小に随えよ。その余は次第の如く之れを修すべきなり。

次に初行の間の大師の所作の事

快師の口訣、快遍問答共に一具にして正行中は大師の所作を略し、ただ本尊供を三時に行ずるのみ。ただし朝夕の例時は懈怠すべからず云々。随って快師、応永の口訣にいわく、十八道初行の間は大師の勤め之れを略すべき事なり云々。この意分明なり。ただし元瑜方には正行中も日中の一時、大師の所作を用うと見えたり。この事『通解鈔』に委細なり。

以上、十八道折紙、大略畢る。

次に不動加行正行の事

（頭註）四度加行の事（西院方ム云、不動供始終用後鈴云々、快遍問答同之）

およそ当流能禅方には十八道の後、更に七箇日の間、不動加行有るべし。即ち毎日三時に十八道次第を行ず。その作法は常の如し。ただし元瑜方には不動加行初行の事之れ無しか。随って『通解鈔』并びに文妙上人の記（印玄の記）等は十八道了って不動法を行ずる事は沙汰無きなり。大師の所作の事、快師の口訣には分明ならず。快遍問答にいわく、問う、大師等の所作之れ在るか。答う、爾らず云々。この意なれば三時共ただ十八道次第のみ、大師の所作之れ無しと見えたり。次に加行畢て伝授の間も、日中一時に十八道を行ずるなり。次に不動法伝授等畢て、初行開白、一七箇日之れを修行す。その折紙并びに不動次第、別に之れ在る旨、快師の口訣に沙汰あり、尋ね用うべし。ただし快遍問答に依らば、今此の根本次第は「五内」と書付たる一つの折紙之れ在り。元瑜の作か。分明ならず。彼を以て口伝し来たれども初心の者行じ難し。故に有快法印御口伝を以て私に記したまえり。今所用の次第は是れなり。応永の口訣には、不動次第は本次第に在り。今の次第は有快私に之れを記すなり云々。またいわく、不動加行作法は別に之れ在り云々。これらの意、今此の不動法は快師の私記なる事、明らかなり。然るに快師の至徳の口訣にいわく、この不動次第は宏教律師御房作なり云々。この相違如何。答う云々。詮ずるところ、今此の不動法は不動法を十八道に引き入れて之れを行ず。ただし発願・道場観・本尊加持等ばかり不同なり云々。この意なり。ただし本尊加持に付いて、有快師の口訣には外五股の印、の明なり云々。然るに快遍問答にいわく、智拳印、の明なり。常には不動は胎蔵の教令輪身なるが故に胎蔵の印明を用うべし。然れども今十八道に引入するが故に金界の大日を用いるなり云々。随って正念誦、散念誦も金界の咒を用いるなり。これらの相違よく校合有るべし。委細は快師の本次第を得て決択すべし。

　之れに付き、当流に十八道の後に不動法を行ずる事は、『一二口訣』巻第十一に委細なり。およそ不動尊は浄菩提心の体性なるが故に、もし行者この尊を念ずれば生々世々に随逐して諸々の障難を除き、菩提心を増長せしむ。故に殊にこの尊を行ず。随って十八道の後、不動尊を修する事、本流に限らず。安祥寺流また而なり。ただし日数は百日、五十日等行者の意楽なり。『一二口訣』にいわく、当流は十八道の後、必ず不動の法を受け、之れを行ずる事百日なり。ただし日数は行者の意に任すべし云々。この意なり。

以上、不動法加行初行沙汰、畢る。

金剛界加行所作

先ず金剛界加行日数の事。百日、或いは七十五日、或いは五十日等の事は十八道に准知すべし。初夜より開白すべし。三時共に本尊供と大師の所作とともに二座ずつ之れを勤むべし。道場荘厳等是れまた十八道の加行の如し。ただし加行中、本尊供養法は両界共不動法なり。快師の応永の口訣にいわく、不動法を以て金剛界胎蔵界加行に用うるなり云々。快遍問答にいわく、金界加行の事、前の不動法を以て行ずるなり云々。この意なり。ただしこの不動法は常の不動法には非ず。謂わゆる不動法を十八道に引入して之れを行ずべし。ただし後鈴を用う。その引き入る様の事は『八結』の第六結の内、「別尊合行」一帖、また『八結』第五別尊行法に大日印明を用う秘蔵一帖、并びに『八結』第五結の内、大法に付いて別尊を修す用心一帖、これらの口伝を引き合わして意得べきなり。快師の応永の口訣にいわく、不動法を十八道に引入して之れ行ず。ただし発願・道場観・本尊加持等ばかり不同なり云々。また至徳の口訣にいわく、不動を引き入るる様、道場観終わって七処加持已前に、金剛界の大日の心上に[illegible]字有り、変じて智剣と成る云々、変じて不動と成る等と覚えたり。これは一伝なり。『八結』の中に口伝等有る。普通今説の如くなり。これらの意『八結』の口伝を指す事明鏡なり。今しばらく略して、その大旨を示さば、先ず初め祈願の句に、仰ぎ請う真言教主大日如来、両部界会諸尊聖衆、本尊聖者大聖大悲不動明王、四大八大諸大忿怒等云々。次に発願の句に、至心発願唯願大日、本尊聖者大聖大悲不動明王、四大八大諸大忿怒、両部界会諸尊聖衆等云々。また『八結』第五の別尊合行の口伝には、至心発願唯願本尊聖者大聖大悲不動明王、四大八大諸大忿怒、別門本誓摂末帰本、一如平等大日如来、両部界会諸尊聖衆等云々。次に道場観（如来拳印）心の前に𑖀𑖾字有り変じて七宝の宮殿楼閣と成る、乃至、閼伽飲食摩尼を灯と為す、大日の心月輪に𑖮𑖯𑖽字有り変じて智剣と成る、智剣変じて不動明王と成る、乃至、無量の眷属前後に囲繞せり。七処加持常の如し。金界別尊法に付き修行する時は、振鈴の次に必ず、先ず大日印明（智拳印四処加持真言バザラダドバン）、次に本尊印明云々。ただし十八道次第には之れ無し。次に四智讃、次に不動讃を加え用う。或いは四智讃ばかり、本尊讃之れ無しか。次に小祈願の時、普供養摩訶毘盧遮那佛、普供養本尊聖者大聖大悲不動明明、四大八大諸大忿怒、両部界会諸尊聖衆云々。次に礼佛の時、四摂智の次に、南無《ナウボ》アリヤアシャラナウタビギャアランジャ、南無バザラソンバビギャアランジャ、（中略）、南無金剛界一切諸佛菩薩、南無大悲胎蔵界一切諸佛菩薩云々。次に本尊加持、先ず大日印明（智拳印バザラダドバン）、次に本尊印明云々。次に正念誦の時に、先ず大日真言百八返、次に慈救咒百八返。次に散念誦の時も大日真言の次に本尊真言、及び四大尊真言等。その余例して知るべし耳。ただし今此の不動法には振鈴の次に大日印明、并びに本尊印明の加不の事、口訣分明ならず。明師に尋ぬべし。詮ずるところ、快遍問答并び快師の口訣は、金界の加行は不動法を十八道に引入して之れを行ずる事、上来弁ずるが如し。然るに元瑜方は金界加行は全く常の十八道の次第を行ずべしと見えたり。随って文妙上人の記（印玄の記）にいわく、加行の作法は九通の中に之れ有り。十八道を以て三時に之れを行ず云々。またいわく、加行の事、普通には初行の十八道、秘伝には十八道の法則に不動を引き入れて行ずるなり云々。今はこの説を用いず。ただ十八道を三時に行ずべし云々。これらの意分明なり。

　これに付き、宏教の口訣にいわく、加行を相続せしむ時は十八道初行の日数を金剛界加行の日数に之れを入るる事之れ有り。後に之に准ずべし云々。今時多分にこの説を用うるか。猶また当流の意、加行は三箇年に修すべし。十八道一年、金剛界一年、ただし護摩は金剛界の年に之れを伝授す。胎蔵は一年なり。然りと雖も、事に依って年数局定すべからず。この事、亮尊の口訣に沙汰あり。詮ずるところ、両界加行一ヶ年に授けざる事は自他門大略の掟なり。この事、大師の伝授作法に委細なり。而れども機に依り局定すべからず。随って大師の伝授の法、已に一箇年にて両部悉く受伝す。その外この例之れ多し。ただし一日たりとも両界の間を隔つべし。広沢流に両界の間に護摩を修するは専らこの意なり。次に金剛界次第書写伝授立印校合等の事、十八道に准じて知るべし耳。

次に大師の所作

十八道の如し。三時に之れを行ずべし。委しくは折紙の如し。

次に金剛界初行の事

壇場荘厳等は図の如し。委細は十八道の如く准知すべきなり。日数は一七箇日之れを行ずべし。大師の所作は初行中は之れを略すべきか。ただし朝夕の勤行は懈怠すべからず。

以上、金剛界加行初行畢る。

次に護摩加行の事

先ず護摩加行日数の事は折紙に三七箇日という。この意なり。是れまた初夜より開白す。三時はただ本尊供并びに大師の所作と二座之れを行ずべし。道場荘厳等は前々の如し。ただし加行中の本尊供養法は、応永の口訣にいわく、加行の時は金界に不動を引入するなり。引入の様は上の如し云々。今いわく、是れ金剛界の次第に不動法を引入して之れを修す。その作法は『八結』第五結の内に「付大法修別尊用心」一帖あり。大都上に弁ずるが如し。今は之れを略す。要問の者は『八結』の口訣に仍って指南あるべし。ただし元瑜方は略金に不動を引き入れて之れを修すと見えたり。随って『通解鈔』にいわく、護摩加行の事、口訣元―にいわく、本尊は不動なり。金剛界の初行畢って不動法を伝授し、次に略金を申し請うて略金に不動を引き入れて三七日之れを行ずべし。略金は伝授すべからず。金剛界の略行なるが故なり云々。文妙上人の記、全同なり。今いわく、快師と元瑜の口訣と不動を引き入るること全同なり。ただ金剛界次第を用うるに広略の異有るのみ。

次に大師所作の事、前々の如し。三時に之れを行ずべし。折紙十八道の如し。

以上、護摩加行分の沙汰畢る。

一、護摩壇図并支分等　　九帖之内

一、護摩壇図私　　録外（九帖之外）

一、神供并びに破壇等　　九帖之内

先ず護摩初行の事

日数は一七箇日。初夜より開白す。毎日三時に護摩を行ずべし。壇の荘厳并びに支具等用意の事、折紙の如し。本尊の行法は全く加行の時の如し。金剛界に不動を引き入れて之れを行ずべし。ただし護摩は不動を本尊として之れを行ずるなり。文妙上人の記にいわく、護摩初行の事、師のいわく、本尊の行法は加行の時の如し云々。略金に不動を引き入れ、不動護摩を修行すと。然れば印玄、元瑜、有快、広略異なれどもその意趣は同なり。詮ずるところ、護摩は加行初行共に金剛界次第に不動を引き入れて之れを行ずる故に、供養法は加行初行共に全同なり。初行中、大師の所作は之れを略す。

以上、護摩加行初行折紙の沙汰了る。

次に胎蔵界加行の事
先ず胎蔵界加行日数の事は百日或いは七十五日、または五十日等、金界の加行に准知すべし。初夜より開白す。毎日三時に本尊供并びに大師の所作と二座ずつ之れを行ずべし。壇場荘厳等は前々の如し。ただし加行中、本尊供養法は全く金剛界加行の時と同じく、十八道に不動法を引き入れて之れを修すべし。ただし『通解鈔』并びに文妙上人の口訣等の意は、胎蔵界加行、本尊行法は金界を用う。ただし略金なり。是れ快師の口訣と同じからず。詮ずるところ、四度の加行何れも大切なりと雖も、就中《なかんずく》胎蔵界は加行初行共尚もよくよく慎むべし、慎むべし。その故は胎蔵界の曼荼羅には諸々の金剛忿怒尊或いは天部等の異類の尊之れ在るが故に、行者の信否に依って得失尤も甚しきなり。この事、文妙上人の記、并びに『通解鈔』に沙汰あり。見るべし。その余、次第の書写伝授并びに立印等は前々に准じて知るべき耳。
文妙上人の口訣にいわく、聞書にいわく、仰せにいわく、胎蔵の加行、普通は金剛界次第を行ずるなり。御流秘伝には金剛界の行法に不動法を引入して行ずるなり。引き入れて行ずる様は前の如し。護摩加行の二様なり。勧請に本尊の句を加え、道場観に浅深の二伝、及び入我我入、本尊加持、正念誦、散念誦等、皆護摩加行の行法の如し云々。然れば金界に不動を引入する事は総じて広沢一家の秘伝なり。
次に大師所作の事
是れまた前々の如し。毎日三時に之れを行ずべし。十八道折紙の如し。
次に胎蔵界初行の事
先ず壇上荘厳等は折紙の如く用意すべし。日数は一七箇日。初夜より開白す。毎日三時に胎蔵の大法を修すべし。
文妙上人の口訣にいわく、胎蔵初行の事、本尊は胎蔵大日なり。初行は七日なり。佛供等は金界の如し云々。この意なり。

以上、胎蔵界加行初行折紙の沙汰了る。

以上、九通折紙沙汰の事

次に『八結』第五結の内「雑部」に之れ在る四度并びに灌頂加行折紙の沙汰は左の如し。

一、十八道加行作法

以上、折紙相伝の事は上来弁ずるが如し。宏教律師、三位法印より口伝を受けて之れを記す事、奥書に分明なり。東寺宝菩提院にはこの折紙を用う。快師所伝の能禅方には九通の折紙を用いるなり。この事、応永、至徳の二記并びに快遍問答に分明なり。その他、元瑜方『通解鈔』并びに印玄の口訣等皆以て九通の折紙を用いるなり。ただし今此の加行折紙は壇上本尊懸様及び作法勤行等、九通の折紙と少異あり。ただしその道場荘厳の事、前机には前具瓶二口、脇机には塗香（抹香を用う）、名香包、柄香呂代花枝（樒を用う。ただし本を紙にて包み、二ヶ所を半紙捻いて結ぶなり）、打鳴し、灯台二基、半畳等なり。

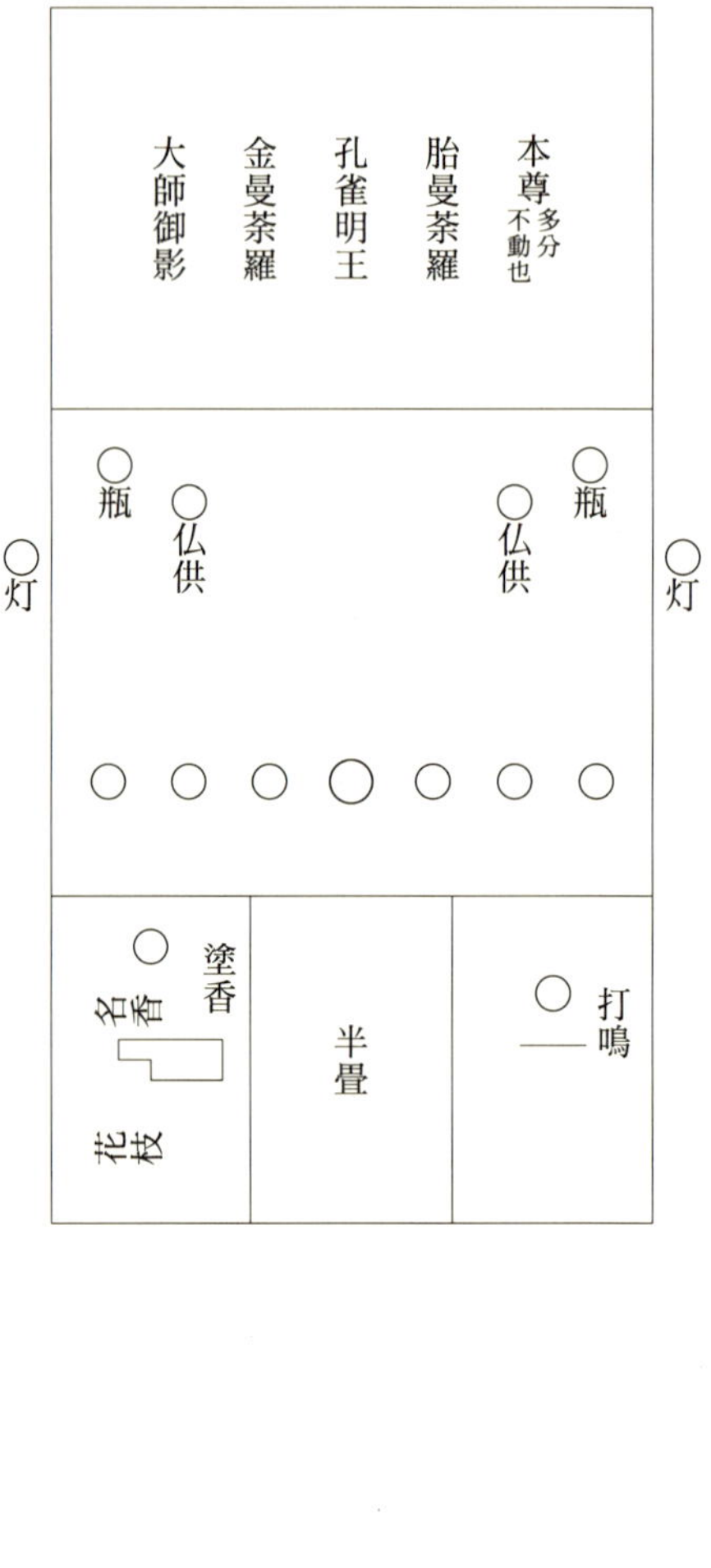

○先ず、十八道加行所作の事

初夜には先ず金剛界曼荼羅に対して一座。次に本尊に対して一座なり。ただし本尊とは行者の信仰の佛なり。故に人に依って不同なり。爾れども多分には不動と定まるなり。次に大師所作一座。以上、初夜の作法なり。

総じて加行は初夜より開白すべし。後夜には先ず胎蔵界一座、次に不動尊一座、次に大師の勤め一座なり。日中には先ず不動明王一座、次に孔雀明王一座、次に大師の勤め一座なり。是の如く三時之れを行ずるなり。委細は折紙の如し。

之れに付いて、両界所作の中、大金剛輪の真言を誦ずる事は越三摩耶の罪を滅する為めの故に之れを誦ず。加行作法に大金剛輪の下に注して、ただし子細有りというはこの意なり。朱書に未だ結縁灌頂を打たざる人なりと、之れ有りと雖も、当時は結縁灌頂を打つと打たざるとに拘わらず、加行の時は総じて之れを誦ずるなり。この事、至徳の口訣に見えたり。

次に祖師の礼に付いて、ただし子細有りと注する事は、『一二口訣』にいわく、大師所作の時、礼拝百返と見えたり。ただし病者にて叶わずば毎時三十六返礼すべきなり。然れば三時に百八返と成るなり文。これらの意は今、ただし子細有りと注すなり。

次に本尊を多分には不動と定める事は深意有り。次に当流に孔雀明王の所作有る事、『一二口訣』巻第十一にいわく、日中勤行の孔雀明王は広沢流に孔雀経法を以て殊に最深秘と為す故、尤も胎金両部の中間に於いて本尊を用いる候、当流の習いなり文。この意なり。

○次に閼伽作法の事

快師等の口訣には加行中は別に閼伽汲作法の事とて沙汰無し。然るに目今《モッコン》東寺宝菩提院規則には閼伽作法別に之れ有り。前日に之れを授く。尤も閼伽を汲む事、夏は日々両度之れを汲むなり。初夜の時已前に汲み替えるなり。後夜は作法を用う。余時は作法に及ばず云々。

○次に折紙等伝授の事

兼日加行折紙并びに閼伽汲作法等伝授、その砌、十七箇條の制禁并びに日割書付読み渡すなり。ただし閼伽作法の裏に宵の陀羅尼記あり。是れは十八道には用いず。金剛界加行より之れを勤む。折紙なれども紛失せんことを恐れ、今ここに之れを記し置くなり。ただし制禁并びに日割書付は居間に張り置くといえども、道場の便宜の所に張り置くも可なり云々。その余、大都上来の九紙の折紙に同じ。

以上、十八道加行の沙汰了る。

次に十八道正行の事

先ず壇荘厳の事

各幅ナラバ

金曼荼羅

大師御影

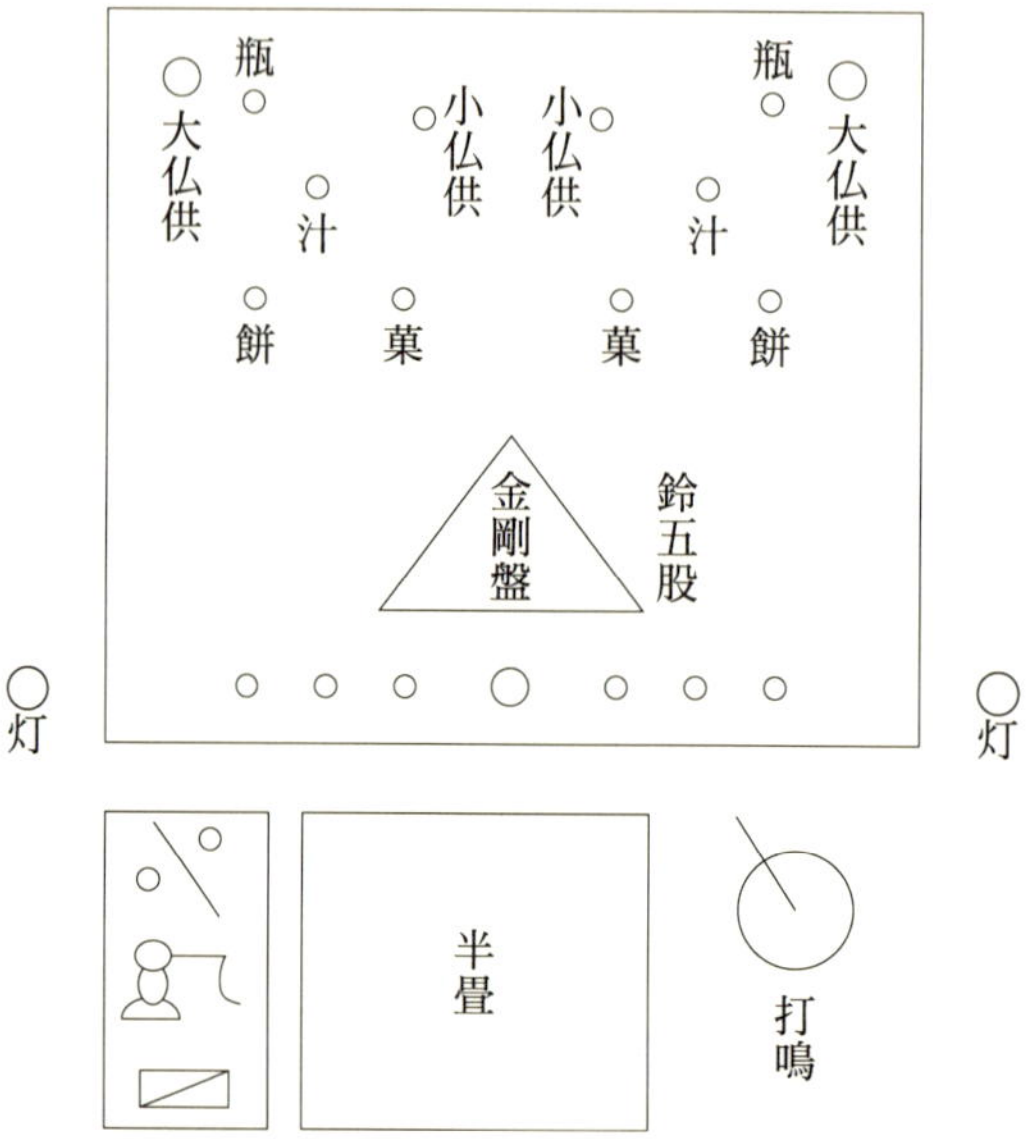

柄香呂、名香包の置様は十八道口訣の図の如くなれども、普通には柄香呂と名香包を置き替えるなり。云々

先ず壇寸法の事。『通解鈔』にいわく、供壇図三尺、高さ八寸ばかり。脇机の高下は壇に依るべし。○灯台二本、長さ二尺五寸ばかり云々。この意なり。

次に壇引の事。『四度加行私記西院』にいわく、壇引は丑寅の角より引き始め四方に引き回し、了ってまた丑寅の角にて之れを収め留るなり。四方を釘にて之れを打ち付けるなり。端の余分之れを切らず文。この意なり。

次に初行勤め様の事

初夜開白。先ず十八道行法、次に大師御前、前の如く行ず。後夜は先ず十八道行法、次に大師御前、初夜の如し。日中は先ず行法、次に孔雀明王御前、前の如く行ず。ただし孔雀明王は初行の時は名号を懸けずとも、供養勤行は前の如く行ずるなり。次に大師御前、初夜の如し云々。

次に結願の時、巻数読みばかり加持之れ無し、佛布施本尊と本師と二裹用意すべし。孔雀明王には之れ無しと見えたり。

以上、十八道加行、初行の沙汰畢る。

次に十八道初行の後、不動法を修する事

東寺宝菩提院に於いても古来十八道の後、必ず不動法を修す。日数は百日、或いは七十五日、五十日等、行者の意楽に任す。ただし中古以来は一七箇日必ず之れを行ず。最も如法に勤むる時は壇引も相い改むべし。ただし孔雀明王の所作は之れ無し。また結願の時、巻数之れ無し。佛布施には本尊并びに大師二裹用意すべし。不動法には始終後鈴を用うべし。この事『四度加行私記』に見えたり。然るに真源師已来は十八道初行の後に別に一七日の不動法之れを行ぜず。金剛界の前行の時、十八道に不動法を引き入れ、七十五日之れを行ずと見えたり。然れば師の意楽に随う故に強ちに屈定すべからざるか。詮ずるところ、如法に修する時は是れまた加行初行共に之れを修すべし。

今時は略儀に付き別に之れを行ぜざるなり。ただし十八道に不動法を引き入るる様は常の如し。発願、道場観、本尊加持等皆是れ大日不動合観の作法なり。

以上、不動法の沙汰畢る。

一、金剛界加行作法　一紙

先ず金剛界加行壇の事

不動

曼荼羅

孔雀明王
今度用二尊形一

大師御影

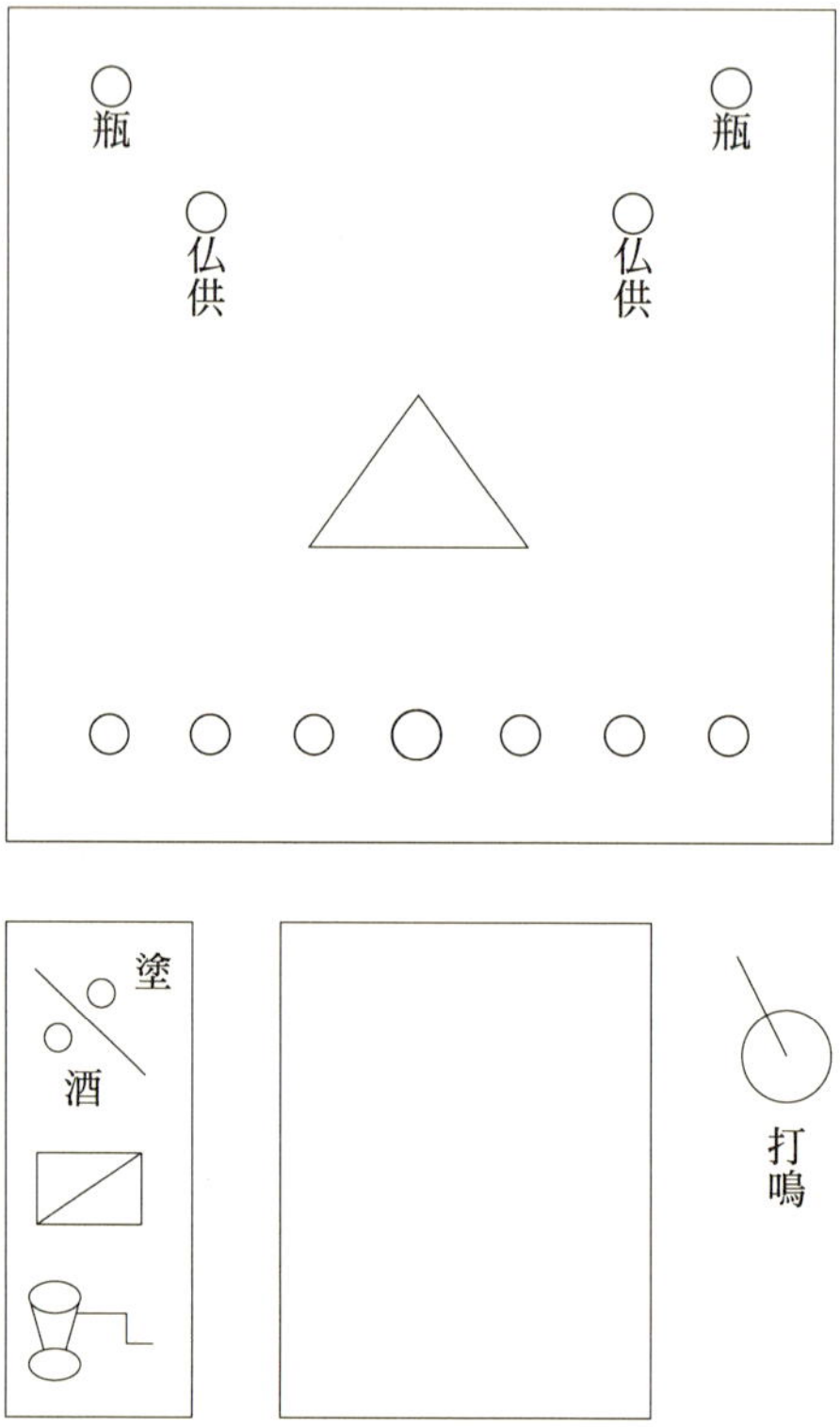

○次に兼日用意の事

折紙、並びに十七箇條の制禁并びに日割書等は改めて書き認め之れを読み渡す。日割は十八道に准知すべし。この時、宵陀羅尼の折紙を授くべし。

次に前行の事は十八道次第に不動法を引き入れて之れを行ず。尤も後鈴之れを用うべし。その余、供物等の事、十八道の前行の如し。ただし今度は十八道立の不動供養法を修す故に、この外別に本尊所作を行ぜざるなり。大師、両界に孔雀の勤行は折紙の如く之れを行ずべし。

○次に宵陀羅尼の事

東寺宝菩提院には金界加行より毎日一時宵陀羅尼を勤むべし。即ち初夜の時、大師所作に引き続いて之れを勤むべし。ただし正行には長座なるが故に、幼少の行者は困却するが故に、日中の時の孔雀の所作并びに宵陀羅尼をば之れを略す。先哲あり。『四度加行私記』にこの沙汰あり。

○宵陀羅尼作法。心経七巻、尊勝陀羅尼三返、多聞天真言二十一返、訶梨帝二十一返、延命二十一返、薬師二十一返、文殊二十一返、大黒二十一返、一字二十一返以上。但しこの宵陀羅尼の事は諸師の口訣に沙汰なきが故に、東寺に於いて之れを勤むる由縁分明ならず。尋ぬべきなり。是れ別に壇を設けて之れを勤むるに非ず。初夜大師の所作に引き続き之れを修す云々。

○次に金界正行壇荘厳の事

各幅ナレバ
金曼荼羅
大師御影

全如㆓十八道㆒

先ず供物并びに壇引、佛布施、巻数等、全く十八道初行の如し。

次に初行勤め様の事

初夜開白、先ず金界行法一座、次に大師の勤めは前行の如し。後夜には先ず金界行法一座、次に大師の勤め。日中は先ず金界行法、次に孔雀明王、用否は時に随う。次に大師の勤めなり。

以上、金界加行、初行沙汰了る。

○閼伽汲の作法

先ず浄三業、三部、被甲、常の如し　次に水加持二十一返キリキリの明　次に水汲東西一二度宛ソソグ　次に水天三度　次に水汲の頌文に曰く、唯願水天、我用智水、恒作佛事、悉地成就　次に閼伽桶に星影を受けて、了る。

以上。

一、次に護摩加行作法　一紙

○先ず前行日数の事

『護摩口訣』にいわく、十八道、両界は百日、護摩は三七日なり。初行は何れも皆七日なり。大概定むる所、かくの如し。ただし百日なれば七十五日を以て伝授を許すべし。もし病体は時に随い阿闍梨相い計るべし。およそ加行は三箇年に終わるべし。十八道は一年、金剛界は一年なり。ただし護摩は金剛界の年に之れを伝授す。胎蔵界は一年なり。然りと雖も事に依って年不定なり文。また『四度加行作法記西院』にいわく、この前行の事、七十五日なり。併がら師伝にいわく、金剛界に属する故に三七日或いは三十日、師の意に相随う。少年の行者、護摩次第所作等暗誦成り難き時は、自然に前行五十日に成る例之れ有り文。これらの意なり。

之れに付き、三七日割の事。開白の日より七日目に次第伝授し、伝授の日より五日目に立印、立印の日より五日目に校合、校合の日より八日目に前行結願、開白より結願の日まで都合二十二日なり云々。是れ今時宝菩提院の規則なり。

○次に前行所作の事

折紙の如し。初夜は先ず金界御前等前々の如し。次の供養法を修す。その前行次第の事は金界の次第に不動を引き入れて之れを行ず。『旧記』にいわく、全く金剛界の次第に不動の道場観、本尊加持は大日の次に不動の印、礼佛は四摂智の次に不動四大明王、その余勧請発願等加句あり。正念誦は大日の次に慈救咒、散念誦は大日の次に火界咒二十一返、慈救咒三百返舜宝私にいわく、散念誦は全く不動供の散念誦を用うなり、前後讃は不動讃を加う云々。また四度加行の事西院方ムにいわく、先ず金剛界の次第の通り近年は誦じ、大日如来を囲繞恭敬すという、次に大日の心月輪に[梵字]字有り、[梵字]字変じて智剣と成り、智剣変じて不動明王と成る等文。詮ずるところ、護摩前行次第は如法なれば、金剛界立にて奥に[梵字][梵字]院と書きたる次第を用うべし。然れども若し行者幼少ならば十八道立の次第を用うるなり。

次に大師の所作は折紙の如し。後夜は胎蔵界、次に不動供、次に大師の所作なり。日中は先ず不動法、次に孔雀明王の所作、次に大師の所作なり。また宵陀羅尼、初夜に之れを勤むべし。ただし加行折紙并びに制禁等は兼日に之れを書き、読み渡すべし。

次に前行の壇荘厳の事

不動明王
両界合幅
曼荼羅
孔雀明王
大師御影

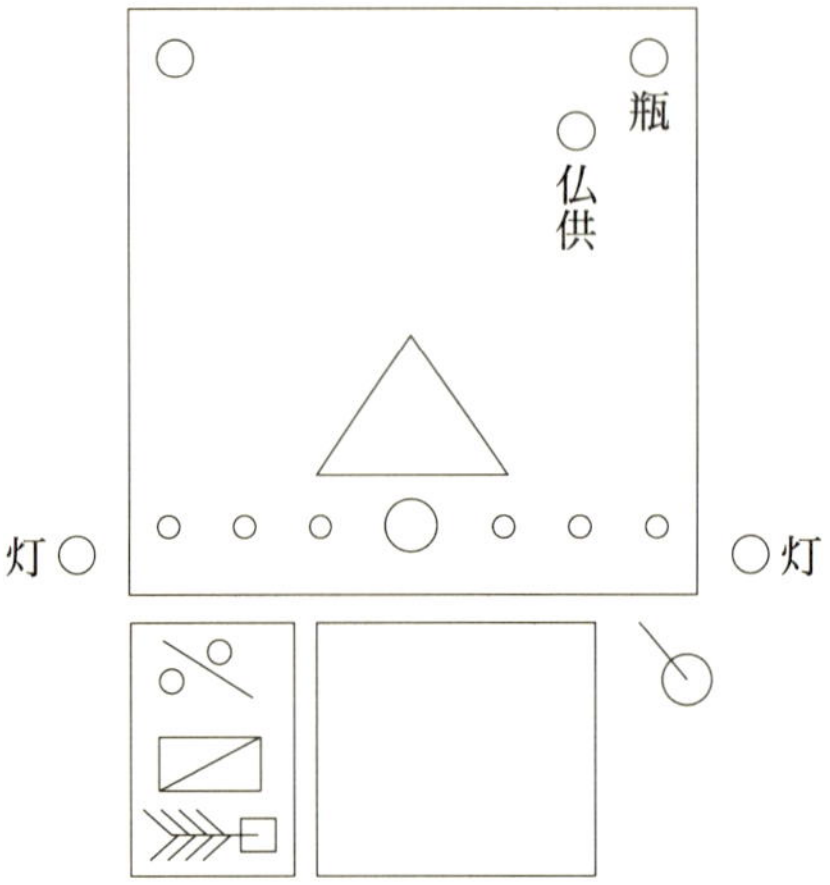

ただし供物弁備等は金界の前行の如くすなり。

次に護摩正行壇荘厳の事

両界曼荼羅

不動明王

大師御影

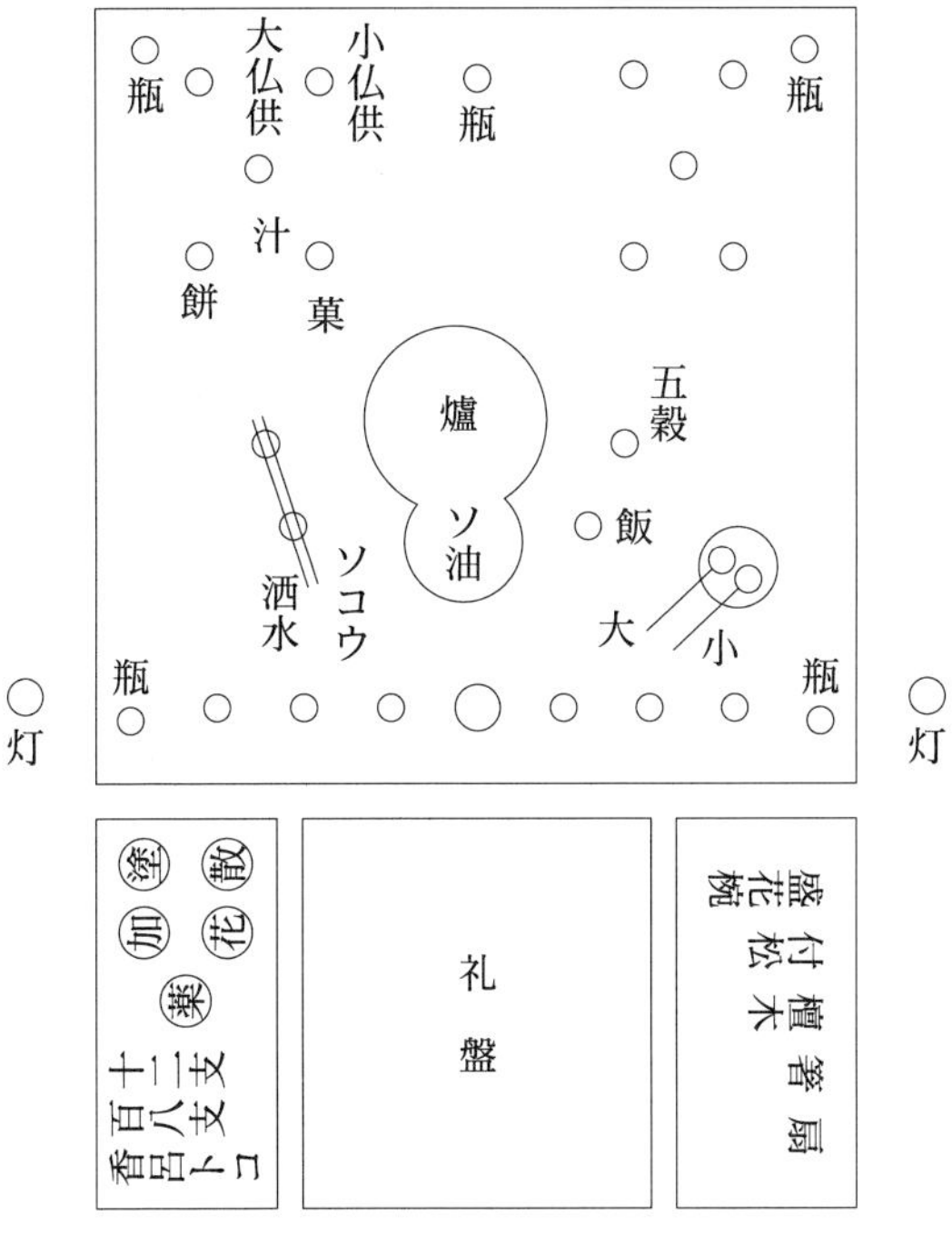

○柄香呂の事

『護摩口訣』にいわく、護摩の時は香呂を用いず、ただ花枝を用う。公所にも皆花枝なり。香呂は私の事なり。

供物并びに壇引の事は金界の正行の如し。

日中の時の孔雀明王の所作、并びに初夜の時の宵の陀羅尼の事は金剛界の正行に准知すべきなり。
○次に護摩初行勤様の事
初夜開白。先ず不動護摩一座、次に大師の所作前の如し。宵の陀羅尼は時の宜しきに随う。大師の所作畢って、諸神供之れを勤む。作法は別に在り。後夜には先ず不動護摩一座、次に大師の所作、初夜の如し。日中には先ず不動護摩一座、次に孔雀明王尊像を懸けず、所作は時の宜しきに随う、次に大師の所作、初夜の如し。結願には巻数并びに佛布施本尊祖師二裏用意すべきなり。
次に神供勤修の事
『四度加行の事西院方ム』にいわく、神供三箇度、開白初夜、中日初夜、結願に之れを勤むべきなり。
以上、護摩加行初行の沙汰了る。
一、胎蔵界加行作法　　一紙
先ず前行日数の事は百日、七十五日、五十日等全く金界の前行の如し。折紙并びに十七箇條制禁等兼日用意して読み渡すべし。是れまた金界の前行の如し。

だたし前行壇荘厳の事

不動明王
両界曼荼羅
孔雀明王
大師御影

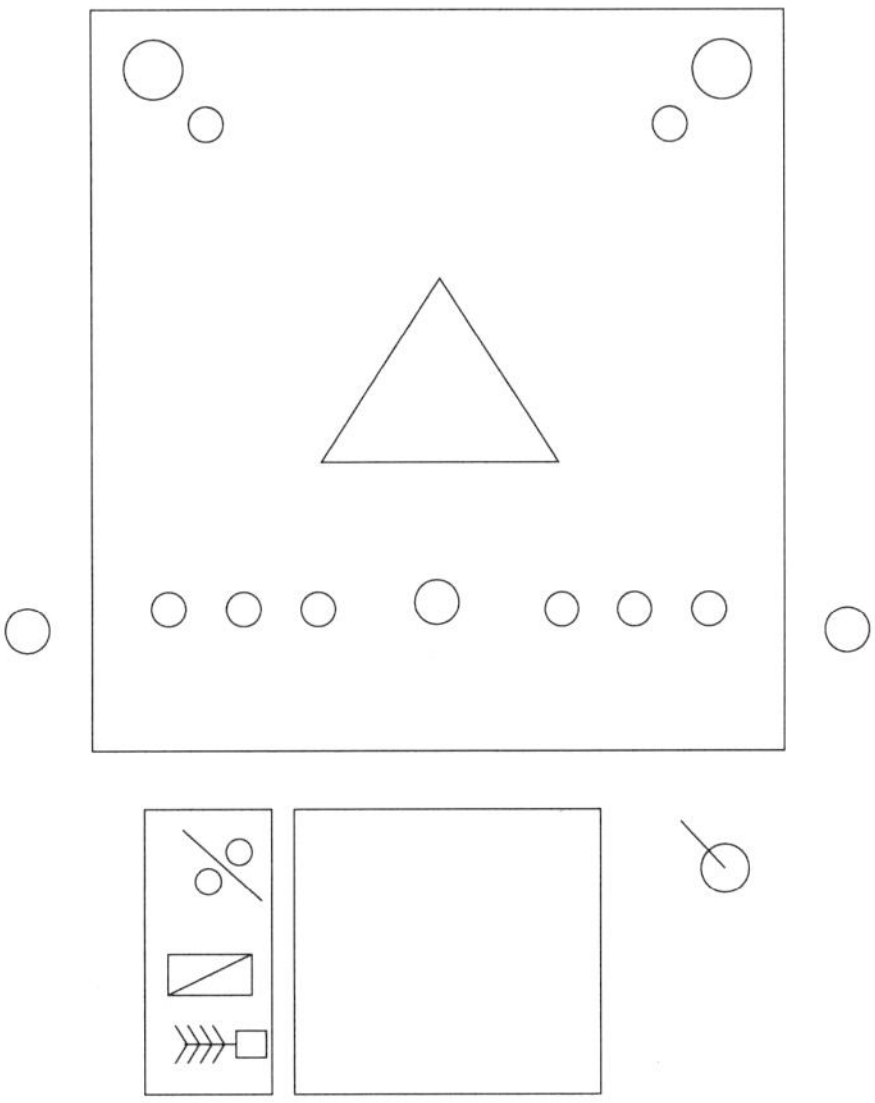

先ず前行所作の事

折紙の如し。初夜は先ず胎蔵界御前華一前、所作は折紙の如し。次に供養法一座、即ち護摩の前行の如し。金剛界の次第に不動法を引き入れ之れを修す。次に大師の所作前々の如し。後夜は先ず金剛界華一前、所作は折紙の如し。次に不動法一座、初夜の如し。次に大師の所作、初夜の如し。日中は先ず不動法一座、初夜の如し。次に孔雀明王、前々の如し。次に大師の所作、初夜の如し。『十八道口訣』にいわく、胎蔵の所作、初夜に改めて之れを勤む。その外、違うべからず云々。この意なり。その余、初夜には宵の陀羅尼之れを勤むべし。供物弁備等は前々の如くすなり。

○胎蔵正行壇荘厳の事

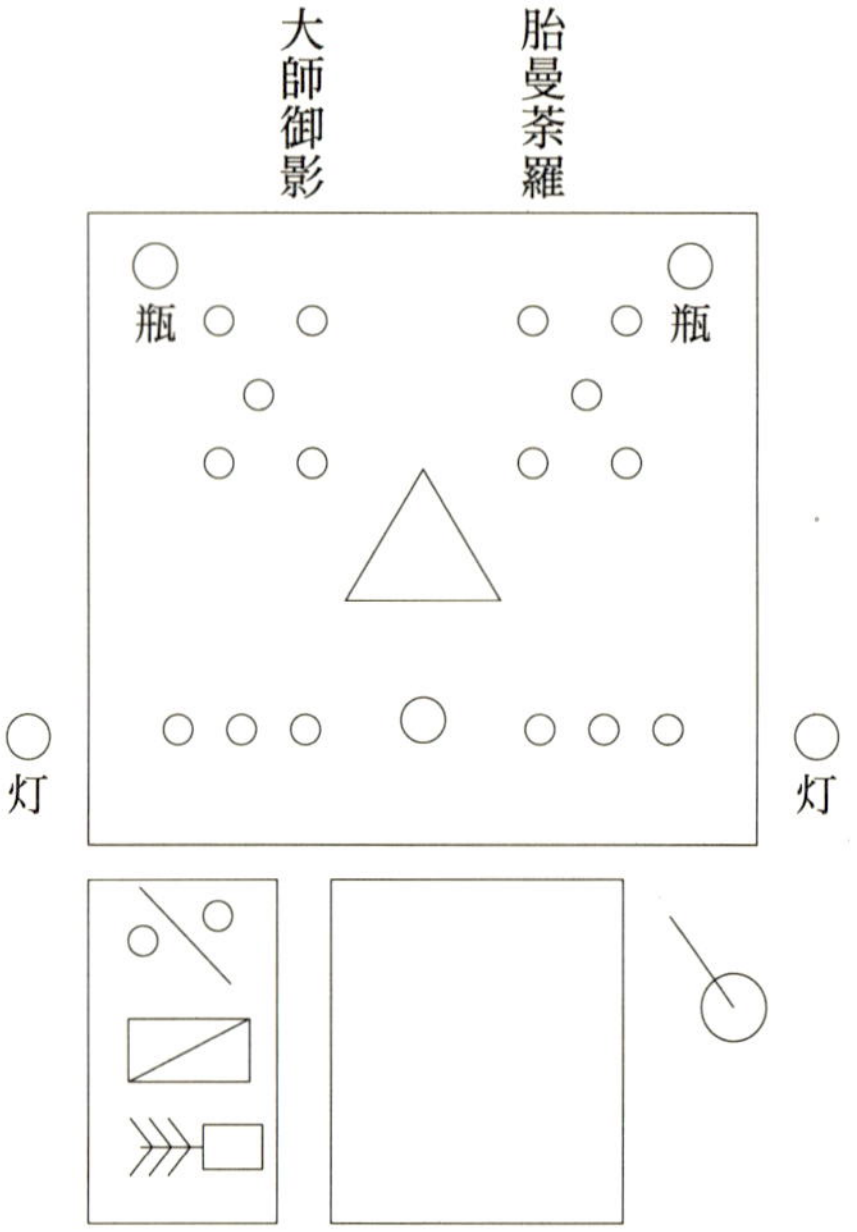

先ず供物弁備并びに壇引等は全く金剛界正行の如くすなり。

次に胎蔵正行の勤様の事

初夜開白。先ず供養法一座、次に大師の所作前の如し。宵の陀羅尼は時の宜しきに随う。後夜は先ず行法一座、次に大師の所作初夜の如し。日中は先ず行法一座、次に孔雀明王、尊像は之れを懸けず。所作は時の宜しきに随う。次に大師御前、初夜の如し。その余、結願の時、巻数并びに佛布施等全く金界の正行の如く意得うべきなり。

以上、胎蔵界加行、正行沙汰了る。

一、灌頂加行所作　一紙

『一二口訣』にいわく、灌頂加行の事、愛染王の護摩、三時に之れを修す。四面に供華、灯明は二灯、佛供は洗米なり。大師の所作、一時に之れを修す。日中に之れを修すべし。礼拝は之れを略す云々。本尊[illegible]の事は最寛より已来、この尊に就きしたがい修し来たる。必ず定量すべからず云々。『通解鈔』にいわく、灌頂加行の護摩の事、宏教の口訣にいわく、本尊、不動愛染任意なるべし。ただし当流は不動を以て之れを行ず云々。これらの意、当流灌頂加行の護摩は不動・愛染の二尊の間、行者の意楽に任す。ただし多分には不動護摩之れを修すべきか。日数は折紙に百日と之れ有り。ただし重受の人ならば七日の加行にて之れを授ける事も之れ有るなり。

以上、東寺宝菩提院相伝折紙畢る。

之れに付き、当流にも四度加行等了って未だ灌頂を受けずして、諸尊法を伝授せんと願う者には、先ず印可加行を修行せしめ、而して後に許可灌頂を授け、諸尊法を授くべし。ただし其の加行所作は不動・愛染何れも相違無けれども、当流の意多分には不動護摩をよしとすべし。大師の所作之れを勤むべきか。この事『通解抄』に沙汰あり。見るべし。

以上

一、西院流加行所作　三紙

内一、加行所作　一紙

一、四度加行私記　一紙

一、十八道加行所作西真水　一紙

以上の三紙は真水の御伝なり。西真水とは西院真乗院孝源という事なり。

この外、

一、四度執行次第　　　一紙

今私にいわく、以上の三紙折紙は御室真乗院孝源僧正の相伝にして即ち覚法親王高野御室の御伝と全同なり。是れ九通の折紙とも同様なり。ただし『四度加行私記』は誰人の記か分明ならず。恐らくは孝源僧正の私記か。ただしこの私記の意は十八道加行は両界・不動・大師一時に三座ずつ之れを勤むべし。金界前行より不動・大師一時に二座ずつの作法なるが故に、高野御室の御伝とは少異なり。随って本尊の懸け様、前行正行時に懸け替わるなり。その懸け様は左の如し。

十八道加行中
本尊懸様

- 大師
- 不動
- 両界

正行中ハ

- 大師
- 両界
- 不動

金剛界加行中ハ

- 大師
- 不動
- 両界作法無レ之

同正行中

- 大師
- 両界
- 不動

護摩加行中ハ

- 大師
- 不動
- 両界作法無レ之

同正行中ノ右ニ全同

胎蔵界加行

- 大師
- 不動
- 両界作法無レ之

同正行中

- 大師
- 両界
- 不動作法無レ之

詮ずるところ、この私記の意は金界前行より一座ずつ作法之れを除くが故に、作法は二座なり。三時共先ず行法之れを修す。次に大師の所作之れを勤むべし。

之れに付き、十八道加行中、塗香、名香用不の事。快師等の口訣には別に沙汰無し。爾るに今この『四度加行私記』には塗香器并びに名香包は之れを用うべき旨見えたり。随って東寺宝菩提院の今時の規則は之れを用うなり。然れば之れを用いてしかるべきか。

以上、四度折紙の分の沙汰了る。

十八道念誦次第　一帖

およそ十八道の次第に於いて多本あり。謂わゆる大師御作の本、石山淳祐の本、延命院元杲の本、聖宝御作の持宝金剛次第等なり。その中延命院御作の本は醍醐方に之れを用う。淳祐御作の本は安祥寺等に之れを用う。人師御作の次第は広沢諸流に之れを用う。小野に於いても中院流、小嶋流等の人、之れを用う。これらの諸次第皆小異あり。これ師々の意楽によりて口伝を加えたまうによるか。ただし当流伝授の本は大師御作の次第なり。

当流所伝の本もし大師の御作ならば、次第の終わりの廻向句に「弘法大師」の詞ある事不審なり仁和寺印本廻向に弘法大師の句なし。会していわく。是れ大師已後の祖師、私《ひそか》に之れを書き加えたまうと意得えれば相違なし。この事快遍問答、快師の口訣等一致なり。

これにつき、大師御草本の事。快師の至徳の記并びに印玄の口訣等には、奥州禅師の本（誰人か不分明なり）、御筆の御草本両本之れ有り。その後闘乱の時炎上するか云々。『十八道念誦次第口訣』にいわく、或人のいわく、大師御筆の草本、堀池僧正御房御相承云々。之れを尋ぬべし。

○次に十八道次第所依の事

快遍問答并びに快師至徳の口訣等の意は一具なり。今この次第は『根本無量寿軌』（不空訳『無量寿如来観行供養儀軌』一巻）を所依として之れを製作したまう。彼の無量寿の儀軌に十八契印を説く故に、この儀軌をまた十八道と名づくるなり。およそこの十八道の法門は専ら蘇悉地の法門なり。蘇悉地（su-siddhi）とは妙成就と翻ず。是れ両部不二の内証なり。随って阿弥陀を両部不二の大日と習う。故に今高祖殊更に『無量寿儀軌』に依って十八契印を製して両部不二の法門を顕わすなり。『一二口訣』にいわく、阿弥陀を以て蘇悉地の大日と為すこと、十八道殊にその証拠為り等云々。理法房顕覚（金剛峯寺宝生院）の『金玉』の口伝また同なり。顕覚は心覚の付法なり。覚印――心覚――顕覚――宏教律師。

〇次に十八道本尊の事

古来不定なり。ただし寺門山門は不動を本尊と為す。小野は多分に如意輪を本尊とす。広沢は大日を本尊と為す。小嶋、中院は小野なれども大日を以て本尊と為すなり。詮ずるところ、往古は行者の帰依に任すが故に所帰の本尊一准ならず。ただし今時はその流の口伝に依り次第を修するが故に、本尊随って定則あり。

〇次に十八道名義の事

はじめに十八とは十八契印と名づく。十八契印とは十七種の真言印契に本尊の印契を加えて十八と為す。ただし本尊は不定なるが故に別に今これを挙げられざるか。その十八契印とは印玄の口訣にいわく、十八契印とは浄三業、佛部、蓮華部、金剛部、護身、普礼、地界、金剛墻《しょう》、大虚空蔵、宝車、請車、迎請、降三世、金剛網、火院、閼伽、華座、普供養なり。已上十七契印に本尊根本印を加えて十八と云々。或いは三力偈を加えて十八と為す云々。已上は常喜院心覚『十八契印見聞抄』に見えたり　今いわく、この義は金剛部と被甲護身とは合して一種と為すか。もし之れを開けば本尊印を加えざるも十八を成ず。

この外に一説には普礼を除き、道場観を加え、また金剛部と被甲護身とを開いて二種とし、本尊印を加えずして

十八の数量を成ず。是れを常に六法十八というなり。六法十八とは、

一、荘厳行者法五行者の三業を浄除する

浄三業、佛部、蓮華部、金剛部、被甲護身

二、結界法二行者の身を浄めたる故に、更に世界を浄めて佛道修行の浄界とする

地結、金剛墻

三、荘厳道場法二依正二報を浄めたる故に本尊の道場を設く

道場観、虚空蔵

道場観は印契を説かず。故にこれを大虚空蔵に摂し、本尊の印言を加えて十八契印とする一説と、今の六法十八の義と二説あるなり。密厳諸秘釈第十の説は、普礼を加え、普供養を除き、道場観を如来拳印とす。

四、勧請法三道場を設けたる故に本尊を奉請する

送車輅、請車輅、迎請

五、結護三本尊を勧請せる故に内外の障礙を除く。

当部明王の印明、金剛網、火印

六、供養法三正しく供養する。

閼伽、華座、普供養

六法十八とは総別の不同なり。上人のいわく、十八は六法の小ワケと見えたり云々。この意なり。

次に道とは三義あり。一に助道の義。謂わく、十八契印は皆三密を以て佛道を助け、終に佛道に至る故に道という。二には能通の義。この十八種の印明を以て菩提の門を開通する故に道という云々。三には十八即道の義。謂わ

く、行者所修の三密即ち所入所詣の果徳なり。以上の三義のこと、中院の有勢の口訣に見えたり。また快師の『灌頂物語』にいわく、道に二義有り。一には因道、謂わく、十八契印を以て因道として如来地に至るが故に。二には果道、謂わく、この十八契印は皆是れ如来内証の果地智印なるが故に云々と。

十八契印は遮情浅略の義にては、大般若の十八空を表す。三密加持は皆迷執を遮遣するが故に。もし表徳深秘の義にては、凡夫有漏業感の十八界そのまま法身如来の功徳なる義を表す。また金界五佛四波（あるいは九会）と胎蔵中台八葉九尊とを表し、両部不二の行軌なることを示す。

○十八道表示の事

問う、法門の数量無辺なり。何ぞ十八に限ってその名を立つるや。答う、これに多義有り。一に金剛頂十八会に擬して十八の名を立つ。これ信証の義なり云々。二に金剛の九会と胎蔵の九尊とを合して十八道の名を立つ云々。十八界の表示と云々。この事、応永、至徳の口訣に見えたり。尚お十八道の深旨の事は『一二口訣』巻第十の続行法用心の事に見えたり。

因に結印の用心の事

醍醐三宝院は右衣の袖の内に、仁和寺西院等は左の袖の内に之れを結ぶ。中院は袈裟の下にて之れを結ぶ。安流また爾なり。この事、印融師の『三西不同抄』に見えたり。ただし西院は袖の内、或いは袈裟の下、両伝共に用うと見えたり。『一二口訣』巻第十にいわく、行法の時、顕露に印を結び人に見せしめれば憚り有り。塗香の後は袈裟の下、或いは袖の中、胸の下程にて印契を結ぶべし。『准提念誦法』金剛智訳にいわく、塗香を手に磨して印契を結ぶ時、衣を以て手を覆い人をして見せしむことなかれ文。『左記』にこの文を引いて委細の釈あり。見るべし。

次に念誦とは、『略出経』に四種の念誦を説く。『秘蔵記』には五種念誦を釈す。至徳の記にいわく、念観念誦は真言次第に文の如く仰せらるるなり。菩提達磨の『悟性論』にいわく、口に在るを誦といい、心に在るを念という文 次第とは十八契印の生起次第なり。

五種念誦の事。『秘蔵記』第六十八章にいわく、五種の念誦。謂わゆる蓮華念誦、金剛念誦、三摩地念誦、声生念誦一本に生念誦という、光明念誦一本に光念誦というなり。蓮華とは誦ずる声自らの耳に聞こゆ。金剛とは、謂わく唇歯《シンシ》合して少しく舌端を動かす。三摩地とはすべて舌を動かさず、心に於いて念誦す。皆是れ心蓮華の上に月輪を敷いて、月輪の上に明了に阿字を観ぜよ。観と念誦と相応して差違せず。生（声生）とは心蓮華の上に商佉白貝安ず。商佉より妙音声を出す。譬えば鈴を振るが如し。光明念誦とは口より光明を出すと念想して持誦する而已。それ声を出すも出さざるも常に是の念を作せのみ文。経軌諸次第には多く四種念誦を説きて五種を開かず。『金剛頂略出念誦経』には音声、金剛、三摩地、真実の四種を説き、『瑜伽供養次第法』（『杲宝私鈔』にこれを引用して金剛智訳という。ただし『御請来目録』にも載せず、『大正大蔵経』にも収めず、録外の請来か、杲宝の誤記か検討を要す）に音声、三摩地、金剛、降魔の四種念誦を説き、『高雄口訣』（弘弟全中二四五）には三摩地、蓮華、金剛、音声の四種を説き、「蓮華・金剛の二念誦を好し」といえり。『秘蔵記』の釈によれば、蓮華念誦は誦ずる音声が自身の耳に聞こゆる念誦というが故に微かに自ら聞き得る音声の念誦なり、高声に非ず。『略出経』の声音念誦これに同じきか。『高雄口訣』には蓮華念誦を、「口を動かして耳に聞こゆ、他に聞かしめずして誦念す」と説けり。杲宝はこの念誦を蓮華部の念誦なるが故に蓮華念誦と名づくといい、蓮華部の主は阿弥陀にして説法の徳を司る故に音声念誦と名づくと釈せり。『高雄口訣』に説く音声念誦は、「音をあげ長短分明にして自他倶に聞こゆるなり」と述ぶるが故に『秘蔵記』の蓮華念誦にも声生念誦にも非ず。また『供養次第法』に説く音声念誦は行者の音声について説くに非ず、本尊の口中より流出する音声が行者の身に入るにその音声断絶することなく、鈴を振るが如く緩ならず急ならずして、行者これを聞き、気息調和し安徐として審記せよと説く故に『秘蔵記』の蓮華念誦・声生念誦とは異なるか。『秘蔵記』に第二の金剛念誦を釈して、「唇歯合して少しく舌端を動かす」と説く。これ黙誦なり。『略出経』『供養次第法』『高雄口訣』共その名義同じ。杲宝は金剛部の念誦とす。『秘蔵記』の第三の三摩地念誦は舌を動かさず、自心の蓮華上に月輪を安じ、その月輪に字を安じて字相字義を順逆に観じ、観と念と相応せしむるなり。『略出経』『供養次第法』『高雄口訣』の説またこれに同じ。杲宝はこれを佛部の念誦という。『秘蔵記』の第四の声生念誦、杲宝所見の書には「声」の一字を欠ぐか、単に生念誦と記す。杲宝はこれ羯磨部の念誦とす。不空訳『一字頂輪王瑜伽経』（大正蔵一九・三二五上）に、如来蓮華部商佉声念誦は我れ雷声の如く鈴鐸を撃つ如しと讃ずと説き、また、心の間に於いて上に於いて商佉住す（謂わく蓮華の上にあり）、商佉の中より声を出し、相続して間断なし、という。これらの文によりて声生念誦を立つるか。心蓮華上に商佉（白螺貝）を安じ、その商佉より鈴を振るが如き妙音声を発するという。『略出経』『供養次第法』『高雄口訣』にはこれに相当するものなし。『秘蔵記』の第五の光明念誦は口より光明を出すと念想して持誦するなり。声を出すと否とには関係なし。これまた前記の『一字頂輪王瑜伽経』に、行者定に住して誦ず。（中略）舌より光明を出生す、其の光大声有り、と説く。これらに依るか。杲宝はこれを宝部の念誦とす。これまた『略出経』等には見当たらず。『略出経』に説ける真実念誦は、字義の如く修行するなりと説く故に、第三の三摩地念誦より更に別開せるものの如し。安然の『対受記』には実想念誦という。『供養次第法』に説く降魔念誦は内心慈悲に住して外に威猛忿怒の声を出す念誦なり。これ難化の衆生に対する説法の声を指すか。

〇十八道念誦次第の訓点。十八道念誦の次第と読むべし。十八道の念誦次第とは読むべからず。

以上、大旨了る。

入文解釈

○先ず入堂等

未だ道場に至らざる房中の作法として手を洗い、口を漱ぎ、衣袈裟を着し、浄三業、三部、被甲護身等の印明を結誦すべし。ただしこの作法の時、あるいは立ち、あるいは坐す、両説随宜なり。

浄衣加持の事。快師の口訣、快遍問答にはこの作法を用いず。而るに亮尊の口訣には、浄衣加持を用うと見ゆ。この時は左の手に衣を持ち、右の手に三股印を結び、[illegible]字を誦じて加持すること三返の後に着すべし。次に袈裟を取り加持すること先の如し。加持し了って被着するなり。

○即観吾身等文

これは道場に至るまでの間の観念なり。

亮尊の口訣にいわく、観ぜよ、吾身は金剛薩埵の身なり、首に五佛の宝冠を戴き、左右の手は金剛拳にして左は腰に安じ、右は乳の下に当つ。鈴杵を持する勢の如し。足に八葉の蓮華を踏み、歩歩に開敷せり、と云々。今いわく、この義は根本として『無盡荘厳蔵次第』に依ると見えたり。

印玄の記にいわく、金剛薩埵と観ずる時、手の持ち様、その沙汰無し。観念ばかりなり云々。詮ずるところ、亮尊の口訣は已達のため、印玄の口訣は初心の為めなり。初心の加行者には、彼の印相等、その沙汰に及ばず。ただ参堂の間、この観想に任せしむるのみ。随って快師の応永の口訣にいわく、道場に至る間は念珠を二匝ばかりにして弟子を下へさげて左の手の風空の間に懸けて至るべし。持金剛有らば、同じく風空の間に持すべし。右の手は扇なり云々。この口訣の意。入道場の時は別に印相無く、ただ吾身金剛薩埵なりと観念するのみ。金剛薩埵とは忍楽修行堅持不捨の義、即ち今日の求菩提の衆生を指す。これにつき、今のこの衆生は無常遷変の身なり。何ぞ直ちに金剛というか。謂わく、自宗の意は六大所成の衆生なるが故に衆生の挙体即法性の全体なり。故に爾かいうか。

○対本尊前等文

これ壇前普礼なり。印玄の口訣にいわく、礼拝は如法には五体投地なり。念珠をば左腕にかけ、あるいは左風空指の間にかけ、金剛合掌、礼拝三度、真言各一返ずつなり。晴の名（各イ）僧様には左の手を以て脇机の香呂を取り右の手に移し、ちと寄せて三度礼（拝イ）す。初の二度は少し早く、後の一度は少し遅くす。礼して香炉を置く。その後先ず左の足を礼盤に上げて着座す。もし香炉無き時は手を拱て礼するなり。およそ脇机に香炉を置くと置かざると両様之れ有るが故なり。礼盤の下に寄る時、念珠の持ち様、長き念珠は二匝にして達磨の方を下へ下げて成し持つなり。短きは一匝なり。達磨の有り所、その沙汰無し。是れ脇机に念珠を置かざる時の事なり。兼ねて置く時は爾らざるなり。自行の時は香炉は左の脇机に置くが故に左の手を以て取るなり。置く時は右の手を以て置くべきなり。曼荼羅供ナントノ時と香炉箱を右に置く時は右の手にて取り、また置くなり云々。

快遍問答にいわく、壇前普礼の事。晴の行法の時は礼盤の前に指し寄り蹲踞して、扇を磬台と礼盤との間に置く。左に持する念珠と杵を右に渡し、左の手にて左の脇机の香炉の柄の中程を取り、右の念珠を持ちたる手をよせて香炉の柄の曲がりたる所の程を取りて立居三度礼す。次に香炉を机に置いて念珠と杵と左に渡し着座す。内行の時は念珠を左の手に持ち母珠掌中に入れて持つなり、金剛合掌して言を唱えて五体投地（三イ）にて礼して着座す云々。

以上の二記は外儀内行の所作大都同なり。亮尊の口訣にいわく、普礼の時は念珠は左腕に係け、あるいは風空指の間に係け、金剛合掌にて礼拝三遍、真言各一遍云々。今いわく、この師の口訣は内行の時の作法なり。

○五体投地の事

印玄の口訣并びに快師の至徳の口訣等の意は、金剛合掌を開敷し俯せて左右の掌、并びに左右の膝、及び頭を地につけて礼するなり。是れ五体投地なり。

真言　唵　薩縛怛他蘗多　幡那満娜曩　迦嚕弭

Oṃ sarva-tathāgata-pāda-vandanaṃ karomi.

次に登礼についても、常には先ず右の膝より上がる。爾れども時に随って左より先に上りて着座することも之れ在り。是れ貴人若しは施主等右の方にあらば、その方へ向きて上がるべし。

○次に着座　常の如し文

およそ真言行者の坐法に結跏と半跏と二種あり。結跏坐は法身の座なり、半跏坐は報身の座なり。仍って行者智門に住するが故に半跏坐しかるべし。この事、快遍問答并びに至徳の口訣に見えたり。『略出経』にいわく、あるいは如来坐結跏坐を結び、あるいは菩薩坐半跏坐なり文。印玄の記にいわく、問う、結跏、半跏坐如何。答う、半跏坐とは右を以て左を押す。結跏とは半跏を著けず左の足を以て右の膝に置く。ただし結跏半跏、堪うるに随う云々。ただし常には半跏を用うべし。尤も結跏半跏とも両足の間に内衣を隔つべし。

○次に弁供

小野流にはこれを用うるも、当流にはこれを行ぜず。ただし磬台脇机等が袈裟衣に障りて無骨にならぬよう引き直し、次に鈴杵閼伽器等少々これを押し直すべきか。印玄の口訣にこの儀見えたり。

○次に着座普礼

小野には有り、当流には無し。これ広沢の通規なり。仍って着座すれば念珠をわげて左脇机の上に之れを置くべし。快師の口訣、快遍問答等一致の説なり。ただし亮尊の口訣には着座普礼を用ゆと見えたり。能禅の口伝にいわく、着座普礼の事、両手を以て数珠を按じ、その間に普礼の真言を誦すること三遍、終わって少しく金合掌して結んで数珠之れを置け云々と。亮尊の口訣はこれに依るなり。印玄の口訣にいわく、小野には之れ有り、当流には之れ無し。ただし絵図次第には着座普礼を用ゆと見えたり。彼は真乗院流なり。ただしまた用うるも難無きか。爾れば広沢にも有無両伝共に有り。ただし広沢流は多分は之れを用いず。

次に念珠をわげて脇机に置く。

快遍問答の意、母珠を左の頭指の内に当てて持ち、四指の本の方より末の方へわげて弟子を火風の間より右の手に引き出し、さて左の大指にてわけたる中へ推し入れて、左の手にて左の脇机に之れを置くなり。またその置き様は南に向かう本尊壇ならば母珠を南になるように置くべし。また杵の置き様は南向きの本尊壇ならば東西向きに念珠の上に置くべきなり云々。快師の至徳の記に、念珠置き様の事、十八道口訣の奥に見えたり。またいわく、口訣に晴の時、念珠独股香呂の持ち様の事、見えたり。この意なり。

次に着座後焼香の事

快遍問答に沙汰あり。およそ一座行法中、焼香の事、高祖の『秘蔵記』によれば、大法立の行法には五箇処、着座、現智身、道場観、正念誦前、後供養に名香を焼く。別行立の行法には四箇処、前の現智身を除くなり。ただし当流は着座後一度なり。

○次に塗香等文

先ず香をとる事。自行ならば右の手の空風を以て香器の蓋をとり、便宜の処に置く大旨器の前方なり。右の空風を以て香をとりて左の掌中に入れ、然して後に左右の手腕に塗るなり。三返。もし晴の時は悉く左の手を用うるなり。右の手を左へ廻すこと無骨なるが故なり。ただし蓋はこの所には覆わざるなり云々。已上、亮尊の口訣。ただし快師の応永の口訣の説はこれに反して、塗香器の蓋は散杖をこえて洒水器の前に置く。

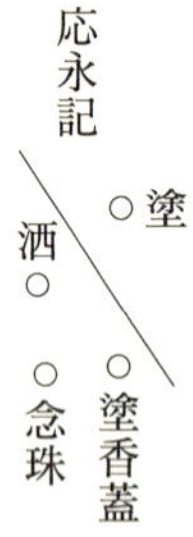

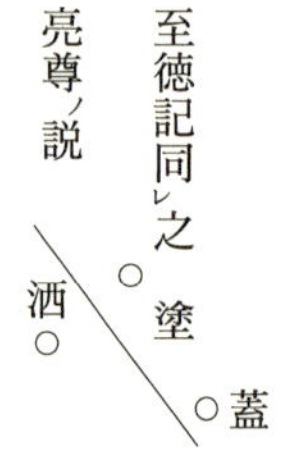

快遍問答は塗香器の蓋を取り傍に置く云々。

印玄の口訣にいわく、

次に塗香文　亮禅のいわく、ただ念珠を押し摺り、わげて左の手にて脇机に之れを置く。その手にて塗香器の蓋を取って、この図の所に置いて香を取り、腕等に塗ること、ただ一遍なり云々。塗香の蓋は一説には左の手の大頭二指を以て之れを取り、覆う時もまた爾なり。左の大頭二指を以て香を取り、右に移し、また左に移し手腕に塗れ、別して三度移すこと之れ無し。この説を用うべし。一説には左の手の大頭中三指を以て蓋之れを取り、則ち器より前の行者の方の器の通りに置くなり。洒水の蓋之れに同じ。次に左の手、大頭中の三指を以て香少分を取って、右の掌の中へ入れて三度両方へ移す。その後手腕等に塗るなり。それもことごとしくはせざるなり云々。

塗香器、洒水器の置き所は同跡なり。これは広沢は戒定慧の次第にして塗香戒洒水定念珠慧と之れを置く。小野は経定律戒論慧の次第にして洒水、塗香、念珠と之れを置くなり。

この処にては塗香器の蓋之れを覆わず。およそ塗香、洒水、散杖を置き取ることは皆左の手なり。経軌の如く、如法ならば右の手なるべし。然るに名（各イ）僧様装束等指し強《こわ》る故に便宜に付き、左を用うるなり。或はいわく、大御室の御身肥る故に、右の手諸事取り悪き故に左の手にて置き取ることを、この時より始まる云々。この意なり。

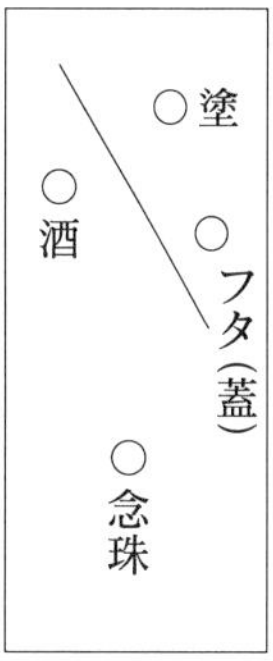

塗香、洒水の蓋の取り置き左右の手異なるは外儀と内儀との不同なり。また香を塗る左右の掌中三度移し替え而して後に左右の手背を押し廻すは快遍問答并びに応永の口訣等の意なり。印玄の一説これに同じ。香を取り左右へ移し替える儀を用いざるは、至徳の口訣并びに印玄の一義なり。ただし取捨は行者の意楽にまかす。塗香、洒水の蓋の置き様も両説あれば行者の意に任すべし。

五分法身等文

これは塗香の観念を示す。五分とは、戒・定・慧・解脱・解脱知見なり。分とは分斉分位の義、即ち五法の名体各々分位差別の義なり。その中、戒とは五戒十善等なり。定とは戒に依って定心に住する義なり。慧とは智慧なり。定に依って無漏智を発得す。解脱とは煩悩を断ずる義なり。是れ智に依って煩悩を断じ自利円満す。次に解脱知見とは佛果の上の後得大悲の方便智なり。次に法身とは、法は規持の義なり。上の五分各々軌持を守りてその徳を乱さずが故に法という。次の身とは聚集の義なり。謂わく、五分各々に類を以て集まるが故に身という（以上、常途浅略の義）。また自宗不共の深義によれば、五分とは五指なり。地水火風空の五大なり。法身とは、法は規持の義、身は体依聚の義なり。上の五大各々にその軌持を守り、その分位を乱さず。本来法爾として諸法の体性、また諸法の所依にして万徳聚集の本体なり。これを今五分法身という。これ本修の中には本有の位なり。五大即法性身にして六大本初の佛身なり。この処は人法不二・理智一体の極処なり。

次に磨瑩すとは修生修顕の義なり。一切衆生本来法爾として五大法性の理体に安住すれども、無明煩悩によってこれを覚知すること能わず。しかるに今秘密三昧耶の戒香を以て有漏の五大に塗る時、衆生の当体直ちに五大法性の理体なることを覚知す。これを「五分法身を磨瑩す」というなり。

戒定慧等というは修生修顕の次第、生起の行相を示す。行者秘密三昧耶の無漏戒体を護持して三業の垢穢を除き身器清浄なり。これを戒という。この戒を護持する功徳に由りて、𑖀字不生の大空三昧に住することを得。是れを定という。またこの三昧（定）に安住することを得、無漏の不二智を発得す。これを慧という。またこの智を発得するに由るが故に三業所犯の一切の業煩悩無明を解脱することを得。これを解脱という。この解脱の上に発する所の知見は不二智なるが故に諸法の本性を謬らず了々に分明に覚知し見顕《みあらわ》す。これを解脱知見という。然れば即ちこの解脱知見は真に自宗不共の如実知自心の分斉なり。これを今修生修顕の五分法身という。塗香は戒なり。戒は五分の初めにして、而も五分の惣体なり。この三昧耶戒香の上に義を以て五分を分かつと雖も、終に一に帰するなり。今塗香の処に五分法身の義をあぐる深義知るべし。この事、応永の口訣に沙汰せり。

○浄三業、三部被甲

以上、印契を結ぶには法衣の左の袖の下にて結ぶ。一伝には袈裟の下にて結ぶ。顕露ならしめず。

亮尊の口訣にいわく、蓮華合掌とは中指を少し開くなり。真言三返、身の五処を印す。額、右肩、左肩、心、喉なり。或いは真言五返云々。

至徳の口訣には、真言一返の間に五処を印すべし。被甲は明五返なり。中間の三部は各明三返なり云々と。快遍問答これに同じ。

浄三業の印について、亮尊并びに印玄の口訣は中指を開くといい、快師の応永の口訣は中指を開かずという。また快遍問答は十八道にはこれを開かず、金界に之れを開くという。また真言の返数についても五返、三返、一返の三説あり。ただし五処を印することは何れも全同なり。

真言　唵　娑《ソ》縛《ハ》婆《ハン》齷《バ》秫《シュ》馱《ダ》薩《サラ》縛《バ》達《タラ》磨《マ》娑《ソ》縛《ハ》婆《ハン》縛《バ》秫《シュ》度《ド》憾《カン》

Oṃ svabhāva-śuddhāḥ sarva-dharmāḥ svabhāva-śuddho 'haṃ.

結印、真言。次に結印のまま功能の文を唱う。ただし功能の文は、この処のみ唱え、後々の処の浄三業等には唱えず。また十八道初行の中にのみ唱え、金剛界加行等には唱えず。

○佛部文

亮尊の口訣にいわく、蓮華合掌して風指を屈して火指の中節に属し、二空を開いて二風の側に付け、真言三返。後に頂上（頂上の真中）を印す云々。

印玄の口訣にいわく、二空を開いて二風の下に付けるは十八道の間は用いず、金界より之れを許す云々。快師の両口訣并びに快遍問答にはこの事沙汰せず。

真言　唵《オン》怛《タ》他《タ》齬《ギャ》都《ト》納《ド》婆《ハン》縛《バ》耶《ヤ》娑《ソ》縛《ハ》可《カ》

Oṃ tathāgatodbhavāya svāhā.

私にいわく、佛部三昧耶の印相は佛頂形を示す。小無名中の三指は佛蓮金三部の総体たる佛頂形、二中指二頭指の間は二眼を表示す。この印を或いは佛頂印とも称す。

○蓮華部　八葉印文

八葉印は開敷蓮華を標幟す。

亮尊の口訣にいわく、八葉印とは合掌して二風二火二水を開き立て少し屈するなり。真言三返なり。後に頂の右を印するなり云々。印玄の記全同なり。真言の跛娜莫、ハンドマは広沢の訓、ハンドボは小野の訓。

真言　唵跛《ハム》娜《ド》謨《マ》納婆縛耶娑縛賀

Oṃ padmodbhavāya svāhā.

○次に金剛部文

亮尊の口訣にいわく、印相文の如し、真言三返、後に頂の左を印す云々。印玄の口訣全同なり。

この印は中間の三指を三股杵と観ずべし。この印を三股金剛印ともいう。

真言　唵縛曰嚕納婆縛耶娑縛賀

Oṃ vajrodbhavāya svāhā.

○次に被甲三股印　五処加持

法皇御記にいわく、両の地水各々内縛して、火を合し立て、風を屈して三股の如し、空を立てて水を押す云々。

亮尊の口訣にいわく、内縛三股印なり。二空並べて中指に付け、真言三返の後、五処を印す。浄三業の如し。或いは五処を印するに随って真言五返云々。印玄の記大同なり。いわく、内縛三股印なり。二空並べて中指に付く。真言の鉢羅捻また捻《チツ》また捻《チ》なり、これ異説の読みなり文。応永の口訣にいわく、加持五処なり、真言五返なり云々。

甲冑の真言の鉢羅捻《チ》、また捻《チツ》、捻《チウ》○読み様の異説なり。当流何れを用いるか。答う、捻《チウ》と読むなり。

この印相に付いて、快遍問答にいわく、天竺には甲冑、皆三股印を付するが故に之れに准じて、両手三股印を被甲に用いるなり云々。内縛三股印なり。甲冑の上の三股杵の形を表す。

真言　唵縛《バ》曰《ザ》羅《ラ》儗《ギ》儞《ニ》鉢《ハ》羅《ラ》捻《チ》跛《ハ》跢《タ》野《ヤ》娑縛賀

Oṃ vajrāgni-pradīptāya svāhā.

捻の読みについて、川井本はチと訓ずるも、一本謄写本にはチュウとす。また東寺本印本はチツとす。

きわめて威燿ある金剛の智火を以て身を堅め諸魔を退けて化他の事業を成就することを念ずる意なり。

○次に加持香水

散杖は梅、柳等を用う。削り様は本を三層、末を八葉に作る。長短は壇の大小に依る。

印玄の記にいわく、左の手の大頭二指を以て、この時塗香の蓋を覆う。その手の次いでに洒水の蓋を取り塗香器に蓋の跡に置く。次に念珠の母珠を取るに左の手を以て引き上げて、左の手に持す。次に右の手に水空相捻して三股印を作し、軍荼利の咒を誦す。逆に二十一遍加持す。左の手の念珠を以て数を取るなり。次に右の手を以て散杖を取る。ただし装束等強る時は左の手を以て取るなり。即ち散杖の末を洒水器の中に指し入れ、𑖨𑖽字を誦して逆に二十一遍香水を撹て加持す。次に𑖪𑖽字を誦して順に二十一遍香水を撹て加持す。その様は数珠を二十一遍より取り、反して𑖨𑖽字二十一返、次に達磨の方より𑖪𑖽字二十一返、数を取る。次に散杖を洒水器に当てて叩くこと初め三度、中に二度、終わり三度なり。何れも均等に叩くなり。洒ぐ事、一説には

この如し。高野山にはこの義を用う。一説、亮禅のいわく、洒ぐ事、先ず順三返、次に逆三返、順逆各三返の後の中程にて三度上下す。前の順逆は横の加持、後の上下は竪の加持なり。洒ぐ事終わりて散杖を置く事は、左の手にある念珠を右の手に取り移し、右の散杖を左に取り移し、左の手にて置くなり。その次に左の手を以て洒水の蓋を覆う。次の右の念珠を左の手に取り移して、右の手に三股の印を作して供物を加持す云々。以上、印玄の記。宝菩提院にはこの義を用う。近来宝菩提院の様は

なり。

諸師の口訣、大同小異なり。先ず小三股印を以て洒水を加持す、及び𑖨𑖽𑖪𑖽加持等は諸師大都同様なり。次に器を叩く事もまた全同なり。次に洒ぐ事、亮尊の口訣は彼の印玄両説の中の後説、亮禅の義と全同なり（豊山唯阿の『西院流伝授口訣』第一を参照すべし。）。快師の両口訣、彼の印玄の初説と全同なり。その余子細無し。ただし加持香水百八返とあれども、常には二十一返なり。

自身及び壇場供物内外等に洒ぐ文とあるにつき、亮尊の口訣に両説あり。一説には先ず自身、次に供物、次に壇上にそそぐなり云々。一説には毎度自身供物壇上にそそぐ。ただしこの時は供物、壇上の後に自身にそそぐなり。前説は本説に叶い、後説は常途にこれを用う云々。

器の端を叩く異説の事。印玄の口、快師の口等委細なり。

また小三古印について三説あり。一には風空相捻し、二には空水相捻し、三には空地相捻す。この中当流は第二説を本と為す。意は水指は𑖪字なり、空を以て之れを捻すれば即ち𑖪𑖽字となる。香水加持に尤もよく相応するなり。（印玄の口訣に見ゆ）

念珠を取る度に必ず杵を取るべきかの事。快遍問答にいわく、杵を持する時、念珠を取る度先ず杵を取るべし。ただし正念誦の時は取らず。問う、散杖の時は念珠、左の風空の間に持ち様如何。答う、母珠を掌中に入れて持つなり。問う、杵を持する時は杵も同じく風空の間に持つべきか。答う、爾なり云々。

○加持供物文

亮尊の口訣にいわく、口にいわく、左の手先の如し。三股印に作して順逆には非ず、横に三遍加持せよ、真言三返。壇上の供物等を加持するなり。左の手に猶念珠を持つ。あるいは逆順三返之れを加持するか。快師の口訣は、逆順三返、加持の義を取るなり。印玄の口訣にいわく、左の手に念珠を取り、右の手を以て三股印を作し、順逆各三遍加持すと云々。或いは順三遍にして逆は無きなり。明三遍なり。前説を可とす云々。然れば是れまた快師の口訣と全同なり。

金剛界行法の時は加持供物畢れば、念珠をわげて机に置く。これ𑖨𑖽字観、浄地、浄身等の作法ある故なり。十八道には加持供物の後に別に作法無き故に念珠を置かず、直ちに表白神分に移るなり。

加持供物の真言　唵播《ハム》娜《ダ》迦《キヤ》里《リ》灑《シヤ》喩《ユ》縛《バ》曰《ザ》羅《ラ》吽《ム》

Oṃ padākṛṣya-vajra hūṃ.

〇次に表白神分等文

亮尊の口訣にいわく、口にいわく、開白に時は先ず左の手にて脇机の念珠を取り、次に香炉を取り具し、金二丁。若し磬を打つ時は撞木を置くに二説有り。前机の華鬘と塗香との間に置く。あるいは華鬘の外に之れを置く、故実なり。あるいは磬台の下に置く宝菩提院の様云々。諸師の口訣大都同様なり。

能禅の口伝にいわく、鋺を打つ様に種々の相伝有り。内を打ち、外を打つ。また内を打つに付いて前の内と外の内と違目之れ有り。然りと雖も一二の相伝の意は前の内を打つなり。是れ尋常の儀なり云々。

またいわく、表白の儀式、先ず左の手に念珠二匝ばかり之れを取る。一匝は長く、一匝は少し短くするなり云々。ただし表白は開白に時に限り之れを用う。後々は金二打御流は三打して後に一打都合四打なり、令法久住利益人天の為めに、摩訶毘盧遮那宝号丁、次に仰三密等より来臨まで之れを除き、直ぐ奉始外金剛部等へ引き移るべし。以下、常の如し。

般若心経の所に至って香炉を置き、念珠ばかりにて金合して心経一巻。之れを読み畢って、また香炉を取り大般若経名等、常の如し。

次に仰請快師――アヲキウケタマワリコウ・印玄――アヲキコウ真言教主の処にて香炉を置き、念珠を両手の中指にかけ、合掌して各大悲利生本誓の各の字より念珠を摺るなり。詮ずるところ、祈願の時念珠を摺る流々不同なり。就中当流は内外共念珠を摺り祈願するなり。これ快師の至徳の口訣并びに亮尊の口訣と同様なり。ただしこの念珠摺り畢りて金を打つ時、快師の至徳の口訣には、また香炉を取り金を打つという。印玄の口訣には、この祈願の後は香炉を取らず、ただ念珠ばかりなり云々。

之れに付き、般若心経を読誦する時、能禅の口伝にいわく、総じて神分に般若心経一打、次に心経之れを始む。この時香炉を置き、金合にて読経云々。宝菩提院にはこの説に依る云々。快遍問答にいわく、神分心経の事。丁寧に読むべきなり。念珠を持ちながら両手を拱《こまね》いてすべし。問う、晴の行法の時、委しく読むべきか。答う、時移らば略すべし。常の講問なんども略して真言ばかり誦ずるなり。問う、その時も香炉を置くべきか。答う、置くべし云々。この問答ならびに快師の応永の口訣同じく手を拱くと云々。心経読誦の間の用心あれども、その余の口訣には何れとも沙汰なし。

当流所用の表白の事。快師の応永の記にいわく、初行に表白有るべし。九帖の中の初行の表白には非ず。当流には用い来る所の表白別に之れ有り云々。快遍問答にいわく、今表白神分の作法は『八結』の内を取り合わせて宥快法印類集したまえり。頚次第これも口訣を以て記したまえり云々。然れば常用には快師類集の表白并びに頚次第を用うべし。また『四度加行私記西院』にいわく、四度正行開白の時、表白は相承の古草之れを用う文。この古草とは何れの表白を指すか尋ぬべし。

神分を用いる事。『高雄別行抄』の意、表白神分は日本は神国なるが故に神を祀り奉る。法楽をささげて証明と為すなり云々。また『発慧抄』頼瑜の金剛界にいわく、一切の神祇に皆佛法護持の誓約あり、故に法楽を添えて擁護を蒙る云々。これらの意、詮ずるところ、表白は初めに惣じて本尊海会を始め奉り十方三世の諸佛菩薩等の三宝の境界に帰命し、次に別して本尊の内証外用の願力功徳を称讃し、後に行者所求の旨趣を上表し報告する意なり。

次に神分とは、神は天神地祇、分は分与の義、即ち法施を諸神に分かち施与する義なり。『肝要抄』にいわく、我が朝は神国なるが故に殊に神明に法楽を捧げ、擁護を請う云々。ただし神分の本拠の事、『大日経』第七・真言事業品第五（大正蔵一八五三下）にいわく、然して後に法施の意を以て大乗方広経典を読誦し、あるいは心を以て誦して諸天神等に請い之れを聴受しせむ文。この経文に依って、日本は神国の故に神の法楽を用いるのみに非ず、広く曼荼羅外金剛部に通じて法施を奉るの意なり。

之れに付き、初行の時は表白神分作法の如く、後々に行ずる時は金輪聖皇の句の次に意楽に随って諸句を入れるべし云々。この事快遍問答に見えたり。

○中陰中の行法に神分有無の事

当流『亡者護摩口訣』に或抄を引いて亡者のために護摩を修する時、中陰中は神供を用いず。中陰以後は之れを用う。神分また之れに同じ云々。今之れに准じて中陰中三十五日の間の行法は神分を略する義しかるべきか。この時は金二打、直ちに令法久住利益人天、過去聖霊頓証菩提往生浄刹、護持法主所願円満の為めに摩訶毘盧遮那宝号、次に弘法大師普賢行願等以下常の如しと意得うべし。三宝院流なんどには中陰中の表白神分別に之れ在り。之れを用いるも相違無きか。

○表白名義の事

表とは内心を標示する義、白とは所願を啓白する意なり。この故に初めに本尊海会諸尊を帰命し、次にその尊の内証外用の功徳を讃嘆し、後に行者の意願を啓白するなり。次に神分とは、およそ我国は神国なり。故に殊更神明に法楽を捧げ、佛法の擁護を蒙る。次に弘法大師以下は祈願なり。この中、祖師、国王、大臣、父母、万民等の祈願あり。是れいわゆる四恩の広徳を報謝するの意なり。

（頭註）

表白の文、釈名、下より上にいうを表といい、白は告なり云々。有部律摂に釈して、白は告知をいう。詮ずるところ、表は表示、表顕の義、白は告知、報告の義なり。

○一切恭敬等文

已下、五悔等なり。亮尊の口訣にいわく、念珠を左の腕に係け、あるいは左の空風指の間に係け、金剛合掌に作して、一切恭敬より三摩耶の言に至るまで同印にて之れを誦す云々。印玄の口訣、全同なり。ただし快師の口訣は、彼の両説の中、念珠を左の手の風空の間にかけて金剛合掌して之れを誦ずる一義を出せり。

一切恭敬敬礼文。およそ三宝に於いて同体・別体・住持の三種あり。今は常住三宝というが故に同体三宝なり。爾れども退いていえば、他の三宝もまた常住の義あるべし。

(頭註) 一、同体三宝　三宝一々の体に三宝の義あり。
二、理体三宝
三、別体三宝　諸佛の三身　佛
六度　法
十地菩薩　僧
四、住持三宝

十八道の時は浄三業、普礼及び発菩提心、三昧耶皆是れ同印にして金剛合掌なり。先ず礼拝懺悔を作さんと欲う時には、先ず三業を清浄ならしむべし。故に五悔の前に浄三業の印明を列ぬ。また三業を清浄ならしむるのみに非ず。懺悔せんとする時には、必ず諸佛を礼すべきが故に、また普礼の真言を唱うべし。已に三業を清浄ならしめ、諸佛を礼し了って正しく五悔の文を唱う。浄三業普礼の二種真言は敬礼の分斉なり。

五悔の大旨。浄厳の『別行次第秘記』に、五悔は金剛界儀軌等に出ず、もと金剛頂経の所説なりという。同記に浅略深秘の二義を以て釈せり。同記は安流の記なれども、その所釈参考とすべし。先ず浅略の義をいえば、一切の佛菩薩の行願は普賢の十願に過ぎず。今の五悔と普賢十願とは数を異にするも開合の不同にして体は異ならず。『観智儀軌』（不空訳『成就妙法蓮華経王瑜伽観智儀軌』、大正蔵一九・五九六中）にいわく、右の膝を地に著け、掌を合わせて心に当て、目を閉じ意を専らにして普賢行願を誦すること一遍せよ文。五悔は菩薩の願なり。五悔と十願との開合をいえば次の如し。

五悔

- 一、至心帰命—此有㆓三業浄㆒
  - 一頌
    - 身浄—一、敬礼諸仏
    - 口浄—二、称讃如来
    - 意浄—三、広修供養
- 二、至心懺悔 一頌—四、懺悔業障
- 三、至心随喜 一頌半—五、随喜功徳
- 四、至心勧請—此有㆓二頌㆒
  - 初一頌—六、請転法輪
  - 後一頌—七、諸仏住世
- 五、至心廻向—此有㆓三頌半㆒
  - 初一頌半—八、常随仏学
  - 中一頌—九、恒順衆生
  - 後一頌—十、普皆廻向

普賢十大願（『四十華厳経』第四十に出ず）

次に深秘の義をいえば、およそ普賢とは行者の浄菩提心の体性なり。この体性に於いて五智の徳を具す。これを五悔と為す。謂わく、次の如く中東南西北の次第に五悔を配す中因垂迹。また一義には東南西北中の次第に配す東因修生。また彼の『華厳経』には理秘密を説くといえども、未だ五相三密等の事秘密を説かず。故に唯理具に約し、また満数に依って十十無尽の義を表す。然るに金剛頂経の中には五相三密を説き、事秘密の瑜伽を示して五智各具して無際智を成ずることを明かす。故に顕密の法体各別なり。五悔は金剛頂経（不空訳）の所説にして、普賢の十大願は『華厳経』行願品の所説なり。よって一往は顕密不同なれども、詮ずるところの旨趣全く一致にして、ただ是れ開合の不同なり。是の故に一切の行法に五悔を用いる時、必ず普賢の十大願を憶持して一々の願、深心を起こして目前に対するが如く発願して、一切時にわたり念々相続して間断あるべからず。仍ってこの五悔一往浅略に似たれども再往深秘に約する時は、五悔即五智五佛の内証法門なり。

○五悔列次の事

五悔五佛の配釈につき二伝有り。一説には、初めに至心帰命を大日法界体性智に配し、乃至終わりの至心廻向の句を成所作智不空成就佛の内証とす。また一説には至心帰命の句を阿閦大円鏡智に配し、乃至至心廻向を大日法界体性智に配す。この事、印融の『三宝院流如意輪聞書』ならびに浄厳の『別行次第秘記』に説けり。見るべし。

第一に諸佛に帰命するには懺悔せざれば感応少なし、故に第一至心帰命に次いで第二至心懺悔を置く。もしまた懺悔するも随喜せざれば法の功徳顕われ難し、故に懺悔に次いで随喜を列ぬ。もし随喜すとも勧請せざれば応現したまわず、故に随喜に次いで勧請を列ぬ。もし是の如く功徳無辺なりとも廻向せざれば利益無し、この故に第五に廻向の句を列ねて普く法界の衆生に廻施するなり。

○次に発菩提心真言

上の礼拝懺悔の功徳に依って今本尊の御前に於いて真浄の菩提心を発す義なり。ここに菩提心というは勝義・行願・三摩地の三種菩提心なり。委しくは『発菩提心論』の如し。

真言　唵　冐地質多母怛波那野弭

Oṃ bodhicittam utpādayāmi.

○次に三昧耶戒真言

已に菩提心を発す故に今自然に本性尸羅の戒体を具足す。是れ即ち自誓受の分斉なり。この三昧耶戒、また佛戒と名づけ、あるいは無為戒と名づくること常の如し。

真言　唵　三昧耶薩怛鑁《バン》

Om samayas tvam.

○次に発願金一丁

亮尊の口訣にいわく、左の手の念珠に香呂を取り具して金一丁。発願及び五大願を唱う。もし香呂無ければ金剛合掌云々。また快師の至徳の口訣にいわく、一には数珠に香呂を取り具して金を打つ、発願の間、香呂を持ちながら五大願の終わりに数珠香呂を置く。二には香呂を取って金一打、ヤガテ香呂念珠を置いて、金合して発願を読むなり。三には香呂を取らず金を一打して金合し念珠をば三力ノ偈の後に置くなり。亮禅僧正、この説を用う。勧請を用いる時は香呂念珠を取りて金をば打たず、五大願の終わりに念珠香呂を置くなり云々。印玄の記全同なり。

印玄の口訣にいわく、次に発願文。一には、念珠香呂を取り具して金一打、発願の間、香呂を持ちながら五大願の終わりに念珠香炉を置く。二には、香呂を取って金一打、軈て念珠香炉を置いて金合して発願を読む。三には、香呂を取らず、金一打、金合して発願を読み、三力偈に至るまで金合す。念珠をば三力偈の後に置くなり。三力の金を打つ時は、金を打って後に念珠を置くなり。亮禅僧正この説を用う。勧請の時は念珠香呂を取りて金をば打たず、五大願の終わりに念珠香呂を置くなり。

勧請と発願との関係

印玄の口訣にいわく、小野の御修法には初夜勧請なり。御聴聞有る故なり。日中後夜には発願を用う。大法には三時共に勧請を用いる。およそ発願は、声明の時は之れを用いず。声明の時は必ず勧請を用いるなり。ただし自行の時は三時共に皆発願を用うべし云々。快師の至徳の口訣大都これに同じ。発願勧請は共に念珠香呂を取る時は五大願第四句の時、香呂を置き、三力の金の後に念珠を置くなり。

また三力の金の事。御修法等の時は伴侶に三力の後、佛眼の咒を誦せしむる為めに必ず之れを打つなり。自行には無用なれども、外儀の時、越（落）度せざらしめんが為めに常にも其の意得のために之れを打つ云々。この事、印玄の口訣、ならび快師の至徳の口訣全同なり。詮ずるところ発願とは上に已に菩提心を発し三昧耶戒を成就し竟る故に、今本尊聖衆を勧請して行者の意願を祈る。故に初めに約して勧請といい、後に約して発願という。二名互いに見れば、その義自ずから明らかなり。

○次に五大願

（頭註）五大願は『尊勝儀軌』『無畏禅要』等に出ず。

しばらく上下相望していえば、上来の発願は行者の別願、已下の五大願は惣じて菩薩大士の通願なり。而もこの五大願は密家不共の大願なり。即ち深秘に約すれば直ちに是れ五佛五智の内証法門なり。その配当に古来二伝あり。一伝には五大願、順に大日・阿閦・宝生・弥陀・不空の五佛五智の内証なり云々。一説には五句、次の如く阿閦・宝生・弥陀・不空・大日の次第なり云々。委しくは『別行次第秘記』（巻上二四右）等の如し。

顕教に四弘願を用い、密家に五大願を用いる事

顕の四弘誓願の中には煩悩断の句あり、密宗の五大願に何故この願無きか。答う、五大願に摂すべし。その摂し方に二義あり。一には初の衆生無辺の句に之れを摂す。能有の衆生を度すれば、所有の煩悩も自ずから断ずべき故に。一には終の菩提無上の句に摂す。煩悩即菩提の故なり云々。この事、印融の『十八道私鈔』に見えたり。

○普供養等文

亮尊の口訣にいわく、念珠を左の手にかけながら金剛合掌して二風を宝形に作し二大並べ立つ。真言一返。本次

第には𑖮𑖳𑖽字無し。異本に𑖮𑖳𑖽字を加う。然からばただ𑖮𑖳𑖽字を略するなり。あるいは金剛合掌を用う云々。至徳の口訣にいわく、勧請の時は如来無辺等の処にて香呂を置き、次に念珠を置き（亮尊の口訣と異なる）、次に金合して普供養三力等誦ずるなり。自行の時は発願の初より金剛合掌して三力の偈を唱え畢って金を打ち、後に念珠を置くなり云々。また亮尊の口訣にいわく、金剛合掌して偈を唱え畢って金一打して念珠を纒い之れを置く云々。これら大都同意なり。

普供養の印明

普供養の印明は、如上所修の功徳を普く法界の諸佛に供養する義なり。およそ供養に事理二種あり。事供とは香華飲食衣服等なり。理供とは菩提心を発し衆生を済度し経（教カ）法を弘通する等なり。今の五悔発願五大願の類また之れに当たる。就中理供を以て最上と為す。仍って今上来、発願五悔（五悔発願五大願イ）惣別の願行を諸佛に捧げ奉り普供養の真言を用らるなり。

普供養の真言　唵　阿謨伽布惹麽抳跛納麽　縛曰隷怛他蘗多尾路枳帝　三満多鉢羅薩羅吽

Oṃ amogha-pūja-maṇi-padma-vajre tathāgata-vilokite samantaṃ prasara hūṃ.

○次に三力偈

『大日経』巻第七・供養儀式品、巻第三・悉地出現品の所説なり。

『大日経』具縁品には、以我功徳力を自福智力、自願智力と名づけ、如来加持力を諸如来一切智智と名づく。法界力を法界加持力という（諸如来一切智智一切如来自福智力自願智力一切法界加持力文）。

悉地出現品には、以我功徳力　如来加持力　及与法界力　周遍衆生界文という。

『大日経疏』巻第一一（大正蔵三九・六九六下）にいわく、我が功徳力を以ての故に、如来の加持力を以ての故に、法界平等の力を以ての故、この三縁合するを以ての故、則ち能く不思議の業を成就す文と。以我功徳力は内因、如来加持力は外縁、及以法界力は内因即ち真如法界の内薫力なり。あるいは外縁とは九界の衆生の挙手低頭等の善根力、同類因、増長縁のために相互に力を与うる義なり。普供養而住とは上の五悔の大行発願五大願を発して以て普く法界の諸佛に供養する意なり。而住とは円城寺の義は曼荼羅を建立する義という。大日経には、能く不思議業を成就するなり云々。普供養而住とは、円城寺にいわく、而住とは曼荼羅を建立するの義なり文。これらの意なり。

○三部被甲護身文　印明如先

諸師の口訣之れを略して用いざるなり。印玄の口訣にいわく、『八結』の内或説にはここには用いず。「続行法用心」にいわく、問う、十八道次第に三部被甲を用いる事処々に有りと見えたり、その意如何。答う、三部の諸尊に三密の加持を請うなり文と。委細は彼を見るべし。

以上、前方便。已下、正修行なり。

○次に地界金剛橛等

至徳の口訣にいわく、印は左の水火の二指を並べて右の水火の上に重ぬるなり。小野と異なる。水火二指重ねる―至徳、印玄―今これを用う。／水火二指交える―亮尊―小野はこれを用う。保寿院。地を指すこと三度（御流には地を指さず。印玄の記）明三遍文。印玄の口訣全同なり。ただし亮尊の口訣には両手の水火相叉える印を用う。詮ずるところ、この印は独股の形を表するなり。大師御伝の結界の図（五種結界の図、『密教大辞典』初版六〇二―六〇三に色刷りにて示す）を見るべし。この図は野沢共に之れを用うと見えたり。三度地に触るるとは三度び打ちて之れを振るうなり。橛は独股なり。「その界、心の大小に随うて即ち成る」とは、あるいは一国あるいは一郷あるいは一坊等の広狭なり。行者の意楽に任すべし。ただし初心の行者は一坊の結界宜しきなり。『摂真実経』にいわく、道場に広狭有り、大は一千由旬、乃至五百一十なり。是の如く漸く小さきは乃ち掌中爪甲の量にも道場を建立するに皆悉地を獲云々。これらの意なり。
（『別行次第秘記』巻上三〇右已下参照）

地界金剛橛の真言　唵　枳里枳里縛曰羅縛曰里歩羅満駄満駄吽発吒

Oṃ kīli-kīli vajra-vajri-bhūr bandha bandha hūṃ phaṭ.

○次に金剛墻印文

印相、大都次第の如し。亮尊の口訣にいわく、前の印を散ぜずして、二空を張り開きて身に向かいて右に遶らすこと三度、真言三遍云々。応永の口訣にいわく、二大を張り開きて文。これは二大を二頭の本に付けて、しかも指の前を張り開くなり。これらの意なり。詮ずるところ、この印は三股形なり。多種の三股を絞《クミ》立《タ》て金剛墻を成ず。結界の図を見るべし。『陀羅尼集経』にいわく、四方結界印なり云々。前の地界に称《かな》えて等とは地結の広狭に随って墻界を成ずべきの意なり（『別行次第秘記』巻上三二右已下参照）。

真言　唵薩羅薩羅縛曰羅鉢羅迦羅吽発吒

Oṃ sāra-sāra vajra-prakāra hūṃ phaṭ.

○次に道場観　右拳を以て左拳の大指を握る（一本には、次に如来拳印）

以下、道場観なり。如来拳印とは、快師の応永の口訣にいわく、右は果、左は因なり、因果不二なり。あるいは右は浄土、左は穢土、浄穢不二の印なり。即ち浄土変の印というは、この意なり（『別行次第秘記』巻上四〇右已下参照）。

亮尊の口訣にいわく、印相、文の如し。ただし右拳、風を屈して空の背に立つ。心前とは壇上なり。次に𑖀𑖾字とは字の色白色なり。𑖀字は金色、𑖮𑖿𑖨𑖱𑖾字は赤色、八葉蓮華また赤色なり。𑖪𑖽字は白色か。法界率都婆とは五輪塔婆なり。色形常の如し。七処加持の時は印少し揺して七処を印す。真言各一遍云々。（如来拳印については『別行次第秘記』巻上四五左已下参照）。

いま私にいう、およそ道場観とは上に地結四方結を以て結界する所の地上に建立する道場なり。その道場を観ずるに広略重々の観相あり。その中広観とは始め器界観より乃至楼閣宮殿及び本尊の種三尊等具さにこれを観ずべし。是れ金界次第の道場観の如し。次に中観とは始め須弥山より乃至楼閣宮殿及びその尊の種三尊等之れを観ずる類なり。次に略観とは始め壇上あるいは心上より乃至その尊の種三尊等之れを観ず。十八道の道場観等の如し。猶その略観の上に於いて観じ様種々不同なり。あるいは絵木像の心月輪の上に諸尊の道場を観じ、あるいは行者の心月輪の上に之れを観じ、あるいは行者の心前に之を観ず。心前とは壇上なり。あるいは敷曼荼羅有らばその中央本尊の心上に之れを観ずる等重重無尽なり。是の如く異説するは本と是れ行者の意楽非一なるが故に所観の法門随って無量無辺なり。猶また道場所観の本尊に付き、祖師の相伝異説せり。しばらく当流相伝の一義に依らば、『一二口訣』巻第十に、示していわく、道場観の種子三形尊形と観作する本尊は法身なり。壇上の絵木像等は応身なり。召請の佛は報身なり。謂わく、法界宮の報身を壇上絵木像等の応身に召入して報応不二の身を成じ、また前の観作の法身に冥合して三身同一体の本尊を成ずるなり。これ即ち本地加持冥合の義なり。またこの本尊と行者と入我我入の時、生佛不二因果一体にして即身成佛を成ずる者なり。故に悉地顕得はこの時に在るべしと見えたり云々。

この御釈の意なれば、道場所観の本尊は理智二法身法界周遍に佛身なり。謂わく、理地色心の法体とは普く法界に遍ずるが故に行者の所観に随って種々の法身を現ずるなり。次に行者所対の絵木像等は化身の分斉なり。是れ応度の衆生に随ってその形像を顕示する故に応身なること明らかなり。次に召請するところの他方来の佛身をば他受用報身と為す。これ浄土所住の佛身が行者の勧請に従って来臨したまうが故に他受用報身なること明らかなり。詮ずるところ、法界宮の報身佛を召入して壇上の絵木像等の応身に於いて報応不二の佛身を成じ、是れにまた行者所観の法身を冥合して三身一体の本尊を極成す。是れを本迹不思議加持無二の佛身というなり。

次に心前有𑖀字乃至宝柱行列までは楼閣観なり。次に壇中に𑖮𑖿𑖨𑖱𑖾字有り変じて八葉蓮華と成るとは本尊の所座なり。次に華台に𑖝𑖽字有りとは種子なり。変じて卒都婆と成るとは三形なり。次に卒都婆変じて大日如来と成る等とは尊形なり。曼荼羅聖衆前後囲繞とは眷属なり。

およそ自宗の意は即事而真の宗義なるが故に、今日所観の道場直ちに密厳佛国土にして有相即真実の実義を極成す。この故に行者の心前即法界体、行者所観の道場即六大無礙の法界道場なりと観ずべし。随って𑖀字とは本不生の心地なり。しかもこの心地に於いて五智所成の法界曼荼羅を建立するが故に、能成の𑖀字も所成の宮殿も共に法界体にして能所無浅深の実義を成立す。是れ即ち心法即道場の深旨なり。また𑖀字と六大と開合の不同なるが故に、今この心前の𑖀字は即ち是れ六大総合の自体なり。次に変じて七宝宮殿と成る等とはこの六大体大の自体より四種曼荼羅の別相を現じて法界道場を建立す。次に本尊の種三尊を観ずるは是れ三密の業用なり。しかれば今この道場観は直ちに是れ体相用三大縁起の次第にして六大無礙常瑜伽の宗義を極成するなり。

次に如来拳印は浄土変の印、または理智不二の印とも名づく。印相は左の手胎拳、右の手金拳にして、右拳を以て左拳の大指を握るなり。

『無量寿儀軌』にいわく、次に如来拳印を結ぶ。左の手四指を以て拳に握り、大指直く竪て、右の手を以て金剛拳に作し、左の大指の甲を握る、即ち成る。この拳印を以て地を印し、真言を誦じ加持すること七遍して、その世界を変ず。文

この印を浄土変と名づくる事は『無量寿儀軌』不空訳（大正蔵一九・六九中）に、この印を結び及び真言を誦じて

加持する威力に由るが故に、即ちこの三千大千世界を変じて極楽刹土と成す。七宝を地とし、水鳥樹木皆法音を演ぶ文と。この意分明なり。およそ世界の浄不浄は皆是れ能見の心の迷悟に依る不同なり。謂わゆる文殊は微塵の同相と見、舎利弗は瓦器の異相と見る。これ同一の諸法知見各別なること、『維摩経』の説相に分明なり。

七処加持（『別行次第秘記』巻上五〇左参照）

『一二口訣』巻第十にいわく、加持七処とは、この印明は『時処儀軌』に出ず。この印言を以て加持する時は穢土の草庵変じて密厳浄土と成る。行者の凡身佛体と成るなり。印は即ち理智不二の印なり。言もまた三身三宝等具足の真言なり。故に此土、三身所居の浄土と成る。即ち〓字は三字合成の字なり。〓字は有不可得、〓字は遷変不可得、〓字は遠離不可得なり。謂わく、有相遷変の草庵を転ぜずして寂静涅槃の浄土と成り、有為の遷変を遠離す。故にこの浄土は即ち三身の所居なることを顕わさんがために、初めに〓字有り。〓は三身の義なるが故に、身土倶に法界に遍ずる義を顕わさんが為めに終わりに等虚空の〓字を置くなり云々。この意、浄土変の印義委細なり。実に甚深甚深なり。秘すべし、秘すべし。

また加持七処とは『八結』第五結（七表）行法用心法ムにいわく、七処加持は五智所成の四種法身相応の土地道場に加持し、成ず義なり。先ず左右の膝ならびに壇を印するは是れ道場地の義なり。ただし三身に配して三処を印す。三身というは自性・受用・変化の三身なり。等流をば変化に摂するなり。故に三身に配して印すれども四身相応の道場地と成る。身の四処を印するは大円鏡智等の四智を顕発せしむ。四智円満するは即ち是れ法界智なれば五智具足しぬ。先ず如来拳印に住して観想する道場等なれば是れ五智所成なり。如来拳印に付いて、その義をば思うべきなり。浄土変の印明と名づくること本説明らかなり云々。この意、七処を加持する事、先ず左の膝、壇、右の膝、この三処を印するは三身の道場を成ずる義なり。次に四処を印するは四智四佛の浄土を成ずる義なり。謂わく、心は阿閦・大円鏡智、額は宝生・平等性智、喉は弥陀・妙観察智、頂は不空成就佛・成所作智なり。この四智を合すれば法界体性智なり。いま七処を印するは、此土を三身五智の浄土とする意なり。凡聖不二の故に穢土即浄土なり。これを浄土変という。ただし左の膝、壇、右の膝の三処を三身に配する表示につき、快師は左は定にして法身、右は慧にして報身、壇は諸尊集会の処、即ち応身の土と意得べしといえり。

道場観の浄土変の真言　唵　歩　欠

Oṃ bhūḥ khaṃ.

欠は虚空の義を示す種子なり。大地たる道場が一切の垢穢を遠離して虚空の如く清浄なることを示す。

唵歩欠（『別行次第秘記』上五一右参照）　如来拳印（『別行次第秘記』上四五左参照）

（頭註）『理趣釈』無見頂相

三帰 ─ 三身 ／ 法 ／ 僧

三身 ─ 法身 ／ 応身 ／ 報身

道場観の本尊

いまの十八道所観の本尊の種三尊は直ちに金剛界の大日と意得べきか。答う、今のこの道場観の本尊に付き、当流の意甚深の習いあり。『八結』第五内の続行法用心にいわく、十八道というは蘇悉地の行法なり。蘇悉地の行法は両部の教理を兼ねたり。金界の九会と胎蔵の九尊とこの二九を統《す》べたれば十八道と名づくるなり。『無量寿軌』をば、また十八道と名づけたることあり。阿弥陀如来を彼の大日と習うが故に。儀軌の別名、尤もその謂われあるか云々。また『甫文抄』（甫文は小輔宏教の略字）にいわく、十八道というは以外の深秘あり。是れ則ち蘇悉地の義なり。蘇悉地というは即ち両部合行の法なり。則ち金胎の外に両部一度に之れを修すべき故に、この蘇悉地の儀則有り。是れ𑖀𑖪𑖰𑖨の行相なり。謂わゆる弥陀はこれ事の大日なるが故なり。是れを以て故《ことさら》に弥陀の法をば十八道に付いて之れを修すべき由、先哲の高命有り云々。また『一二口訣』巻第十にいわく、大師、『無量寿軌』に依って十八道を制す。阿弥陀は理智不二の尊たるが故に蘇悉地の大日と号するなり。当流は蘇悉地部の大日を阿弥陀如来と習う。十八道道場観の大日は不二蘇悉地の故に、𑖪𑖽字を読むに口伝有り。大日の種子の時は𑖪𑖽《バン》と之れを読み、いまこの不二の大日の種子をば𑖪《バ》𑖀《ア》𑖦𑖽《ム》の三字に之れを読む。即ち理智不二蘇悉地の大日と意得るなり云々。然ればいまこの道場観所観の本尊の種三尊は常の金界の大日には非ず。いまは蘇悉地不二の大日と意得べし。

十八道について別尊を行ぜん時、その本尊を云何が観ずべきか。謂わく、何尊たりともただ両部不二の尊と観ずべきなり。即ち両部不二の大日の心月輪上にその種子有り等と観ずべきなり。詮ずるところ、諸法に向かって浄穢差別の見を起こすは迷人の境界なり。浄穢一如凡聖即一と観ずるは佛智の境界なり。この故に、いまこの如来拳印を以て加持する時、浄穢凡聖理智色心而二不二即離不謬等、重重無盡の深旨を極成すべし。

以上、道場観大旨畢る。

○次に大虚空蔵文

亮尊の口訣にいわく、印、文の如し。二空、風の下に並べ立つ、真言三返云々。至徳の口訣にいわく、次第の如く、明一返云々。応永の口訣にいわく、この印、二中指、二水の異説あり。いまは二中指を外に叉《アサ》えるなり云々。この意なり。

この印言は事理の中には理供養の分斉、即ちこの印明より広大の供養の具を流出して、道場所観の本尊に供養したてまつるの意なり。いまの大虚空蔵と前五供の次の四智讃の次と後供の次の讃の次とに出す普供養とは倶に道場荘厳の供養の印なり。その不同如何。答う、寛狭の不同なり。いまの大虚空蔵は六種の供養并びに衣服、宮殿、楼閣等を流出する故に寛なり。下の普供養は偏に六種の供養を雨《ふら》す故に狭なり。

真言　唵　誐誐曩　三婆縛　縛日羅　斛

Oṃ gagana-saṃbhava-vajra hoḥ.

虚空の庫蔵より生じたる飲食、衣服、宮殿等の金剛宝よ、の意。𑖮𑖺𑖽は歓喜の笑声を示す。

○次に宝車輅（送車輅）

亮尊の口訣にいわく、印、文の如し。ただし中指の端に当て、二大指外に向けて之れを撥すること三度、真言三遍云々。至徳の口訣にいわく、印明一遍なり。二大の頭を撥することも之れ無し。御流之れに同じ云々。印玄の記全同なり。彼の記にいわく、宝車輅文　印明一遍なり。二大の頭を撥する事、西院之れ無し。ただ次第の如し。御流の説之れに同じ。保寿院・小野には二頭指[illegible]と誦じて外に向けて三度撥するなり、真言も三遍なり云々。

この印は送車輅とも名づく。即ちこの印は車輅の形なり。二地二水二火は車なり。二頭端合したるは長柄（轅）なり。いま七宝の車輅を以て本尊の浄土へ送りたてまつり、無数の聖衆を召請する義なり。御祖師（大師）の御伝の結界の図には、金剛童子、車輅を引くと見えたり。亮尊の口訣の二空指外に向けて之れを撥するは車輅を送る義なり。

真言　唵　都嚕都嚕吽

Oṃ turu turu hūṃ.

都嚕を「運行せよ」と訳するは、都嚕を多羅（tara）の音転と見たるなり。多羅に「運行せよ」という意あり。浄厳の『別行次第秘記』には車の声かと註せり。

○次に請車輅前の印大指を来去　文

亮尊の口訣にいわく、前の印を改めず、二大指を身に向け之れを招くこと三度、真言三返なり。およそ之れを撥し之れを招くこと三返。皆真言を誦したる後、之れを撥し、之れを招くべし云々。

印玄の記にいわく、明一返の間に二大指三度去来すべし。保寿院には真言三返なり云々。

至徳の口にいわく、明一返の間に二大を一度来去すべし云々。

本尊悲願を捨てざるが故に、前に送りたてまつる所の車輅に乗じて各々所居の本土より行者所観の道場の虚空中に来住したまう。是れ即ち諸佛自証の三菩提より往昔悲願の善功方便門に赴く義なり。彼の往昔の願力に酬えて加持門に来臨する意なり。二大を身に向けて之れを召くは召請の義なり。

真言　娜莫悉底哩耶　地尾伽南　怛他蘗齲南　唵　縛曰朗擬孃迦羅灑耶娑縛賀

Namas tryadhvikānāṃ tathāgatānāṃ oṃ vajrāgny-ākarṣāya svāhā.

この真言の縛曰朗擬孃（vajrāgni）は金剛火なり。即ち金剛の智火たる如来を指し、この如来を請召することに成就あれ（ソワカ）と祈る義である。

○次に迎請　内縛開二大指鉤之　三度

亮尊の口訣にいわく、内縛して二空並べ鉤して三たび招く、真言三返。

至徳の口訣にいわく、明一返の間に二大を一度去来すべし云々。

応永の口訣にいわく、ここに三部の不同なり。いまの印は佛部なり。内縛して右の大指を立てて去来するは蓮華部、左の大指を立てて去来するは金剛部なり。大鉤召印は総相の真言にて一返召く云々。

印玄の口訣にいわく、内縛して二空並べ鉤して、明一返の間に二大を三度召するなり。

「迎請」の読み方に二伝あり。三宝院流等にはケイジョウと訓み、当流にはゲイショウと読むなり。前の請車輅は道場の上に虚空中に来住し、いまこの印明は正しく壇上に召請する儀式なり。是れ即ち車輅より下りたまい、道場に来至したまう意なり。

問う、生滅去来等は八迷の随一、小乗の有執なり。之れを簡うて三論には不生不滅不去不来等の八不を正観とす。いま密宗の意何ぞ召請撥遣の法儀を作して生滅去来の義を存するや。答う、三論家の意は不生不滅不去不来等と談ず。いま自宗の意は爾らず。不生にして而も生じ、生にして而も不生を談じ、不来にして而も来り、来にして而も不来と述ぶる故に偏に非ず。この事、能く能く分別すべし。諸佛の応現は、喩えば月下り下らざれども而も水中に現じ、水上り上らざれども而も能く月を浮かぶ。本尊の応現もまた爾なり。不来にして而も来り、不去にして而も去りたまうなり。

真言　唵　爾《ジ》曩《ノウ》爾《ジ》迦《キヤ》曀《エイ》醘《ケイ》齰《キ》沙《ソ》縛《ワ》賀《カ》

Oṃ jina-jiik ehy ehi svāhā.

本尊が蓮華部の尊の時は、Oṃ alolik ehy ehi svāhā.

金剛部の尊には、Om vajra-dhṛk ehy ehi svāhā.
阿路力迦の語義につき、栂尾『秘密事相の研究』（三〇四頁）によるに、古来無染着者と註するもその根拠分明ならず。恐らくマラチ語のalolika（驚嘆すべきもの、柔和なるもの）に由来せるらしと説明せり。

○次に降三世辟除

亮尊の口訣にいわく、結界明王なり。印は二手金剛拳にして腕を交え二地相纏うて二風舒べ立つ。左転三匝真言一返、辟除を為す。右転三匝の間真言一返、結界を為す云々。応永の口訣にいわく、これは忿怒の拳なるが故に大指を各火風の間に出すなり。逆に三返真言一返、順に三返の間に真言一返なり。小野にはこの後に四処加持在るなり云々。

印玄の記にいわく、次に降三世文二手金剛拳にして腕を交え右上左下なり。二地相纏うて二風舒べ立つ。左三匝転じ明一返、右三匝転じ明一返なり。御流にはただ左右三返、印を動かすなり。逆順加持之れ無し。或記にいわく、順逆合して三匝真言一返なり云々。

およそ結界に於いて依報正報有り。依報とは地結、墻界、金剛網等なり。正報とはいまの降三世等なり。三部の結界有り。佛部は不動、金剛部は降三世、蓮華部は馬頭なり。また両部の結界有り。金剛界は降三世、胎蔵界は不動なり。また総結界有り。不動是れなり。いまの十八道は三部の総行なりと雖も、しばらく金剛部に約して降三世を用うるなり。

前に本尊を召請する時、諸天八部衆等の眷属皆悉く随従して同じくこの道場に来臨したまう。而るに彼の大力の魔王等は是れ諸天八部衆等の所摂なるが故に諸天に随逐して魔王また同じく道場に来る。いま彼の魔王を避けんがために先ず逆に転じて辟除し、次に順に転じて結界し、金剛堅固の大界を成ずるなり。

真言　唵蘇婆儞蘇婆吽《ソハニソハウム》　蘖哩訶拏《ギヤリカムダ》　蘖哩訶拏吽《ギヤリカムダム》　蘖哩訶拏婆耶吽《ギヤリカムダハヤム》　阿曩野斛《アナウヤコク》　婆誐梵《バギヤバム》　縛曰羅吽発吒《バザラムハツタ》

Oṃ sumbha nisumbha hūṃ gṛhṇa gṛhṇa hūṃ gṛhṇāpaya hūṃ ānaya hoh． bhagavaṃ vajra hūṃ phaṭ.

〇次に金剛網文

亮尊の口訣にいわく、墻の印の如し。少し下に向けて頂上に置く。右に旋転すること三返、真言三返なり云々。至徳の口訣にいわく、順に三転、明三返。印の掌を覆う様にするなり云々。印玄の口訣（二七表）にいわく、順に三転、明三返なり。印の掌を覆う様にするなり。即ち印を少し下に向くるなり。あるいは明一返云々。

前の地結は地を結し、四方結は四方を結す。いまこの印明は上方の結界なり。この故にこの印を天結と名づく。この印相は三股金剛網を表す。大師御伝の結界図に見えたり。『十八道儀軌』にいわく、結界に五重有り。地結、四方結、三世、網界、火院なり云々。

真言　唵尾娑普羅捺羅乞灑《オンビソホラダラキシヤ》　縛曰羅半惹羅吽発吒《バザラハムジヤラムハツタ》

Oṃ visphurād rakṣa vajra-pañjara hūṃ phaṭ.

〇次に金剛火院

亮尊の口訣にいわく、印、文の如し。ただし身に向けて右に旋らすこと三匝、真言三返。あるいは大指の端相合す。いまの次第并びに諸軌の中に二空開き立つとはこの説についてなり云々。

ただしこの印相について種々の結び様あり。応永の口訣に、安流等には大指前を合わせ三角にして火焔の体とし、両方の各々の四指を焔と心得なり。願行上人の印相は左右の四指をば左は下、右は上にスヂカヘテ置いて、大指をば向かい合するなり。いま当流の意は四指深く叉えて、大指の端を合わせずして向かうなり云々。

至徳の口訣にいわく、二大指の間、二寸ばかり去《の》けて結ぶなり云々。印玄の口（二七裏初行）にいわく、文の如し。ただし二大指の間、二寸ばかり去けて結ぶなり。順に三転、明三返。小野には二大指の面を合すを習いと為す、と。

火院の印明を結誦することは、彼の上下四方結界の外に熾盛なる火焔を聚めて金剛火院の大城とする意なり。印玄の口訣にいわく、問ていわく、地結四方結虚空網火院の結界の寛狭如何。答う、文にいわく、其の界、心の大小に随って即ち成ず文と。即ち一坊中乃至一里二里一閻浮提等、行者の意楽に依るべし。他宗先徳のいわく、初心の行者、一房、一室、狭きを以て宜しきとす云々と。またいわく、問う、火院と金剛墻と相去ること如何。答う、金剛墻は三古を立てて墻とし、左右上下股相鉤鏁す。その外辺に火焔囲繞するを火院と名づけ、さらに相去らず。

真言　唵《オン》阿《ア》三《サム》莽《マ》儗《ギ》寧《ニ》吽《ム》発《ハツ》吒《タ》

Oṃ　asamāgni　hūṃ　phaṭ.

○次に閼伽

亮尊の口訣にいわく、右の手地水少し掌中に屈して空火を以て花垸の端を握るかの如くして之れを取って香烟に薫ず。順に三匝して左の風空相捻して余の三指を舒べ合わせて掌を仰のげてその上に置く。次に右の手を以て三股印を結びて軍荼利の小咒、或いは字を誦して順に加持三返せよ。火風空を以て水器の端を取って花垸に滴《した》てて一度一返を誦じて之れを供ず。想え、聖衆の双足を浴すと。然る後、右の手、左の印の如くし合わせ捧げて閼伽真言三返を誦じ、次に伽陀一返を誦じ、了って後に器を取り、もとの如く壇上に置く。あるいは作法前の如く、両手合わせ捧げて閼伽真言并びに偈を誦じ、器を取って水を花垸に滴て、了ってもとの如く之れを置く。二説の内、前説を用うなり云々。

印玄の記（二七裏六行目）にいわく、閼伽を献ずと読むべし。先ず右の手地水火を拳にして器を花垸に居えながら大頭を以て印を仰のげて花垸を取って、順に三度焼香に薫じ、次に左の手地水火を申べ風空の端を相捻す。是れ持華の印なり。即ち掌を仰のげてその上に花垸を置く。右の手に小三古印空水相捻を結び、逆に三返、明三返、順に一返、明一返、軍荼利小咒唵阿蜜利帝吽発吒を誦じ之れを加持す。その後に右の手をまた持華の印に結び、両手を寄せ合わせて明并びに偈文を誦す。次に右の手を以て器ばかりを取って左の手の花垸に三度ほどアワセテ水を滴つ。その後、器を花垸に置て、右の手を以て以前の如く花垸を取り、焼香に薫ぜず直ちに壇に置くなり。是れ亮禅僧正の義なり。或はいわく、滴水の時、明を誦じ、次に器を花垸に置き、両手に捧げて偈文を誦す云々。

一、花垸を取る時は、地水火の三指あるいは之れを舒ぶ云々。

一、閼伽の明并びに偈文は一返誦すべきなり。聖衆双足文の偈の文には無垢身文、双足に限らずと見えたり。相違如何。答う、偈の文分明なり。ただし双足をば聖衆の身并びに双足まで浴すと文を読むと意得べし。「行法用心」に見えたり。（以上、印玄の記）

また至徳の口にいわく、右の手地水火を拳にして大頭を以て花盤を取って左の印の上に居え、左の手地水火のべ、風空端を合す。持華の印なり。次に右の手を小三股の印に作し、逆に三返加持す、明三返、軍荼利の小咒なり。次に水を滴る。水を三度滴つる心地にて滴つる時、チト程あらせするなり。したつつる時、明を誦す。次に花垸に置き、両手に捧げて偈を誦するなり云々。

以上、諸師の口訣に小異あり。ただし要を取っていわば、先ず右の手に花垸を取るに二説あり。一には火風二指にて花垸の端を握るかの如くして之れを取る云々。亮尊の口訣なり。二には右の手大頭二指を以て花垸を取る。即ち地水火の三指は拳《にぎ》り、印を仰げて風指を花垸の下に入れ、大指を以て垸の上を押して垸を取るなり。是れ印玄の記、ならびに快師の口訣等なり。この外、元瑜方には右の手の地水をば拳り、火風を広げて垸の下に入れて大指を以て垸の上を押して火風の中程にあてて取るなり云々。印融師の口訣に見えたり。

次に右の手、小三古印を以て加持するに、順に三返加持するは亮尊の記なり。また逆に三返加持するは快師、至徳の記なり。また逆に三返、明三返、順に一返、明一返とするは印玄の記に見えたり。水器の端を取って花垸にしたつること一返、𑖌𑖼字一返誦して之れを供ずるは亮尊の記なり。また花垸にしたつること三度、𑖌𑖼字を誦せずは快師の記、ならびに印玄の記等なり。次に加持畢って左右の持華の印を寄せ合わせ、明ならびに偈を誦じ、次に水を三度したつり、その後器を壇上に置く。印玄の記なり。また加持畢って水を三度したつる時、明三返、次に左右の持華の印を寄せ合わせて器を捧る時、偈を誦じ、畢って壇上に置くは快師の記なり。また加持畢って水器を取って花垸にしたつること一度、次に𑖌𑖼字を誦じて之れを供ず。聖衆の双足を浴すと想え。然して後左右の持華の印を寄せ合わせて明三返、偈一返を誦じ、了って後に器を取って元の如く壇上に置くは亮尊の記なり。是の如く異説重重なるが故に、取捨は行者の意楽に任すなり。

閼伽を献じ、本尊の双足を洗うが故に、行者の三業また清浄にして一切の煩悩業苦を断除す。是れ則ち本尊行者加持渉入の故なり。ただし閼伽とは梵語なり。ここには無濁という。

閼伽を献ずる意趣につき三義あり。一には世俗に順ぜんが為なり。謂わく、天竺の国風として客を請するに、已に来たれば必ず足を洗わしむ。いま之れに准じて先ず閼伽を献ず。二には和光同塵の垢を洗除せんが為の故に。いまこれを除くため閼伽を献ずるなり云々。三には能所差別の執を除かんが為めなり。謂わく、前に已に已成の真佛を召請して行者加持の権佛に冥合す。故に能所差別の義猶存す。故にいま彼の能所差別の執を除かんが為めに閼伽を献ず云々。以上三義は浄厳の『別行次第秘記』に見えたり。是れ当流の口訣に非ざれども准用するに失なきか。

印融師の一義には、行者の信力を顕わさんが為めの故なり云々。この義もしかるべし。猶また想浴聖衆双足という観念に付いて「続行法用心」にいわく、問う、閼伽の観念の詞、聖衆双足を浴したてまつると想えといえり。総じて聖身を浴したてまつるべし。何ぞ双足に限るべきや。答う、総じて聖身を浴したてまつる。双足には限らざるなり。故に彼の偈頌は洗浴無垢身といえり。双足に限らざること偈頌の文顕然たり。ただし件の双足の文をば文点を読むべきなり、聖衆双足までも浴したてまつると想えと読むべきなり云々。この意分明なり。

真言

加持の真言　甘露軍荼利の小咒

唵阿密利帝吽発吒　Oṃ amṛte hūṃ phaṭ.

閼伽の真言

唵《オン》摩《バ》折《ゾ》路《ロ》娜《タ》齬《ギャ》吒《タ》吽《ム》　Oṃ vajrodaka ṭhaḥ hūṃ.

また閼伽の真言に次の明を用いることあり。

娜莫三満多没駄南　齬齬曩三摩三摩娑縛賀　Namaḥ samanta-buddhānāṃ gagana-samāsama svāhā.

この真言は、閼伽器の一滴の水が供養雲海となって虚空に遍満し、諸佛の御足を洗いたてまつる故に、「虚空に等しく、かつこれに等比するもの無きものよ」と説けるなり。

○次に華座　八葉印

印玄の記（二八裏二行目）にいわく、八葉の印は上の蓮華部の印の如し。小野には佛は八葉印、明王は六葉、天等は荷葉と云々。この流は爾らず。何れも八葉印を用うべし。荷葉とはあるいは蓮華の華の一葉に名づけ、あるいは蓮華の一葉に名づく両説有り文と。

快師、至徳の記に玄海抄を引けり。全同なり。ただし「続行法用心宏―」にいわく、荷座の印に付いて、八葉等の別あり。その別々について表示如何。答う、先ず八葉の印は因位の八識を表す。因位の八識は果分の八智なり。理智不二の浄菩提心を諸佛菩薩は皆所坐としたまえり。この八葉の印に二地二空を合するは初後の二智を泯して中間の不二を表するなり。能居の聖尊所坐の蓮華五智所成の浄菩提心なり。能坐所坐別ある事無きなり。次に六葉の印は六識を表す。六識というは因位の称なり。果分の功徳には妙観察智なり。この妙観察智は説法断疑の智なり。故に六葉の蓮華をあるいは佛菩薩の座とせり。八葉の印を結びて二地二空を一処に相合わせて以て台とするなり。『大日経』第七、『馬頭軌』上巻、『軍荼利軌』等にこの六葉の印を説けり。また法皇の御伝には八葉の印の如くして風を以て火につけたり。大円鏡智を以て平等性智に和して二智和融して以て諸法の平等を表するなり。また人天二乗には四葉の印を用いる。四葉の表示は四聖諦を顕すなり云々。この意を案ずるに、八葉六葉は佛菩薩明王に通ず。四葉は人天二乗、荷葉は天部の所坐なり。ただし四葉の印結び様に二説あり。一には二手刀印にして腕を合す。一には大指、頭小の甲を押して水火立て開く云々。この事、印玄記に見えたり（『八結』の記か。十八道の口訣には見えず）。

華座の真言　唵迦摩羅娑縛賀　Oṃ kamala svāhā.

○次に四明（四摂）

亮尊の口訣にいわく、降三世の印の如して右の風を鉤して惹と誦ぜよ。次に二風端合し吽と誦ぜよ。次に二風相纏いて鑁と誦ぜよ。次に絞りながら少しく之れを振って斛と誦ずるなり。文

至徳の記にいわく、四明《シメイ》文　亮禅僧正の記にいわく、是れ広沢では読むなり。小野には四明《シミョウ》と読む。印は先ず降三世の印を結んで惹、二風を鉤して吽と、二風をまじえて鑁と誦じ、二風をくくり斛と誦して腕をチカウルなり。

この様を用うべし。大師の御次第に惹と誦して小指を鉤結し、吽と誦して二風を申べ合わせ、鑁と誦して二風を鉤結し、腕を合して斛と誦づ。是れまた一説なり。然れども前説を用うなり云々。

印玄の記（二九裏五行）にいわく、次に四明文 広沢には四は平声、明は去声に読むなり。小野には四は平声、明は上声に読むなり云々。（以下、快師の至徳の口訣と全同）

四明の印明は是れ召入縛喜の義なり。小嶋の記にいわく、この四明は四摂の事を表す。四摂というは布施、愛語、利行、同事なり。鉤は召の義、布施して人を招くが如し。索は繫の義、愛語して人を繫ぐが如し。○鎖は牢閉の義、利行して人を護るが如し。○鈴は歓喜の義、同事して人を悦ばしむるが如し。謂わく、鉤の印に由るが故に、他の意楽を招き、自心に同入す。索の印に由るが故に自心の意楽を以て他心に同入す。鎖の印に由るが故に自他の意楽一体に同じせしむ。鈴の印に由るが故に自他の心皆同じく歓喜せしむ云々。この意なり。（朱）念珠、左の風空指の間にかく（イ）

真言　弱　吽　鑁　斛

Jaḥ hūṃ vaṃ hoḥ.

○次に振鈴

亮尊の口訣にいわく、先ず左の拳を腰に当て、右の手を以て五股を取り、次に風を以て鈴の右の一股の上に打ち覆って地水火の三指並びに大指にて鈴を取り具し、之れを左の手に取り移して左の腰に安ず。次に右の手掌を仰げて五股を抽擲すること三度挙ぐる随って吽を誦ずること三返、次に逆に三転吽三返或慈救咒三返、次に順に三転吽三返或慈救咒三返、次に五股少しき上下して虚空加持三転吽三返或慈救咒三返、次に身の五処加持吽五返或慈救咒一返、次に五股右の乳の下に当てて拳を翻して外に向けて不竪不横なり。次に鈴を左の腹の辺より振り挙げて胸の程にて上下三（五イ）度ばかり振って後に横に三度ばかり順に振り回すなり。その間に左の耳に五返鈴真言三（五カ）返、次に心に三返同真言三返、次に額に二返同真言二返、この十返の真言は程無く終わる故に猶お真言四五返之れを誦じ振り終わるなり。鈴を前の如く腰に安じ、五股を以て前の如く逆順上下各三度加持す。この間に吽字五返之を誦ず。然る後に鈴杵を取り具して本の処に置いて、先ず鈴、次に五股、あるいは振鈴の時、同時に加持すること之れ有り。ただし杵の真言之れ無し云々。今いわく、この口訣の中に鈴を右の腹の辺より振り挙げて〇順に振り廻すなり云々。是れ如何様にする事や分明ならず文。同時加持の義は正説に非ず。或説に之れを出す。また五三二の三箇処へ当てて十返振り了って猶お鈴の真言四五返誦して振り終わるべし。仍って終わりに振止も之れ無しと見えたり。ただしこの口訣最初に鈴を取る時、五股を立て鈴の前に当てて取るか不や分明ならず。その余は口訣の如く知るべし。

次に能禅の口伝にいわく、同時加持の事、五三二の陀羅尼の後、五股を挙げて之れを加持す。八方上下逆順に三返之れを加持す。然して後に身の五処を加持す。振鈴と加持と同時に畢って、則ち五股鈴取り具して金剛盤上に返し置くなり云々。この口伝に依らば、能禅方は同時加持之れを用うると見えたり。ただし同時加持の時の真言は見えず。

以上、両師の口訣に依らば、能禅方に於いて古来同時加持之れを用うる事分明なり。ただし亮尊の口訣には同時加持の仕様分明ならず。同時加持の時、何の真言を用うるか、是れまた別に沙汰無し。

次に印玄の記にいわく、振鈴文左の拳を腰に安き、右の手を以て先ず五股を取り、次に鈴を取る。五股鈴を取るに真言無し。小野には之れ有り。次に鈴を左の手に取り移し左腰に納め、右の手の五股を三度抽擲す。即ち吽字毎度一返之れを誦ず。合して三返なり。次に五股を逆に三返回し慈救咒一返。次に順に三返回し慈救咒一返。次に身の五処を印す。処々に配するに吽字を誦ず。次に杵を右の腰に納め、この説を用う。あるいは胸の右辺に当つ云々。次に左の鈴之れを振る。謂わく、左の耳に当て五度、鈴の明五返なり。次に心に当て三度、明三返なり。次に額に当て二度、明二返なり。ただコトコトシクハセヌ。ただ起尽ばかりにて之れを作す。問う、胸の前に於いて何れも之れを振るべし。さて額の前にて当てて二度振り畢る時、同時加持之れ有り。その作法は左の鈴振り止めずして、右の杵を以て逆に三返、順に三返旋転して、後に五処を印すなり。同時加持は別に真言之れ無し。同時加持の後、左の鈴を右の杵に取り具して金剛盤に置く。先ず鈴、後に杵を置くべし。鈴を取り、鈴を置く時は風指を鈴の五股の上に置く。同時加持の事。振鈴作法には五股を以て虚空を加持すとばかり之れ有るべし、委細せず云々。

またいわく、杵抽擲并びに逆順加持等、真言皆𑖮𑖳𑖽字を用うべし。この吽字は五股の種子なるが故なり云々。振鈴作法朱付皆吽字なり云々。

またいわく、問う、広沢には必ず同時加持を用いるや。答う、亮禅のいわく、しからず。同時加持は自行の時の略儀なり。晴の時は振鈴畢って、次に更に杵を以て加持するなり。同時加持に付いて頗る尋事有り。謂わく、振鈴は三処に配して各の鈴の真言を誦ず。杵加持また処々に配して𑖮𑖳𑖽字を誦ず。若し同時ならば何れを誦じ何れを略すべきや。広沢には同時加持せざるなり。私にいわく、同時加持の義なれば、杵加持に吽字を誦ぜずと伝うるか。已上

今いわく、この口訣の意を按ずるに、五股杵を以て加持する真言に就いて二説有り。一には抽擲并びに逆順加持等は皆吽字を誦ず。一には抽擲は吽字三返、逆順加持は慈救咒各一返ずつ、身の五処を加持するは吽字五返なり。また鈴を振る時右の手の五股をあるいは右の腰に安ず云々あるいは胸の右辺に安ず云々。両説の中、初説を用う。また鈴を十返振り畢りて猶鈴を振り止めず。右の杵を以て逆順各三返及び身の五処等を加持す。ただし同時加持の時は別に真言之れ無し。また振り切りも之れ無しと見えたり。また亮禅の口訣に依れば、自行の時は同時加持之れを

用う。晴の時は振鈴畢って更に杵を以て之れを加持す。ただし杵を以て加持する時は別に真言之れ無し云々。

また印玄の記、最初、鈴を取る時、五股を立てて鈴の前に当てて之れを取るや否や分明ならず。詮ずるところ、以上の口訣鈴の振り様、逆順加持等一定ならず。同時加持もまた有無不定なり。何れの説を用うるも各々当流古来の一説なるが故に相違無しと雖も、今当山宝菩提院の鈴の振り様は先ず左の耳に当て、チチン、チチン、チチン、チチン、チチンと五度振り、真言五返、次に心に当て、チチン、チチン、チチンと三度振り、真言三返、次に額に当て、チチン、チチンと二度振り、真言二返、以上合して十返。振り終わってまた胸の前程にチチン、チチン、チチン、チチンと四五返にて振り終わるべし。仍って両おろしばかりにて、片おろし無し。また後に振切りも之れ無し。また同時加持を用いず。その余、前後鈴の取り置きと五股の抽擲逆順上下身の五処加持等は全く亮尊の口訣の如し。ただし亮尊の口訣には十返振り了って、猶四五返之れを誦じ、振り終わるとあれども、宝菩提院には十返振り終わって鈴の真言一返誦じて後は無言にて三四返にて振り止むべし。猶また最初、鈴を取る時、五股立てて鈴の前に当てて鈴杵取り具すること、先師代々の相伝なり。

次に宥快師、応永の口訣にいわく、(今は省略する。『真言宗全書』『西院流能禅方伝授録』第四、一二〇頁上より一二三頁上を見るべし)。

○振鈴の意趣の事

『八結』第五の内、「振鈴口訣池西人」一帖并びに「後僧正鈴杵義」一帖あり。また同第五結の内、「行法用心」の奥に逐記あり。しばらく「振鈴口訣」の一伝によって深旨を略述すべし。およそ振鈴の義はその始終作法皆悉く理智不二輪円具足の深旨を表示す。鈴は理の上に智を具することを表わす。鈴の上半分は五股にして智を表し、下半分は楼閣にして理を表す。即ち智に由って理を証し、また理に従って智を起こすの表示なり。次に五股杵は是れ五智を表す。智には必ず理を具するが故に。上下の五股合して十股なるは十真如を表す。真如は理なり。これまた智に理を具することを表す。

次に右の手に先ず五股を取り、後に鈴を取るは、智に由って理を顕わすことを表す。次に鈴を左手に移し腰に安ずるは、鈴は理の本体なることを顕わさんが為めなり。腰は地輪なり、地輪は理なるが故なり。

次に五股杵を三度抽擲するは三点（法身・般若・涅槃）の功徳を表す。初地自証の佛果に至る表示なり。口訣には普賢地を証得する義門を表示す云々という。普賢地とは初地自証円満の位なり。

次に左に三度転ずるは金剛部所具の五智を驚覚する義、右に三度転ずるは蓮華部所具の五智を驚覚する義、次に虚空を加持するは佛部所具の五智を驚覚する義なり。総じて三部諸尊の各々所具の五智を驚覚することを表示す。

次に身の五処を印するは已に驚覚したてまつる三部諸尊の各々所具の五智を行者が証得することを表示するなり。

次に五股杵を以て外に翻し右胸の辺に置くは外の一切有情悉く皆本来五智具足の全体なることを表す。

次に鈴を左耳に当て五度振るは五智の法音を以て五蔵の般若（小乗三蔵、般若蔵、陀羅尼蔵）を説き、五道長眠の衆生を驚かして速やかに佛道に帰入せしむる義なり。次に心に当てて三度振るは三解脱門の法門を説き、地上の菩薩を摂化する義なり。次に額に当てて二度振るは両部理智法身が従心流出の眷属のために両部理智の法門を説く自受法楽の作業なることを顕わす。即ち三ヶ所の振鈴は次の如く、変化、受用、自性の法身説法の深旨を示すなり。

次に振鈴畢って虚空を加持し、身の五処を加持するは法界有情の五智を加持して自身本具の五智に冥合せしむることを顕わし、右に鈴を取り加う事は定慧一体理智不二の義を示す。次に順に鈴と五股とを金剛盤に置くは還同本覚の前には理体を表とし智徳を後とする義なり。およそ振鈴作法の始終は皆理智不二法身説法の深旨なり。また三部諸尊の本誓を驚覚し、自心本具の性徳を開発する表示なり。

この外に後僧正真然の『鈴杵義』等に深旨述ぶるも今はこれを略す。総じてこれをいわば、振鈴は歓喜の義、驚覚の義、説法の義等重重無尽の深義あり。しばらく浅略の義について説けば、印度の風儀請客の時、必ず楽を奏して歓喜せしむ。故に今世法に順じて振鈴を行じ、他方来の諸佛菩薩を召請して歓喜せしむるなり。若し深秘の義にては、右の手の五股は一切衆生の本体、左の手の鈴は五佛の説法なり。能所化相応して説法断疑の功用をあらわす。また右の手にて三度五股を抽擲するは金剛薩埵、一切衆生を驚覚して本有五智の覚性を知らしむ。左の手に金剛鈴を持つは歓喜適悦の義なり。一切衆生をして五智の性徳を得せしめ能く薩埵の内証に相応する故に歓喜適悦したまう。また鈴を左の腰に安ずるは無我の大我を表す。謂わく、薩埵の内証は周遍法界の故に一切諸法に於いて大自在を得る表示なり。次に五股杵を逆順に旋転するは次の如く辟除結界の表示なり。また杵を腰に安ずるは一切衆生本有の五智を行者本不生の心地に帰同する意なり。左の耳、心、喉の三箇に当て五度三度二度振るは般若の解脱法界の表示なること上に弁じたるが如し。この三箇所の振鈴は次の如く、応身、報身、法身の三身説法の深旨なり。次に振鈴畢って、もとの如く左の腰に当て、また右の杵を旋転するは説法終わって𑖀字本不生の理に帰する義を示して鈴を左腰に安じ、一切衆生が三身の説法を聞いて一切煩悩等の魔を辟除し結界する意を示して右の杵を以て旋転するなり。次に鈴杵を金剛盤に返すは、所化の衆生は始覚円満して本覚に還同し、能化の法身は摂化終わって法界宮に還住する表示なり。金剛盤は法界円壇を表す。

振鈴の初めには杵鈴の順にとり、終わりには鈴杵の順に金剛盤に返す、前後の順序の相異は如何なる理由か。謂わく、初めには観智に依って定心を得る義、後には定に依って正慧を得る義なり。鈴を取り、あるいは置く時に鈴の鍠子《コウシ》鳴らすべからず。この事、大師の『胎蔵次第』に見えたり。振鈴は法身説法の義を表するが故に下部の天等には用いず。実類の天神は法身説法の会座に列ぬべからざる故にこれを用いざるなり。「行法用心」の逐記にこの事を沙汰せり。

（頭註）ただし当流も北斗法、吉祥天、多聞天には振鈴を用うべきこと、照焉の『金玉口伝私記』第六に見えたり。

振鈴等の真言

五股杵を取る時、余流には、唵縛曰羅薩怛縛悪 Oṃ vajra-sattva āḥ の真言を唱うるも、当流には次第にもこれを示さず、口訣にも沙汰なき故に、この真言は用いざるなり。鈴を取る時も真言を唱えず。鈴を振る時には次の真言を唱う。

唵縛曰羅健吒都使也斛

Oṃ vajra-ghaṇṭa tuṣya hoḥ.

○次に本尊加持文（今の十八道次第には無し）

亮尊の口訣にいわく、金剛界羯磨会大日の印言なり。あるいは之れを用いず云々。その他の諸師、この事沙汰なし。

『別行次第秘記』（巻上七〇・八行）には必ずこの処に大日印明及び本尊印明を用うと説けり。

○献壇供

亮尊の口訣にいわく、先ず右の手を以て塗香器花垸ながらを取って焼香に薫じて、左手空風相捻すの上に置く。右の手を三股の印に作し、軍荼利の小咒を誦じて之れを加持す。次に右の手、左の印の如くし、二手を合わせ捧げ額に当てて之れを供養す。普供養の真言一返なり。然して後、壇上に置く。また[illegible]を以て之れを加持し、[illegible]を以て之れを供す。以下、之れに同じ。師伝なり云々。その他、快師并びに印玄の口訣等大同なり。

（頭註）（朱）始終

印玄の記にいわく、次に献壇供文。亮禅の口にいわく、十八道、金剛界には理供印明之れ無し。ただ胎蔵許り之れ有り云々。先ず塗香文。先ず右の手の空風二指を以て、余の三指之れを屈し、塗香器花垸ながらを取って焼香に薫ず。順に三返、コトコトシクハセス。大概三返薫ずる心地許りなり。次に左の空風二指捻して余の三指之れを舒ぶ。この印を仰げて上に器を置いて右の手を小三股の印に作して（空水相捻す）印ずるなり。あるいは軍荼利の小咒を誦じ、逆に三返、明三返、順に一返、明一返、之れを加持す。あるいは𑖮𑖳𑖽字を誦じて三返之れを加持す。然して後に二手各空風相捻して余の三指を舒べて仰げ、二手側を合する印の上に器を置いて、普供養の明一返誦じて供養するなり。あるいは三返なり。あるいは𑖌𑖽字を三返誦じて供す。是れ『理趣経』虚空庫の段の意なり。あるいは𑖝𑖿𑖨𑖯𑖾字を以て供養す。是れ秘経の意なり。

○次に華文。塗香の如し。ただし供養の後、華を一葉ずつ三房、壇上に散ず。その在所は塗香器の奥の通りに散ずるなり云々。亮禅の口にいわく、華鬘を散ずる事は別の子細無し。ただ三房壇上にササと散ずるなり。別の委曲無し。云々

一、華を散ずる手の持ち様の事。右の地水を掌に入れ火風空を舒べて火風の間に華を挿して之れを散ず。

○次に焼香文。作法は塗香の如し。ただし香に薫ずること之れ無し。香呂の前の足をば右手の風火の間に入れて之れを取る。

○次に飲食文。壇上に置きながら、塗香の如く三返之れを加持して、右の手の掌を仰げて風空相捻し、余の三指之れを舒べて普供養の明を誦ず。左は拳にして左の腰に置くなり。

○次に灯明文。塗香の如く、三返之れを加持し、後に右の拳の中指を立て風を中の背に立て副えて空を両指の間に立て加うる。普供養の明を誦じて之れを供ず。若し飲食備わらぬ時は三返加持の儀之れ無し。ただ印を結び明を

誦じて供するなり。手に灯明之れを取らず。

一、焼香、灯明、前後の供養に一つ用いる事。香も灯も前滅後生して前の供は已に滅して去る故に、いま燃ゆるは未だ供ぜざる故に同じ物を用いるなり。一灯を用いるに苦しからず。この義なり云々。

一、塗香以下の供養の印明、亮禅僧正、鉢の印というなり。しからば空風相捻せざるなり云々。是れ行者の右方なり文。前供養の方を示す。（以上、印玄の記）

『伝授録』（一二四頁下末より二行已下）にいわく、以上、閼伽・塗香・華鬘・焼香・飲食・灯明の六種の供養の事。「続行法用心」にいわく、六種の供具を以て六波羅蜜にあてたり。六度の修行便宜に具足すべし。仍って五供の次を以て閼伽を献ずるものなり。云々

この外、「続行法用心」に檜尾口訣并びに高雄の御口訣を引きて委細に御釈あり。謂わく、閼伽は檀波羅蜜、塗香は戒波羅蜜、華鬘は忍辱波羅蜜、焼香は精進波羅蜜、飲食は禅波羅蜜、灯明は般若波羅蜜なり。然れば、いまこの六種供養は直ちに六波羅蜜菩薩の三昧なるが故に一々の供養皆是れ入法界門の広大なる供養なり。仍っていま行者六種供養を捧げる時は一々の供養皆是れ周遍法界の想を作して六種各々の菩薩の三昧に住すべし（六種供具を六波羅蜜に配当する事、道範の『行法肝要抄』、浄厳の『別行次第秘記』巻第一等を参照すべし）。およそ六度の行門は顕教菩薩所修の行体なり。いま何ぞ密教修力の菩薩の行願とせんや。答う、この事、事六度の決択あり。『大日経疏』にいわく、毘盧遮那本《もと》菩薩の道を行ぜし時、一体速疾力三昧を以て無量の善知識を供養し、遍く無量の諸度門を行じて、自利利他の法皆具足すと文。この意分明に真言行者も六度の行門を兼修する事、明らかなり。

○華鬘の華を壇上に三葉散ずる事は流々の習あり。或いは本尊の三密三点三徳に供する義を示して三葉散ずという。或いは前供の三葉は修生の三密三身に供ずる義、後供の三葉は本有の三密三身に供ずる義なりともいう。快遍

問答にいわく、『法華』に妙華敷地文と。この意は華を敷くは諸尊の所居所坐の為なり。猶また壇上に三葉散ずるは三部の諸尊に供ぜんが為めなり、と。

○華鬘の華を壇上に散ずる時の順序次第

快遍問答の意は、前供の時は右の手の方より次第に取り、之れを壇上に置く時は外より内へ次第に置く。後供の時は右の手を本として内より外へ次第して置くなり。快師の応永の口訣に、後供養の時の華鬘の華は内より外へ並ぶるなり、という。この文に準ずるに、前供の華鬘の華も内より外へ並ぶるか。然からば快遍問答と応永の口訣とは少々異なれり。至徳の記と印玄の記とは塗香器の通りの奥に並ぶるといい、応永の記には、右の端より一葉ずつ風空二指を以て華を取り、華鬘の後に同じ通りに双べ置くなり、という。然れば、これまた少々相異せり。

華鬘の三葉供じ方は前後供等右方より順に左へ並べて置くべきか。華鬘器の後方へ。一伝には塗香器の後方という。

○四面器の供じ方

快師の至徳の記にいわく、四面の閼伽等を供すること、余の三面各前供養の方をば前供の時運心にて之れを供ず。別の印明等にて供ずること無し。後供もまた爾なり。安祥寺の流には四面を二つずつ分けて、右の方より一度に運心して供じ、左方をばまた一度に供ずるなり、と云々。印玄の記も全同なり。今いわく、この口訣に別に沙汰なければども、総じて四面器供養の時は本尊前向の焼香は前後供二返共之れを供ずべし。この事、安流三宝院流等一致の口伝なり。

○初夜飲食供養用不の事

先徳の料簡区々なり。一伝に依らば、三時を剋定する時は初夜には飲食を供せず。過中不食は三世諸佛の通戒なるが故なり。若し三時を尅定せざれば、縁に随って修行する時、縦令《たとい》中後と雖も飲食を供ずべし。法身如来は出過三時の円明日に住する故に初中後の区別なし。時分を論ずべからず。今時灌頂等の大法修行の時、初夜にも五色佛供等の広大の供養を作すはこの明証なり。

○次に四智讃金剛合掌

これ供養後に本尊の徳を讃嘆するなり。讃に総別あり。四智讃は総讃なり、余尊の讃は別讃なり。いま大日を以て本尊とするが故に総讃ばかり用いるなり。諸尊に通じてこの四智讃を用いるは、内証の総徳を讃すれば別徳自ずからその中に収まるが故に、この讃を通用するなり。もし別尊を修する時はさらにその尊の讃を加うること有り。これ総別の二徳を讃嘆する意なり。ただし印玄の記には本尊の別讃の用不につき、広沢は用否不定なり、多分は用いずという。四智とは金宝法業の四智なり。

印玄の記（三一右）にいわく、次に四智讃文　文の如し。金合して一返誦ず。もし別尊法を行ずる時は四智讃の後に、当本尊の讃を用いる事之れ在り。ただし広沢は用否不定なり。多分には之れを用いず。文

四智讃		漢讃
唵縛曰羅薩怛僧蘖羅訶	Oṃ vajra-sattva-saṃgrahād 金剛薩埵の摂受によるが故に	金剛薩埵摂受故
縛曰羅羅怛曩摩努多覧	vajra-ratnam anuttaraṁ 金剛宝は無上なり	得為無上金剛宝
縛曰羅達磨誐也奈《タイ》	vajra-dharma-gāyanaiḥ 金剛法の歌詠によりて	金剛言詞歌詠故

縛曰羅羯麼迦路婆縛　vajra-karma-karobhava 金剛の事業をなすものとならんことを　願成金剛承仕業

○普供養の印

印相、次第の如し。説文に三遍というも真言一返誦するなり。（至徳の記）　『八結』第五結「続行法用心」（二六表）にいわく、問う、普供養の印は供養の本源なり。この印の表示如何。答う、金剛合掌は虚空庫の印なり。大供養の功能、本印に足るべしといえども、両部の五智一味に相応して、彼此の五智より大悲を出生す。本文、是れ遮那自証心地の功徳、自利利他の総持門なり。進力を宝形に作るは重ねてその義を表するなり。謂わく、如意宝には大精進の力あり。出生の功能に付いて神力自在なり。進力を宝形に表して大供養の徳を顕わす。尽空の供養に於いて自在の功能を表するなり。『八字三昧経』には、この功能あるが故に、この印を大精進如意宝印と名づけたり。二大相叉、或いはまた相並ぶ、各々深義有り云々。この意なり。

五神通。五種の超自然の能力。天眼通、天耳通、他心通、宿命通、如意通（神足通、神境通とも）なり。これに漏尽通を加えて佛教の六神通という。天眼通は普通人の眼に見えぬものを見る眼力を得たるもの、天耳通は通常人の聞き得ぬ音声を聞く通力、他心通は他人の心を知る通力、宿命通は過去の事業を知る通力、如意通は意のままに何処へも自由に往来し得るはたらきなり。漏尽通は煩悩の汚れを脱したることを知る力なり。

○次に三力祈願　金剛合掌

三力は前の如し。祈願は心中の祈願をのぶるなり。既に供具をささげたる故にいま行者の意願を申べて悉地の成就を祈るなり。ただし上来の祈願は総願にして、いまは別願なり。故に小祈願という。

（頭註）或いは上の五大願に対して小祈願という。

今の小祈願礼佛は有無流派によりて不定なり。安流等には無し、当流ならびに醍醐方等は多分に之れを用う。

○次に礼佛　金剛合掌

佛徳を讃嘆（（朱）祈願普供養）したる後に本尊海会の諸尊に帰命する意なり。もし別尊を行ずる時は四摂の次に本尊の名号三返唱うべし。ただし今の礼佛は心中に礼する念を起こすのみ。応永の記には、晴の時は皆南無《ナウボ》、ナウボ等と読むなり。内行にはナモと読むなり。ただし高野には声明の時は南無《ナウボ》摩訶《マカ》毘盧遮那《ヒロシャタ》佛をばボと読み、南無阿閦以下はナモと読むなり云々。

（頭註）東寺今時、自行にも、ナウボ摩訶ヒロシャダフ等云々

印融師の口訣にいわく、問う、何故に初めの南無の無字はボと濁り、自余をモと清《スマ》して之れを読むや。答う、大日と余の尊との総別の不同を顕さんが為めか云々。

○次に本尊加持文

亮尊の口訣にいわく、智拳印羯磨の明なり。ただし四処加持は用いず。本尊加持の時、入我我入の観有るべし云々。

印玄の記にいわく、十八道口訣に金剛界羯磨会大日印明、四処加持文　四処とは心・額・喉・頂なり。智拳印とは、謂わく、二手金剛拳にして左の風指を立て右の金拳の小指を以て左の頭指の初分を握る云々。明は𑖪𑖖𑖿𑖨𑖠𑖝𑖲𑖪𑖽なり云々。

両師の記、四処加持の用不異なれり。ただし多分は四処加持を用いるか。四処加持とは『八結』第五「行法用心宏―」（八右）にいわく、四処を加持するは四智満足の義なり。四智円満するは是れ法界智なれば五智具足すと云々。

この意なり。猶お智拳印に於いて多種の秘伝あり。入壇以後伝授すべし。一には左の頭指の腹を胸に向くるは自証の加持なり。二には左の頭指外へ向くるは是れ化他の加持なり。三には左の頭指右の方へ向けるは尤も常の様なり。これ自証化他の加持を相兼ねたるなり。

○十八道に入我我入観なき事

「続行法用心宏―」（一五右）にいわく、問う、入我我入の観は瑜伽の肝心なり。十八道次第にこれを用いざるは如何。答う、本尊加持の時、入我我入の義あり。故に略行の作法には別して彼の観無けれども、その義理は闕ぐることなきなり。およそ密教行儀は大きに広略の二門あり。ただし秘密の本意は略行を秘とせり。一字多含の趣き道肝たるが故なり。略行は是れ道肝なり。作法豈に闕けんや。文 また「行法用心」（八右六行目）にいわく、自宗の習いは略を以て広を摂す、一字多含等を秘事とするなり。もし別して入我我入観を用いざるは、本尊加持の時、四処加持以前に入我我入を成ず。その後四処加持を用いる、是れ秘密なり云々。また「大法に就いて別尊を修する用心」にいわく、本尊加持即入我我入なりと云々。

（頭註）「続行法用心」（一七左九行目）にいわく、問う、入我我入というはその義如何。答う、壇上の本尊は即ち生（自性イ）身の尊なり。行者自身また本尊となる。本尊と行者と一体無二なりと観じて瑜伽実（悉地イ）をば成就せしむ義なり。本尊加持というは入我我入の義なり。印明を以て加持せしむ。則ち是れ始覚の佛の本覚に還同する意なり。云々

然れば十八道の次第は略行なるが故に、いまこの本尊加持に入我我入の観を摂すべし。およそ本尊加持とは本尊行者互相に加入し彼此摂持するの義なり。いわゆる本尊とは彼の道場所観の三身一体の尊なり。また是れ行者の心内所具の本覚の佛身なり。加持とは無礙渉入の義なり。是れ即ち已成の本尊と行者本具の佛身は無二別の義を観ずる。是れを本尊加持という。仍ってこの中に入我我入の義兼摂すること明らかなり。『秘蔵記』にいわく、本尊の

義とは我れ本来自性清浄心なり。世間に於いて最尊最勝なるが故に本尊と曰う等云々。本尊の名字、この御釈に分明なり。

本尊加持の真言　唵　縛曰羅駄都　鑁

Oṃ vajradhātu vaṃ.

○加持念珠

亮尊の口訣にいわく、口にいわく、念珠を取りて左の頭指以下の四指に纏いて、三匝或いは五匝四匝六匝を用いず右の掌に置き焼香に薫ずること三返、順なり。次に左右の掌に移し替えよ、三返なり。次に右の掌に入れ左の手を上に重ね、心前に当てて真言を誦せよ。唵覧薩婆訶三返なり。師の伝にいわく、両手を重ぬるは本説に無しか。ただ蓮華合掌に入れ、心に当てて真言を誦ずるなり。

○次に浄珠明文

真言　　Oṃ raṃ svāhā.

口にいわく、念珠を蓮華合掌に入れ、額に当てて唵毘盧遮那摩羅ソワカを誦ずること三返。次に頂戴すること三度。即ち額に当てて祈願す。口にいわく、祈願とは総別の願有り。総は五大願、別は随意なり云々。今いわく、この作法は大都常の儀と異なること無し。

印玄の記にいわく、先ず自行には右の手を以て（亮尊の記には左右を明らかにせず）念珠の母珠を取り、引き挙ぐ。晴の時は左の手にて取るべし。次に左の手の頭指已下の四指に纏いて（亮尊の記も同じ）、数珠の大小に随って何匝という事定め無し。（亮尊の記は三或いは五匝）次に右の掌に入れ三度順に焼香に薫ず。次に左右合して三度両掌に之れを移す。曰く、右の数珠を左に移し、次に右に移し、次に左に移す。是れ乃ち三度なり。その後数珠を右の掌に入れ左の掌に重ねて（定印にするなり。亮尊の記に同じ。ただし師伝の説には異なる）二大指を指し合わせ、印を仰げて心の前に当て、𑖀𑖽𑖪𑖽𑖮𑖳𑖽𑖏𑖽并びに唵ベイロシャナウ等の二咒を誦ず。次に頂戴三度（本文の句なり）とは、虚心合掌して前の定印に作して念珠を中に入れて心中の所願を祈念するなり。云々

応永の記にいわく、加持念珠とは左の手を以て母珠を取り引き上げて左の手の風指以下の四指に二匝し宜しきに随って、之れを盤《わ》げ、右の掌に入れ、焼香に三度之れを薫ず。次に左の掌に移し、また右に移し、後右の掌の入る。左の手の掌を仰げて（亮尊の記、印玄の記とは異なる）右の掌に念珠を入れながら左の掌の上に重ねて（定印にすることなり）臍の程に安じて唵ランソワカを誦ず。三返なり。次に浄珠の明三度、次に少し頂戴する姿あり云々。両師の口訣、大同小異なり。印玄の記は念珠を取るに晴と内儀との両様あり。快師は唯外儀に付き、左の手を以て母の珠を取る。云々また快師は、念珠を定印に入れ、𑖀𑖽𑖪𑖽ソワカならびに浄珠の明を誦じ、次に虚心合掌して頂戴祈念する意なり。印玄の記も上に同じ。念珠を定印に入れ心の前に当て𑖀𑖽𑖪𑖽𑖮𑖳𑖽𑖏𑖽并びに唵ベイロシャナウマラソワカの二咒を誦ず。次に頂戴三度（説文なり）とは虚心合掌して頂戴三度、次にまた前の如く定印に入れ、心中の祈願を祈念するなり。

至徳の記には念珠を定印に入れ、𑖀𑖽𑖪𑖽𑖮𑖳𑖽𑖏𑖽一返、次に蓮合してヲンベイロシャナウマラソワカ一返、次に同印にて三度頂戴祈念すと見えたり。その余は大途同様なり。

○次に旋転念珠の事

亮尊の口訣にいわく、合掌を開き右の風空を以て母珠を取り、左の手に念珠を持し、唵縛曰羅グキャの句を誦じて引旋するに左の手、五十四珠の緒留に至る。次に半ばより惹波三摩曳吽の句を誦じて右の手の本の方へ取り返して、緒留の許を取り、引旋せば右の手先の母珠に至る。是の如く三返して、右の風空を以て母珠を捻して余の三指

を舒べ立て三四珠許りを隔て念誦せよ。

快遍問答には、四五寸許り云々。爾れば定め無しか。ただし真言二三返許り誦じて印を返し蓮華拳にて一誦するに随って一珠を移す。声を出さずして本尊真言一百八返或いは千返云々。

快師の至徳の記にいわく、旋転念誦如常とは達磨より五十返に至って一度、五十返より達磨まで一度、これを一数とす。故に三度は六返に当たるなり。ただし当流は両達磨の念珠を持するは本なるが故に、五十返の玉より引き返して旋転するなり。次に念珠をソト摺りてその後正念誦す。その様は両手風空二指を以て数珠を取って三返計りして、その後は常の如く念誦す。右の手を以てクリヨセテ、左の手の珠を引き引きするなり。一つずつ運ぶ事は之れ無し。御流の様は爾なり。正念誦も五十返の玉より取り返して誦ずべし。次に常の如く合掌に入れて祈願等唱えてその後数珠を摺りて置くなり。香薫ずる事は之れ無し云々。快返問答の意、大都之れに同じ。

旋転の真言　唵　縛曰羅虞醯耶　惹波三摩曳　吽

Oṃ vajra-guhya-jāpa-samaye hūṃ.

正念誦に唱うる真言　唵縛曰羅駄都鑁　oṃ vajradhātu vaṃ.

金剛羯磨会大日の真言なり。

印玄の記にいわく、旋転には地水火の三指を側め並べて左右の風空指を以て引くなり。地水火の三指事事しくは開き立てず。唵バザラグキヤと誦じて達磨より責珠（責珠とは緒留の事）に至るまで引くなり。次に惹婆三摩曳と誦じて責珠の許より達磨の許へと引くなり。かくの如く三度なり。達磨を引き越すべからず。大なる誡とす。次に左右の手空風を捻して余の六指開き立て二三返念誦す。その後はただ散念誦の様にして百八返、畢って元の如く念珠をわげて合掌の中に入れて修習念誦法等の偈を誦じ、左の手を以て念珠を机若しは念珠箱に入るるなり。小野には発願の後、また焼香に薫ず。当流には之れ無し。一、両達磨念珠を用いるには達磨より緒留に至り、緒留より達磨に至るまで正念誦すれば百八返に成るなり。大師所持の念珠は両達磨なり。弟子各自十ずつ有る。当世一方に二十有るは略儀なり。云々

また『十八道口訣』にいわく、蓮華合掌に入れ、心に当つ文。これは〔梵字〕と浄珠の明とは蓮華合掌に入れて誦ずべしと見えたり。今の次第の文には右の掌に入れて左の手の上に重ねて前に当つ云々。しからば次第の如く用うべきなり云々。またいわく、或聞書にいわく、念珠を法界定印に入れて〔梵字〕と誦じ、次に蓮合してベイロシャナウ等と一返誦ずと見えたり。ただしこれは非なり、と。

(頭註) 然からば能禅の口伝にいわく、念珠加持作法、先ず左の手を以て念珠を取り、三匝五匝或いは四匝、念珠の長短に依るべし。その後、右の掌に移し焼香に薫ずること三返。その三返とは前の事供の時の如く、異なること無し。運心三返なり。次に両手に移すこと三返なり。その移する事は念珠をば自身と観じて自身の客塵煩悩を打ち払うの意なり。(三返すること、慇懃の義に致すの意なり。[イ]) その後、法界定印の上に安じて〔梵字〕字一返を誦じて両手の掌中に入れ之れを頂上に捧げ、浄珠の明を誦ずること七返。次に明を誦じ、之れを旋転すること三返なり云々。この義当流に於いて信ずるに足るべし。爾らば、或聞書にただし是れは非なりというは能禅の口伝を知らざる故か。

またいわく、正念誦に、或聞書には数珠を摺ると見えたり。然りと雖も亮禅の口訣には正念誦の時、念珠を摺る事之れ無し、定門なるが故に云々。この説を用うべし。若し摺るときは、或いは旋転念珠の後にソト摺りて正念誦すると見えたり。或いはこの時は摺らず、正念誦畢ってチト摺ると見えたり。両説之れ有り。

以上、亮尊、快師、印玄の三師の口訣大同小異なり。先ず亮尊の口訣には旋転畢って正念珠の前後に念珠を摺らず。また念誦するに一咒を誦ずるに随って一珠を送る。然るに快師の口訣は正念誦前後共に念珠を摺り、また念誦

するに右の手にてクリツメ、クリツメして左の手の念珠を引き出し引き出しするなり。次に印玄の記は正念誦の前後に念珠を搯らず。是れ亮尊の口訣に同じ。もし之れを搯る時は前後何れにても一返之れを搯るべし云々。その余大都同様なり。

（頭註）ただし能禅の口伝にいわく、正念誦の様、解文の如くならば両掌を外に向けるなり。然れば広沢方の通相として両掌を外（内［イ］）に向ける事も之れ有り。須く人心に依るべし。尋常の儀には前の儀式の如し。念誦の数返了って珠数をワゲテ両掌に入れ、之れを捧げて祈願す（云々イ）。祈願了って後、右の掌の上に置き、焼香に薫ずること三返、その後、右の手に移し取り、脇机に置く云々。

〇次に正念誦の間の観念の事

亮尊の口訣にいわく、問う、正念誦の間の観念如何。答う、三様有り。一には念誦の間、本尊の相好を観ずべきなり。二には本尊の心月輪の上に所持の真言の字有り、右に回って列なり住す。本尊の真言を誦ずるに字、本尊の御口より出で、我頂上より入る、心月輪の上に至って右に回って列なり住す。また我口より出で左右に別れて佛の御足より入り、心月輪の上に至って右に回って列なり住す。是の如く輪転して緩ならず急ならず徐々として念誦して珠鬘を旋するが如く字道をして分明ならしむ。是れ本尊と行者と三密相入の意なり。三には本尊の種子許りを先に如く之れを観ずるなり。問う、この中には何様を用うべきや。答う、十八道次第にてはただ本尊の相好観を用うべきなり云々。また「行法用心」（八右一〇行）には当尊の種子一字を観ずる様あり。ただしその観じ様は全くこの亮尊の口訣の第二の説の如し。要問の者は之れを見るべし。

（頭註）印玄の記（この文見当たらず）にいわく、念誦真言に就いて（之れを［イ］）観ずるは浅略の義、常途の説なり。若し種子を用うるは当流の秘説なり。念誦の間、本尊の種子を観じ旋転す。これ字輪観を兼合するの義、これ当流の秘説なり云々。然かればこの義尤も深観なること知るべし耳。ただし初心の行者（法［イ］）には本尊相好を観ずる義而かるべし。一には本尊種子観。一には本尊相好観なり。一に印玄の記（六右二行）にいわく、問う、正念誦の間の観念如何。答う、両説あり。一には本尊種子観。一には本尊真言随息行者本尊出入輪転、委曲は更に問え。

詮ずるところ加持念誦の作法、大都諸師の口訣の如く、意得べし。

之れに付いて、大法并びに諸尊別行次第等には、必ず字輪観有り。今何ぞ十八道次第に之れを略するか。答えていわく、是れまた上の入我我入の観を略するに准知すべし。謂わゆる秘密には略行を以て秘とす。謂わく、十八道には正念誦に字輪観を摂し別立せず。是れ即ち略よく広を摂する深秘なり。其の字輪観に付いて広略等重々の観相あり。或いは五大観、是れ諸尊の通観なり。野沢同じく之れを用う。当流、略金等に就いて諸尊の法を行ずる時、皆之れを用う。「行法用心」に之れを載せたり。或いは本尊の真言、或いは本尊の種子等重々の観法あり。ただし今当流の秘説には正念誦の間に本尊の種子及び真言等を観ず。是れ字輪観なり。故に別に字輪観を立てず。正念誦の時、之れを兼行す。猶また念珠に付いて両達磨と片達磨との両様あり。当流は両達磨の念珠を用う。この故に旋転念珠并びに正念誦等の時、一方の五十四珠を転じて一方の五十四珠を引き越すべからず。是れ念誦の口伝なり。

（頭註）『瑜伽念珠経』にいわく、縄線貫中、観音を表す、母珠を以て無量寿を表す、慎んで驀過することなかれ。越法の罪、皆念珠（越法罪皆由念珠積功徳）文　この意なり。

ただし之れに付いて、種々の深義あり。先ず当流相伝の義をいわば、「行法用心」（一三右）にいわく、数珠の両辺は流不流の義を表す。流は流転、不流は涅槃なり。五十四個の珠は五十の因位、并びに佛果の一位、及び菩提為因等の三句の位なり。念誦等の時は不流の母珠の所より始め、流の母珠の所に下る。下転の義なり。流の珠を越えずして、不流の珠に至るは上転の義なり。この上下転は転法輪の相を表す。転法輪は下化衆生を先とするが故に下

転より始むるなり。云々

この意は百八珠の念珠は、一方の転せざる五十四珠は涅槃の理の不変を示す。一方の転ずるは上下二転常転法輪の義相を顕す。その体（中［イ］）初め母珠より緒留に至るは下化衆生転法輪を表し、後に緒留より母珠に至り之れを引き返すは上求菩提転法輪を表す。また五十四珠あるは即ち常途の五十位の菩薩の地位と、この外更に秘密不共の佛果の一位と并びに因根究竟の三句の次第とを加えて五十四位と為るに准ず。而も是にまた上求菩提下化衆生上下二転の次第転昇あるが故に一方の五十四珠を転じて云々。

（頭注）印玄の記にいわく、不流方の母珠を金大日とし、流方の母珠を胎大日とす。『念珠経』、母珠を弥陀という。弥陀は不二の大日の故に、両母珠とも理智大日なること知るべし云々。

この外、高雄の御口訣（弘弟全中巻二四五頁）にいわく、二つの母珠を無量寿とし、その緒を観音とす。百八珠を位地とす。〇その珠の片方は五十四位なり。一返上るは是れ流の義なり。是れ上求の義、即ち智慧なり。一返下るは是れ摂下の義、即ち利他なり。残る片方は是れ不流の義なり。その珠の明明（段々）丸なるは断証の義なり。片方の五十四は五十四位に配す了耳不流本有流修生也。この御口訣の意は五十四珠は以て五十四位を表す。その五十四位とはしばらく、常途の浅略の義をいわば、法相宗所立の五十位に、煥・頂・忍・世第一法の四善根を加えて、五十四位とす。謂わく、十信・十住・十行・十廻向已上資糧位、第十廻向の修（終［イ］）心に煥・頂・忍・世第一法の四善根を開くを加行位とす、十地の中初地の入位の心を通達位とす、初地の住位以後を修習位とす。以上合して五十四位なり。爾るに一方の五十四位を転ずるは修生勝進の五十四位を表し、一方の五十四位を転ぜざるは本有常住の五十四位を表す。猶また母珠より引き下すは即ち本覚下転利他の義なり。緒留より引き返すは是れ始覚上転門自証の義なり。その余の表示御口訣には委細ならず。しばらく一伝に依り、余義をいわば、先ず十弟子は十波羅蜜の功徳を表す。是れまた両方に二十珠あるは本有修生の十波羅蜜を顕す。

（頭註）『陀羅尼集経』にいわく、また更に別に十顆数珠を作り以て記子に充つ文　記子とは義取なり。是れ十珠の本拠なり。之れを十波羅蜜に配するは古徳の相伝なり。

次に両方の四種の露は福智の二厳を表す。是れまた両方にあるは本有修生の二徳なり。また二の母珠は佛果の一地を表す。是れまた本有修生の二徳あるが故に二母珠あり。また珠を貫き絶えざるは普門大日の内証より余尊を流出する表示なり。また母珠の際の一の子珠は『念珠略経』に補処の弟子という。高雄口訣に二十一顆を一の緒に貫くという。是れ即ち二十一（二十カ）珠の記子と一方の大母珠の際の一珠なり。この分を四珠数取、并びに房の荘様本拠分明ならず。故にその表示等の相伝之れ無きか。

次に作法の最初に念珠を三匝或いは五匝に纒て右の掌に入れ、焼香に薫じ、百八煩悩の習気を除き、百八尊の三昧功徳を得るの義、左右の掌に三度移し替えるは修練薫の意なり。次に𑖨𑖽字并びに浄珠明を誦ずるは浄不浄を焼くの意なり。次に三度頂戴祈願して後に念珠を旋転するは一方の五十四顆珠を転じて片方の五十四珠を転ぜざる事、上の如し。次に念誦の時、両手大頭端合わせ両掌を外に向けるは是れ法身説法の義を表す。説法は即ち法、化他の為めの故に両掌を外に向けるなり。次に念誦返数の事、或いは一万返、或いは一千返、或いは八百、或いは四百、或いは二百、乃至一百八返等異説重々なり。その中縦令如何程ど多忙なりと雖も、数一百八返を減ずることなかれ。もし之れを減ずれば所願を成ぜず。この事『准提軌』『軍荼利軌』及び『千手軌』等に分明なり。

之れに付き、五部所用の念珠の事

佛部所用には菩提子を用うる。蓮華部尊には蓮実を用うる。金剛部尊には金剛子を用うる。宝部諸尊には七宝の数珠を用うる。羯磨部には雑色の数珠を用うる。その中佛部は総体、余は別徳なるが故に、菩提子は余の四部に通用すること相違無きか。猶また念珠種類の事、経軌の所説不同なり。或いは一千八十珠、或いは一百八珠、或いは五十四、或いは二十四、或いは四十二顆、或いは二十七顆、或いは二十一顆、或いは十四珠等非一なり。

（頭注）龍暁私にいわく、ただし二十四珠の本拠、之れを尋ぬべし。

かくの如く種類非一なりと雖も、百八珠を最上とす。この故に今時多分に百八珠の念珠を用う。その百八珠は百八煩悩を動ぜずして、即百八尊の三昧なることを表す。猶また祈請の時、数珠を摺る表示の事。上来略して弁ずるが如し。「行法用心」（一三右末より二行）にいわく、祈請の時数珠を摺る事、表示あり。数珠は百八煩悩能断の智珠なり。三宝の境界に祈願することは断惑証理の義を離れたること無し。数珠を摺るは惑障を摧破せしむる意なり云々。この意なり。

之れに付き祈請の時、念珠摺り始むる事、快師の或記にいわく、祈念の時念珠を摺ること三井の覚猷師より之れを始む。夫れ已前は念珠を摺ること之れ無し。ただし覚猷師念珠を摺るは御修法の時、行法の終わるを伴侶に知らしめんが為めに之れを摺る云々。

猶また正念誦というに付いて、およそ自宗に於いて種々の念誦あり。『略出経』には四種の念誦を説く。謂わゆる音声念誦、金剛念誦、三摩地念誦、真実念誦、是れなり。この四種の念誦の功徳に依って一切の罪障を消滅し、一切の功徳を成就すと。委しくは彼の経文の如し。また『瑜伽供養次第法』にも四種の念誦を説く。謂わゆる音声念誦、三摩地念誦、金剛念誦、降魔念誦、是れなり。『略出経』と『次第法』とは初めの三種は同、第四は異なり。また高祖『秘蔵記』には五種の念誦を釈す。謂わゆる蓮華念誦、金剛念誦、三摩地念誦、生声念誦、光明念誦、是れなり。高雄の御口訣には、四種の念誦を出す。三摩地念誦、蓮華念誦、金剛念誦、音声念誦、是れなり。以上の諸説大同小異なり。詮ずるところ三摩地念誦とは心月輪に於いて字相字義等を順逆に観ずる義なり。謂わゆる常の字輪観なり。次に蓮華念誦とは口を動かし自らの耳に聞こえて他に聞かしめざる分斉なり。次に金剛念誦とは唇口を動かさずまた音声を出さずして、口中にて舌を動かす分斉なり。次に音声念誦とは音声を出し長短分明に自他共に聞こゆる分斉なり。ただし『秘蔵記』と高雄の御口訣と相望していわば、『秘蔵記』の前四種は高雄の御口訣の四種念誦とは分斉全同なり。『秘蔵記』の生声念誦は高雄の御口訣の音声念誦の分斉なり。次に光明念誦とは行者心内心外に観ずる所の真言陀羅尼は皆是れ諸佛の光明輪と観ずる義なり。

猶また念珠本経の事。『瑜伽念珠経』『文殊ノ儀軌』『陀羅尼集経』『蘇悉地経』『一字頂輪王』『時処儀軌』等、この外顕経には『木槵経』是れなり。

念誦分限了って祈願の文の事

「続行法用心」（一五左一三行）にいわく、問う、正念誦の祈願に一切有情速成大日尊等文。初心の行者たり、別して自身を祈るべし。初めて瑜伽を修するに祈願剰りなるに似たり、如何。答う、大日如来は普門法界の身なり。自身大日と成りて法界身なるべし。正念誦の祈願と何ぞ相違せしめんや云々。猶また当流の意、十八道に付いて余尊を行ずる時も、速成大日尊と唱うべし。是れ即ちこの一門より法界に入るを得、即ち是れ普入一切法界門の深旨なり。

○次に本尊加持文

前の如し。

正念誦の前後に本尊加持を用いる事

「続行法用心」（一五左六行）にいわく、問う、念誦の前後に本尊加持を用いる、両度の加持その故如何。答う、諸尊の功徳に定散の利益あり。彼の利益を蒙る為めに二度の加持を用う。謂わく、念誦已前は定善の功徳を請う。

瑜伽の修行は入定を詮とするが故なり。また出定後は散善の利益を請う。故に本尊加持前後に二度あるなり云々。ただしその定散利益とはその分斉如何。答う、「続行法用心」にいわく、本尊加持を両度に用いる事は本尊の境界に定散の益を請うなり。定門の観行は種子を観布す。本尊と行者と入我我入の義なり。瑜伽を修する本意ただこの事にあるべし。祈るところの悉地は現証の教益なり。散善門の利益は或いは眼前の事を祈る等云々。（取意）これらの意なり。之れに付き、略金の次第に就いて諸尊を行ずる時、本尊加持は二度なり。振鈴の次の本尊の印明等をば本尊加持と名づけず。而るを相伝無き人は之れを加えて三度の本尊加持と思えり。比興云々。この事、印融師の口訣に見えたり。是れ能禅方の相伝なりや否や。答う、云々。

○次に散念誦。

（頭註）能禅の口伝にいわく、散念誦の様、先ず左の手を以て念珠を取り、後に念珠を両（右［イ］）手頭指に懸け、少し之れを磨るなり。その後左の手に持ち念誦するなり。時々また右の手にて是れを送る。之れに付き、十八道には散念誦の中間に度々之れを磨る。金胎護摩には始めと終わりとの二度之れを磨る。ただし一字の咒の以前に之れを磨る。能く能く之れを祈念せよ。その後一字の咒を誦じ、則ち念珠を盤げて之れを置く。この義に於いて当流は別の習いあり。その故は金輪法を修する時、諸尊の感応悉く現ぜず。仍って先ず諸尊を祈念し、然る後に一字の咒を誦ず。その後また佛眼印明を用うる事、また当流の秘曲なり。その故に金輪法を修する時、諸尊の感応悉く隠没すと雖も、この佛眼の印明を用いる時、諸尊の感応悉皆出現す。故に後に佛眼を用いるなり。是れ則ち大師相承の大事なり。能く能く之れを秘すべし。

亮尊の口訣にいわく、散念誦の時は先ず念珠を取り佛眼等の真言之れを誦ず。乃至一字の咒を誦じ了って念珠を摺り、能く能く祈念するなり云々。

応永の口訣にいわく、一字已前に念珠を摺り、一字金を打ち但し内々には金を打たず、帰命を誦ず云々。

また至徳の記にいわく、先ず念珠を少しき搯りて佛眼大日等、一字の前に念珠搯って思う事を祈念し、その後に一字を誦じて念珠を置く。一字の後、数珠を搯らず云々。これらの意分明なり。

散念誦の名字

之れに付き、散念誦の名字の事は正念誦に対する言《ことば》なり。謂わく、正念誦は正しく本尊の真言のみを誦じてその一々の字義を観念するが故に正念誦という。いまは散在の諸尊の真言を誦じ、その義を観念して、当本尊の悉地成就を祈るなり。『五重結護』にいわく、次に念誦畢って、次に心に随いて散咒の真言を誦ず文。また『十八会指帰』にいわく、一一の曼荼羅の中に秘密助成の方便に散誦すと文。散念誦の名義、これらの御釈分明なり。

（頭註）詮ずるところ念誦真言は佛の説法の義なり。念珠を以て之れを誦ずるは転法輪の相なり。一切衆生の為めに自受法楽の法輪を転じ、流転の衆生をして利益せしむる表示なり。この事、甫文の口訣に見えたり。

之れに付き、散念誦の真言の事、次第には之れ無し。亮尊の口にいわく、佛眼百返若しは二十一返、大日千返、金剛薩埵百返ヲンサンマヤサトバン、降三世百返若しは二十一返、一字百返七返計り帰命娑縛訶を加う常途には之れを加えざること不審なり。

散念誦の真言

佛眼　曩莫　婆誐縛娑　烏瑟泥灑野　唵　嚕嚕　塞怖嚕　入縛羅　底瑟姹　悉駄路者寧　薩縛剌他娑駄儞曳　娑縛賀（Namo bhagavate uṣṇīṣāya Oṃ ruru sphuru jvala tiṣṭha siddha-locane sarvārtha-sādhaniye svāhā.）

本尊　唵　縛曰羅駄都　鑁（Oṃ vajra-dhātu vaṃ.）金剛界羯磨界大日

金剛薩埵　唵　三摩耶薩怛鑁（Oṃ samayas tvaṃ.）三昧会の金薩

降三世　唵蘇婆儞蘇婆吽　蘖哩訶拏　蘖哩訶拏婆耶吽　阿曩野斛婆誐梵　縛曰羅吽発吒

一字金輪　勃嚕吽𑖥𑖿𑖨𑖳𑖽（bhrūṃ）

この種子真言は𑖥（婆）、𑖨（羅）、𑖄（嗚）、𑖦（摩）の四字合成の字なり。𑖥は有の義、これに損減の𑖄字を加えて三有を破る義を示す。これ応身なり。𑖨は塵垢の義、これに損減の𑖄字を加えて煩悩の塵垢を除く。これ報身の義なり。𑖦は吾我不可得の義、無我の大我を証し、法身の義なり。故にこの一字に大日の三身の義を具するなり。

印玄の記にいわく、亮禅の口にいわく、先ず念珠を取り少し押し摺り初めに念珠を左の空風の間に懸けて、佛眼咒一返誦じ始め、その後は常の如く念誦するなり。一字の明の前に念珠を摺り能く能く祈請する。一字の後はただ念珠をわげて脇机に之れを置く云々。

散念誦の手の持ち様の事

右を少し上げて左を下げて左右の手を以てくるべきか云々。

念珠を三処に於いて摺る事

聞書に散念誦には三処に数珠を摺るなり。曰く、佛眼の真言を誦ぜんと欲する時、摺るなり。本尊の真言を誦じ了って之れを摺る。摺る時は少し久しく摺るなり。余り久しからず。次に眷属の真言を誦じ畢って摺るなり。一字の真言畢って数珠を磨らず。而るに真乗院の絵図次第には一字の真言畢って磨ると見えたり。是れまた一説なり云々。

〇次に後供養

亮尊の口訣にいわく、行者の左方塗華焼飲食灯明閼伽作法皆上の如し。ただし後供養の閼伽は本尊の御口を嗽ぐなり云々。

今いわく、次第には解界の次に閼伽あれども、いまは口伝に依って後供養の時、一度に之れを供する事、亮尊、快師の口訣一致なり。印玄の記また爾なり。「続行法用心」にも沙汰あり。ただし後供養の華鬘の華を壇上に散ずる事、快師の応永の記并びに至徳の記、一具にして内より外へ並ぶるなり云々。この意、塗香器の奥か。また華鬘器の奥の通りに之れを散ずるか。猶また後供養の閼伽は佛の御口を嗽ぎたてまつらんが為めなり。

(頭註) いま後供養を用いる意、梵国の風として客、まさに帰らん時、重ねて美味を調えて之れを供養す。後送るの例なり。いま彼に准じて理事の供養を用いるなり。

○次に後鈴の事

応永の記にいわく、初行已後、鈴を用いる時は明一返。振り様は左にて之れを取り、少し前へ引き寄せてカラカラと振ハテテ、またカラカラと振止るなり。仍って二重に振るなり。委しくは口に在り云々。

亮尊の記にいわく、常時には之れを振らず。或いは七ヶ日、或いは百日等の結願の時には之れを振る。ただし晴の時に理趣三昧には之れを振らず。後鈴を用いる時は左の手に鈴を取り、金剛盤の上にて少分之れを振り、明一返なり。五股杵を取らず云々。

至徳の記にいわく、初行の間は後鈴をば用いず。およそ後鈴の時は明一返誦ずるなり云々。

印玄の記にいわく、後鈴の事、聞書にいわく、十八道には都て後鈴を用いず。護摩・胎蔵には必ず用うべし。金剛界も初行と常の自行等には之れを用いず。別行作法の時も之れを用いず。詮ずるところ、自行もまた施主の為め晴の儀に非ずして行ずれば十八道の法則も別行の法則も金剛界の法則も後鈴を用いず。護摩并びに修《ママ》法には必ず之れを用うべし。またもし曼荼羅供及び大法灌頂の行法は必ず後鈴を用うべし。また阿弥陀三昧、理趣三昧等七ヶ日なんと行ずる時は、結願の時に後鈴を用うべし。開白と中間との時は之れを用いず。云々

（頭註）之れに付き、当流理趣三昧、阿弥陀三昧、後鈴を用いず、その由如何。答う、或口伝、是れは経立ての法なるが故に之れを振らず。今いわく、分明ならず、明師を尋ぬべし。

亮禅の口訣にいわく、広沢は後鈴を振らざる事は寛平法皇御自行の御行法余り繁き間、鈴の声絶えず。仍って之れを御略したまう、御例なり。故にいま自行計り之れを略す。晴の時は、もしは施主の為めの行法、もしは総じて佛前等の公事の行法等には皆之れを振るなり云々。私にいわく、金剛界、胎蔵界の次第に皆後鈴を出す故に後鈴有るべき事、勿論なり云々。

いま後鈴を用いる意趣は諸尊をして適悦せしめ本宮に還帰せしめたてまつる意なり。

（頭註）いま私にいわく、後鈴、古来有無不定なり。随って大師の十八道次第、石山の如意輪次第とも後鈴之れ無し。爾れども小野は師伝に依り之れを用う。広沢は有無不定なり。『金剛修行悉地成就供養法』（十丁左）、また『摂真実経』（二十丁左）に後鈴を出す。その余の儀軌本経には分明ならず。大師胎蔵次第、小野僧正手跡の本と貞観寺次第等には後鈴有り。

○後鈴振り様の事

諸師の口訣分明ならず。然るに『西院法則』にいわく、後鈴の振り様、先ず広沢方の習いには二切《フタキリ》之れを振る。之れに付き、二様有り。一には初めにカラカラカラと振りて、次の様を長くカラカラカラカラカラと振るなり。一様には二切を同様に振るなり。初めカラカラカラカラカラと振り、後もまたカラカラカラカラカラと振るなり。この二様、人の心に依るべし。ただし後の様をば多分に善とす。文今時、宝菩提院代々の相伝は彼の二様の中、後説に依って二切同様に之れを振る。その振り様、初めにチチンチチンチチンと十四五返計り之れを振り、また後に同様チチンチチンチチンと十五六返計り之れを振るべし。振り処は亮禅の十八道口訣の通り、金剛盤の上にて之れを振る。真言は初めに一返之れを誦ずべきなり云々。是れ全く能禅の口伝の義なり。ただし今時、高野山能禅方の振り様は少し之れと異なる。初めチチン、チチン、チチン、チチン、チチン、チチンと六七返諸ヲロシ、次にチンチンと方ヲロシ十返計り之れを振る。また少し間を空けて前の如く初めに諸下六七返、次に片下十返計り之れを振るべし。後に振り切り一つ之れ有り。真言は初め一返計りなり。

印玄の記にいわく、後鈴右の手を金剛拳にして右の腰に安じ左の手にて直に鈴を取る。金剛盤の上にてカラカラと振り、真言一返。チンと振り切って、またカラカラと振って真言一返なり。則ち二切に振るなり。いまの真言とは鈴の真言なり。小野には振り切らず、続けてカラカラと振るなり。『八巻次第』には後鈴真言一返云々。この時は一返誦すべきか云々。この意も振り様分明ならず。

○次に佛布施供養の事

印玄の記にいわく、佛布施は後供養の閼伽の次に之れを供す。先ず左の手を以て之れを取り持し、右の手に小三股の印を結び、三度順に加持し、次に右の手に取って後供養の方の鈴の左壇上に置くなり云々。

快遍問答にいわく、佛布施を供するに三処の不同之れ在り。謂わゆる灯明の前と灯明の後と閼伽の後なり云々。

至徳の記にいわく、佛布施は後供養の閼伽の次に之れを供す云々。

○次に結願作法

快師の至徳の記にいわく、結願作法は後供養の閼伽の次に之れ在り。その作法別に之れ有り。

快遍問答にいわく、結願作法に二義有り。謂わゆる閼伽の前と閼伽の後となり云々。

印玄の記にいわく、結願作法有る時は後供養の閼伽の先に之れ有り。その作法別に有り云々。

九通の折紙は後供養の閼伽の前と見えたり。然れば多分に閼伽の前にこの作法有るべしと覚えたり。詮ずるところ、結願作法之れ有る時は、加持供物の後、金二丁、神分祈願を略して五悔に相移り已下の行法常の如し。後供養の閼伽の前に金二丁、結願の事由并びに神分祈願畢って後に閼伽、次に後鈴等已下常の如し之れを行ずべし。

○次に讃普供養三力祈願礼佛文

皆前の如し。亮尊の口訣にいわく、三時の行法には、後夜の時、礼佛の次に金一打、金剛合掌して彼の偈頌を誦じ、白衆等各念等云々。いまいわく、本次第には後夜偈の事沙汰無し。朱書に之れ有り。余師の口訣にこの事沙汰無し。仍って用不は宜しきに随うか。

後夜ノ偈

白衆等各念　此時清浄偈　諸法如影像　清浄無瑕穢　取説不可得　皆従因業生（衆等に白さく、各々この時の清浄の偈を念ぜよ、諸法は影像の如し　清浄にして瑕穢無し　取説するに不可得なり　皆な因業より生ず）

○次に廻向文

是れは上来所修の善根を広大に廻向するの意なり。謂わゆる四恩の高徳に廻向するなり。

印玄の記にいわく、念珠香炉を取り金一打、廻向を誦じ廻向大菩提の処にて念珠香炉を置くなり。或いは念珠計りを取り金一打、之れを誦ず云々。金一打金合して之れを誦ず云々。多説有りと雖も、初説之れを用うべし云々。

応永の記にいわく、廻向は念珠香炉を取らずして金一打なり云々。

至徳の記にいわく、金一打、金剛合掌なり云々。

亮尊の記にいわく、口にいわく、念珠香炉を取り金一打、廻向の句了って念珠香炉を本処に置く云々。

是の如く異説あれども、晴の時は念珠香炉を用うべし。自行には用不は宜しきに随うなり。快遍問答に金一打、金合すべし云々。至心廻向懺悔随喜云々。亮尊の記にいわく、口にいわく、至心廻向、次に五悔第五段を唱う。金剛合掌。云々これらの意なり。

○次に解界文

是れは上の結界に対して、いま解界を作す。およそ諸佛菩薩は本誓を違えざるが故に解界せざれば本土に還らず。故に界を解いて奉送するの意なり。

亮尊の口訣にいわく、火院、空網、三世、墻界已上逆に旋転せよ、一匝にして真言一返なり。ただし常の行法の処には地界は解かず。もし一期行法には結願の座、地界を解くなり云々。

印玄の記にいわく、次第には地界より書き列ぬと雖も、口訣の如く火院空網三世墻界と後より次第に之れを解くべし。各印明一返にして左に之れを転ぜよ。ただし常の念誦の処には地界之れを解かず。聞書にいわく、地界を解く事、常の念誦の処と雖も、壇を取りハタラカサハ必ず地界を解くべし。その時は五色の糸ナドヲ引タラハ端少し解きて而して後に、カキハタラスヘキなり云々。

快遍問答にいわく、次の如く火院を始めとし、金墻を後とするなり。各逆一返、明一返云々。

○次に閼伽文（いまの印本次第には記さず）

上に後供養の時、灯明の次に之れを供ず。故にいまここには之れを用いず。

○次に撥遣文

亮尊の記にいわく、後供養の方の華一房を取って外縛して二中指立て合わせ、華を押し真言の穆とともに壇上左辺に投ず、真言一返云々。

快遍問答にいわく、右の空風にて残る一葉の華を取り両の中指に挿む。余指は外縛なり。この間には明を誦せず。華を投ぐる時、明一返を誦ず。問う、投げ様如何。答う、先の如く空風にて後供養の葉を取り敷きたる華の順に少し合を除けて置くなり。

是の如し。問う、除くる間を定むるか。答う、爾らず云々。またいわく、撥遣の時、もし後供養の方の一葉をば取り落とさば如何。前供の一葉取るべし云々。

印玄の記にもこの事沙汰あり。また応永の記にいわく、撥遣の時は右の手の風空二指を以て華鬘の華を取って独股印の端に押して真言を誦ず。三葉の外の方にならべて置くなり。云々

至徳の記にいわく、右の手に華を取り両手合わせ独股印に作して華を中指にさし挿んで言を誦じて後に右の手に取って行者の左の方に置くなり云々。これらの意なり。

詮ずるところ、撥遣の華を壇上に投ずる事、召請の佛、この華に乗じて本宮の浄土に還る意なり。また自心本具の諸尊、心内の本宮に還帰するの意なり。この二義併存すべし。之れに付き、天等には弾指を用い、華を用いざる事は、およそ大鉤召の時、風指を以て之れを招き、冥衆之れを見れば則ち来たる。いままた彼の指を以て之れを撥すが故に天衆之れを見れば則ち還えりたまう。是れ皆本誓を違えざるが故なり云々。或一義にいわく、風は神通なり。故に風を以て之れを撥す云々。

『秘蔵記』にいわく、解界、仏位に花を投ずるは、是れ常楽我浄なり。是れ即ち解脱位なり。まさに観想すべし、我覚の花を以て解脱の地に致すと。而して、この観を作して花を投じ、諸仏と共に還り入って法界宮に住す。解界の文、解釈分明なり。

○次に三部被甲護身等文

亮尊の記にいわく、印言了って念珠を取り少しき摺り金一打、或いは摺らず云々。

至徳の記にいわく、三部被甲護身の後、念珠を摺って祈願の次に金一打、下礼盤。先ず左の足を下ろす。念珠を手に持ちおるるなり。

○次に三礼

先の如し云々。

印玄の記にいわく、亮禅のいわく、被甲護身の後、念珠を取り、押し磨りて普礼真言は之れ無し。然して後に金一打、出堂の金とて最結句に打つなり云々。

○次に下礼盤

先ず左の足より下す。念珠をば手に持ち礼盤より下るるなり。

次に三礼　常の如し云々。

応永の記にいわく、左の手を以て念珠を取り、之れを摺る。祈願の後、金を打ち、下礼盤。香炉を取らざるなり云々。これらの意なり。詮ずるところ、自行には五体投地の三礼、晴の時は香炉念珠を取って三礼すべし。

（頭註）之れに付き、いま三部三昧耶被甲を用ぅ事、正しく本尊聖衆を送り已んぬれば、毘奈夜迦等の障礙の恐れあり。この故にこの印明を結誦す。護身結界して利益衆生の為め出堂するなり。ただし浄三業を略する事、浄三業三部は開合の不同なるが故に相違無きか。猶また出堂の観心の事、『秘蔵記』にいわく、行者将に道場に出る時、悲願に依ると思ぅべし、利他の故に。また後常に思ぅべし、吾が身は本尊なり、足に常に蓮華を踏む、口常に音を出し説法して前人を教誨す文。これらの意、能く能く知るべし耳。

以上、十八道次第校合了る。

印玄の記にいわく、聞書にいわく、結願作法の事、十八道及び両界初行の時、結願を用いず。その故は初行より成佛に至るまで退転すべからざる義なり。護摩には結願を用う。その故は支度等多く入るが故に常行に堪えざるが義なり。もし臨時の行法の時は十八道両界共結願作法を用うべし。時は巻数を読まざるなり（読むべきなり［イ］）云々。

また亮禅の口訣にいわく、問う、初行結願の時、巻数を読むや如何。答う、読む事有り、読まざる事有り。必ずしも一定ならざる事なり云々。

以上

施餓鬼法講授記

一　施餓鬼法

施餓鬼法は滅罪、息災、追善、延寿、不食病等に修す（『三宝院流動潮口訣』第十一、真全第三、三八頁下）。この法は『薄草紙』には天部に入るるも、今は作法部に収む。これ修法に非ずして、長日の所作なる故なり。また祈念によって一七日、或いは三七日、之れを行ず。滅罪追善等応に随って之れを修す。別して不食の病のために修するに功能ありという。『幸聞記』に、成賢不食の時に修して効験ありし事を記す。

（頭注）施餓鬼は四種法の中には増益法に属す。長寿福徳増長を祈る。

施餓鬼法は現当二世の利益あり。真言行者は常時、これを修すべし。常行の場合は、斎食の上分をとりて銅器に入れ、浄水を和して蓋を以て覆い、人の往来せざる便宜の処におき、夜分人静まりたる頃、一定の修処にこれを持参して東方に向かい、蹲踞してこの法を修し施食すべし。

修処。常行には場所を定めて修法の処とすべし。今の作法次第に、面を東に向かって坐すべし、立ってもまた、作法することを得と説き、東方に面して、蹲踞してこの法を修し施食すべし。その場処として今の『施諸餓鬼法』に、

浄地の人の行くこと無き処、或いは水池の辺、樹下に於いてせよ、唯し桃、柳、柘榴の樹下に写すことを得ざれ。（大正二一、四六七頁中下）

という。故に人の通行すること少なき場処にて流水の辺、或いは樹下、或いは浄石を選びて修処とすべし。但し桃、柳、石榴の樹下、及び殿基、石階、不平処をさくべし。桃柳等の下は大力の鬼王住する故に卑劣の餓鬼等は臨み難

し、石榴は鬼子母神の愛木なれば、これまた餓鬼はこれを恐れて近づかず。殿基石階等をさくるは、堂塔等には皆守護神有る故に小鬼は近づき難き故なり。不平処も近づき難し。

（頭注）桃は邪気を厭伏する故に。

動潮の『三宝院流洞泉相承口訣』第十一にいわく（真全書第三、三八頁下）、

桃柳石榴樹下等。裏書云々。『薄草決』にいわく、『荊楚歳時記』にいわく、桃は五行の精、邪気を厭伏す云々。『灌頂経』にいわく、禅提比丘、龍を呪して、已後、柳を怖鬼木と名づく、柘榴は鬼子母神所愛の樹なり。是の如き等の因縁有る故に、件の木等の下《もと》には鬼神来たらず。以上。

『薄草決』にいわく、問う、殿基、石階に近づかず、何の意有るや。答う、御口のいわく、堂塔等、皆守護神有り。故に小鬼類等は近づき難き故なり文。

『心地観経』第六にいわく、楊柳は過去仏の菩提樹なり、と。

近来、施餓鬼法を行ずるに施餓鬼棚を造りて棚の上に種々の施物を供養す。棚の高さは三尺をすぐ可からず。諸餓鬼食すること能わずと。『法苑珠林』第六に餓鬼の身量を説明して、極大は一由旬なるも、極少は有知の小児の如く、或いは三寸という。棚の高さは二尺五寸位にすべきか。

（頭注）餓鬼の身量

方位。施餓鬼棚は、西向きに構え、行者東方に向かって修す。『薄草決』にいわく、

問う、東方に向かって施すは何の故有るや。答う、御口のいわく、東方は檀波羅蜜の方なるが故に、施を行ずるに彼の方を向かうなり、と。

六波羅蜜を六方に配すること。『優婆塞戒経』に、我が仏法の中に、また六方有り、謂わゆる六波羅蜜なり、東

方は即ち、是れ檀波羅蜜等（大正二四、一〇三四頁）と説く。布施波羅蜜を東方に向かって修すれば長寿と財宝を増すという。『諸儀軌稟承録』第三（八葉学会刊行本三、四〇頁、続真全第二、一三三頁下）にいわく、

東方は伊舎那天の方なり。此の天は一切の鬼神を統領す。故に施餓鬼神供等は東方に向うて之を行ずと云々。また、東は春を主る。発心の始めなるが故に。東に初中後の三有り。謂わく東北と東と東南となり。また、南方に向うても施餓鬼を作す。其の故は南方は、是れ焔魔界なり。餓鬼は皆焔魔界に住す故に、南に向かうと。然れども一切の法に随方と運心と有り。東南等の向かい善き所、其の方に向かうは是れ（編者註 続真全本より、是の字を加える）随方なり。若し東南等の不便宜の処にては何れの方に向かうとも、東に向かうと観じて之を修せよ。運心なり。文

故に棚の都合にては運心にて東方に向かうと観じて修すべし。

〇施餓鬼棚の五色幡

金剛界随方の立方と胎蔵界随方の立方と異説あれども、金剛界随方に立ててよろし。

〇時刻

凡《およ》そ四種法等にて開白の時刻はその目的によりて異なる。息災法は初夜に開白し、増益法は晨朝に開白し、調伏法は日中に開白す。今の施餓鬼法は何れの時に修すべきか。人定まる時に之れを行ず、といい、『薄草決』には亥剋或いは子刻とす。亥刻は午後九時、十時、子ノ刻は夜半の十一時、十二時なり。『薄草決』にいわく、

冥道鬼神等夜勢力を得、仍って人定まるをして相応せしむ。『毘羅三昧経』にいわく、夜鬼食時云々と。夜半は鬼衆受食の時とするなり。

但し『焔口経』（不空訳『仏説救抜焔口餓鬼陀羅尼経』）に、

仏阿難に告げたまわく、若し善男子善女人有りて、長寿福徳増栄を求めんと欲わば、速やかに能く檀波羅蜜を満足すべし。毎に晨朝及び一切時に於いて、悉く障礙無し。一浄器を取って盛るに浄水を以てし、少の飯麨及び諸餅食等を置き、右手を以て器に加えて、前の陀羅尼を誦すること満七遍せよ等。（大正二一、四六五頁上）

と説くが故に必ずしも夜半に限るべきに非ざるか。

（頭注）晨朝は夜明け。

今時日中に施餓鬼法を修するはこの意によるか。但し口伝によれば成るべく夜分に修し、物音に注意し、灯燭も用いざるがよし。拍掌も作さず、念珠も摺らず。隆誉の『要法授訣鈔』下巻（高井観海『秘密事相大系』、九五頁所引）にいわく、

此の法は必ず夜分に限り、昼分は之れを行ずべからず。また人定まる時行ずと雖も、必ず灯燭を用うべからず、鬼類、明かりを恐るるが故に、其の所に望むことあたわず。今時白昼、施餓鬼を行ずるは謬り甚しきなり。且つまた、此の法、念珠を持すと雖も、摺るべからず。また拍掌すべからず、復た咒等の音、内に之を唱うべし。金を鳴らすべからず。木を拍き音を作さず、之れを行ずべし。物音鬼恐怖するが故に、其の処に来たらず。作法竟って後の弾指は撥遣故、音高するなり。文

〇供物

供物の種類及びその量の多少は随意なり。但し『施諸餓鬼飲食及水法并手印』（不空訳）に、

もしは此の呪を以て、一切の供養仏（マヽ）の物を呪じ、若しは水、若しは香花飲食皆呪二十一遍、然して仏に供養せよ、即ち是の如くの種々以て十方一切の諸仏に供養するに異なることなし。（大正二一、四六八頁中）

と説く。故に施餓鬼棚にも香花飲食水を供ずべし。

『仏説救抜焔口餓鬼陀羅尼経』（不空訳）にいわく、

仏阿難に告げたまわく、若し善男子善女人有りて、（中略）一浄器を取って盛るに浄水を以てし、少の飯麨及び諸餅を置き云々。（前に引く文）

という。浄水は必ず供ずべし。常行の施餓鬼には充分な供物を備ね難きも、必ず飯に水を和して供ずべし。

○餓鬼

梵に薛茘哆 preta という。饑渇の苦に歎《なや》む一類の生類なり。地獄・餓鬼・畜生を三悪趣という。『倶舎論』第十一には南膽部州の地下五百由旬の処にありとするも、餓鬼世界の外にも人中の餓鬼あり。『正法念経』第十六・十七に詳説す。

餓鬼の所在略して二種有り。一には人の中に住す。二には餓鬼世界の中に住す。是の人中鬼は若し人夜行すれば則ち見る者有り。

現存大蔵経中『餓鬼報応経』一巻、失訳（大正一七、五六〇頁、七四六番）、『仏説鬼問目連経』一巻、安世高訳（大正一七、五三五頁、七三四番）等をはじめ諸経論に餓鬼の因縁及びその種類を散説せり。

施餓鬼は正しくは餓鬼世界を済度するために行ずる法なり。

『薄造紙』乙に出す施餓鬼次第に、普く一切餓鬼並びに霊祇天仙等を召け、という。この霊祇天仙につき『薄草決』には、霊魂神祇かといい、また、天に在るを神といい、地に在るを祇という。天神地祇、是れなり、とも釈する故に、施餓鬼法は単に餓鬼のみならず、天神地祇をも対象として修するものの如し。『焔口餓鬼経』には、

その時に餓鬼阿難に白して言わく、汝明日に於いて、若し能く百千那由他恒河沙数の餓鬼、并に百千の婆羅門・仙等に布施するに、摩伽陀国の所用の斛を以て、各に一斛の飲食を施し、并及に我がために三宝を供養せば、

汝は増寿を得ん。我れをして餓鬼の苦を離れ、天上に生ずることを得しめん。(大正二一、四六四頁下)と説く。然れば施餓鬼の供物は独り餓鬼に施すのみに非ず、上は十方諸仏より法界の諸有情に広く布施するなり。今の施餓鬼法の召請の偈にも、

普施十方　窮尽虚空　周遍法界　微塵刹中　所有国土　一切餓鬼　先亡久滅《ゼンモウクメツ》　山川地主《センゼンチシュ》　乃至曠野　諸鬼神等

請来集此　我今悲愍　普施汝食　願汝各各　受我此食　転将供養　尽虚空界　諸仏及聖　一切有情　汝与有情

普皆飽満

等と説く。蓋《けだ》し布施は六度の中には第一にこれを示し、四摂の中にも第一にこれを出す。仏行の第一行なり。しかも施の中には施餓鬼を以て第一となすなり。

○顕教に修する施餓鬼と密教の施餓鬼との同異

施餓鬼作法は顕密の諸寺に於いて、これを行ず。然れども顕教に修する施餓鬼は『盂蘭盆経』を所依として目連尊者の故事により七月十五日安居会の頃に大徳衆僧を供養し、その功徳によって餓鬼道に陥った母の苦悩を救う因縁を根拠としたものである。密教の施餓鬼も一往は阿難尊者の因縁に関係して説かれた施餓鬼法ではあるが、この施餓鬼は大日如来の法爾常恒の所作で、これを日々修する秘密法とするのである。

○施餓鬼法の所依の経軌

『薄草決』に所依の本経儀軌として、

一『仏説救抜焔口餓鬼陀羅尼経』一巻、不空訳(大正二一、四六四頁、一三一三番)

二『施諸餓鬼飲食及水法并手印』一巻、不空訳(大正二一、四六六頁、一三一五番)

の二経軌を列《つら》ぬ。現存大正大蔵経には、この外、

(1)『仏説救面然餓鬼陀羅尼神咒経』一巻、実叉難陀訳（四六五頁、一三一四番）
(2)『瑜伽集要救阿難陀羅尼焔口軌儀経』一巻、不空訳（四六八頁、一三一八番）
(3)『瑜伽集要焔口施食起教阿難陀縁由』一巻、　不空訳（四七二頁、一三一九番）
(4)『瑜伽集要焔口施食儀』一巻（四七三頁、一三二〇番）
(5)『仏説施餓鬼甘露味大陀羅経』一巻　唐跋駄木阿訳（四八四頁、一三二一番）
(6)『仏説甘露経陀羅尼咒』一巻（四六八頁、一三一六番）
(7)『甘露陀羅尼咒』一巻　実叉難陀訳（四六八頁、一三一七番）

の七本を出す。この中(1)の実叉難陀訳本は、（二）不空訳と同本異訳であって、(4)は詳しい作法を説き諸種の印相を図示しているので参考になる。しかし根本の儀軌としては（二）を用いるべきで、『薄造紙』に収むる次第もこれにより、今講ずる施餓鬼法もこれによる次第である。

○阿難尊者と餓鬼との因縁についてあらすじを説明しよう。或る時、世尊が迦毘羅城の倶律僧伽藍に在まして諸比丘諸菩薩が集会し説法が行なわれた。その時、阿難尊者が独居して静処で所受の法を念じていたところ、その夜の三更以後に、一餓鬼が阿難の前に現われた。その姿は身体が痩せ衰え、頭髪は乱れ、咽は針の如く細く、爪や牙は長い実に醜陋な恐ろしい鬼である。この鬼が阿難に対して今後三日にして汝の寿命が尽き、餓鬼道に堕つることを予言した。阿難大に恐怖してその苦を免るる方法を問う。その時、餓鬼が阿難に対して答えて、明日、百千那由他恒河沙数の餓鬼衆と百千の婆羅門仙等に、摩訶陀国に用いる斛《マス》で各一斛《こく》の飲食を供養し施し、また我がために三宝に供養すれば汝は増寿を得、我は餓鬼の苦を離れて天上に生ずることを得と説く。そこで阿難は仏所に至って五体投地して仏足を頂戴礼拝し、この事を申し上げた。時に仏、阿難に告げていわく、汝恐るること勿れ、我れに方便あり、汝をして若干百千恒河沙の餓鬼及び婆羅門仙等に種々の飲食を施すことを得しむ、憂悩すること勿れと。仏即ち陀羅尼を説く。無量威徳自在光明殊勝妙力と曰う。もし此の陀羅尼を誦ずれば、即ち能く倶胝那由他百千恒河沙数の餓鬼及び婆羅門仙等に上妙の飲食を充足せしめ、彼等に一々に皆摩訶陀国所用の斛にて七々斛の食を得せしめると説く。また、仏阿難に告げていわく、我前世に婆羅門と作り、観世音菩薩の所及び世間自在威徳如来の所に於いてこの陀羅尼を受くるが故に、能く無量の餓鬼及び諸仙等に種々の飲食を施し、諸餓鬼をして苦身を解脱せしめ天上に生ずることを得しめたもう。阿難よ、汝今この陀羅尼を受持すれば福徳寿命皆増長することを得んと。即ち陀羅尼を説いていわく、

　那謨薩囀怛他蘖多引囀盧枳帝唵参婆囉参婆囉吽

と。この陀羅尼七遍誦じ、更に四如来の名号を称すべきことを教う。

（頭注）無量威徳自在光明殊勝妙力陀羅尼。自在光明までが陀羅尼の名で、殊勝妙力はその功徳を示すか。摩訶陀国は上米の産地なり、斛は一石に当たる。故に七々斛は大量の施食なり。

この経は釈尊所説の雑密経にして未だ印契を説かず、然るに（二）の施餓鬼法には印言を説く。故に密教所伝の施餓鬼法は（二）を正所依とすべきである。浄厳この義を説き、（二）を以て大日の直説純密部の軌とす。現行施餓鬼法は野沢諸流の相伝一様に非らずして、施餓鬼一印法等もあれども、今はここに講ずるもの、或いは『薄造紙』所説のもの、或いは略施餓鬼法等を用うべし。

○食器

『儀軌』にいわく、先ず衆生食を出す事、須らく如法にすべし（中略）皆な須らく浄銅器中に安ずること如法にすべし。如《も》し銅器無きときは白瓷亦た得、等。文

白瓷とは白色の磁器なり。故に銅器を本儀とし、その代用として白瓷、漆器等を許すなり。
其の飲食には須らく清水を和すべし。文
飲食には必ず清浄なる水を和して供ずべし。
面を東に向かって坐すべし。立っても亦作法することを得。文
行者は東方に面して施餓鬼を行ずべし。坐立は意にまかす。（前に已に説けり）
○先ず浄三業　三部三昧耶　被甲護身
念珠はすらず。常の如く、護身法を行ずべし。
○次に口伝にて摩利支天の隠形印明を結誦せよ。『仏説摩利支天経』にその印明を説く。但し相伝の印明は少しく異なる。

（頭注）摩利支天宝瓶印言。今の講本には説かず。『薄造紙』にも説かず。『仏説摩利支天経』一巻、不空訳（大正二一、二六一頁上）に摩利支天安怛袒那印を説く。左の手を以て、虚掌にして拳を作れ。大指微かに頭指の甲を捻じて環の如くし、已下の三指、拳を握りて密ならしむ。また、掌の中に孔を作らしめ、自の心前に安んじ、想え、自身この印孔の中に入りて蔵ると。右の手を以て掌を平らにし、右に旋らし、此の印を摩りて便ち孔の上を蓋え、想え、この印は、即ち是れ摩利支天菩薩の身なり。我が自身、摩利支天菩薩の心中に隠蔵ると。一心専注して間断せず、前の根本印（編者註　大正蔵には印の字なし）、及び心真言を誦じて、遍数を限らず。ただ虔誠至心にせよ。必ず菩薩威神の加護することを獲ん。一切の怨家悪人も、悉く見ること能わず。一切の災難も、皆解脱することを得ん。

相伝の印は、先ず左手を握りて掌を空虚にし、大指を以て風指の甲を押し、右手五指をのべて、左印の上を覆い垂れたる形とす、これを宝瓶印という。真言は唵阿儞怛耶、摩利支曳娑縛賀。この印を結び、行者自身摩利支天の

身中に隠るる時、一切の怨家悪人悉く見ることを得ず。餓鬼は常に人を怖れ、人に遇うも避け隠るる故に大悲心に住してこの隠形印明を結誦して行者自身を隠すなり。

〇次に浄地　浄土変『薄造紙』には、これを説く。

今伝授する次第にはこれを説かざるも加う。用うべし。浄地の印明は依報を清浄ならしむる功徳あり、娑婆即寂光土となる。印は金剛合掌、浄穢不二を表わす。明は、

囉《アラ》儒《ジュ》波《ハ》韷《ギャ》齰《タク》 rajo 'pagatāḥ（垢穢を遠離せる）薩齷達莫 sarva-dharmāḥ（一切諸法よ）

浄土変の印明は穢土を浄土に変ぜしむる功徳あり。『無量寿軌』にこれを説く。印は如来拳印、明は唵 歩欠 oṃ bhūḥ 大地 khaṃ なり。如来拳印は右金剛拳を以て左の蓮華拳の大指を握るなり。歩《ボク》は大地の意にして道場を指し、欠《ケン》は虚空の義を示す種子なり。道場が一切の垢穢を遠離して虚空の如く清浄なることを示す。

浄地、浄土変の印明結誦については『薄草訣』に問答して、

問う、餓鬼、其の果報下劣なり。広博厳浄土に臨み難し。何ぞ此の印言を用うるや。答う、御口のいわく、真言加持力に依って下劣と雖も来集す矣、と。

〇次に金剛合掌　偈にいわく、

『儀軌』にいわく、先ず須らく広大の心を発して普く餓鬼を請すべし。

仏子某甲若多人共作レ之改言二是諸衆等一　発心奉持等　四字一句五十五句の頌

（頭注）『薄造紙』に示す作法には、この句ここに無きも、開咽喉の次に食器を取りて偈を唱う。四字二十句なり。次第にこれを示す。

この偈頌は餓鬼等を普く集めて浄食を施すことを説く。広大なる慈悲心に住して普く餓鬼を集むることを請う。

多人共作の場合は「仏子某甲」の句を「是諸衆等」と改め唱うべし。偈文の意は知り易し。浄食の器を奉持して唱うべし。

（頭注）亡霊のために修するには、後の四句を、依此功徳　過去聖霊　滅罪生善　出離生死と改む。洞泉の口に、滅罪ならば、過去聖霊　証大菩提の句を加え、不食の祈ならば、護持施主　除病延命の句を加え、自行には、護持法主　諸願成弁の句を加うべしという。

○次に普集餓鬼印言

この印言を結誦して、行者広大なる悲心に住して法界の一切餓鬼を悉く雲集せしむ。印は右手大指と中指とを以て面を相捻し、余の三指相去り微しく曲勢に作す。頭指にて餓鬼を招く。真言七返

唵（曩謨）歩布入［帝］哩迦哩多哩怛他蘖多引也

oṃ(namo) bhū-pūri kāri tāri tathāgatāya

真言は七返唱え、頭指にて三度招く。

○次に開地獄門、及び咽喉印言

左手に食器を取り、右手は前の如くせよ。唯し真言一返誦ずる毎に一度弾指せよ大中二指にて弾指するなり。真言七返、弾指七返

唵歩布入帝《ティ》哩《リ》迦《キャ》多《タ》哩《リ》怛他蘖多引也

oṃ bhū-puteri kāri tāri tathāgatāya

（頭注）『薄草決』には、弾指三度明各一遍といぅ。

この真言を誦ずる時、左手を以て食器をとり、右手を以て前の召請印に作して一誦咒に一弾指す。大指と中指との頭《はし》相捻して弾指す。声を作す。余の三指は開いて稍微しく曲す。これを破地獄門及開咽喉印と名づく。

（頭注）『薄造紙』所収のものは、この次に食器をとりて、次の偈を唱ぅ。

至心奉上　一器浄食　普施十方　尽虚空界　一切餓鬼　先亡久滅　山川《センゼン》地主　乃至曠野　諸鬼神等　皆来至此　受我此食
依我咒食　離苦得楽　往生浄土　発菩提心　行菩薩道　昼夜恒常　擁護於我　一切普願　皆令満足。文

○次に加持飲食印言

右手前の如し、唯し大指、中指の甲を摩すること三両返、余の三指は直く立て、また大指を以て頭指を捻し、弾指して声を作せ、一たび咒を誦して、一たび弾指せよ。真言にいわく、七遍

観ぜよ、此の印真言の加持力に由るが故に、一切の餓鬼、各々摩伽陀国所用の斛七々斛の食を得、食し已って皆天に生じ、或いは浄土に生ずることを得。能く行者をして業障消除し、寿命を増益し、現世に無量無辺の福を獲せしむ、況んや当来世をや。

（頭注）右手大指を以て中指の甲を擵するは鬼火を消す意なり。

『施諸餓鬼飲食及水法』（不空訳）にいわく、

その時に、如来即ち無量威徳自在光明勝妙之力加持飲食陀羅尼を説いていわく、

曩莫薩囀怛他蘖多嚩嚕吉帝唵（三十帖策子跋囉跋囉）三婆羅（三十帖跋囉）三婆羅（三十帖跋囉）吽（三十帖鈝）引（三十帖

虎吽）

此の呪を誦ずること一七遍せば、一切の餓鬼、各皆摩伽陀国所用の斛の七七斛（三十帖七斗）の食を得、食し已って皆天に生ずることを得、或いは浄土に生ず。能く行者をして業障消除し、寿命を増益し、現世に無量無辺の福を獲しむ、況んや当来世をや。即ち手印を作して此の真言を誦じて飲食を加持せよ。右手の大指を以て中指の甲を摩すること三両遍、三指は直く之を立つ。また大指を以て頭指を捻して、弾指して声を作せ。一たび呪を誦じて一たび弾指せよ、即ち是なり。文（大正二一、四六七頁上）

○次に蒙甘露法味印言

右手、臂を竪て、五指を展べ開きて直く上ぐる、即ち是なり。施無畏印

（頭注）幸心方には、大指を掌中に屈す。

真言にいわく、七遍

観ぜよ、能く飲食及び水をして、変じて無量の乳及び甘露と成らしめ、能く一切の餓鬼の咽喉を開き、能く飲食をして広く増多なることを得て、平等に喫することを得しむ。

既に加持飲食印明によって鬼火を滅し、所施の飲食を倍増せるを以て、今左手に食器を持ち、右手施無畏にして、飲食を甘露乳味ならしめ、広く平等に諸餓鬼に受用せしむと観ずべし。

（頭注）『盂蘭盆経』に、六通の目連も自力を以ては餓鬼の中に生ぜし慳業をば抜くこと能わざるが故に、仏に問いたてまつる。仏の言わく、汝母罪根深く結ぶ、汝一人の力にては奈何《いかん》ともする所に非ず。汝孝順の声天地に動すと雖も、天神地祇邪魔外道道士四天王神も亦、奈何ともすること能わず。当に十方衆僧の威神の力を須って乃ち解脱することを得べし等。倩

ら惟れば、業力は少善根の功徳を以ては脱れ難し而已。今此の法は三力冥に助けるが故に、直に餓鬼に施すに、業力忽ちに尽き、加持食を受用して、頓に仏菩提を成ず。

施無畏印を結ぶ。寛信法務の次第には此の印を甘露法味印と名づくという。

（頭注）幸心方には大指を掌中に横う。

『施諸餓鬼飲食及水法』にいわく、

又、蒙甘露法味の真言を誦せよ。施無畏の印を作せ、右手を以て臂を竪て、五指を展べ直く上ぐ、即ち是なり。真言にいわく、

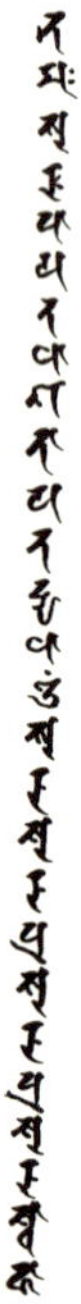

曩莫（慕三十帖）蘇嚕頗（播三十帖）也（二合去一三十帖）怛他（去三十帖）蘖多也（三三十帖）怛儞（姪三十帖）也他（去三三十帖）唵蘇嚕蘇嚕鉢羅蘇嚕鉢羅蘇嚕婆嚩二合賀引

前の施無畏の印を作して、此の呪施甘露の真言を誦すること一七遍、能く飲食及び水をして変じて無量の乳及び甘露と成らしむ。能く一切の餓鬼の咽喉を開き、能く飲食をして広く増多なることを得て、平等に喫することを得しむ。文（大正二一、四六七頁中）

○次に毘盧遮那一字心水輪観印言

手を引べて食器の上に臨め、観ぜよ。字、右の掌中に在り。猶し乳の色の如し。変じて八功徳海と為り、一切の甘露醍醐を流出す。一切の鬼等皆な飽満することを得て、乏少有ること無し。真言にいわく、七遍

前に甘露乳味となった飲食を将に施与するに当って、乏しきことなきように、この毘盧遮那一字心水輪観の印明

を結誦して普く一切の餓鬼に食を施す。左手に食器を持ちたるままにて右手五指を展べ開き、下に向けて垂れ食器の上にのぞめ、掌内に𑖪𑖽字を観じて、この字より甘露の乳水を流出すと観じて真言を唱うること七返。この印言の功徳により一切の餓鬼飽満することを得。故に此の印を普施一切餓鬼印と名づく。水輪観といっぱ、𑖪𑖽字は水大の種子にして、また大日の種子なるが故に遍照尊一字水輪観といい、また𑖪𑖽字観という。

『施諸餓鬼飲食及水法』にいわく、

次に毘盧遮那一字心水輪観の真言印（印の字、三十帖に無し）を作せ。先ず此の𑖪𑖽鑁字を右手の心中に想え。猶し乳の色の如し。変じて八功徳海と為りて一切の甘露醍醐を流出すと。即ち手を引べて食器の上に臨め、呪じて曰わく、此の𑖪𑖽鑁字一七遍を誦ぜよ。即ち五指を展べ開きて下に向けて、食器の中に臨め。観想せよ、乳等、字の中より流出すること、猶し日月乳海の如し。一切の鬼等皆飽満することを得て、乏少あることなし。此れを普施一切餓鬼印と名づく。真言にいわく、

𑖡𑖦𑖾𑖭𑖦𑖡𑖿𑖝𑖤𑖲𑖟𑖿𑖠𑖯𑖡𑖯𑖽𑖪𑖽

曩莫三満多没駄喃鑁去

観想して、此の呪一七遍を誦じ已って（大正二一、四六七頁中）

○次に食を写すべし。

浄地の人の行くこと無き処、或いは水池の辺、樹下に於いてせよ。唯し桃、柳、石榴の樹の下に写すことを得ざれ。

これまで左手に持った食器を右手に取って、右手にて食物を写す。人の行くこと無き処、または流水、樹下、若しは浄石の上に写すべし。桃、柳、柘榴の樹の下にはおくべからず。施餓鬼棚に多くの供物を設けたる時は、この

意にて供ずべし。

（頭注）　桃樹は『正字通』に、『典術』にいわく、桃は五木の精なり、邪気を厭伏し、不祥を去ると。柳は過去仏の菩提樹なり。『名義集』三にいわく、尼拘律陀とは、『摭花』にいわく、義、楊柳と翻ず。宋の『僧伝』にいわく、訳が言は易なり。謂わく、有る所を以て其の無き所に訳す、拘律陀樹の如し。即ち東夏の楊柳なり。名は同ならずと雖も、樹の体は一なり。石榴とは、『太元軌』にいわく、石榴枝を以て呪ずれば鬼、是れを刀と見る。『薄草決』にいわく、桃柳等の下は大小の鬼王住するが故に卑劣の鬼は臨み難し。故に彼の樹下を用いざるなりと。故に『集経』十二三十六右にいわく、呪師手に石榴の枝を捉り、或いは柳枝を用いて之れを呪じて病人を打つ。文

『施諸餓鬼飲食及水法』に云わく、

浄地の人の行くこと無き処に写せ。或いは水池の辺、樹下。唯し桃、柳、石榴の樹の下に写すことを得ざれ。文（大正二一、四六七頁）

○次に至心に五如来の名号三遍を称せよ。功徳無量なり。金剛合掌

南無過去宝勝如来（宝勝は宝生と同体なり）

慳貪の業を除き福智円満せしめたまえ　黄色（東南方）巽

南無妙色身如来

醜陋の形を破して円満相好せしめたまえ　青色（西北方）乾

南無甘露王如来

法を身心に灌ぎて快楽を受けしめたまえ　赤色（西南方）坤

南無広博身如来

咽喉廣大飲食受用　白色（中央）

南無離怖畏如来

恐怖悉除離餓鬼趣　黒色（東北）艮

観ぜよ。五如来の威光、彼れを加被するが故に、能く一切の餓鬼等をして無量の罪滅し、無量の福生じ、妙色廣博なることを得、怖畏無きことを得、所得の飲食変じて甘露美妙の食と成り、速やかに苦身を離れて天浄土に生ぜしむ。

食器の飲食を写し了れば、至心に金剛合掌して五如来の名号を唱えて五仏の威光加被を仰ぎ、餓鬼の離苦得楽を祈るなり。『諸儀軌稟承録』第三（続真全第二、一二四頁上）にいわく、

今此の法は三力冥に助くるが故に、直に餓鬼に施すに業力忽ちに尽き、加持食（カイ）を受用して頓に仏菩提を成ず。貴き哉、五種の印言、深益を施すこと。先ず始め普集餓鬼の印言は、悲愍を起こして餓鬼の苦を救わんと想うの初め、東方発菩提心の印は鉤召にして、即ち阿閦の三昧なり。第二の開地獄門及び咽喉の印言は、南方閻魔王界地獄の門なり。鬼火身を焼き口を焼くは南方の火大なり。之れを消するは福徳円満の作す所、即ち宝生

如来の三昧なり。第三の加持飲食の印言は、即ち西方に当たる。前の印の如くして、大指を以て中指の甲を摩することは慳貪の業火を止め、大空に帰するなり。是れ阿弥陀の三昧なり。第四の甘露法味の印言は、甘露水は、是れ北方なり。釈迦は応仏にして慈悲の甘露水を以て彼の飢火を消したまう。殊に説法教化の慳貪の業を止めせしむるは、是れ釈迦如来の三昧なり。又、甘露は即ち仏智なり。故に説法を以て甘露に喩う。甘露は能く身心の熱悩を除きて不老不死なり。仏智も一切衆生の熱悩を除きて不生不滅の常寿を得せしむ。第五の一字水輪観の印言は、右の手五指を以て食器に臨むるは、是れ擁護の義なり。亦、掌中に𑖪𑖽字有り、浄乳甘露醍醐を流出すと慈悲を観ずるは普く衆生界に下す義なり。是れ中央大日如来の三昧と為す。是の如くの深義、冥に五仏の三昧に相応せり。此の五仏の三昧は冥なるが故に、本有の五智にして胎蔵の五仏なり。此の次の五如来の名号は顕なるが故に、是れ修生の五智にして金剛界の五仏なり。本有修生、金胎両部は本より来た不二なるが故に、胎金並べ出す。猶又、深意有り、更に問え。文

（頭注）『施諸餓鬼飲食及水法并手印』の解説の項なり。

一、普集餓鬼印言。東方発心、鉤召、阿閦。二、開地獄。南方閻魔王、火大、福徳、宝生。三、加持飲食。西方、阿弥陀。

四、甘露法味。北方、釈迦。五、一字水輪。中央、大日。

『施諸餓鬼飲食及水法』にいわく、

写し訖って更に至心に為し、五如来の名号を称すること三遍、功徳無量なり。

曩謨薄伽筏帝鉢囉歩多囉怛曩也怛他蘖多引也

曩謨（南無）宝勝如来　除慳貪業福智円満

曩謨薄伽筏帝蘇嚕波耶怛他蘖多引也
曩謨（南無）妙色身如来　破醜陋形相好円満

曩謨婆伽筏帝阿蜜㗚帝囉惹耶怛他蘖多引耶
曩謨（南無）甘露王如来　灌法身心令受快楽

曩謨婆伽筏帝毘布邏蘖怛羅二合耶怛他蘖多引也
曩謨（南無）広博身如来　咽喉寛大《広大》受妙味《飲食受用》

曩謨婆伽筏帝阿婆演迦羅引耶怛他引蘖多引耶
曩謨（南無）離怖畏如来　恐怖悉除離餓鬼趣

行者若し能く此の如くの為に五如来の名を称すれば、仏の威光彼れに加被するを以て故に、能く一切の餓鬼等をして、無量の罪滅し、無量の福生ぜしむ。妙色広博なることを得、怖畏無きことを得、得る所の飲食変じて甘露美妙の食と成り、苦身を遠離して（編者註 遠離は大正蔵では速離とある）、天浄土に生ず。文（大正三、四六七下）

（頭注）『諸儀軌稟承録』第三（続真全第二、一三五頁上）にいわく、正しく修する時は、梵号を用いて漢号の六字を略すること、五如来皆な爾なり文。同（一三頁上、『仏説救抜焔口餓鬼経』の釈）にいわく、多宝如来二十左は宝生如来なり、施諸餓鬼法の五如来

148

の始め、是れ宝勝如来なり。多と勝とは摩訶の三義の中の後の二義なるが故に同仏なり。生とは、出生の義、多と勝との根本なり。生するが故に多なり。生するが故に勝なり。又、南方の多宝、北方の釈迦、『法花』ノ見宝塔品に、二仏同坐したまうと。是れに深旨有り。謂わく、南方は自証円極の位、北方は化他の至極なり。自証益々満すれば必ず化他有るが故に、自証化他の至極たる二仏同坐したまうなり。凡そ四仏を列るには、先ず東方より始む可し、今南方を始と為ることは、餓鬼は慳貪の業強く、其の上に亦余の悪業を重ぬ、故に餓鬼道に堕す。其の慳貪は何れより起こるとは、宝の不足より起こる、故に先ず貪の業を滅し慳貪の意を止めしむるには必ず応に先ず巨多の財宝を与えて彼の業（編者註 真全書本には、極）苦を救うべし。故に先ず南方宝部無尽福徳を以て彼をして飽満せしめ、其れより東方の発心門に依って菩提心を起こさしむるなり。妙色身如来三右五は、是れ東方阿閦なり。広博身如来三右九は、是れ中央大日如来なり。『金剛頂義訣』に、大日を最高顕広眼蔵如来という、是れ横竪無辺際の故に広博身と名づくなり。離怖畏如来三左四は、是れ北方不空成就、即ち釈迦なり。是れは果後の方便にして化他に出ずるが故に竟わりなり。以上四仏は南東中北の次いでなり。此の中、西方を闕ぐるに似たれども爾らず、西方は他受用、大悲心なるが故に進んで顕れたるなり。即ち最初に在る加持飲食の真言是れなり。明にとは、是れ観自在なり。観自在とは阿弥陀、即ち観自在王の故に。云々

五如来の名号は、五名を繰りかえし三度唱う。各々如来名毎に三返誦ずるには非ず。前引の軌に、五如来の名号を称すること三遍、功徳無量なり、という。今の五如来の順序は常の大日・阿閦・宝生・阿弥陀・不空成就の中東南西北（中因）、または阿閦乃至大日の東南西北中（東因）の順序と異なり、宝生・阿閦・弥陀・大日・不空成就と次第せり。『諸儀軌稟承録』第三（続真全第二、一三五頁上）にいわく、

除慳貪業等とは、宝勝如来は檀施を以て三摩地とす、手に施願の印を結ぶは此れ標示なり。私にいわく、作法に福徳円満と唱うるは異本の意かまた宝珠の徳に依って慳貪の業を除きて萬行を修するなり。四左一妙色身の功徳に依って、醜陋の形を破して相好円満なるは、次上の宝勝と南方三形の方なるが故に、如意宝に約して名を立つ。今は妙色身は東

方大曼荼羅の方なるが故に、大師、大曼荼羅を釈して相好具足身というは此の意なり。作法には相好円満という。四左四甘露王如来、智慧の眼を以て妙に観察して菩提を成ずることは法を身心に灌いで快楽を受けしむる故なり。西方は法曼荼羅の方なるが故に、法を以て甘露に譬う。阿弥陀の大呪を十甘露の呪というは、の句、十有るが故なり。四左七広博身如来は中央、妙覚果満なり。咽喉寛大にして妙味を受けたまえとは、大日如来は周遍法界の仏体なるが故に、広博身という。『大日経』を亦、大広博経と名づく疏一と、此の意なり。作法には咽喉広大飲食受用という、一本には咽喉寛大受食安楽という、今の本恐らくは文脱するか。四左十離怖畏如来は果後、化他の方便なり。恐怖悉除離餓鬼趣とは、北方は羯磨曼荼の方なるが故に、無畏の事業を主どる。不空成就は施無畏の印に住す、此の意なり。

『秘蔵記』にいわく、（弘全第二、二九頁）

施餓鬼の義、宝勝如来南方の宝生仏、妙色身如来東方の阿閦仏、甘露王如来西方の無量寿仏、広博身如来中央の毘盧遮那仏、離怖畏如来北方の釈迦牟尼仏、夫れ東西南北［㋑中東南西北］と列ねずして、南東西中北と列ぬる所以は、其れ餓鬼は慳貪の報に依って醜陋の形を受けて飢餓の苦に困しむ。宝勝如来は平等性智の用、福徳の身なり。先ず布施を以て慳貪を退除するが故に、宝勝如来を以て第一に居く。妙色身如来は四智の中に尤も理に近し、大円鏡智の用、万徳円満して妙色具足するなり。既に慳貪を退除しぬれば、殊勝の果を受くべし。是の故に妙色身如来を以て第二に居く。甘露王如来は妙観察智の用、説法の身なり。甘露は是れ妙法なるが故に、既に妙果を受けて法器と為るに堪えたり。便ち法を授くべし。是の故に甘露王如来を以て第三に居く。広博身如来は法界智の用、周遍法界の身なり。既に妙法を聴受しつれば、其の咽喉をして開寛し、身体広大ならしむべし。是の故に広博身如来を以て第四に居く。離怖畏如来は成所作智の用、変化身なり。六道・四生界を経て一切衆生の為に諸の事業を作して怖畏なからしむ。既に広博の身を得つれば、其の身心をして安楽にして怖畏なからしむべし。是の故に離怖畏如来を以て第五に居く。文

（頭注）『檜尾口訣』にも施餓鬼についての記事ありという。探すること。『檜尾口訣』食法を説くとき（弘弟全上、一〇四頁）に、分食為四分　一分奉世尊　一分施餓鬼　一分施貧乏　一分擬自食文あり、これを指すか。

○次に発菩提心印言　金剛合掌　真言にいわく、七遍

《ヲンボウヂシッタボダハダヤミ》

此の真言を持するに由り、始めて菩提心を発すより、乃し成仏を得るに至るまで、其の中間に於いて堅固にして大菩提心を退せず、住持し円満す。文

この発菩提心印言を結誦するは諸鬼神等に菩薩三昧耶戒を受けしむる為なり。真言三返。

○次に三昧耶戒印明　同印　真言にいわく、三遍

《ヲンサンマヤサトバン》

観ぜよ。三遍誦し已んぬれば、一切の鬼神皆甚深の秘法を聞くに堪うることを得て、尽く三昧耶戒を具足することを得、無量の福を獲る。

已に施食によりて餓鬼も世間の食を飽満することを得たが、未だ出世間の法味を得ていないので前の菩提心戒を授け、今また、三昧耶の印言を結誦して出世間の法味を受けさせるのである。故に発菩提心印言も三昧耶戒印言も静かに唱えて餓鬼に牒をとらしめる心持ちで誦ずべきである。

『施諸餓鬼飲食及水法』にいわく、

若し食を施し已りなば、行者まさに更に諸の鬼神等の為に受菩薩三昧耶戒陀羅尼を誦ずべし。誦ずる毎に三遍。

真言出金剛大道場大明呪経（三十帖）にいわく、印は合掌なり（三十帖にはなし）。

唵三摩耶薩怛梵（婆許反三十帖）

三遍誦し已んぬれば、一切の鬼神皆甚深の秘法を聞くに堪うることを得て、尽く三昧耶戒を具足することを得、無量の福を獲る。（大正二一、四六六頁上）

○次に大宝広博楼閣善住秘密根本陀羅尼印言

二手を合掌に作し、応に心上に置くべし、二頭指及《およ》び二大指を屈して、相捻して猶し環の如くせよ、二中指蹙め屈して猶し宝形の如くせよ、二無名を竪て合せ、二小指を磔り開け、是れを根本印と名づく。

この陀羅尼印言は不空訳『大宝広博楼閣善住秘密陀羅尼経』三巻（大正一九、六一九頁、一〇〇五番A。同B『宝楼閣経梵字真言』、六三四頁）にこれを説く。類本に、

『広大宝楼閣善住秘密陀羅尼経』三巻　唐菩提流志訳（大正一九、六三六頁、一〇〇六番）

『牟梨曼陀羅呪経』一巻　梁失訳（大正一九、六五七頁、一〇〇七番）

の二本あり。今不空訳経による。経に陀羅尼の由来を明かす。釈迦仏諸大衆を率いて宝灯世界の端厳摩尼種種清浄建立如来の御許に往き大宝広博楼閣善住陀羅尼の法を聞くことを得しむ。金剛手に杵を以て大地を撃たしめ、大地四裂して七宝の楼閣涌出す。四柱四門の楼閣にして閻浮檀金の率都婆あり、中に三如来坐し玉う。空中瑠璃色の雲現われ、その上に金色の陀羅尼を現ず。今の陀羅尼なり。

ナウマク　サラバ、タタギャタナン、ヲンビホラ、ギャラベイ、マニハラベイ、タタギャタ、ニダラシャニ、マニマニ、ソハラベイ、ビマレイ、

シャキャラ、ゲンビレイ、ウンウン、ジンバラジンバラ、ボダビロキテイ、グキャチシュチタ、ギャラベイ

曩莫薩嚩怛他蘖多南（Namaḥ sarvatathāgatānāṃ 一切如来に帰命す）唵（oṃ）毘補攞蘖陛（vipula-garbhe 広博蔵に於ける）摩尼鉢羅陛（maṇi-prabhe 宝珠の光明よ）怛他蘖多、儞捺捨寧（tathāgata-nidarśane 如来の教示に於ける）摩抳摩抳（maṇi maṇi 宝珠よ宝珠よ）蘇鉢囉陛（suprabhe 妙光よ）毘摩梨（vimale 無垢に於いて）娑蘖囉儼鼻𠼝（sāgara-gambhīre 諸仏海の如き深妙に於いて）吽吽（hūṃ hūṃ）入嚩囉入嚩囉（jvala jvala 放光よ放光よ）没馱毘盧枳帝（buddha-vilokite 諸仏の観照に於いて）麌醯夜地瑟耻多蘖陛（guhyādhiṣṭhita-garbhe 秘密によりて加持せられる蔵に於いて）娑嚩賀（svāhā）

（頭注）栂尾祥雲『常用諸経典和解』、二二二―二二三頁による。

この陀羅尼は現当二世に亘り広大なる功徳あり、仏はこの陀羅尼によって成道し、これによって魔を降伏す。この陀羅尼を聞く者は一切の悪趣をはなれ、この陀羅尼を憶念すれば諸の微妙香花塗香末香等を十方諸仏に供養することとなる。僅かにこの陀羅尼を誦ずれば無上正覚を得、その功徳広大百劫千劫乃至百千万劫にもその功徳を讃嘆し尽くすこと難し。この陀羅尼には大威力あり。一切の諸魔も障礙を為すことを得ず、一切の寃家、悪友、鬼神、薬叉、羅刹、人非人等も便を得ることが出来ぬ。乃至瘧疫寒熱等の一切の病苦を遠離して常に福慶を獲、臨終の時には諸仏安慰して浄土に往生することを得、有らゆる禽獣飛蛾蚊虻等、その人の影をふみ、塵を蒙るも解脱することを得と。

明恵上人はこの陀羅尼を仰いで灌頂の大事とせしという。

○次に菩提道場荘厳陀羅尼印言　法界定印　一遍

ナウボバギャバテイ、ビホラ、バダナウ、ケンセンド、トキッシハタハラバ、サケイト、ボラダナウ、サタタギャタシャナウボバギャバテイ、シャキャボナウエイ、

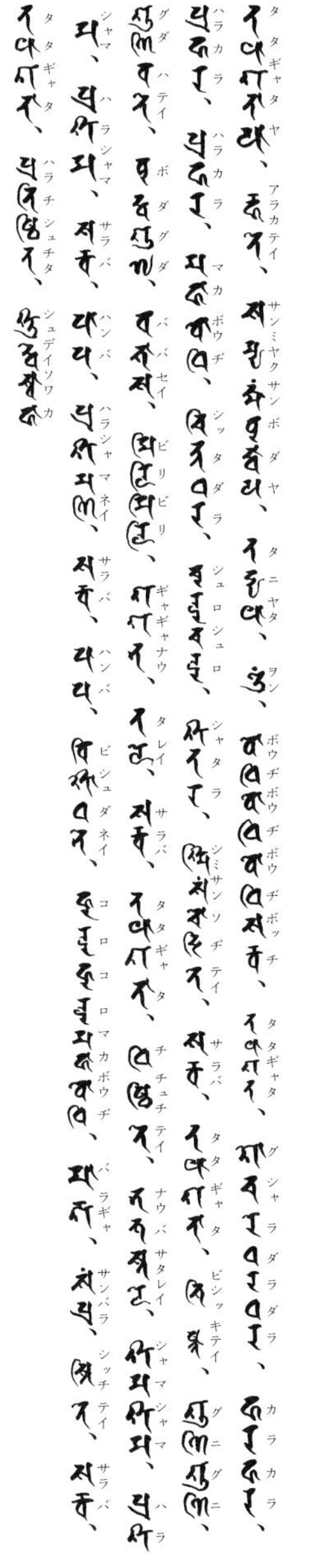

この陀羅尼は『菩提道場荘厳陀羅尼経』不空訳一巻大師請来。三十帖策子、第十八帖（大正一九、六六八頁、一〇〇八番）に説ける陀羅尼にして、波羅奈斯国鹿野苑に於いて釈迦が毘鈕達多婆羅門の請により説ける陀羅尼なり。この婆羅門は福徳豊饒多聞聡哲なれども子息に恵まれず、子息を求むる法を仏に問い、仏この陀羅尼を説き授くという。経にはその過去の因縁談を説けり。

この陀羅尼の功徳は無量なり、ことに一切の事業を能く成弁し、一切の悉地を与え、よく一切の罪障を消滅す。この陀羅尼を毎日百八遍誦ずれば一切の諸仏を見奉り、寿命百歳にして一切の疾病を離れ、一切の意願を満足せしめ、命終の後には阿閦仏の浄土妙喜世界に化生す。若し二十一遍誦ずれば一切の罪障悉く消え地獄に堕せず。若し七遍誦ずれば一切の闘争、訴訟に勝つ。また舎利塔の中に於いて黒月十四日、一日一夜断食して浄衣を着し、熟銅器の中に白芥子を盛り、此の陀羅尼を誦じてその白芥子を加持すること千遍すれば法を成就し、その加持物白芥子を用いてよく諸事を成就すという。

陀羅尼の文義。

曩謨婆齬齷帝毘補攞齷那曩建賛努得訖使鉢多鉢囉婆娑計覩母囉駄寗薩怛他蘖齰寫（Namo bhagavate vipulavadana-kāñcana-utkṣipta-prabhāsa-ketu-mūrdhanas tathāgatasya 広博なる面貌より黄金の如き光明を放ち幢中にいます仏頂尊広博面金口高勇光明幢頂如来世尊に帰命し上る）曩謨婆誐嚩帝捨枳也母曩曳怛佗誐多夜囉賀帝三藐三没駄耶（namo bhagavate śākyamunaye tathāgatāya arhate samyaksaṁbuddhāya 世尊釈迦牟尼如来応供正等覚に帰命す）怛儞佗唵（tadyathā oṃ 謂く唵）冒地冒地冒地冒地（bodhi bodhi bodhi bodhi 覚智よ、覚智よ、覚智よ、覚智よ）薩嚩怛佗蘖多虞者囉（sarva-tathāgata-gocare 一切如来の境界よ）駄囉駄囉（dhara dhara 憶持せよ、憶持せよ）賀囉賀囉鉢囉賀囉鉢囉賀囉（hara hara prahara prahara 摂取せよ、摂取せよ、普く摂取せよ、普く摂取せよ）摩賀冒地喞多駄囉（mahā-bodhicitta-dhara 大菩提心を憶持せよ）主盧主盧（culu-culu ? 向上せよ、向上せよ）捨怛囉湿弭散祖儞帝（śata-raśmi-saṃcodite 百の光明によりて驚覚せられたるものよ）薩嚩怛佗蘖多毘色訖帝（sarvatathāgata-abhiṣikte 一切如来に灌頂せられたるものよ）虞顊虞顊（guṇi guṇi 徳ある者よ、徳ある者よ）虞拏嚩帝（guṇa-vate 徳ある者のために）没駄麌拏嚩娑細（buddha-guṇa-avabhāse 仏徳の光明に於いて）弭里弭里（mili mili 弭里よ、弭里よ）誐誐曩怛麗（gagana-tale 虚空の表面に於いて）薩嚩怛佗蘖多地瑟耻帝（sarva-tathāgata-adhiṣṭhite 一切如来に加持せられて）曩婆薩多麗（nabhas-tale 青空の表面に於いて）捨麽捨麽鉢囉捨麽鉢囉捨麽（śama śama praśama praśama 除けよ、除けよ、普く除けよ、普く除けよ）薩嚩播跛鉢囉捨麽寧（sarva-pāpa-praśamane 一切の罪を普く除くことに於いて）薩嚩播跛毘輸駄寧（sarva-pāpa-viśodhane 一切の罪を浄除することに於いて）虎盧虎盧（huru huru 速疾に、速疾に）摩訶冒地末誐三鉢囉悉體帝（mahā-bodhi-mārga-saṃprasṭhite 大菩提道に安住して）薩嚩怛佗蘖多鉢囉底瑟耻多秫第娑嚩賀（sarva-tathāgata-pratiṣṭhita-śuddhe svāhā 一切如来の安住し給える清浄に於いて、ソワカ）

○次に千手千眼観自在菩薩根本陀羅尼印言　一遍

二手金剛合掌して稍手背を曲めて掌を相離れしめ、忍願二度を以て相合わせ、檀慧禅智の四度折り開きて各直く竪てよ、即ち成る。

陀羅尼本文。今は省略する。次第を見ること。

この陀羅尼は不空訳『金剛頂瑜伽千手千眼観自在菩薩修行儀軌経』二巻下巻（大正二〇、七九頁中、一〇五六番）に説く。印を千手千眼観自在菩薩根本印と名づく。

二手金剛合掌して、忍願二度を以て相合わせ、檀慧禅智の四度折り開きて、各直く竪てよ、即ち成る。根本陀羅尼を誦じて、いわく云々。

経の説によるに、この根本印言を結誦することによりて息災・増益・降伏・敬愛等四種の作業を成就することを得、能く世出世間の果報を成満することを得。

陀羅尼は、

曩謨囉怛曩怛囉夜野（Namo ratna-trayāya 三宝に帰命し上る）娜莫阿哩野齷路枳帝湿齷囉野冒地薩怛齷野摩訶薩怛齷野摩訶迦嚕抳迦野（Nama ārya-avalokiteśvarāya bodhisattvāya mahāsattvāya mahākāruṇikāya 聖観自在菩薩摩訶薩の大悲者に帰命し上る）摩訶毘囉野（mahā-vīrāya 大威力ある者に）娑賀沙囉乞灑野《サカサラキシャヤ》（sahasra-akṣāya 千眼ある者に）娑賀沙囉《サカサラ》室哩灑野《シリシャヤ》（sahasra-śīrṣāya 千頭有る者に）娑賀沙囉播娜野《サカサラハンダヤ》（sahasra-pādāya 千足ある者に）娑賀娑囉爾賀齷野《サカサラジカバヤ》（sahasra-jihvāya 千舌ある者に）娑賀娑囉歩惹耶《ボジャヤ》（sahasra-bhujāya 千臂ある者に）曀齰《エイキ》婆齬刎《バギャバン》（ehi bhagavān 来たれ世尊よ）阿哩《アリ》野齷路枳帝湿齷囉《ヤバロキテイジンバラ》（ārya-avalokiteśvara 聖観自在よ）鄔疙囉《ウギャラ》阿底庾疙囉《アヂユギャラ》摩訶鄔疙囉《マカウギャラ》（ugra atyugra mahā-ugra 威徳ある者よ、猛烈なる威力ある者よ、大威力ある者よ）摩訶曩那《ナウダ》（mahā-nāda 大咆哮あるものよ）枳里枳里《キリキリ》枳里枳里（kili kili kili kili）弭里弭里《ビリビリ》弭里弭里（mili mili mili mili ?）唧里《シツリ》唧里唧里唧里（cili cili cili cili 断除せよ、断除せよ、断除せよ、断除せよ）曩《ナウ》蹉《チュ》曩蹉曩蹉曩蹉（naṭa naṭa naṭa naṭa 害滅せよ、害滅せよ、害滅せよ、害滅せよ）訖囉《キャラ》娑《サ》訖囉《キャラ》娑《サ》訖囉《キャラ》娑《サ》訖囉娑（harṣa harṣa harṣa harṣa 鼓舞せよ、鼓舞せよ、鼓舞せよ、鼓舞せよ）矩嚕《クロ》矩嚕《クロ》矩嚕矩嚕（kuru kuru kuru kuru 作せ、作せ、作せ、作せ）噎醯《エイケイ》醯《キ》（ehy ehi 来たれ、来たれ）摩賀毘囉《マカビラ》（māham-vīra 大威力者よ）麽𡀔娜娜《バランダダ》（balaṁdada 力を与うるものよ）毘哩演娜娜《ビリエンダダ》（vīryam-dada 精進を与うる者よ）薩嚩迦𪘨銘鉢囉枲磋《サラバキャマンメイハラヤシャ》（sarva-kāmaṁ me prayasya 一切の所願を我に与えよ）試伽𠺁嚩陝銘《シギャランバセンメイ》（śīghra-vaśa me 我がために速に納受せよ）囉《ア》瑟《ラシュッ》吒囉瑟𪗋《タラシラ》二合転舌呼 娑囉《サラ》引惹《ジャ》競《キョウ》矩嚕《クロ》（rāṣṭra-sarājaka-kuru 王国に国王あるが如くなせ）娑賀娑囉歩惹《サカサラホジャ》（sahasra-bhuja 千臂ある者よ）娑賀娑囉毘囉《サカサラビラ》（sahasra-vīra 千の威力を有する者よ）路髻湿嚩囉薩駄野《ロケイジンバラサダヤ》（lokeśvara-sādhaya 世間に自在を成就せるものよ）娑娜悉朕銘婆嚩《サダシッチンメイバンバ》（sāda siddhi me bhava 常に我がために成就あれ）嚩囉努婆嚩《バラドバンバ》（varado bhava 願の如く与うる所あれ）阿虞嚕婆嚩弭《アグロバンバビ》（agro bhava me 我が為に最勝あれ）唵（oṃ）曩謨窣堵帝《ソトテイ》（namo 'stu te 彼に帰命あらしめよ）婆誐梵阿哩野嚩路枳帝湿嚩囉《バギャバンアリヤバロキテイジンバラ》（bhagavan ārya-āvalokiteśvara 世尊聖観自在よ）鉢羅没地野《ハラボヂャ》（prabudhya 覚悟せるものよ）鉢囉枲娜𪘨《ハラシダマン》（praśī-da mām 我に慰安を与うるものよ）嚩囉努麼麼（vara-da mama）婆嚩𪘂窣嚩賀《バンバキソワカ》（bhavān hi svāhā 尊のために、ソワカ）

○次に光明真言印言　七遍

右の手、五指を散じ開き、想え。五指の端より五色の光明を放って、普く苦の衆生を照らすと。左は拳にして腰に安ぜよ。真言にいわく、

Oṃ amogha-vairocana mahā-mudra maṇi-padma-jvala pravartaya hūṃ.

不空　遍照　大印　宝珠　蓮華　光明　転

効験空しからざる遍照の大印あるものよ、宝珠と蓮華と光明との徳あるものよ、転ぜしめよ　吽

真言の中の摩訶母捺羅（大印）とは、行者と本尊と入我我入して一体となることにして、行者が大印に住して、行者の身心が大日遍照尊と合一するとき、行者は宝珠と蓮華と光明との三徳を具足する。宝珠は価値の世界を開見し、蓮華は無我愛の徳を示し、光明は無限の生命ある世界を能得する徳なり。

○光明真言を唱うるとき、浄土変の真言の三字も加うるは小野流諸流に広く行なわる。これにつき、金剛王院実賢の口訣を加茂流の祖・如実が記した『智袋鈔』下巻に、宮ノ僧正覚源の亡霊が三宝院勝覚に授けたりと記し、理性院流并に岩蔵方の所伝には、勝覚の霊が大仏上人俊乗坊重源（当時上醍醐に住す）に託して琳海に示せりという。

（頭注）栂尾祥雲『秘密事相の研究』一九四頁以下の光明真言法の章参照。

参考に記す。

○土砂加持

光明真言を以て土砂を加持する功徳は『大灌頂光真言軌』（大正一九、六〇六頁中）に説く。十悪五逆四重の重罪を造る衆生も光明真言を以て土砂を加持すること百八返して尸陀林中の亡者の屍骸に散じ、或いは墓の上、塔の上に散ずるに悪趣の中に居る者も罪報を除き苦果を離れて極楽国土に往生し得という。元暁の『遊心安楽道』などに早くより咒砂の功徳を宣揚せしが、我国にては明恵上人高弁がこれを宣揚し、『光明真言加持土砂義』『土砂勧信記』（共に『真言宗安心全書』下に収む）を著して、この信仰を宣伝したるより、咒砂の信仰広く行なわるるに至り土砂加持法会が起こるに至れり。

○光言七種秘印

明恵上人が栂尾山に於いて文殊菩薩より授かれりと称する一明七印の秘印である。土砂加持法会の初めには浄侶各この秘印を結び光明真言を誦じて加持する。

（頭注）『慈雲尊者全集』第一六収載『光等香所伝諸流深秘』、『栂尾明恵上人七種印口伝』中性院頼瑜記（全集第一六、二七五頁以下）参照。

七種の秘印とは次の如くであり、光明真言を一返誦ずるに伴いこれを結ぶ。

一、智拳印　唵僕欠　阿謨伽（[illegible]は三身三宝の義、[illegible]は不空の義）
二、外五股印　吠嚧左曩
三、五色光印同施無畏印　摩訶母捺羅
四、宝珠印外縛二中宝形　摩抳
五、弥陀印外縛二中蓮葉　鉢納麽
六、智拳印　入縛羅
七、八葉印　鉢羅韈多野吽

（頭注）この智拳印は口伝にて外縛し二中指を剣形の如くするなり。常の智拳印に非ず。この印は金剛利菩薩の三昧耶会印なり。この印言の功力によりて愚癡の暗を除き、大智慧を得。

浄厳撰に『光明真言七印一明秘訣』一巻（写）ありという。光明真言の印明につき多伝ある中の最秘事にして明恵上人が栂尾山にて文殊菩薩より授かれりと称し、上人これを大事として尊重せり。安流重書中に[illegible]伝とあるは梅尾即ち（栂尾）の借音なり（元禄十一年十月十九日記）。

第一の智拳印は総印なり、金剛界一印会の独一法身の印なり、大師即身成仏を現じたまう時の印なり。『心地観経』に引導無辺第一智印と称す。また能滅無明黒暗大光明印という。この印言の加持によりて行者有漏の五大を以て本尊無漏の五大に摂入する義を表わす。この印『金輪儀軌』には覚勝印と名づけ、即身成仏の義を表わす。

（頭注）『金輪儀軌』にいわく、

現に菩提を証する故に覚勝印と名づく。またいわく、十方刹土の中に、唯だ一仏乗のみ有り、如来の頂法にして、等しく諸仏の体を持せり。是の故に智拳と名づく文。

『諸仏境界経』には菩提引導第一智印と名づけ、また能滅無明黒闇印と名づけ、毘盧遮那如来大妙智印なり。口にいわく、行者有漏の五大を以て本尊の無漏の五大を摂入する義なり云々。また、衆生の命終を以て法身大空の命をさずく義なり。経に、因果等空と説き、また、不捨於此身〇遊歩大空位云々。秘すべし。

第二・外五股印は報身五智円満して自利利他を兼ぬる義を表わす。上下の股は凡聖一如十界一如を示す。五股より光明を放ちて遍く有情を照らして、離苦得楽せしめる。五股印は満足一切智智無所不至印という。功徳甚深なり。

第三・五色光印。此の印は両手を拳（金剛拳か）にして左拳を左腰に安じ、右拳は小指より大指に至り順に五指を開き与願の勢に作す。これ五仏五智の光明を放って五道の衆生を照らして離苦得楽せしめる。また、この光自身の内外を照らして煩悩業障を滅除す。五色光は化身の光明なり。

（一）（二）（三）の三印、順に法報化の三身の光明なり。

第四・宝珠印、外縛二中指宝形如意宝珠印。この印は宝生仏三昧耶会の印なり。この印言の功力によって慳貪の罪を除き無貪善根を成ず。真言の中[梵字]の句の内に某甲慳貪の罪を除きて無貪善根を成ず。また如意宝は世出世の希願を満じて大富饒を得と観念すべし。

第五・弥陀印、外縛二中蓮華印。無量寿仏三昧耶会の印なり。真言の中の𑖝𑖸𑖕𑖸の句の内に瞋恚の罪を除いて愛敬を成ずと観念すべし。また、蓮華は自性清浄にして精草なるが故に瞋恚の火を消す。忍辱の花なるが故に忿怒の相を息めて大慈悲心を生ず。

第六・智拳印。常の智拳印とは異なる。二手外縛二中指を剣形の如くす。これ口伝なり。金剛利菩薩の三昧耶会の印なり。真言の中の𑖦𑖦の句の中に某甲の愚痴の闇障を除いて大智慧を得と観ずべし。また光明は本来円明の智徳なるが故に愚痴を治するなり。

第七・八葉印。自他の心中に具する八葉の白蓮が千葉の宝蓮華となり、大光明を放って十方世界を照らすなり。また心仏衆生同じく胎界華蔵世界に帰入す。八葉は自性清浄中道の心蓮台なり。真言𑖢𑖟𑖿𑖦𑖭𑖝𑖿𑖪𑖮𑖿𑖨𑖱𑖾を誦ず。𑖮𑖿𑖨𑖱𑖾は種子真言なり。ハラバリタヤは転入の義にして、心仏衆生の帰入を示す。

八葉印に口伝あり、此の印を蓮華座と観ず、曼荼羅の聖衆其の上に坐したまう。若し施主家の追福のためには諸仏と聖霊と無二無別を観じ、即身成仏の深義を観ず。若し自行ならば諸仏と自身と無二無別なりと観ずべし。

第四印より第七印に至る四箇印は光明真言の用を顕わす。中に珠蓮光の三形は貪瞋痴の三毒を除くを以て大意とす。

口伝にいわく、七種印、一印に明、各三遍、総じて二十一遍、○若し早卒の時は七印一明なり。

○次に撥遣

右手拳にして仰げて頭指弾指せよ七遍、真言七遍

𑖌𑖼《ヲン》𑖪《バ》𑖕𑖿𑖨《ザラ》𑖦𑖺𑖎𑖿𑖬《ボキシャ》𑖦𑖺𑖾《ボク》

軌に曰わく、若し発遣せざれば去ること得ず。
また曰わく、若し是の如くの法を具足せざれば、諸の餓鬼に施すに皆周遍することを得ず。或いは得る者有り、或いは得ざる者有り。虚しく功力を用う。深く愍れむべき哉。
撥遣は右手の大頭二指にて弾指す。明は金剛解脱明なり。
『施諸餓鬼飲食及水法』に、
　当に須らく陀羅尼の法を以て発遣すべし。方に本所に帰することを得文。
と説くにつき、『諸儀軌稟承録』（真常）第三に、
　今甚深の法力に依るが故に本所の鬼趣には帰すべからず。是れ言総なり。実には天上浄土に生ずるなり。一本には送天浄土という。私にいわく、言総とは、謂わく、観解有徳の人有って行ぜば実に天浄土に生ずべし。今時無徳の人等は之を勤むと雖も、功力薄少の故に本所の鬼趣に帰すべし。然りと雖も恒に怠慢無く此の法を勤行せば応に成就すべし。『法花経』にいわく、汝等所行是菩薩道、漸漸修学悉当成仏と。また、『大疏』四にいわく、多多なるは益善し、是（編者註　是は、続真全にあるように言に訂正すべきか）の如く解くことを得ること勿れ文。故に積功累徳して応に天浄土に生ずべし。発遣三五左。此れに就いて種々の徳有り。先ず聖衆を発遣するには、仏には一遍、菩薩には二遍、諸天には三弾、餓鬼等には七弾するなり。是れは師口なり。またいわく、弾指の声は随分高くすべし。餓鬼は大方聾なるが故にと。また、餓鬼は執著深き故に弾指七遍す。七は成就の数なるが故に。七歩蛇噛等の如しと。また『法花ノ疏』十之一には、弾指とは随喜なり。此の一弾は竪に三世に徹し横に十方に亘る云々。また、驚覚の義なり。（続真全書第二、一二六頁下）
と。撥遣の時は、最初餓鬼を請く時の頌文の中の、離苦解脱　生天受楽　十方浄土　随意遊往の句の意をくみて

撥遣すべきである。念珠は摺ってはならぬ。撥遣すれば回顧することなく、速やかにその場を去るべし。

二　施餓鬼会

上述の施餓鬼作法は儀軌による真言密教独特の作法であり、真言行者は毎日これを勤修すべきであるが、今日一般に行っている施餓鬼会は施餓鬼の法要であって単に施餓鬼作法を行ずるのみではない。普通には我宗に行う施餓鬼会は、先ず本尊に向かって理趣三昧、或いは二箇法要等を修し（地方によりては施餓鬼棚に対して修するもある）、次に施餓鬼棚に対して導師は施餓鬼法を修し、大衆は施餓鬼の文を唱う。一伝により施餓鬼略要文を示せば、左の如くである。

○南無十方仏、南無十方法、南無十方僧、南無大悲観世音菩薩（三返）

○神咒加持浄飲食　普施恒沙衆鬼神　願皆飽満捨慳心　速脱幽冥（悉脱冥途遵式）生善道　帰依三宝覚（発遵式）菩提

究竟得成無上覚　功徳無辺尽未来　一切衆生同飽（法遵式）食

（頭注）この八句偈頌は禅宗（宋代ノ）僧遵式が作れる施食法式に見ゆる文とほぼ同一なり。

○曩謨薩嚩怛他蘖多嚩盧枳帝唵参婆囉参婆囉吽（七返）

○南無過去宝勝如来　除慳貪業福智円満

南無妙色身如来　破醜陋形円満相好

南無甘露王如来　灌法身心令受快楽

南無広博身如来　咽喉広大飲食受用

南無離怖畏如来　恐怖悉除離餓鬼趣　（三返繰り返す）

○光明真言　七返

○汝等鬼神衆　我今施汝供　此食遍十方　一切鬼神供

（頭注）「汝等鬼神衆」等の偈も禅宗より来たものか、遵式の作か。

○願以此功徳　普及於一切　我等与衆生　皆共成仏道

以上

高井観海の『秘密事相大系』一〇四頁以下に出す、三宝院流幸心方相伝の施餓鬼法。

○施餓鬼法（『薄造紙』普通乙第七ノ二所載なり）

○先ず三部被甲護身等

○次に摩利支天印言、印は宝瓶印、定を虚掌に作し、慧掌を以て横覆う。　唵阿儞怛耶　摩利支曳娑婆賀

○次に浄地普印真言　曬儒波黯多薩婆達莫

○次に浄土変如来拳印　唵僕欠

○次に普集餓鬼印右手五指を舒べ、大中相捻して、頭指三度、之を召す、真言七返

唵歩《ボ》布《ホ》哩《リ》迦《キャ》哩《リ》多《タ》哩《リ》怛《タ》他《タ》蘖《ギャ》多《タ》也《ヤ》　想え、法界の中の一切の餓鬼悉く皆雲集す、と。

○次に開咽喉前印、風指を召せず。此を破地獄門、及び開咽喉印と名づく。　真言『薄』には、私に曰わく、前の言を用う、とあって真言を記さず。

唵歩《ボ》布《ホ》帝《テイ》哩《リ》迦《キャ》哩《リ》多《タ》哩《リ》多《タ》哩《リ》怛《タ》他《タ》蘖《ギャ》多《タ》也《ヤ》前の言と少し異なる。

○次に食器を取り、手に居《スエ》て偈を誦す。鉢印

至心奉上　一器浄食　普施十方　尽虚空界　一切餓鬼　先亡久滅　山川《センゼン》地主《チシュ》　乃至広野　諸鬼神等　皆来至此

受我此食　依我呪食　離苦得楽　往生浄土　発菩提心　行菩薩道　昼夜恒常　擁護於我　一切普願　皆令満足

○次に五大願如常

○次に前印を結んで食器に当てて、飲食を加持して、真言七遍を誦せよ。師説は前に印、大指を以て中指の甲三度、之を摩し、然して後に弾指三返、「本書多く此の印を用う。」「」内、高井に無し。

曩莫薩縛怛他蘖多、縛嚕吉帝《バロキテイ》、唵三婆羅《サンバラ》三婆羅吽引

想え、一切の餓鬼皆、摩訶陀国の七七斛《コク》の食を得、食し已て、皆、天上浄土に生じて、行者をして、業障を消除し、寿命を増長せしむ。

○次に甘露陀羅尼施無畏印

曩莫唵（高井）蘇嚕頗他《ソロハヤ》、怛他蘖多也、怛儞也他《タニヤタ》、唵蘇嚕蘇嚕《ソロソロ》、鉢羅蘇嚕《ハラソロ》、鉢羅蘇嚕、娑縛二合賀引

想え、飯食、及び水変じて、無量の乳、及び甘露と成る、諸の餓鬼をして平等に受用せしむ云々。

○次に遍照尊一字水輪観を作せ。

曩莫三満多没駄南、鑁

左手を以て食器を執持して、右五指を展べ開き、下に向け食器の上に臨めて、鑁字七返を誦ず。想え、甘露の乳水、字門より流注して、窮まり無し、尽く一切餓鬼飽満して、欠乏有ることなし。此を普施一切餓鬼飲食印と名づく。

○次に食を浄地に写し置く。或いは棚、或いは流水、或いは樹下、或いは浄石に之を写す。更に回観すること勿れ。亦、殿の基階に近くすること勿れ。

○次に心を至して、五如来の名号を称せよ。各各三返

南無過去宝勝如来　除慳貪業福智円満

南無妙色身如来　破醜陋形円満相好

南無甘露王如来　灌法身心令受快楽

南無広博身如来　咽喉広大飲食受用

南無離怖畏如来　恐怖悉除離餓鬼趣

若し能く是の如く、五如来名号を称するは、仏の威光加被を以ての故に、能く一切餓鬼等をして無量の罪を滅し、無量の福を生ぜしむ。弘法大師御口決にいわく、今、一切の婆羅門仙、皆、此の食を得。食し已て異口同音に呪願していわく、此の人、現世の中に、また延寿を得、共に梵天の威徳を具足して、梵天の行を行ぜん。文

○発菩提心三返

唵冒地質多、没駄波多耶弭

○次に三昧耶戒三返

唵三摩耶薩怛鑁

想え、諸の餓鬼等、菩薩三摩耶戒を受く。皆、甚深の秘法を聞くに堪う。

○次に光明真言二十一返　○次に唱三帰　○心経　○次に祈願

願施此食　所生功徳　普将廻施　一切餓鬼　法界有情　共生浄土　疾得成仏

○次に撥遣拳に作り仰げて弾指して、声を為せ、金剛解脱の明を誦す

唵　縛曰羅、穆乞叉穆　　以上

（昭和五十一年十一月　福江蓮心尼への講授の資料）

率都婆について

『秘蔵記』第二十九章にいわく、

率都婆は鑁の一字の所成なり。また、阿卑囉吽剣の五字の所成なり。任《ほしいまま》に一一を取って自性清浄心とも真如とも仏性とも如来蔵とも法性とも観ず可し。文

率都婆につき古来の相伝に一には鑁字一字所成の塔とし、一には阿卑囉吽欠（）の五輪所成の塔という。一字所成というは『金剛頂義決』十八丁に、鑁字、法界種相、形円塔の如し、法身の塔と名づく、という。この文味わうべし。五輪塔の本拠は『大日経』その他に処々に見ゆ。一字所成は金界、五輪所成は胎蔵の塔と意得、一字所成は心法塔、五輪所成は色法塔ともいうべし。色法塔は五輪五大五色五形、心法塔は一輪の円塔なり。一字所成は横に五大を備え、五字所成は竪に五大を重立す。

多宝塔と五輪塔

多宝塔は果塔、五輪塔は因塔。五輪塔は五字所成、胎蔵本有の因徳を示し、多宝塔は一字所成、金界修生の果徳を示す、故に荘厳を加う。

『五輪九字秘釈』にいわく、

また、毘盧遮那仏降伏四魔金剛戯三昧に住して、四魔を降伏し、六趣を解脱し、一切智智を満足する金剛の句を説きたもう。　此の五字は、即ち是れ、降伏四魔の真言の句なり。初めの句は帰命三宝等の義。字は、是れ行の義、本不生なり。傍の二点は、是れ浄除の義、能く四魔及び一切の苦を降伏す（編者註、『興教大師全集』本では、四魔を降伏し、一切の苦を除くとある）。広く釈すること下の如し。地の万物を生ずるが如く、字、大地の六度万行を出生することも、亦復た是くの如し。地とは、堅固の義なり、大菩提心堅固不

退にして、必ず万徳の果を結ぶ。若し真言行者、投華を得る時に於いて、𑖀字の心地本有の菩提心の上に於いて、始覚の菩提心の種を植えて、永く疫病等の横堕の因を離れて、速やかに無上菩提に至る。当に知るべし、是の人は、一字頂輪王の種姓なり。故に己身を軽んぜずして菩提の行を行ずべし。此の真言法に於いては、疑謗の逆縁、猶三乗教の順行に勝れたり。何に況んや投華を得るをや、何に況んや修信する行人をや。是れ即ち、𑖀字生長の義なり。𑖪𑖰字は、是れ縛なり、画は、是れ無礙三昧、即ち、不思議解脱なり。𑖪字は、水大、能く煩悩の塵垢を洗って心身精進して菩提の万行散乱ぜず。𑖪字は、水大不散の義、是れ即ち性徳の円海なり。𑖨字は六根の罪障を浄め、六根を浄除する義、能く業煩悩の薪を焼いて、菩提の果を証す。𑖮𑖳𑖽字に三義あり。𑖮𑖅𑖦なり。具には『吽字義』の如し。また、三解脱門なり。風大の能く軽重の塵類を掃くが如し。𑖮字の風大も能く八万の塵労を掃いて、四涅槃の理を証す。𑖮字因縁の風止息する時、是れを大涅槃安楽と名づく。𑖏字は大空の義、周遍法界等空無礙の義なり。空大の能く万有を障えずして生長するが如く、𑖏字の空大も浄穢の国に遍して、能く凡聖の依正を成ず。善無畏三蔵のいわく、「金剛頂の肝心、大日経の眼精、最上の福田、殊勝の功徳、唯だ五字金剛の真言に在り。若し受持すること有れば、所獲の功徳比量すべからず、永く災障及び諸の病苦無くして、重罪を消滅し、衆徳を雲集す」。また、父母所生の身に、速やかに大覚の位を証す。若し、日に一遍を誦し、或いは二十一遍乃至四十九遍誦す、一遍を校量するに、蔵経一百万遍十二分教を転ずるが如しと。此の真言の能讃の文なり。五大・五輪・六大・法界・十界輪円・一切衆生の色心実相・自心成仏の図に云わく、(下略)。

『真言五字鈔』にいわく、

五大五義、一には、法性五点とは、いわゆる𑖀𑖪𑖰𑖨𑖮𑖳𑖽𑖏𑖽五字門の義、是れなり。二には、形色とは、方・円・三角・半月・団形、是れなり。三には、顕色とは、黄・白・赤・黒・青、是れなり。四には、触塵とは、堅・

湿・煗・動・無礙、是れなり。五には、業用とは、持・摂・熟・長・不障、是れなり。各々の大に於いて義の相応に随って配して、知るべし矣。

𑖀𑖪𑖰𑖨𑖮𑖳𑖽𑖏𑖽　五字とは、大日如来の真言、衆生本有の仏性なり。竪には三世諸仏の慈父、横には六道四生の悲母、諸仏は五字を覚り五智の台に登って、衆生は五大に迷いて五道の海に沈む、大師の言《の》たまわく、五智四身は十界を具し、欠げたること無し、悟れる者をば大覚と号し、迷える者をば衆生と名づく云々。五智とは、五字所成の五智なり。大師は、五大所成の故に五智と曰う云々。『慈氏儀軌』も、五輪即是五智輪と云々。五輪とは、五大、即ち五字門の功徳、是れなり。『大日経』には五字を以て身を厳り、威徳具に成就し、熾燃の大慧炬たり、衆の罪業を滅除すと云々。

またいわく、

五字有点無点の義。『大日経』に両説有り。一には、𑖀𑖪𑖰𑖨𑖮𑖳𑖽𑖏𑖽の五字を五大の種子と為し、この中に無点の五字は五大の体性を詮じ、有点の五字は五大の徳を詮ず。之れに依って、無点の字を直に五輪法界の種子と名づく。有点の五字は、降伏四魔満足一切智智の明と之れを称するなり。大毘盧遮那神変加持具足円満の徳、但し此の𑖀𑖪𑖰𑖨𑖮𑖳𑖽𑖏𑖽の五字に功用、之れを備う。仍て『三種悉地儀軌』に出す三身真言の時は、𑖀𑖪𑖨𑖮𑖏を法身の真言と為し、𑖀𑖪𑖰𑖨𑖮𑖳𑖽𑖏𑖽を報身の真言と為し、𑖀𑖨𑖢𑖓𑖡を応身の真言と為すなり。凡そ此の五字真言一一の深義、自宗の深底、更に之れを問え云々。

塔婆の裏

𑖪𑖽『開心秘訣』にいわく、

金剛界大日の種子𑖪𑖽字とは、言説不可得か、または縛不可得か。答、師のいわく、古来の諸師共に之れを用う。就中《なかんずく》小野僧正は両説依用せしめ給う。皆各々由緒無きに非ず。先ず言説不可得、之れを用う故は、謂わく、此の娑婆世界は声仏事を成す国なり。一切の法門は言説を離るること無し。説法自在は智法身なり、仍て彼の智法身の種子に言説不可得の字を用う、声成仏事の世界に対し、言説の用を顕わすなり。其の意尤も相応するなり。総じて一切の法は皆𑖀字と𑖪𑖽字との用を離れず。其の故は諸法皆本不生の義有り、此れ則ち𑖀字の義なり。また諸法皆言説の用を離れざること有り、是れ則ち𑖪𑖽字の義なり。之れに依って諸法本不生の方、理法身の大日と顕われ、言説の方、智法身の大日と顕わるるなり云々。次に縛不可得の字の故は、等覚の位尚縛不可得の義無し、一品の無明を残す故なり。只妙覚の位、能く諸惑を尽す故に縛不可得の字を以て大日の種子と為すなり。二字共に以て由緒有り、此の義、之れを秘すべし云々。またいわく、胎蔵大日種子に𑖀字を用うるは、是れ一切母字、万法能生の字なり。其の義然るべし。𑖪𑖽字に於いては其の義無し、是れ水輪の種子なり。之れを以て大日の種子と為す、惣義之れ無し。然り而して総𑖪𑖽別𑖪𑖽の習い有り、今大日種子に総𑖪𑖽の義を用うるなり云々。尋ねていわく、総別の𑖪𑖽、其の意味云何、師のいわく、惣𑖪𑖽とは、則ち𑖪𑖽一字に於いて五輪の徳を具足す、是れ則ち大日の種子𑖪𑖽字なり。其の証は『秘蔵記』に出ず云々。謂わく、水に於いて五智の徳を具すというは、即ち是れ惣の𑖪𑖽の意なり。𑖪𑖽字は水輪の種子なるが故に。次に別の𑖪𑖽とは、只五輪の中、水輪の種子、是れなり。今暫く唯水輪の徳許りなり。此れ等の習い、万徳具足の方と、暫く一徳の辺との差別なり。字体に於いては、是れ一、𑖪𑖽字なり云々。私にいわく、言説不可得の𑖪𑖽字と縛不可得の𑖪𑖽字と字体字義全く各別なり云々。而も『青龍軌』にいわく、鑁字縛義、阿字に入れば即ち無縛なり、無縛は言語道断の義文。委く之れを思うべし。

　随求種子

『光明真言観誦要門』にいわく、

字は勝義不可得の字と塵垢不可得の字と、二合の字なれば、真俗二諦不可得の義なり。謂わく本不生の心地には第一義すら不可得なり、況んや塵垢の俗諦をや。俗諦の諸法すら猶已に即事而真なり、況んや真勝義諦豈に真実ならんや、寧ぞ一法を取り、一法を捨つべけんや。是れを二諦不可得の実義とす云々。以上

また字は金亀仏性の種子なり。『秘蔵記』にいわく、

金亀は仏性なり。是の仏性能く生死と涅槃とに遊ぶこと、亀の能く水と陸とに遊ぶが如し。是れなり云々。

またいわく、波羅は円満最勝の義なり。以上

『秘鈔』にいわく、

随求法　種子　三摩耶形　梵篋。

　滅悪趣菩薩の種子

『三密鈔』にいわく、

滅悪趣の真言の中の字は法界と縛との二字合成なれば、上は腹中三角、下は蓮子形に書くなり云々。

また、いわく、達凡《だばん》略出　特梵《どばん》金　特奉《どぼう》仏頂　特憎《どぼう》胎云々以上

『大日経疏』第十にいわく、

次に除一切悪趣。特憎法界なり縛なり。娑難上の如し。惣句は是れ破砕の義なり。人の手に物を執り物を撃ちて破せしむるが如し。

また同疏第十三にいわく、

次に除一切悪趣の印、即ち前の如く手を舒べて、掌をして上に向わしめ、上に向かいて之を挙げしむる、即ち是れなり。真言、阿驃婆瘦反駄囉拏挙なり薩埵駄都衆生界なり　此の義は、一切衆生は無始より以来、無明を以ての故に常に三悪趣の中にあり、今聖者は已に是の如くの五力を得たまえり、願わくは之を挙げて清め昇ることを得しめたまえ、所以は何にとなれば、尊者は已に自ら能く抜出したまえり、亦当に一切衆生を挙ぐべしと。以上

『秘鈔』にいわく、

小野大抄にいわく、地蔵なり。云々　種子　三昧耶形　樹枝

裏書にいわく、滅悪趣菩薩と地蔵菩薩と同仏の事。小野大抄に見ゆと雖も、此の条普通の説に非ず。只だ潤色の為、之れを引く云々。以上

『開心秘訣』にいわく、

滅悪趣三昧耶形の事。問、滅悪趣三摩耶形樹枝云々。是れ何れの木枝なるや。師のいわく、楊柳の枝なり。また尋ねていわく、滅悪趣と地蔵と同尊なるや、別体なるや云何。師のいわく、二説有り、或いは同、或いは異、勝倶胝院は一体と習い給たるにや云々。

　浄土変真言

『無量寿如来修観行供養儀軌』にいわく、

真言を誦じて加持すること七遍すれば、其の世界変ず。如来拳の真言にいわく、唵引一歩引入欠平声二

此の印を結び、真言を誦じて、加持する威力に由るが故に、即ち此の三千大千世界を変じて、極楽刹土と成す、

七宝を地と為し、水鳥樹林皆な法音を演ぶ、無量の荘厳、経所説の如し。即ち伽陀を誦じていわく、以我功徳力　如来加持力　及以法界力　願成安楽土（編者註、大正蔵では土は刹とある）文。以上

『受菩提心戒儀』にいわく、

次に当に三帰依を受くべし、

弟子某甲等、今日より已往、諸の如来と、五智三身の仏とに帰依したてまつる。金剛乗と自性真如の法に帰依したてまつる。不退転の大悲菩薩僧に帰依したてまつる。三宝に帰依し竟って、終に更に自利と邪見との道に帰依せず。我今至心に礼したてまつる。三帰依真言にいわく、𑖌𑖼唵𑖥𑖿𑖨𑖳𑖽歩引𑖏𑖽欠。以上

『秘蔵記』第二十七章にいわく、

𑖌𑖼字は𑖀𑖄𑖦の三字を以て体と為す。阿字は字体無けれども麽の音《こえ》の中に在り。阿字は法身、塢字は報身、麽字は化身なり。是の故に三身の義有り。

またいわく第六十五章、

唵字に五種の義有り、一には、帰命に二有り一には自仏に依り、二には他仏に依る、二には、供養に二有り一には自仏を供し、二には他仏を供す、三には、警覚譬えば春風と雷雨とに蟄虫地を破して出現し、草木花果の開敷するが如し。我が身中の、本有法身の如来も大悲願行の風に依り、如来の加持力に依りて出現するなり、四には、摂伏。譬えば諸司百官に国王の勅召有る時に、身心寒暑参集するが如し、一切の諸天龍神等も唵字を聞いて皆悉く摂伏じて参集するなり五には、三身法身、応身、化身なり。以上

『真言五字鈔』にいわく、

𑖌𑖼𑖥𑖿𑖨𑖳𑖽𑖏𑖽義浄土変密言なり、三身、五智の功徳を説く故なり。

杲宝のいわく、

𑖌𑖼𑖥𑖿𑖨𑖳𑖽𑖏𑖽は次の如く身語意の三密なり。𑖌𑖼字は三身の種子なるが故に身密を以て体と為し、𑖥𑖿𑖨𑖳𑖽字は言説不可得の

字を字体と為す、故に語密の義なり。字は無所得大空の義、大空の義とは菩提心の体なるが故に意密と為す。此の三字は即体不二にして三徳具足せり。一切の法は三種を出でず、謂わゆる理智人、因行果等なり。是の故に三字は諸法に貫通する共相の功徳なるが故に、一字無量というなり云々。以上

私にいわく、此の真言の功徳に依って密厳国土安養浄土等、其の行者所帰の本尊の浄土と変現す、故に浄土変の真言という。今塔婆に此の真言を画すること、誠に所以あるか。また、字相を案ずるに、は『秘蔵記』の釈分明なり、は吉祥天真言に荘厳《リョウギリタ》荘厳《ボク》と訳せり。は虚空無垢清浄の義なり。蓋し荘厳といい、清浄という、即ち穢土の草庵を変じて浄刹の宝台となし、六趣の凡身を転じて五智の仏体となすの謂いか。如上は余が私案なり。

因に記す。『光明真言鈔』にいわく、

光明真言の加句に等を用うることは、宮僧正覚源死霊と為って勝覚に詫《つ》きたまい、定賢法務を封じて大事を授かる時、同じく此の加句を授けたまう。以来、小野方の諸流の先徳信じて用うると云々。またいわく、光明真言は正報の悪報苦身を転じて清浄身と成じ、浄土変の咒は依報の娑婆穢土を変じて清浄の国と成じ、依正相成じて神験を獲しむの義なり云々。

一字金輪種子真言

『三密鈔』にいわく、

問う、ボロムの音反切の様如何。答う、に点を加えれば、ホウロウとなるを下略して、ボロとして、是れに空点を呼べば勃魯唵三合の音と成るなり。

またいわく、

部林《ブリン》　部臨《ブリン》仏頂心陀羅尼経　苾陵《ビツリヨウ》二合長呼集経第一

またいわく、

此の字は金輪王仏頂の一字の心真言なり。此の真言の功徳広大なること挙げて数うべからず。『奇特仏頂経』『菩提場経』等を見るべし。以上

『一字奇特仏頂経』巻上にいわく、

時に、一切の大菩薩、掌を合わせて仏に白して言さく、惟だ願わくは、世尊、大明王一字を説きたまえ。爾の時、世尊、一切最勝三摩地王に入りて、此の明王を説きたまう。南莫三蔓多勃駄南引一歩林吽二合二　纔かに此の明王を説きたまうに、三千大千世界に無量の光明網、普遍く如恒河沙世界を照曜し、一切の彼の世界を照曜し、一切の彼の世界を震動す云々。以上

『菩提道場経所説一字頂輪王経』示現真言大威徳品第二にいわく、

此の陀羅尼を写し、髻頭中に安ずべし、若し是れ苾蒭苾蒭尼ならば、此の陀羅尼を写して袈裟の中に繋在せよ、若し塢波塞迦・塢波斯迦ならば手臂に繋在し、或いは頚の下に在き、若し国王帯せば他の敵に侵擾せらるることを被らず、昼夜に臥して安く、覚めても安くして、大威徳の賢聖の諸天、而も常に擁護したまう。乃至、大真言明王一字仏頂輪王なり、而も真言を説いて曰わく、曩莫三満多没駄引南引唵引歩嚕唵三合嚕字舌弾　釈迦牟尼仏世尊、纔かに此の真言を説きたまうに、譬えば、贍部州大風、一切の樹林、叢林、薬草の葉、及び花果を吹いて、悉く皆振動するが如く、是の如く纔かに是の輪王の一字真言を説くに、三千大千世界六種に震動して、須弥盧山も皆大に動き、大海沸騰す、及び恒河沙数世界悉く皆震動す文。

𑖬𑖿𑖘𑖫𑖿𑖨𑖱

『悉曇字記』にいわく、

印文字𑖫𑖿𑖨𑖱（是室梨字西域為印也）云々。以上

私に案ずるに、𑖫𑖿𑖨𑖱は仏眼、または吉祥天の種子にして、字相を釈せば吉祥の義なり。蓋し吉祥の故に竺国の古風之れを印文に用いしか。次に𑖬𑖿𑖘は何れの尊の種子真言なるや苦心攷究すれど、明瞭ならず。今私に解釈を試みること左の如し。

大仏頂陀羅尼にいわく、𑖟𑖲𑖬𑖿𑖘𑖓𑖰𑖝𑖿𑖝（悪心）𑖟𑖲𑖬𑖿𑖘𑖯𑖡𑖯𑖽（諸悪）また、随求陀羅尼にいわく、𑖟𑖲𑖬𑖿𑖘𑖭𑖝𑖿𑖪𑖟𑖲𑖬𑖿𑖘𑖯𑖡𑖯𑖽（極悪衆）等と訳せり。是れらの義を推考せば、𑖬𑖿𑖘は煩悩極悪の義なり。今字体に依って解せば、性鈍の𑖟に慢の𑖲を重ぬ。是れ凡夫愚痴の鈍に慢を加え、至極の愚朦を顕わす。これに空点を加えて空すれば煩悩即菩提にして吉祥なれば、次に𑖫𑖿𑖨𑖱字を安ずるか。冀くは明説を垂示あらんことを請う。因に異説一二を左に録す。

或説に𑖬𑖿𑖘は禁五路の種子云々（禁五路の大事、別に問うべし。今散見せず。）。右本拠は詳ならずと雖も、𑖬𑖿𑖘を煩悩極悪と見れば、之れを五道の種子と云うこと由無きに非ざるなり。以上　『智炬陀羅尼経』に、八十八億諸仏如来の文あり。また智炬如来破地獄真言に𑖀𑖬𑖿𑖘𑖫𑖱𑖝𑖱𑖡𑖯𑖽《アシュタシチナン》の句あり。右𑖀𑖬𑖿𑖘《アシュタ》を八と翻じ、𑖫𑖱𑖝𑖱𑖡𑖯𑖽《シチナン》を八十と訳せば、経の文、真言の句と能く符合せり。今𑖬𑖿𑖘𑖫𑖿𑖨𑖱の二字、右𑖀𑖬𑖿𑖘𑖫𑖱𑖝𑖱𑖡𑖯𑖽を略して𑖬𑖿𑖘𑖫𑖿𑖨𑖱と書し、此の二字を以て破地獄真言と標するには非ざるか。尤も𑖬𑖿𑖘𑖫𑖿𑖨𑖱と𑖬𑖿𑖘𑖫𑖿𑖨𑖱は字体各別なりと雖も、因襲の久しき自然𑖬𑖿𑖘に空点を呼んで𑖬𑖿𑖘𑖽《シュタン》となし、𑖫𑖱に下半体の𑖨を加えて𑖫𑖿𑖨𑖱《シリ》となせしに非ざるか。右余が私案なれば、茲に附記して可畏の参観に備う。

𑖧𑖲　普賢延命の種子、また慈氏菩薩の種子なり。但し胎蔵界種子曼荼羅に弥勒菩薩𑖧𑖲字なり。謂わく、四仏は𑖀

𑖀𑖽𑖀𑖀𑖾、四菩薩は𑖀𑖾𑖀𑖮𑖧𑖲なり。

『開心秘訣』にいわく、

普賢延命の事。師のいわく、口伝にいわく、普賢延命菩薩とは、先ず普賢菩薩、大日如来に対して灌頂を受くるの後、金剛薩埵と名づく、同体異名なり。而して金剛薩埵、利生の為の故に延命の三摩地に入る、之れを普賢延命と名づくなり云々。乗象の事は、普賢の体を顕わす。凡そ普賢乗象は、普賢は是れ真如の体、象は真如不驚動の義、また、是れ運載の義なり。是れ延命の意なり。また、常の延命菩薩、象に乗らず云々。延命法と普賢延命法とは全く同法なり。故に乗象の義、疑い無きものか。今普賢延命とは、即ち普賢と延命と冥合するの義なり云々。

同種子の事。問、種子𑖧𑖲字、或いは𑖀字、『玄秘』に二説、之れを出さる、用否云何。師のいわく、共に之れを用うべし。常には𑖧字、之れを用う、其の義尤も相応せり。口決にいわく、𑖧𑖲字は延命の種子なり、是れ乗不可得の義なり。乗は運載の義なり。運載とは寿命長遠の義なり。一切所乗の物は前きへ行く者なり。即ち近きより遠きに到る。普賢菩薩、菩提の大願に乗じて、虚空尽き衆生尽き世界尽きるも我が願い尽きずとの大菩提心大慈の大願に乗じたまう。此の金剛の願心より長き寿有る可からず。弥勒菩薩の願も同一なるべし。此の乗物は、即ち本有常住の乗物にして而も此の外に得べき物無ければ、則ち表徳の実義にして、仍て延命の種子と為るなり。涅槃点を加うは、即ち至極の義、また、涅槃とは証入の義なり。涅槃に証入しぬれば常住の寿命に還同する故なり。また、𑖀字寿命常住の義、勿論の事、『疏』に見えたり。

私にいわく、𑖧𑖲字は運載の義なれば、三悪趣及び人天五道の衆生を運出して涅槃の楽処に到らしむる義なるべし。また、𑖀字を以て延命の種子とすることは𑖀字第一命の意なるか。

同三昧耶形の事。問、三昧耶形に甲冑を用うる事、其の意云何。師のいわく、故僧正にいわく、甲冑は矢を防ぐ

徳あり。今、三形は即ち無常の矢を防ぎ常住の寿命を得る義なり。無常の矢の事、『大日経疏』に見ゆ云々。以上

『三十三尊聞書』にいわく、

延命菩薩とは金剛薩埵の異名なり。普賢延命と少異なり。普賢延命とは、因位に於いて延命の義有り。金剛薩埵とは、果位に於いて延命の義有り。但し種子は、理同体の故に金剛薩埵と普賢と同なり。三形は、智差別の故に、延命は甲冑、普賢延命は五古なり。以上

『秘鈔』にいわく、

延命法　種子𑖧𑖳　三形甲冑。普賢延命法　種子𑖧𑖾　三形甲冑。

裏書にいわく、金のいわく、或説𑖧𑖲　甲冑。大御室御伝にいわく、𑖀𑖾　五古云々。

金のいわく、師伝の胎蔵大楽不空身、即ち普賢延命と一体なり。仍て迦字を種子と為すべし云々。

『大日経疏』第十三にいわく、

次に慈氏の印、三補吒に作して、二風指を屈して、指の頭を火指の根の下に至らしめ、二空指を並べて之を壓す、余は常の如し。此の印の率都波の形の如くなることは、一切如来の法身の塔を持つを以ての故に、猶観音の仏身を持つが如し。真言は帰命前の如し、阿誓擔古くは阿逸多という、此れは其の名を呼ぶなり、其の義は無勝なり、一切の愛見の煩悩乃至二乗等、之に勝つことあることなきなり。社耶得勝なり、無勝の中に於いて而も其の勝を得るなり。薩䡍薩埵一切衆生なり阿世耶性なり奴揭多知心起なり、起は即ち是れ知の義なり、一切衆生の性を知るを謂う、以上𑖀字は阿闍梨の云わく、此れは是れ弥勒の種子の字なりと。

私に案ずるに、『大疏』并に『慈氏菩薩略修瑜伽念誦法』『秘鈔』等は皆𑖀字を以て慈氏菩薩の種子と為し、また『福田集』并に『引導作法二巻書』等は𑖧𑖲字を以て慈氏菩薩の種子と為す。蓋し胎蔵界種子曼荼羅八葉四菩薩の中、弥勒菩薩の種子は𑖧𑖲字なれば、是れ𑖧𑖲字を以て慈氏の種子とする本拠なるべし。但し弥勒迅疾持の真言に、𑖦《マ》𑖮《カ》𑖧𑖺《ユ》𑖐《ギャ》大瑜伽也謂自証𑖧𑖺《ユ》𑖐𑖰《ギ》𑖜𑖰《ニ》住大瑜伽而未得令得といえり。

右[梵字][梵字]の[梵字]字を取って弥勒菩薩の種子とするか。

以上は、泰海徴撰『率都婆本義』より転写。

率都婆の書き方

先ず板塔婆の画様を示す。塔婆は五重塔に同じく、五輪塔（塔）である。五輪は上より、団形・半月・三角（火輪）・円・方形、空風火水地にして、下より、地水火風空の五大を表わし、五大に即して識大ある故に六大を示す。この五形は基本は方円の二形で、三角（火輪）は方形を斜に半分としたもの、半月は円形を半分にしたもの、団形は半月の上に三角を加えたものである。

五輪は宇宙法界を示し、大日如来の三形である。五輪塔婆の表には空風火水地輪に順に𑖏𑖮𑖨𑖪𑖀の五字を書き、精霊回向の供養塔ならば、その次に年忌に応じて本尊の種子（或いは更にその真言）を書き、その次に意趣を書く。

一例を示せば、

𑖏𑖮𑖨𑖪𑖀　[梵字]　右宝塔者為戒名……第十三回忌菩提也

右は爰、茲、夫等を用いる場合もある。

宝塔の句は妙塔、高顕、駄観、支提、制底等と書くもよし。

者は「シャ」と訓ぜず、必ず「は」と読む。

菩提の句は、成菩提、成三菩提、増進菩提、増進仏果、成等正覚、到清涼地、出離生死頓証菩提、離苦得楽証大菩提、追福菩提等と書く。

種子の下に真言を書く場合に、胎大日の[梵字]、或いは光明真言を書くこともある。胎大日は普門仏徳の尊なる故に諸尊に通ず。

塔婆の裏。

（頭注）随求菩薩種子　滅悪趣尊　浄土変真言　破地獄種子　仏眼仏母の種子　は字なり、施与の義

表のの裏へ命点を打って書き始め、字の裏で半月にし、字の下の裏まで引き、字の裏へ仰月、字の裏へ空点を書く。また梵字の次には、南無遍照金剛、若しは周忌によって、次の如き句を書き、或いは　年　月　日　何某建之　と書く。

一、初七日　表　種子
　　　　　　裏　是大明王　無其所居　但住衆生　心想之中

二、二七日　表　種子
　　　　　　裏　釈迦如来　久遠成道　皆在衆生　一念心中

三、三七日忌　表
　　　　　　裏　文殊大聖　三世仏母　教化群生　速証菩提

四、四七日忌　表
　　　　　　裏　一切有情　皆如来蔵　普賢菩薩　自体遍故

五、五七日忌　表
　　　　　　裏　地蔵菩薩　以大慈悲　若聞名号　不堕闇黒

六、六七日忌　表　

裏　其後当作仏　名号曰弥勒　広度諸衆生　其数無有量

七、七七日忌　表　

裏　我此名号　一経其耳　衆病悉除　身心安楽

八、百ヶ日忌　表　

裏　具一切功徳　慈眼視衆生　福聚海無量　是故応頂礼

九、壱周忌　表　

裏　勢至菩薩　動三千界　光明法門　利益衆生

十、三回忌　表　

裏　一念弥陀仏　即滅無量罪　現受無比楽　後生清浄土

一一、七回忌　表　

裏　一仏成道　観見法界　草木国土　悉皆成仏

一二、十三回忌　表　

裏　一見阿字　五逆消滅　真言得果　即身成仏

一三、三十三回忌　表　

裏　大満虚空蔵　能化有情願　我今帰依礼　一切皆利益

十七回忌　表　胎大日

裏　諸法本不生　自性離言説　清浄無垢染　因業等虚空

二十三回忌　表　

裏　我覚本不生　出過語言道　諸過得解脱　遠離於因縁

五十回忌　表　　百回忌　表　

裏　光明真言　或いは大日真言等

六角塔婆の書き方（長さ一尺八寸）拾骨の後、三日目に墓に立つ。五輪形は刻まず、唯だ二重に刻む。墨にて上を少し塗る。

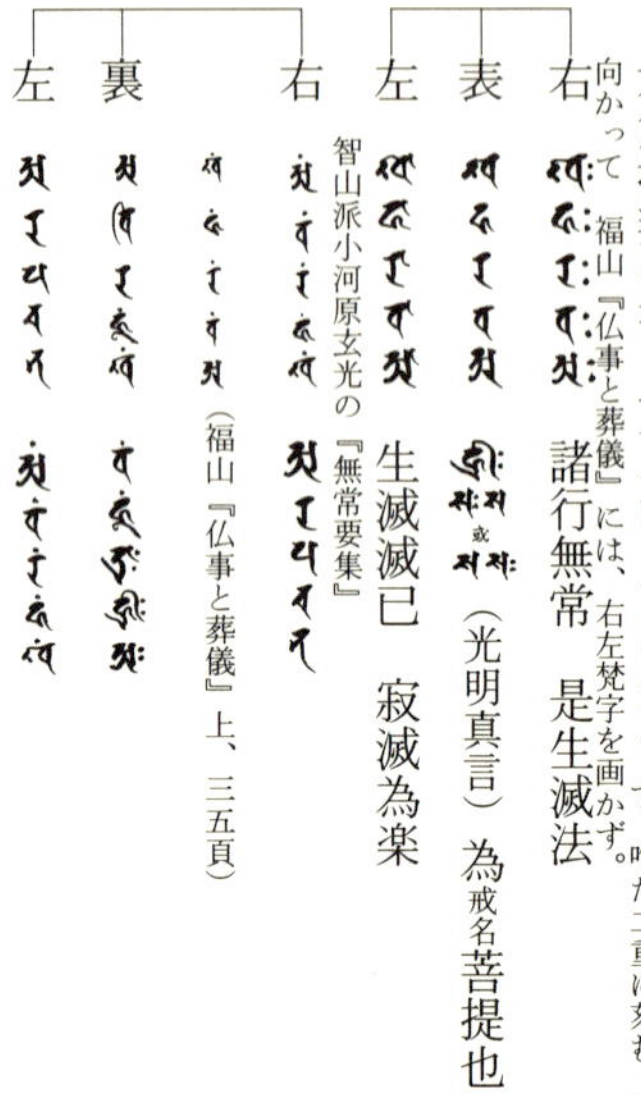

向かって　福山『仏事と葬儀』には、右左梵字を画かず。

右　　諸行無常　是生滅法

表　（光明真言）為戒名菩提也

左　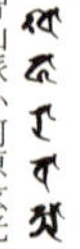　生滅滅已　寂滅為楽

智山派小河原玄光の『無常要集』

右　

裏　

左　

（福山『仏事と葬儀』上、三五頁）

（頭注）六角率都婆を多羅率都婆ともいう。もと印度にて多羅樹にて造りたるによる名なり。六角塔婆表三角は弥陀・観音・勢至の三尊を示す。裏三角に三身の真言を画く。六角塔婆は六大法性本有常住の仏心の率都婆なり。

夫六角塔形ト者六大無礙常瑜伽ノ法体、四種曼荼各不離《ノ》至要《ナリ》、奥《ニ》（戒名）早辞《ク》二娑界一忽遷《ス》二浄邦一因《テ》レ茲《ニ》建二六角《ノ》妙塔一祈二三

身ノ覚台レ而　年　月　日　施主敬曰

四角塔婆

表　　種子

向左　　菩薩勝慧者等百字偈の内、又は後夜偈内ノ意趣の文

裏　　年月日　某建之

向右　　百字偈の内、又は後夜偈の内

『理趣経』百字偈　菩薩勝慧者　乃至尽生死　恒作衆生利　而不趣涅槃　般若及方便　智度悉加持　諸法及諸有

一切皆清浄　欲等調世間　令得浄除故等

後夜偈　諸法如影像　清浄無瑕穢　取説不可得　皆従因業生

○五如来幡の書き方（施餓鬼鬼用）

施餓鬼の鬼はノ（ツノ）を書かず、鬼とするが古来の習いなりという。

白　　南無広博身如来　中

青　　南無妙色身如来　東

黄　　南無過去宝勝如来　南

赤　　南無甘露王如来　西

黒　　南無離怖畏如来　北

如来の句までを足より上に書く。

○流灌頂塔婆の書方

大塔婆　表  為戒名頓証仏果也

とするは不可

裏  南無遍照金剛

小塔婆（六本）

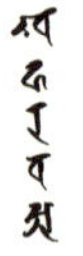（一）地獄 為某戒名菩提也

（二）餓鬼　（三）畜生　（四）修羅　（五）人　（六）天

覆曼荼羅図（敷曼荼羅図）

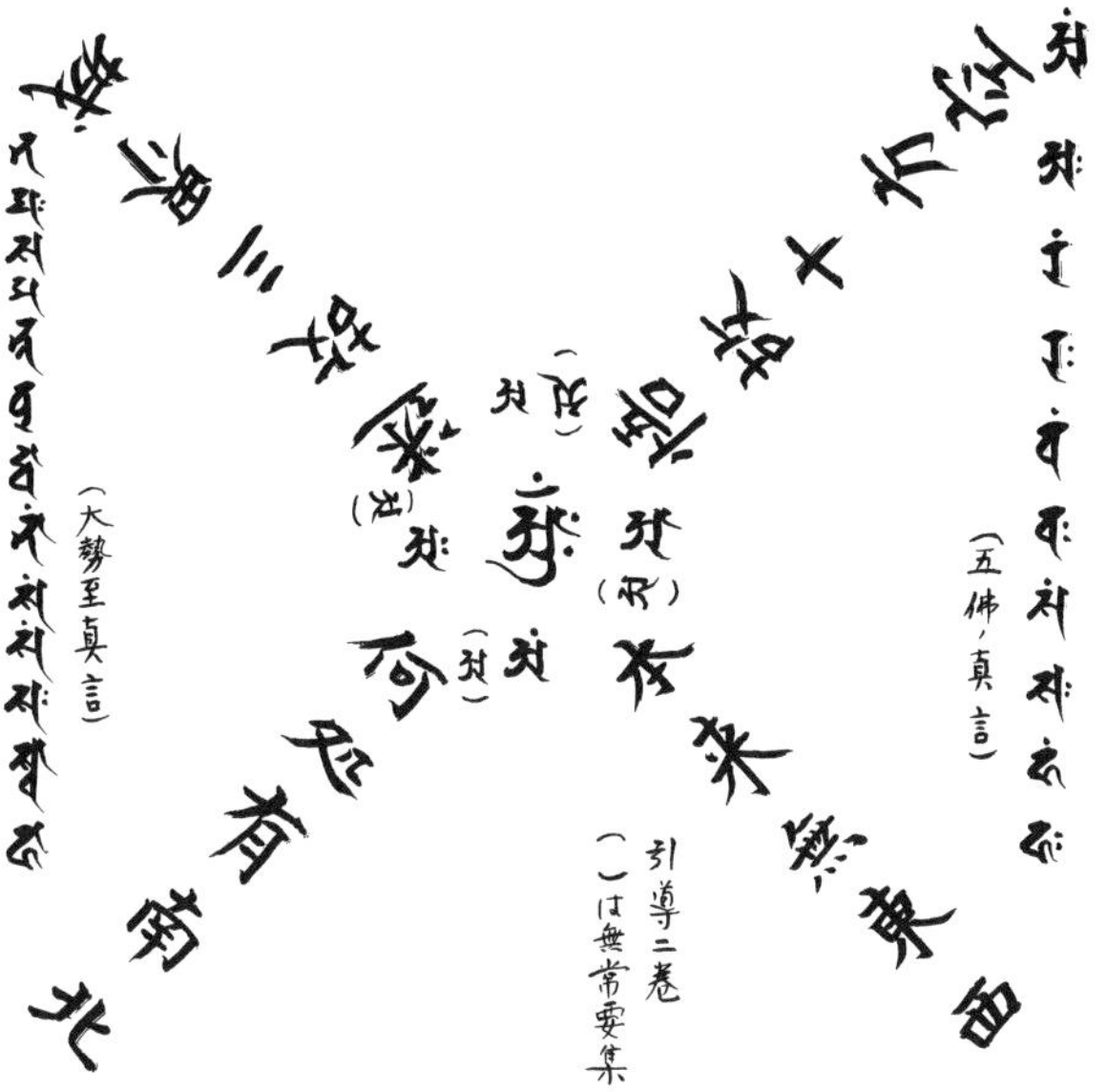

曳覆曼荼羅略義

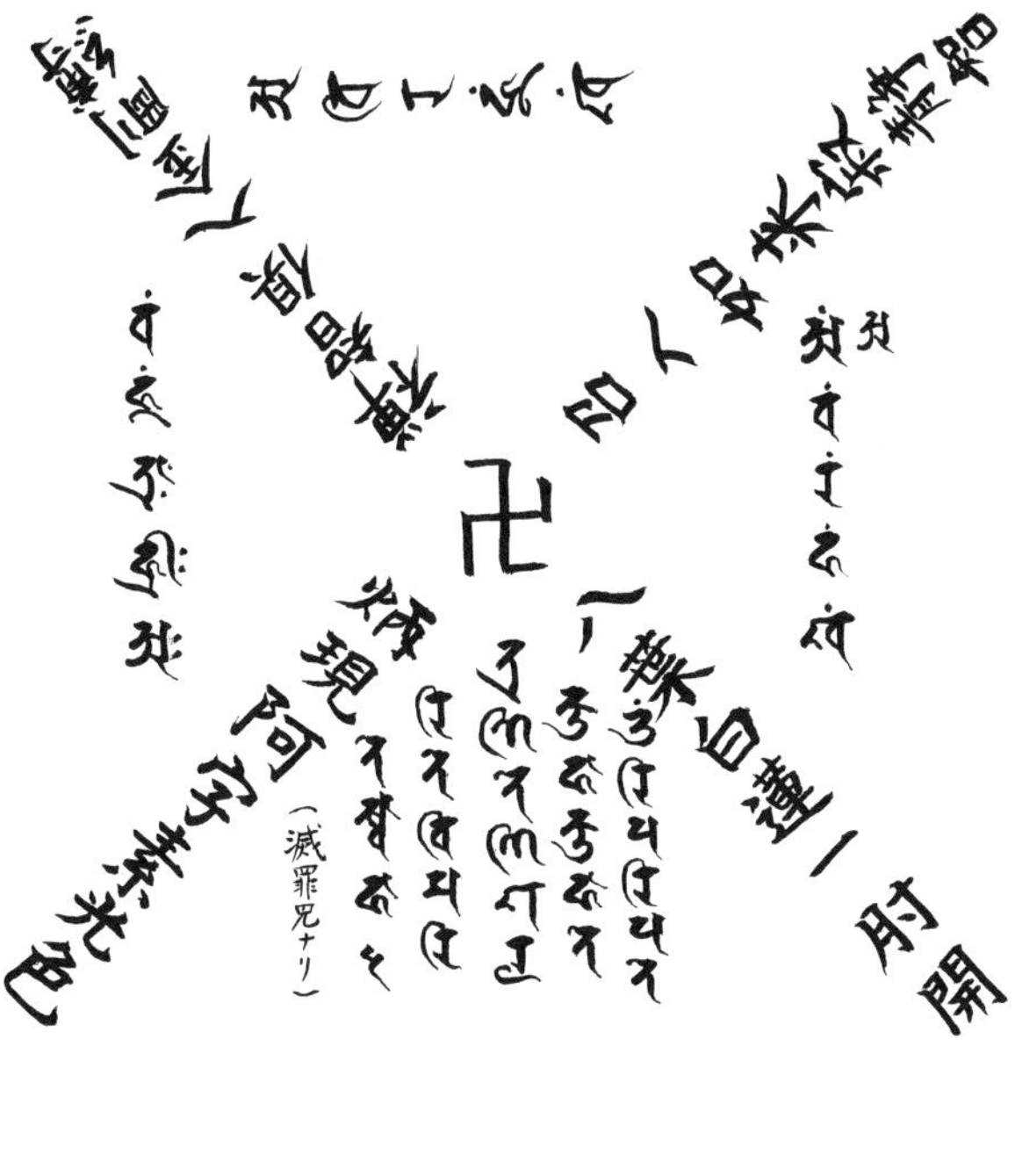

本尊開扉（入仏）塔婆
表　五大種子真言　奉開扉《(入仏)》大慈大悲　仏名為貴賎参詣善男《〇〇〇菩薩令十方群類結縁者也》善女現世安穏後生浄土也
左右は本尊の偈頌、或いは経文等　裏　如常
側面
　一天四海　安穏泰平　風雨順時　五穀豊饒　万民豊楽　町内安全　興隆仏法　諸人快楽　院内安全等
裏　願以此功徳　普及於一切　我等与衆生　皆共成仏道
　昭和　年　月　日　建立主等
角塔婆　正面に随求陀羅尼を書くこともあり。
《バラバラ》　《サンバラサンバラ》　《インヂリヤビシュダニウムウム》　《ロロ　シャレイ》
側面の文の一例
　帰命本覚心法身　常住妙法心蓮台
　本来具足薩般若　三十七尊住心城
　普門塵数諸三昧　遠離因果法然具
　無辺徳海本円寂　還我頂礼心諸仏
葬
四本幡（師子幡）
弥陀三尊　諸行無常　是生滅法　生滅滅已　寂滅為楽
弥陀三尊種子を書き、その下に涅槃経四句偈を各一句づつ書く。

天蓋

棺に付する幡

発心門　東
修行門　南
菩提心門　西
涅槃門　北

六地蔵

南無禅林地蔵大菩薩
南無無二地蔵大菩薩
南無護讃地蔵大菩薩
南無諸龍地蔵大菩薩

天蓋に付する幡（四方の蕨手）

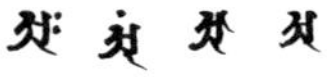

迷故三界城　東
悟故十方空　南
本来無東西　西
何処有南北　北

　南無伏勝地蔵大菩薩

　南無伏息地蔵大菩薩

法身偈

曳達磨醯覩鉢羅二合婆、齷醯都帝私怛他齬覩賀哩醫鍐齷泥帝私者喩儞魯駄醫鍐齷儞摩訶室羅摩拏

諸法従縁起　如来説是因　是法随縁滅　是大沙門説

尾道市西国寺金堂前の大石塔側面に慈明和上筆、梵文法身偈を記す。広島市平和公園内原爆諸霊供養塔に先年年忌法要の際、大塔婆を建立、その側面に同じ梵文法身偈を記す。

『造塔功徳経』日照訳（大正一六、八〇〇頁）に云わく、

その時、世尊、この偈を説いて言まわく、諸法《ハ》因縁《ヨリ》生《スレバ》　我《レ》説《ク》㆓此《ノ》因縁《タ》㆒　故《ニ》因縁《タ》㆒滅《シ》終《ヌレバ》　我《レ》作㆓如㆑是《ノ》説《ヌ》㆒。善男子、是の如きの偈の義を仏の法身と名づく。汝当に書写して、彼の塔内に置くべし。何を以ての故に、一切の因縁及び所生の法は性空寂なるが故に、是くの故に我れ説いて名づけて法身と為す。文

四句の中の初めの二句は縁生の理を説き、後の二句は縁滅の理を説く。縁に従って生じ、縁に従って滅する法は本より以来、不生不滅なり。不生不滅の理を法身と名づく。故にこの偈を法身偈という。破壇作法の時、この偈を唱うるは、諸法不生の観心を凝らして破壇すべきを以てなり。大師は東寺講堂の五仏の御頭中にこ

　の偈の梵文を安めらる。

『浴像功徳経』（義浄訳）にいわく、

　当に舎利を供養すべし、然るに二種有り、一には身骨舎利、二には法頌舎利、即ち頌を説きて云まわく、諸法従縁起　如来説是因　彼法因縁尽　是大沙門説。文

『大日経供養儀軌』不空訳御請来にいわく、

　若し其の法事竟んなば、当に此の偈を誦ずべし、曰く、諸法従縁生　此法従縁滅　彼法従因滅　是大沙門説。

『除災教令法』にいわく、

　次に彼の縁起の偈の句を念じて、明を呼うこと、三遍、或いは七遍。

諸法従縁生　如来説是因　此法因縁尽　是大沙門説。

両部曼荼羅講伝

第一　序　説

『秘密曼荼羅教付法伝』『秘密曼荼羅十住心論』は共に高祖大師の代表的著書で、大師の思想宗教を理解する上に見のがすことのできぬ書である。この両書に秘密曼荼羅と題するは、大師の宗教が秘密教であり、曼荼羅教であることを示している。今は秘密教の意義はしばらくこれをおく。曼荼羅教とは真言密教が曼荼羅を教体とすることを示した名で、真言密教が曼荼羅を宗体とし、その根本思想が曼荼羅にあることを明かすものである。このことは『秘蔵記』に「秘密蔵は曼荼羅を以て体と為す」と述ぶるによって知ることができる。そしてこの思想が真言付法の祖師代々伝承の重要思想であることを示している。『十住心論』に第十秘密荘厳心を明かして、「秘密荘厳住心とは即ち是れ究竟じて自心の源底を覚知し、実の如く自身の数量を証悟す。謂わゆる胎蔵海会の曼荼羅、金剛界会の曼荼羅、金剛頂十八会の曼荼羅是れなり」と述べて、胎蔵法・金剛界両部曼荼羅が秘密荘厳心であると説いている。胎蔵法曼荼羅は理の徳を示し、十界曼荼羅といい、宇宙の法爾自然の徳相をあらわしている。金剛界曼荼羅は智の徳を示す曼荼羅である。しかもこの両部曼荼羅は本来吾等の身心にそなわる徳である。われらの身心の本質をきわめ、理智の二徳をさとるとき、仏果をさとる。両部曼荼羅の真義を知ることは真言密教を知ることである。真言宗の教義はすべて両部曼荼羅の根柢にささえられている。

第二　曼荼羅の名義

曼荼羅は梵語で、印度では密教以前から用いているが、その用法は同じではない。密教では普通「輪円具足」と訳しているが、『大日経疏』等の釈を見るに種々なる意義を有する語で、本質・道場・壇・聚集・発生等の意をもち、「輪円具足」はこれらの諸義を含めているのである。即ち仏内証の境地を曼荼羅と称したもので、仏の悟境は法の本質神髄を有するから、「本質」という。「道場」は仏陀が正覚を得た場処の意であり、灌頂等の法を行ずる時の壇場をさす。印度では密法修法の際厳重な法則にしたがって、七日作壇の法による土壇をきずき、その上は本尊を中心とする諸尊の像、または三昧耶形或いは種子を画いたから、諸尊集会の曼荼羅を「壇」と訳する。「聚集」は諸尊集会の義、功徳聚集の義である。「発生」は仏果の功徳を発生する義である。曼荼羅にはこのような種々の要素を完全にふくみ、無量の功徳を具足するから「輪円具足」と訳する。但し普通に曼荼羅というときは、仏自性の曼荼羅を観想するため、或いは礼拝するために図絵等によって表現した形像曼荼羅をさす。

第三　曼荼羅の種類

真言密教に伝える曼荼羅には、大日如来を中心とする諸尊集会の曼荼羅と、大日の一徳をつかさどる別尊を中心とする曼荼羅とがある。前者を「普門の曼荼羅」という。これに胎蔵法曼荼羅、金剛界曼荼羅がある。後者を「一門の曼荼羅」または別尊曼荼羅という。大仏頂・阿弥陀・釈迦・尊勝・金輪・大勝金剛・守護経・理趣経・請雨経

・仁王経・法華経・六字経・童子経・宝楼閣経・菩提場経・如意輪・文殊・十一面観音・弥勒・虚空蔵・持世・普賢延命・不動明王・愛染明王・大威徳・北斗・妙見・吉祥天・閻魔天等の曼荼羅がこれに属する。

曼荼羅の種類はきわめて多種多様である。栂尾教授の『曼荼羅の研究』に、これを分類して図表に示しているが、要を得ているから、これを左に記す。

- 曼荼羅
  - 自性曼荼羅
    - 法身曼荼羅
    - 俗諦曼荼羅
  - 観想曼荼羅
    - 法身観曼荼羅
    - 道場観曼荼羅
    - 支分生曼荼羅
  - 形像曼荼羅
    - 能説曼荼羅（説会曼荼羅）
    - 所説曼荼羅
      - 大曼荼羅
      - 三昧耶曼荼羅
      - 法曼荼羅
      - 羯磨曼荼羅
        - 別尊曼荼羅
        - 部会曼荼羅
        - 都会曼荼羅

曼荼羅は体大か相大か。

高祖の『即身成仏義』には四種曼荼羅を相大とし、『秘蔵記』には「曼荼羅を体とす」と釈し、或いは「三密円満具足の義なり」と説いて体用二大に通ずる意を示している。深秘には曼荼羅に三大の義を具する。本宗は三大法爾法然の宗であり、三大不離であるから、四曼を動ぜずして六大三密を見るべく、曼荼羅に体相用三大の義を具することと明らかであるが、一往は、相大の位で四曼を意得るべきである。

第四　両部曼荼羅

曼荼羅に多種ある中、今回講伝するは図絵の形像曼荼羅中の都会壇の両部曼荼羅である。両部曼荼羅とは金剛界曼荼羅と胎蔵法曼荼羅とを併せた呼称で、大日の智徳と理徳とを象徴し、理智の二徳の法門を尊格を以て表現した曼荼羅である。理徳を表現せる胎蔵曼荼羅は『大日経』により、智徳を表現せる金剛界曼荼羅は『金剛頂経』によって組織したものである。通俗に両界曼荼羅と称するも、胎蔵は法と称すべく、界と名づくべきではない。正確には両部曼荼羅という。御室版曼荼羅に「両部曼荼羅古本」と題するは当を得ている。

両部曼荼羅を古徳は「諸仏理智の体性、衆生色心の実相なり」と釈している。厳密な意味では両部曼荼羅は各々理智の二徳、色心の実相をふくむも、表からいえば、胎曼は宇宙の理法を表現せる理曼荼羅であるから、十界の理法を悉く含む。故に十界曼荼羅または色法曼荼羅ともいう。この十界の理徳は大日如来の一身に具足し、また衆生の一身に具足する。金剛界曼荼羅は宇宙の理法を如実に照見する仏智を表現したものである。この仏智を完全に具足する者は金剛界如来大日智法身であるが、この智法身の徳は本質的には吾等衆生の一心に具えている。古徳が「諸仏理智の体性というは、仏辺について大日法身の徳をさし、「衆生色心の実相」というは、行者の性徳を明かしたものである。

密教は人法不二を特色とする。一法の存する所必ず人格的存在を認め、功徳法門を仏菩薩明王天等の尊格を以て表現する。両部曼荼羅が主として諸尊の大曼荼羅を以て表現するは、これがためである。

『大日経』住心品に「云何が菩提とならば、謂わく実の如く自心を知る」と説いて、如実に自心を開顕することが菩提正覚であると述べているが、自分が本来具足せる両部曼荼羅の徳を如実に体験した所が、如実知自心の境地であり、大日如来の境地である。密教が本覚門の立場を守っている宗教であることは、この曼荼羅に於いてもよく表現している。

十界差別の理法をそのまま如実に照見した所が仏智であるから、仏智は十界の理法を内容としている。故に金剛界曼荼羅と胎蔵法曼荼羅は一致に帰する。しかし両者は独自の組織を有するから、その間には自ずから同と異との両面がある。南岳房済暹は『両部対弁抄』に十種の一致点と十種の相異点とを明かしている。

第五　胎蔵曼荼羅の異図

両部曼荼羅には何れも異図がある。その中胎蔵については、大体二大系統が見られる。一は善無畏系で、一は不空三蔵、仏陀瞿醯耶系である。前者に属するものに、

一、経所説の曼荼羅

二、阿闍梨所伝の曼荼羅

三、胎蔵図像の曼荼羅
四、摂大軌所説の曼荼羅
五、広大軌所説の曼荼羅
があり、不空系のものに、
六、胎蔵旧図様
善無畏系の曼荼羅と不空系の曼荼羅との相異は、『大日経』の説文に爛脱《ランダツ》を認めるか否かによるものである。善無畏系の諸曼荼羅は、何れも爛脱を見て釈迦曼荼羅を第三重とし、文殊曼荼羅を第二重とする。不空系は経文のままに釈迦曼荼羅を第二重とし、文殊曼荼羅を第三重とする。
七、現図胎蔵曼荼羅
この曼荼羅は胎蔵旧図様の欠陥を補正したもので、弘法大師請来である。旧図様では第三重の南方にあるべき除蓋障を北方に、北方にあるべき地蔵を西方に、西方にあるべき虚空蔵を南方に描いている。また旧図様は第三重に変化身としての焔摩・帝釈等の諸天を加え、外観上同一の天が第二重と第四重とに重複してあるように見える。現図はこれらの欠点を是正している。また多少善無畏系を参照した点もある。持明院の五尊の如きは広大軌の説をそのまま依用している。

日本では専ら不空系の現図曼荼羅が流布したが、支那では胎曼は善無畏系のものを主としている。円珍が旧図様に対して「今不﹂依﹂之」と註し、円珍の灌頂阿闍梨玄法寺法全も、現図に依りながら、これを善無畏系の組織に変更している。
八、玄法軌所説の曼荼羅

本経、摂大軌、広大軌の所説とは諸尊の数を増加し、現図及び秘蔵記に附せる密教観想道場観図の末に示す尊図の説に近い。

法全にはこの玄法寺軌二巻の外に青龍寺儀軌三巻の著がある。前の善無畏作の摂大・広大両西軌に合せてこれを胎蔵四部儀軌という。

第六　現図曼荼羅の作者　附「現図の意義」

普通に現図曼荼羅と称するは、弘法大師請来の東寺相承の両部曼荼羅をいう。その作者につき、種々の異説があるが、信ずべき証拠のある説はない。両部曼荼羅の起源が印度にあることは異論がない金剛界九会曼荼羅は殆ど経説のままに図しているから、印度伝来ということも考えられぬではない。しかし胎曼は現図が印度製とは考えられぬ。恐らく現図胎曼は恵果和尚が、善無畏系胎曼と不空系胎曼とによって新にこの曼荼羅を構想し、弘法大師のために画家をしてこれを画かしめたのであろう。適確な資料となる文献は見当らぬが、かく想像することが穏当であろう。また金曼の現図は胎曼同様に恵果の指揮によって、画いたものと見てよい。

現図の名義についての異説が多いが、「現在世に流布せる曼荼羅図」の意味と解するが、穏当である。

第七　現図曼荼羅の古図と開板本

現図両部曼荼羅は弘法大師請来本を以て我国最古のものとする。円仁・円珍・宗叡の三師も亦請来している。我宗は大師請来本を根本曼荼羅とする故に、今はしばらく、大師請来本による古図とその開板本を示すことにする。

一、弘法大師請来現図曼荼羅

大師の御請来録によると、恵果和尚の指示により、李真等供奉の画工十餘人の手によって、両部共各七幅一鋪一丈六尺の大曼荼羅を図したものである。この大曼荼羅は弘仁十二年に破損甚しきを以て転写を企てられた。（性霊集第七「奉㆓為四恩㆒造㆓二部大曼荼羅㆒願文」）そして四月三日起首八月末日までに胎曼一鋪八幅・金曼一鋪九幅等の諸尊像及び龍猛　龍智の祖影等第二十六鋪を図し奉り、九月七日にその開眼供養を修せられた。

この第一転写本は最初高雄山寺に安置したと思われるが、弘仁十四年東寺勅賜後はこれを東寺に祀られたのであろう。一説によれば、実慧僧都東寺長者の時第二転写を行ったという。但し実慧転写本は高雄の金銀泥曼荼羅であるという説もある。弘仁十二年より三百七十年を経た鳥羽天皇建久二年俊証僧正寺務の時、絵師宅間勝賀に東寺曼荼羅を転写せしめた。その後更に百三年を経て、伏見天皇永仁二年願行上人憲浄が勧進してこれを転写した。その後三百九十九年をへて元禄六年仁和寺孝源大僧正の発願で、河内国久修園院の律僧宗覚をして、永仁本を転写せしめた。現在後七日御修法等に奉祀する絹本彩色曼荼羅がこれである。御請来本よりやや縮小して、両部とも高さ一丈三尺六寸横巾一丈二尺五寸である。永仁本は已に落剥して明了でない部分があったから、宗覚は真寂親王の胎蔵諸説不同記等によって、御請来原図の尊容をさぐり、忠実に描いた。故にこの曼荼羅を正傳現図曼荼羅という。然るに徳川時代には無知の画工等が粗雑な転写を行い誤りの多い曼荼羅が流布するに至った。高野山の沙門常塔これをなげき、東寺曼荼羅及び真言院曼荼羅によって、京都亀龍院に於いて、画家清水宣雅に命じて画かしめ、安永二年五月高野山引摂院に於いて開板し、亀龍院より発行した。これを亀龍院曼荼羅という。東寺曼荼羅の四分の一に縮写したもので、竪三尺五寸横三尺五分である。この板木は火災にかかり焼失したから、その流布はわずかであった。

天保五年弘法大師一千五十年御忌紀念のため、大和長谷寺に於いて、正伝東寺曼荼羅を開板した。これを長谷版または豊山板という。大正新修大蔵経図像第一にこれを収めている。また先年後藤信教師が亀龍院本により開板したものがある。

天保の前後に近江石山寺尊賢が開板した曼荼羅を石山板という。これまた大正蔵に収めている。

二、真言院曼荼羅

元は宮中真言院道場に奉祀した曼荼羅で、今は東寺に相伝している。筆者製作年代等は不明、絹本彩色。竪横共に灌頂院曼荼羅の約二分の一である。

三、平清盛血曼荼羅

久安五年平清盛が勅を奉じて高野山大塔を建立した時、金堂に寄附した曼荼羅で、絹本彩色、両部共に竪一丈四尺、横一丈二尺六寸八分。伝説によれば、金界は絵師浄明の作、胎曼は清盛の頭血をそそいで画いたという。

四、高雄曼荼羅

弘法大師が天長年間に淳和天皇の御願でこれを画き、神護寺灌頂堂に安置した。現存最古の現図曼荼羅である。但し彩色ではなく、紫綾地に金銀泥を以て描いたものである。両部共に各八幅一軸、胎蔵は高サ一丈四尺一寸五分、横幅一丈二尺八寸三分。金界は高サ一丈二尺九寸六分、横幅一丈一尺五寸二分。源頼朝が宅間勝賀に副本を描かしめたが、これは今伝わっていない。大師真蹟本は一時仁和寺・蓮華王院・高野山等に渡ったこともあるが、文覚上人が神護寺再興の時、後白河法皇に奏して、元暦元年八月二十八日に神護寺へ復した。後宇多法皇延慶二年修覆。

長元七年弘法大師二百年遠忌の際、仁和寺成就院成蓮房兼意、この高雄金銀泥曼荼羅を模写した粉本があった。

今その存否を知らないが、この摹本は真蹟本の未だ落剥しない時の摹本であったから尊容がはっきりしていた。志摩国庫蔵寺の僧法雲尊峰が発願して、仁和寺塔頭皆明寺冷泉照道・江州弘誓寺勇精・同寺檀徒植木松井両氏の援助を得て、明治三年皆明寺に於いて兼意本により開板した。世にこれを御室曼荼羅または仁和寺曼荼羅という（御室版曼荼羅昭和四十六年三月百部限定出版・仁和寺より）。皆明寺は後に廃絶したが、板木は今現に仁和寺に秘蔵し、今回特に手摺印板した。この板の板下筆者は大成・宗立・雲道の三画僧である。この曼荼羅は両部諸尊の尊容界道等細部を別々に描き、金剛界百十四紙・胎蔵百八十四紙あり、研究用として貴重なものである。これも大正蔵図像第一に縮写して収めている（昭和四十七年五月佐和隆研御室版両部曼荼羅尊像集を出版・法蔵館）。

五、子島曼荼羅

現図曼荼羅系の異図で、東寺の根本曼荼羅に比較すると異なる所が少なくない。その主要な点は㈠胎中台八葉院の四隅に華がなく、開敷華王と天鼓雷音と尊容が相反し手印が異なる。㈡蘇悉地院に十六尊あり、東寺の八尊に比して倍加している。また孔雀王母と一髻羅刹と座位が相反する。㈢虚空蔵院の外列に一尊増加している。㈣四隅の宝瓶が文殊院の下と蘇悉地院の上とにあって、二院の左右は外院に接している。㈤金剛界降三世羯磨会に賢劫十六尊を画かない。等である。

この曼荼羅は紫綾金銀泥で両部共六幅一鋪、胎は高サ一丈一尺五寸二分、幅一丈一寸六分。金は高サ一丈一尺六寸、幅九尺八寸。奈良県高取町子島山観覚寺蔵。

以上の外に諸寺所蔵の優秀な古曼荼羅が多数現存している。その中で、東寺の根本曼荼羅（宗覚本）・高雄曼荼羅・子島曼荼羅は大正二年大村西崖が三本両部曼荼羅と題してガリ版にて出版し、御室板曼荼羅をもこの時摺って世に出した。

大正新修大蔵経図像には長谷板・石山板・勧学院板・御室板等を収め　子島曼荼羅も転写縮写している。

第八　胎蔵曼荼羅総説

胎曼は具には大悲胎蔵生曼荼羅という。略して大悲胎蔵曼荼羅・大悲曼荼羅・悲生曼荼羅・胎蔵曼荼羅と呼び、理曼荼羅・蓮花曼荼羅・東曼荼羅ともいう。『大日経』によって図した曼荼羅である。

大悲胎蔵生曼荼羅と名づくる理由について、栂尾師の『曼荼羅の研究』に仏陀瞿醯耶の見解と善無畏の説とをあげている。仏陀瞿醯耶は、大悲の本質より生ぜる曼荼羅と解し、仏の功徳であるところの大悲の根源から生じた三無尽荘厳の活動を象徴した曼荼羅であり、また仏のこの活動を行者の一身に体現することを得る曼荼羅であると見ている。然るに善無畏三蔵は、胎蔵とは「生の根源である母胎」の意と解し、母胎に托生した種子を保護育成し、諸根を具足せしめ、赤子を誕生せしめる如く、大悲の万行によって菩提心を増長せしめ、摂化方便の活動を生ぜしめるから、大悲胎蔵生と名づけるという。この見解は『大日経』の骨目ともいうべき因根究竟の三句の意趣を図絵し、これを観境とするを以て、大悲胎蔵生曼荼羅と名づくというのである。この両師の見解の相異が胎曼の異図を生じた原因である。胎蔵旧図様や現図曼荼羅は仏陀瞿醯耶（不空三蔵もこれに同じ）の説により、経所説曼荼羅（具縁品・転字輪品・秘密曼荼羅品に各曼荼羅を説く）・阿闍梨所伝曼荼羅・胎蔵図像・摂大軌所説・広大軌所説の曼荼羅は善無畏系のものである。

胎蔵曼荼羅の部族。普通に胎蔵は三部組織、金界は五部組織というが、三部とは仏部・蓮花部・金剛部であり、これに宝部と羯磨部とを合わせて五部という。仏蓮金の三部は大日如来の大定智悲の三徳を示す。この三徳は一体不離で、ただ何れの徳を表とするかの相異であって、その内面には他の二徳をふくんでいる。仏部は大定の徳を表とし、大円鏡智と平等性智との発現である。蓮花部は大悲の徳を表とし、妙観察智の発現である。金剛部は大智の徳を表とし成所作智の発現である。

現図の胎曼は下に図示する如く十二大院から成っている。経説によれば、これに四大護院を加うべきであるが、現図は省略している。この曼荼羅を三部に配属するについて、古徳の異説が多いが、『大日経疏』第五には、ただ中台と第一重とについて三部を配属している。その説は中台八葉院・遍知院を如来部（仏部）とし、観音院（蓮華部院）を蓮華部、金剛手院（薩埵院）を金剛部とする。信日の『鈔』に中院・遍知院・釈迦院・文殊院・五大院・虚空蔵院・蘇悉地院を仏部とし、観音院・地蔵院を蓮華部とし、金剛手院・除蓋障院を金剛部とする説を挙げている。この説は古徳が広く用いているが、これは『秘蔵記』や経疏の説には添わないように思われる。現図の胎曼の組織を図示すれば次の如くである。

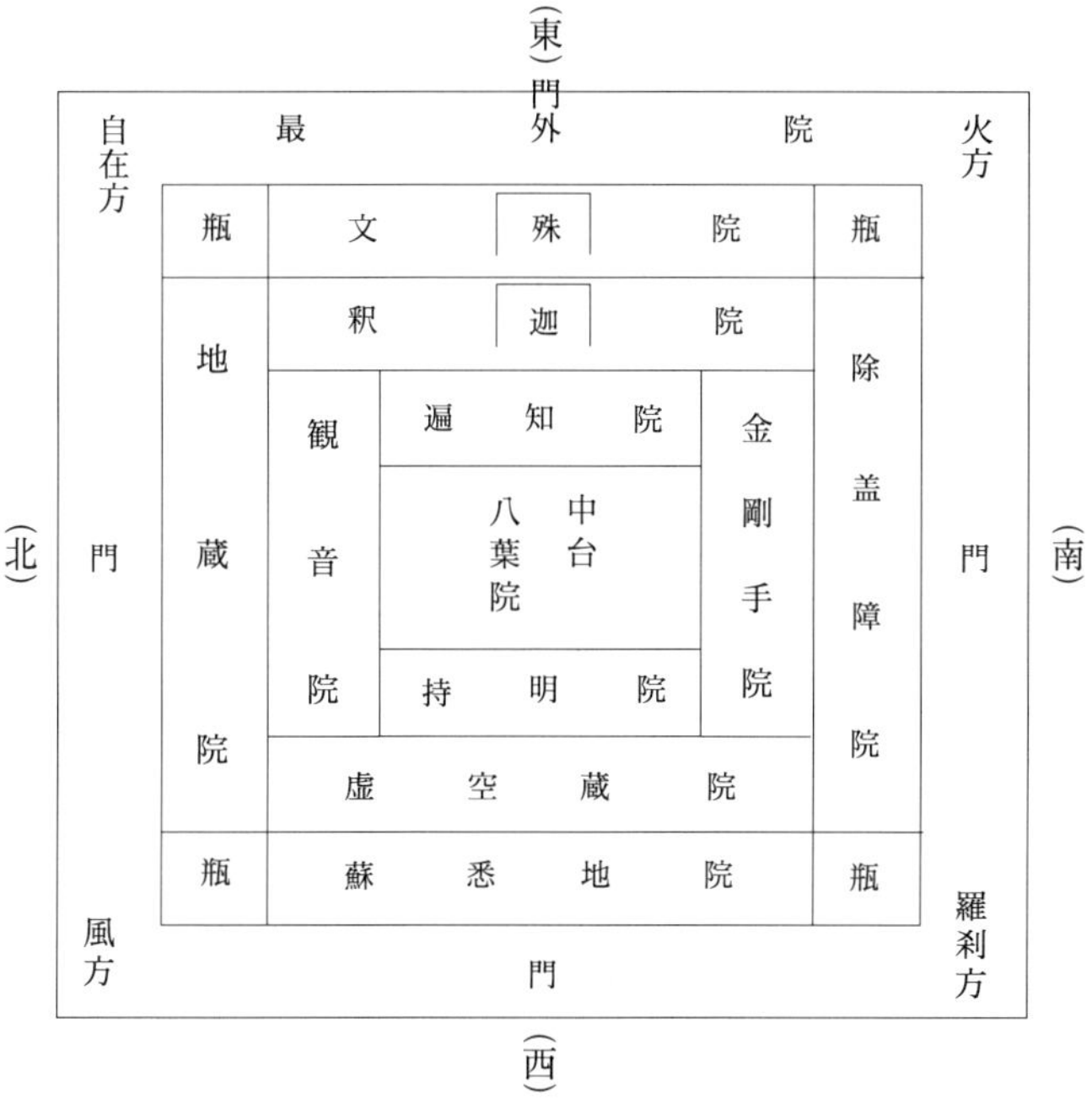

総数四一一尊、一説四一四尊（外部に三尊加わる）

中台八葉院　九尊

持明院　五尊

遍知院　七尊

金剛手院　三三尊（主二一、伴一二）

観音院　三七尊（主二一、伴一六）

釈迦院　三九尊

文殊院　二五尊

除蓋障院　九尊

地蔵院　九尊

虚空蔵院　二八尊

蘇悉地院　八尊

最外院　二〇二尊（東三九 南六二 西四八 北五三）

第九　中台八葉院

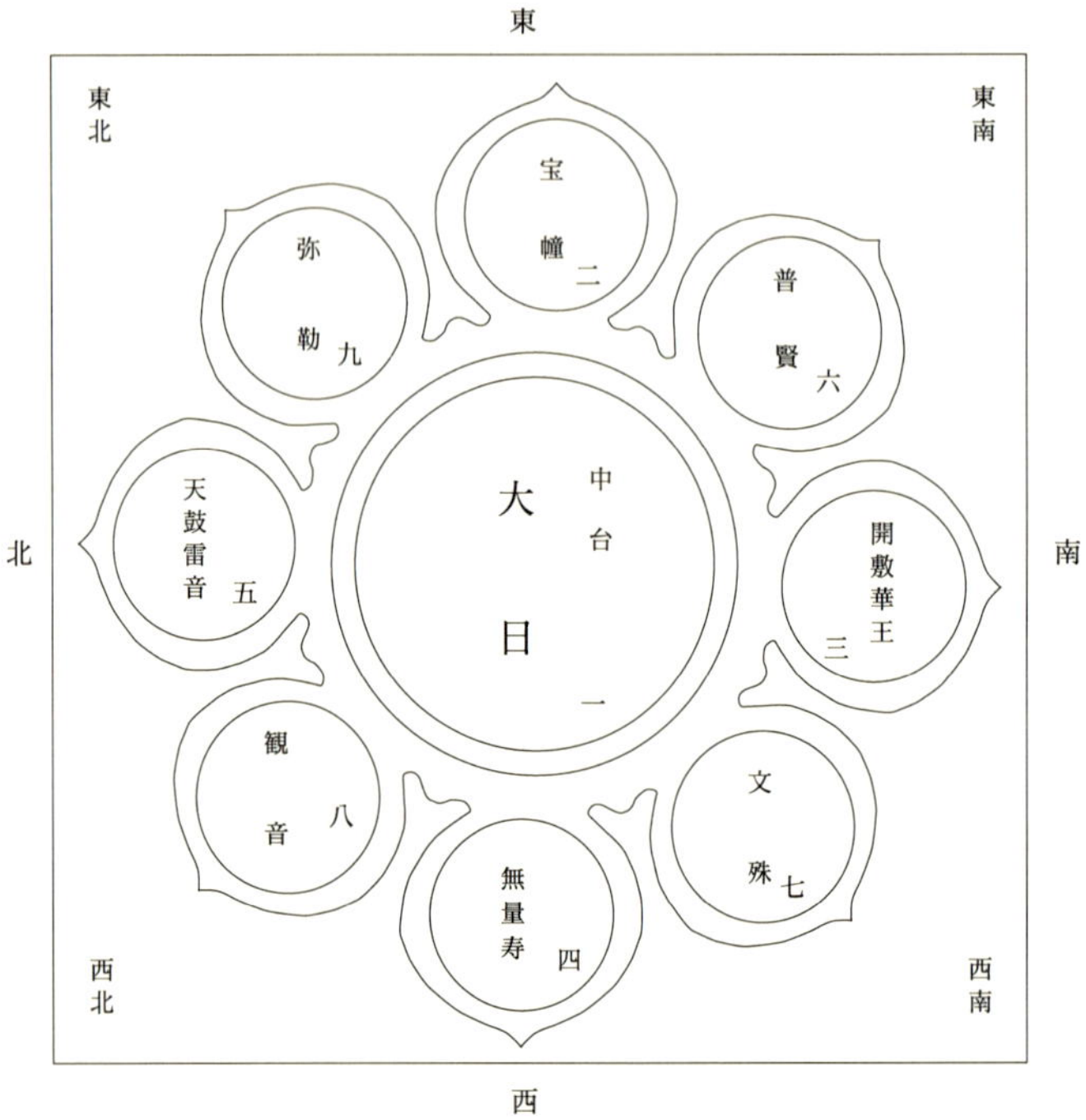

九尊は因位の九識を示す。
葉間に各三股金剛杵がある。

胎曼の中院で、八葉蓮花の花台と蓮葉とに九尊を画き、各蓮葉の間は各三股金剛杵を以て界とし、四隅に各一宝瓶を置き、第一重との界に五色界道がある。蓮華台には蓮実と無数の鬚蘂とがある。この院は胎曼の中心であり、肝要な部分であるから、中胎とも呼び、蓮花の中台即ち種実を包蔵する部分と八葉蓮とに九尊を描くから中台八葉院と名づける。深秘の義では胎蔵は凡夫の干栗駄肉団心に法身の万徳を円満することを示し、中台八葉によって肉団心を示し、九尊によって九識をあらわしている。『経疏』には八葉蓮を芬陀利白蓮という。白蓮は浄菩提心を示す。現図はこれを鉢頭摩赤蓮花に改めている。赤蓮は干栗駄肉団心を表わす。蓮台中の子実は『大日経疏』第十六に「或十或過減無失」と説き一定しがたいが、一伝には十二個とし、十二支句真言の表示と見ている。鬚蘂は六度十八空等の一切三昧門陀羅尼門を示し、これより加持神力を以て曼荼羅中の諸眷属を出現する意であると、『疏』第五に説いている。葉間の三股杵は智徳をあらわし、肉団心に即して霊妙明朗な心であることを示し、三股が智法身大日であることを意味する。四隅の宝瓶には各五種の宝・穀・香・薬の二十種物を納め、水をいれ、瓶口に三股杵をたて、花を以て瓶口を覆い、瓶帯をかざる。瓶帯は東密には綵帛と称し、東南は赤、西南は黄、西北は青、東北は黒色の帛を用いる。宝瓶は無漏の大定智悲の三徳を示す。また瓶は阿字地大の徳、中の水は定、三股杵は智、花は慈悲の徳を表わす。胎曼にはこの四隅の外に内眷属の四隅と西門外とに各々瓶を安置し、九瓶ある。中台八葉院の四瓶は浅略には諸尊に供養する義、深秘には四智の徳を表わす。また中台の界畔の三股杵も智を表わし、八葉蓮とその各葉間の八金剛も皆四智の徳をあらわす。

五色界道には二義ある。一は諸仏の出入往還の道、二には供養物をおく処である。五色界道は金曼にもある。五色の順序が世流布の曼荼羅には、金界には内より外へ向って白青黄赤黒と次第し、胎曼には白赤黄青黒と次第しているが、東寺の根本曼荼羅はこれと順序を異にし、金には白黄青赤黒と次第し、胎には白黄赤青黒と次第する。この曼荼羅は灌頂の時の本尊であるから、宝部の色であるところの黄色を第二におくのである、とする説があるが（慈雲尊者の説）、白黄赤青黒の順序は『大疏』第六に或説として示すもので、浅より深に至る染色によったものである。

中台八葉の九尊の尊容并に印相は現図と旧図様とは一致し、胎蔵図像は異なっている。また九尊の名と座位を示すは『経』の秘密曼荼羅品であるが、その尊容や手印は明らかにしていない。従って善無畏系と不空系と印相を異にするに至ったのであろう。

一、中台、大日如来

○梵号　阿利也摩訶吠盧遮那薩怛他髻多

○密号　遍照金剛　○種子　𑖁𑖽𑖾āṃḥ現図 𑖁𑖽𑖾āṃḥ七集 𑖁𑖽𑖾āṃḥ梵名 𑖀a転字品○三形　率都婆　○尊形　身黄金色　菩薩形の如く宝蓮花上に結跏趺坐し、法界定印に住し、頭に五仏宝冠をいただき、維髪を肩にたれ、白繒を着し、金の耳鐺をつけ、衆宝の瓔珞・青珠鬘・華鬘等をまとい、臂に釧を飾り、腕に金環の腕釧をつけている。この姿は首陀会天（浄居天）の服装である。また頭頂背に五色相交わる円光があり、雲の勢の如くである。　○印相　法界定印　○真言　曩莫三曼多没駄引喃一阿

二、東方、宝幢如来（御室板には宝生仏とする）

○梵号　阿利也囉怛曩計覩薩怛他髻多

○密号　福聚金剛　○種子　𑖀或𑖨　○三形　光焔　○尊形　身色浅黄色（御室板に白黄色　石山七集も）如来形　頂触に肉髻、赤褐色の袈裟衣を着し、偏袒右肩、宝蓮花上に結跏趺坐。手印は右手与願印、左手内に向けて衣の二角をとり、左乳房に当てる。　○印相　普印　○真言　曩莫三曼多母駄喃嚂嚂莎訶

三、南方、開敷華王如来（御室板は釈迦如来とする）
○梵号　阿利也三句蘇弭多羅曳惹薩怛他齲多
○密号　平等金剛　○種子　又は　○三形　五股金剛杵　○尊形　身色金色（御室板は黄色）、褐色の袈裟を通肩にかけ、右手は施無畏印、左手臍輪に当て袈裟の角をとり、宝蓮花に結跏趺坐。　○印相　普印
○真言　曩莫三曼多母駄喃一鑁齷二急呼莎訶
四、西方、無量寿如来
○梵号　阿利也弥多婆野薩怛他齲多　○密号　清浄金剛　○種子　　○三形　初割蓮華　○尊形　身色は白黄色（軌には真金色）　弥陀定印（力端定印）に住し、袈裟を通肩にかけ、宝蓮華に結跏趺坐。
○印相　普印　○真言　曩莫三曼多母駄喃一糝索二莎訶
五、北方、天鼓雷音如来（御室板は阿閦仏とする）
○梵号　阿利也悪乞蒭毘也薩怛他齲多　○密号　不動金剛　○種子　　○三形　万徳荘厳契　○尊形　身は黄金色、右肩偏袒。左手は拳を仰げて臍下に安じ右手触地印、宝蓮上に結跏趺坐。　○印相　普印
○真言　曩莫三曼多母駄喃一含鶴二莎訶
『大日経』に白檀曼荼羅を明かすとき北方不動仏と説き、『大日経』疏第四にこれを釈して、如来の涅槃智であるから、不動というので、本名ではない。本名は鼓音如来というと述べている。不動の梵語は阿乞芻毘耶であり、御室板に阿閦仏とするはこれがためである。但しこれを金剛界の東方阿閦仏と同体と見るは誤りである。天鼓雷音の梵名は提婆曇覩尾迷迦涅瞿沙である。

現図は金界五仏を中因発心の義によって配列し、胎五仏は東因発心の義により、東方宝幢を因、南方開敷華王を

行、西方無量寿を証、北方鼓音仏を入涅槃の位とする。胎四仏の印相は菩提流志訳の『一字仏頂輪王経』第四の説文によるか。またこの四仏は順に大円鏡智・平等性智・妙観察智・成所作智の四智の徳を示したものである。この四智成就して法界体性智となり、これを中台大日の智とする。

五仏の中大日如来は首陀会天の姿で俗形、四仏は声聞比丘の出家形である。その理由につき、信日の『鈔』等に種々の説を出しているが、四仏は大日果徳を実現する道程を示して出家沙門の相を示し、大日は三千大千世界の教主として色究竟天に住する故に天人の姿を示した（栂尾祥雲師の説）と解したらよかろう。天人の姿というは実は印度の古聖王の姿である。

六、東南方、普賢菩薩

○梵号　阿利也三曼多跋娜羅菩地薩怛䑛　○密号　真如金剛　○種子　　○三形　賢瓶
○尊形　通身肉色、頭に五仏冠をいただき、白繒をかけ、耳璫・瓔珞・青珠鬘・鐶釧をつけ、紺蓮華上に半跏坐し、右手は三業妙善印（左手に開蓮上に三股剣を安ずるを持つ）頭を少し右に向ける。　○印相　普印　○真言　曩莫三曼多母馱喃一暗噁二莎訶

普賢菩薩は発菩提心の徳を示した尊で、宝幢仏の因徳である。普賢とは普遍妙善の義で、この菩薩の三業は清浄でしかも金剛の不壊なる如く勇猛であるから、三業妙善という。これは菩提心の徳によるものである。文殊院にも普賢菩薩が坐するが、尊容は今と異なる。

七、西南方、文殊師利菩薩

○梵号　阿利也曼殊師利　○密号　吉祥金剛　○種子　　○三形　青蓮華　○尊形　通身金色、童子形、頂上に五髻冠をいただき、頭に一道の金線あり髻を絞い、目精上を視、右手臂を屈し掌を仰げそばめ、指

頭を右に向け、頭中無名三指を屈し、掌中に梵篋を持ち、左手は掌をたてて、花上に三股杵（便覧は五股杵とす）をたてた青蓮花を頭中指にて持つ。その他はほぼ普賢菩薩と同じである。〇印相　普印　〇真言　曩莫三曼多母駄喃一阿去吠娜尾泥二莎訶

文殊菩薩は開敷華王仏の因徳で、般若の妙慧をつかさどる。左右手の持物は智徳の標幟。文殊師利は衆徳を具する故に妙吉祥・妙徳と訳する。妙は仏の無上の妙慧をさす。また大慈悲力を以て妙法音を演ぶる故に妙音とも訳する。

八、西北方、観自在菩薩

〇梵号　阿利也嚩路枳帝戸嚩羅　〇密号　正法金剛　〇種子 　〇三形　開敷蓮花　〇尊形　身色は肉色、頭に宝冠をいただく、冠中に化仏います。頭を少し左に傾け、右手拳を竪てて開敷蓮花を持ち、左手心にあてて施無畏印。　〇印相　普印　〇真言　曩莫三曼多母駄喃一勃駄陀羅尼二上婆没嘌合三底末囉駄那羯嚈三駄囉駄囉駄羅那駄羅那薩鑁四薄伽軽嚩底五阿去迦引囉嚩底六三摩曳七莎訶

この菩薩は無量寿仏の因徳で証徳をあらわし、法界の自性清浄を観察すること自在である。

観自在菩薩は観音院・釈迦院・文殊院にもいます。これらは手相も今と異なる。

九、東北方、弥勒菩薩

〇梵号　阿利也昧怛隷野　〇密号　迅疾金剛　〇種子 　三形　蓮華上澡瓶印　〇尊形　通身肉色（儀軌には黄金色）、頭に冠をいただき、冠中に率都婆がある。右手拳を腰に当て、上に澡瓶をおく蓮花を持ち、左手は掌をたてて心にあて、施無畏印にする。蓮上の澡瓶は大慈甘露の水を衆生にそそぐことを示し、施無畏印は四魔降伏の意をあらわす。この菩薩は無住処涅槃の上の慈悲・衆生摂化の徳を本誓とし、四魔降伏の天鼓

雷音仏の因徳をつかさどる。　◯印相　普印　◯真言　曩莫三曼多母駄喃一摩訶引瑜伽軽瑜擬以里反寧上二瑜詣説嚩《ジンバリ》三欠惹唎計四莎訶

四隅の菩薩は順に因位における菩提心・妙慧・証果・慈悲の四徳である。しかし、『大疏』第二十・胎蔵旧図様には弥勒を西北方、観音を東北方とし、その位置が現図と異なっている。現図は四仏・四菩薩共に因行証入の次第、如来の四智の徳である。この四智は開けば八智となる。成所作智は前五識を転じたものであるから、開けば五智となり、これに大円・平等・妙観の三智を加えて八智とする。

第十　遍知院

遍知院

（南）

（東）　大安楽不空金剛　大勇猛菩薩　◯優楼頻羅迦葉　三角智印　◯伽耶迦葉　仏眼仏母　七倶胝仏母　（西）

（北）

中台八葉院の上方（即ち東方）に三角智印等の七尊を描くを遍知院と名づける。この院の主尊は三角智印で、これを遍知印とも名づける故に遍知院という。秘密曼荼羅品に仏母曼荼羅と称するので、或いは仏母院ともいう。三部の中には仏部に属し、大円鏡智の徳を示している。具縁品には一切遍知印・導師諸仏母（仏眼仏母）・満衆願（大勇猛）の三尊のみを説くが、現図はこれに大安楽不空真実と七倶胝仏母を加え、更に二迦葉の伴尊

を加う。

一、中央　一切遍知印

三角智印・遍知印・一切如来智印・如来大勤勇印・如来心印・諸仏心印等ともいう。一切如来智を象徴する三角形を以てこれを示す。『経』具縁品には蓮花上にある白色の三角形で光焰が遍く囲繞し、皓潔であると説き、『疏』にこれを釈して、三角形は▽形で純白色、光焰が周遍を囲繞するという。蔵訳の経文は三角形は△で灰白色、白光明を以て囲繞すと説き、胎蔵図像も三角形を△とし灰白色という（但しこの三角印を二手に持ち菩薩像を以て一切如来印とする）。胎蔵旧図様は智火を表するために三角形の内部を朱色とし、その縁辺を青色とし、白光焰を以て囲繞する。然るに現図東寺曼荼羅は主とし秘密曼荼羅品の説により、三角形は△と鋭を上にし、その内部を白色、縁辺を五色とし、宝蓮花上にあり、光焰にて囲繞し、三角の内中央と頂点の外側に卐字を書き、二道の光明と円光とを画いている。三角が鋭を下に向けるは四魔を降伏して六趣を解脱せしむる義を示し、鋭を上に向けるは上有頂天の行苦をも解脱せしめる義である。高雄曼荼羅は白蓮花上の三角形から二道の光明を出すことを主として画くが、東寺曼荼羅は二道の光明の外に円光を附し、しかも師資相承の口訣によって五色雲とし、白蓮花を宝蓮に改めている。

○梵号　薩嚩怛他蘖多枳孃二合曩母捺羅　○密号　発生金剛　○種子 現図　○三形　三角智印

○尊形　前述の通り　○印相　普通印　○真言　帰命一薩婆勃駄二合菩提薩埵二訶栗捺耶三寗夜二合吠奢儞平四娜麼薩婆尾泥五去莎訶

二、北方第二　仏眼仏母

導師諸仏母・一切如来母虚空眼・虚空眼・遍知眼ともいう。仏の能生の徳、仏五眼の徳を司る故に仏眼仏母と名づける。眼は智門で、五眼は仏母の徳を示す。諸仏能生の徳は仏智即ち般若波羅蜜の作用であるから、仏眼仏母と

名づける。仏眼仏母に大日所変と釈迦所変と金剛薩埵所変との三種あるが、当院の尊は大日所変である。大日は如々実相の体で虚空に等しき故に、大日所変の仏眼を虚空眼という。

◯梵号　阿利也没陀路左曩　◯密号　殊勝金剛　◯種子　又は　◯三形　仏頂眼

◯尊形　身色は肉色、法界定印に住し、菩薩形で紅綿を衣とし、宝冠をいただき、赤蓮華に結跏趺坐す。胎蔵旧図様の尊は羯磨衣を着し、胎蔵図像の尊は両肩の上に眼を画く。　◯印相　虚心合掌して二風を開き二火の背につけ、二空並べて直く竪つ。『石山七集』『便覧』共に二地開二散之一というも、普通は二地を開き散ずることをせず。印相五眼配当については異説が多い。　◯真言　帰命唵一伽伽上那齷囉落吃灑合二嬭二平伽伽那糝迷曳三薩婆覩嗢蘖合二多四避娑去囉三婆吠五平入齷合二囉去那謨阿目伽難六去婆齷合二訶

三、北方第一　七倶胝仏母（准提仏母）

七億仏の母の意にて七倶胝仏母と名づける。倶胝は億。尊那仏母・准提観音ともいう。広沢流には仏部の尊とし、小野流には観音部の尊とするも、遍知院に列するは仏部に属すと見たらよい。『大日経』及び『疏』にはこの尊を説かず。玄法・青龍二軌にその名を出す。金剛智訳の『七倶胝仏母准提大明陀羅尼経』、不空訳の『七倶胝仏母所説准提陀羅尼経』等によって、この院に加えたものか。この尊の十八臂の所持物が、同経の説と現図と殆ど一致し、僅に金智訳の経に右第七手に鉤を持つと説くを現図・御室板共に拳に作るを異とする。

◯梵号　阿利也准胝婆齬齷底　◯密号　最勝金剛　◯種子　　◯三形　説法印（或いは賢瓶、甲冑等異説あり）　◯尊形　白黄色、十八臂に種々の三昧耶形を持ち、白軽羅綿をまとい　赤蓮華に結跏趺坐し、三眼にて額にも眼がある。十八臂の左右第一手は説法印を結び、右第二手は施無畏、第三手は剣をとり、第四手に数珠、第五手に微惹布羅迦（子満果）、第六手に鉞をとり、第七手は拳（経には鉤）、第八手に跋折羅、第九

手に宝髪をとる。左第二手に如意宝幢、第三手に蓮華、第四手に澡鑵、第五手に索、第六手に輪、第七手に螺、第八手に賢瓶、第九手に般若経函を持つ。　◯印相　普通掌。或いは根本印、『石山七集』、『便覧』共に二水を掌に交え入れ、二風を屈して火の背につけ、二空を風の側につくという。但し善無畏訳『七倶胝仏母心大准提陀羅尼法』に説ける総摂二十五部大曼荼羅尼印は二無名二小指共に内に叉え、二中指を直くたて相拄え、二頭指を屈して二中指の第一節に附し、二大指を以て無名指の中節を拄す。この印は三股印である。　◯真言　娜麼颯哆喃去下同一三去藐三勃駄倶胝上喃上二怛姪儞也反他上三唵四左隷五祖隷六薁泥去七莎齷二合訶

四、南方第一　大勇猛菩薩

三角智印の左に位する。『経』具縁品には如意宝珠を図して諸菩薩の代表とし、満衆願と名づけているが、現図は菩薩像を以てし、大勇猛という。その尊容が虚空蔵菩薩に似ているから、旧図様には虚空蔵とする。

◯梵号　阿利也摩訶尾引羅　◯密号　厳迅金剛　◯種子　　◯三形　如意宝　◯尊形　身色は肉色、右手肘をまげて三股剣をとり右嬭のそばに当て、左手掌を仰げて三弁青宝珠をとり、臍下に置き、赤蓮花に結跏趺坐。宝珠は利他の福徳を示し、剣は三業勇猛精進の相を表わす。　◯印相　普通印　◯真言　帰命一薩婆他二微麼底三微枳囉儜四上達磨駄睹唲入闍多五参参訶六莎訶

五、南第二（此院の最左端）　大安楽不空真実菩薩

大安楽不空金剛三昧真実菩薩または大安楽不空三昧耶薩怛齷菩薩ともいう。石山淳祐は、この菩薩と普賢延命と金剛薩埵と同体なりという。『普賢延命経』と金剛智の『口決』の意によれば、普賢延命は右手に金剛杵、左手に金剛鈴をもち、五仏冠をいただき、一身三頭の白象上の宝蓮花台に坐するが、この二臂像の外に二十臂像が伝えられていて、現図の今の尊と尊容を同じくする。

○梵号　齷曰囉二合母伽三昧耶薩怛齷二合　○密号　真実金剛　○種子　石山便覧　○三形　甲冑、或いは三股金剛（便覧）。　○尊形　通身黄金色、頭に五仏冠をいただき　青珠鬘、耳環をつけ、紅蓮花に結跏趺坐し、二十臂ありて、金界十六大菩薩と四摂菩薩との三形を持つ。これ一身に金剛界曼荼羅諸尊を摂することを示す。二十臂は右第一手より順に五股杵（薩）・三股杵（笑）・金剛幢（幢）・金剛索（索）・日輪（光）・三弁宝珠（宝）・金剛鉤（鉤）・頭指を鉤す（御室板は四指を微しく屈し、頭指をたつ。弾指の相か）（喜）・金剛箭（愛）・五股鉤（王）を持し・左手第一手より順に含紅蓮（法）・拳を仰げ頭指を鉤の如くして臍にあつ（或図には拳）（拳）・甲冑（護）・金剛鈴（鈴）・牙（牙）・数珠（或図に鉄鎖）（鏁）・羯磨（御室板は掌を仰げ、大小二指拄し、余の三指をのべ、羯磨をもたず）（業）・青宝（舌中三股か）（語）・剣（利）・八輻輪（因）をもつ。　○印相　普通掌。或いは普賢延命の印。　○真言　唵縛曰囉二合喩曬莎訶

七倶胝仏母と大安楽不空真実菩薩とは『大日経』『同疏』『摂大軌』『広大軌』に説かず、法全の『玄法』『青龍』両軌には説く。現図にこの二尊を加えた理由は、『大日経疏』第五に第一重の上方は仏身の衆徳荘厳、下方は仏の持名使者で、皆如来部門であると説くように、遍知院は仏部の総徳の曼荼羅である。しかも同書には、空処に余経所説の尊を採って安置することを認めているから、その趣旨に従って、一切仏菩薩の功徳を該摂するこの二尊を加えたものと思われる。古徳の説によるに、遍知院は仏母院とも称し、諸仏能生の徳を示す諸尊を列ねる。三角智印は自証の能生、大勇猛菩薩は化他の能生で、共に三部に通じ、仏眼仏母は仏部の能生、七倶胝仏母は蓮花部の能生、大安楽不空真実菩薩は金剛部の能生であるという。しかし、本円が『両部曼荼羅義記』第二に既に評破した如く、仏部は虚空眼を部母とし、蓮花部は白衣を部母とし、金剛部は忙莽鶏を部母とするのが定説であり、七倶胝と大安楽不空とを蓮金二部の部母とする本拠を見出すことはできぬ。

三角智印の上に優楼頻羅迦葉と伽耶迦葉とを出す。『七集』『便覧』等に梵号・密号等を出すも、今は省略する。『信日抄』や本円の『義記』などに、この二迦葉を当院に出す理由につき種々の説をあげているが、覚超の『三密抄料簡』上の説がよいかと思う。その説は、この二迦葉はもと事火外道であったが、如来の智火に降伏せられて仏弟子となったから、仏智の勝用を示さんがために三角智印の両側にこれを安くのであると。

第十一　持明院

中台八葉院の下方（西方）に安ずる不動明王等の五尊を持明院と名づける。忿怒院・五大院ともいう。『大日経』具縁品に真言主の下に無量の持金剛の代表として不動と勝三世の二尊をあげ、転字輪品には不動・降三世の二尊を出し、『摂大軌』『広大軌』『大疏』第六の阿闍梨所伝曼荼羅にはその他多くの尊をあげている。しかも尊名は一様ではない。現図は左方（向って右）より順次に不動明王・金剛吽迦羅（降三世）・般若菩薩・大威徳明王・勝三世の五尊を列ねる。平等性智の徳をあらわし、大日の断徳を示している。即ち我他彼此の煩悩を浄除し、自他平等の実相に入るための諸尊で、『大疏』第五には「仏の持明使者なり」と釈している。この院を持明院と名づくるはこれがためである。持明使者とは大日如来が教令輪身を現じて如来の明法を維持し、その本誓を剛強難化の衆生に信奉せしむる義であって、忿怒の相を現じている。故にこの院を忿怒院とも名づける。五尊の中般若菩薩は智徳を司る正法

持明院

（東）

（南）

不動	降三世	般若	大威徳	勝三世

（北）

（西）

輪身であって忿怒尊ではない。忿怒身は降魔の相で、智慧力を以て降魔せしめる。故に般若菩薩を忿怒尊の中におくのである。

一、南方第一　不動明王

無動尊金剛・不動威怒明王ともいう。三部の中では仏部の忿怒尊、金胎両部の中では胎蔵の教令輪身である。

○梵号　阿利也遮羅曩他　○密号　常住金剛　○種子 　○三形　剣　○尊形　通身青黒色（御室板には青肉色）、身体肥満し卑しき童子形、極忿怒形を現じ、赤土色の衣裙を着し、肩を張り目を怒らし、上歯は下唇を咬み、頂上に蓮花を安じ、弁髪の一索髪を左に垂れ五結する（或図には七結）。右手内に向ってまげ、腰の側に当てて剣を持ち、剣首を直立せしめる（或図には剣に光焔がある。）。左手臂を屈し、肘を開き、掌を仰げ、索を持つ。面を右方に向け、盤石上に坐し、頭光と迦楼羅状の光焔とがある。青珠鬘をつけ、耳に珠環をつける。○印相　二羽内に相叉え、輪輪各環の如く、二空指を水指の側に住せしめ、火指の峰を空指の面に住め、二風指を和合して堅つ（立印軌に出づ）。○真言　曩莫薩嚩怛他引蘖帝毘薬薩嚩目契毘薬二合薩嚩他怛囉二合吒賛拏摩賀路灑拏欠佉引齰佉引齰薩嚩尾覲喃二合吽怛囉二合吒憾𤚥（火界呪）　不動施残食真言　曩莫三曼多縛日羅赧怛羅吒阿謨伽戦拏摩賀路灑儜娑頗吒野吽怛羅摩耶吽吒羅吒唅𤚥

二、南方第二　金剛吽迦囉

『石山七集』には聖三世菩薩といい、『便覧』には降三世菩薩というも、菩薩形ではなく、その尊容は常の降三世明王に同じく忿怒尊である。降三世は金剛部の忿怒尊。

○梵号　阿利也嚩曰囉吽迦羅入　○密号　吽迦羅金剛　○種子 　○三形　索或五股

○尊形　身色青色（或いは青黒）、冠をいただき、火髪上に向い、上歯は唇をかみ、両牙上に出で、青繒をまとい、

耳鐶・腕釧等をつけ、三面三目（或図には四面）八臂極忿怒形である。八臂の内左右第一手は心前に降三世大印を結ぶ。右第二手は手を下げて肘を開き剣をもつ、第三手は臂を屈し肘を直くたて、矢をもつ。第四手は臂をあげ肘をたて、拳を覆せ、身に向けて三股鈴（『石山七集』『便覧』は五股杵）をとる。左第二手は垂れて掌をたて左に向けて索をとる。第三手は臂を屈し、肘を開き、少しく拳をたてて弓を持つ。第四手臂をあげ、肘をたて拳を身に向けて三股戟を持つ。白蓮花に坐し、右足を反して趺を外に向ける。○印相　二羽忿怒拳　檀慧を背け鉤し結ぶ。○真言　唵蘇吽婆儞蘇吽婆吽紇哩合二訶拏合二吃哩合二訶拏合二吽紇哩合二訶拏合二波耶吽阿引那野斛引婆鑡鑁飌曰囉合二吽引滅吒

三、中央　般若菩薩

○梵号　阿利也波羅合二枳攘合二波囉蜜多　○密号　大慧金剛　○種子　　○三形　梵夾　○尊形　身色は肉色、三目六臂、甲冑を著し、項背に五色重光があり、赤蓮華に坐す。六臂の中右第一手は説法印、第二手は三股印（無名指を屈す）を身に向け、第三手は施願手。左手第一手は梵篋を持ち、第二手は掌を仰げて三股印を結び指頭を左に向け、第三手は掌を仰げ大指を少しく屈して臍下におく。三摩地に住する相である。○印相　梵夾印、即ち左手をのべ、右手左の上を覆い心に当つ。　○真言　唵地引室利合二輸嚕合二多尾惹曳娑飌合二賀

四、北方第一　大威徳明王

閻曼徳迦菩薩ともいう。蓮花部の念怒尊である。

○梵号　阿利也閻曼徳迦　○密号　大威徳金剛又持明金剛　○種子　　○三形　宝棒　○尊形　身色は青（或いは青黒）、火髪を立たしめ忿怒相。六面六臂六足。青繪をつけ、両端とびあがり、豹皮の裙をまと

い、盤石座に坐し、右三足を垂る。足に環をつけ、耳に環珠をつける。六面の中当前の一面は口を開いて大に笑い、牙を出す。左右各一面、頂上に三面ある。五面共に上歯下を咬み、六面皆三目。六臂の中左右第一手は内縛二中指を竪て合す。右第二手肘を開いて横へ拳を右に向けて宝棒をもつ。右第三手は臂をあげ肘をたて身に向けて剣を斜にもつ。左第二手は肘を開いて横たえ拳をたてて左に向け輪を（『七集』『便覧』には索）持つ。左第三手は臂をあげて身に向け三股戟をとる。　◯印相　二手内縛拳に作し、二中指を直くたてて頭を合せ、二頭指を舒べ屈して三戟叉の形とする。　◯真言　唵紇唎（二合）瑟置力（二合）尾紇哩（二合）多娜曩吽薩齷設咄噞（二合）娜捨野薩擔（二合）婆野薩擔（二合）娑野娑発（二合）吒娑発（二合）吒娑齷（二合）賀

五、最北位　勝三世明王

経には降三世とし、軌には勝三世とする。

◯梵号　阿利也怛嚇路迦齷曰羅野（入）　◯密号　最勝金剛　◯種子 　◯三形　索（或）五股杵或いは三股杵　◯尊形　身色は青色（或いは青黒）、火髪上に向い　青冠縉をつけ、二端とび上る。忿怒相、三目、面は左方に向い、上歯は唇をかみ、両牙は上に出で、耳に環珠をつける。右手臂を屈し、拳をたてて嬭の下に当て三股戟を持ち、左手は拳をたてて嬭に当て三股杵（『疏』には五股杵とす）をとり、火炎の中に盤石座に坐し、足に環をつける。青珠鬘を繋け、縵衣を後にたれ、その一端は右腕より飄出し、右方に向う。　◯印相　二手五輪外に向けて縛に作し、二火輪を立て合わせ、二風輪をのべて鉤形に作して二火の傍に置き、二空二地を直くたて、水輪を交え合す。即ち五股杵印である。　◯真言　南麽三曼多伐折囉（二合）赧（一）訶訶訶（二）微薩麽（二合）曳（三）薩婆怛他（引）掲多微灑也（三）婆齷（四）怛囉（二合）路枳也（二合）微若也（五）吽若（六）莎訶

持明院の五尊の中、不動と勝三世とは断徳の始終を示す。明王とは正明の智を以て邪明を降伏する王という義で

ある。不動明王が右手に利剣を持つは煩悩所知の二障を断ずる智を表し、業寿無窮の命を断じて大空生を得しむる義を示す。口を堅く閉ずるは業寿の戯論の風を息むることを示し、左手に羂索を持するは正道を以て一切有情を引き寄せることをあらわす。火焰の中に住するは断徳の猛利なることを示し、僮僕使者の相をなすは断徳の初であることをあらわす。勝三世の左右の手の三股杵と三叉戟は共に三業勇猛の智を以て一切の障礙を降伏し終ったことを表示する。この尊は貪瞋痴の三毒を降し、三界主を降伏する故に降三世と名づける。三世は三毒・三界の義である（『大疏』第十）。また降伏しおわって勝利を得たことを意味して勝三世という。

『大日経』にはこの院に不動と勝三世の二明王を説くのみであるが、広大軌及び現図は上に述べた如く、金剛吽迦羅と般若菩薩と大威徳明王の三尊を加えている。尤も広大軌と現図とは金剛吽迦羅と大威徳と位置を異にする。金剛吽迦羅は『初会金剛頂経』に説く尊で八臂であり、勝三世は二臂で尊容が異なるが、実は勝三世・降三世・金剛吽迦羅の三尊は異名同尊である。勝三世の名は体に約し、降三世の名は用に約する。また『千手軌』には八臂の勝三世を説き、降三世の真言を以て勝三世の真言とし、智証請来の尊勝曼荼羅には二臂の降三世がある。故に二臂八臂を以て降勝二尊の相異とはいわれぬ。この院に大威徳明王を加えるは『聖閻曼徳迦威怒王立成大神験念誦法』等の梵本によると思われる。他経に説く尊ではあるが、この尊も断徳を司る故にこれを加えたか。

般若菩薩の位処は『大日経』所説の土檀曼荼羅では通門で、尊像を描くことはできぬ。灌頂阿闍梨がここに坐して般若経などを読誦し、座を退く時はここに般若経を置き、一期の間常に般若を離れないことを示す。また受者が投華するのもこの場処である。しかし、図絵の曼荼羅ではこの場処を空にするを要しないから、般若の徳を司る般若菩薩をここに図したのである。

第十二　観音院

中台八葉院の北方にあって、聖観自在菩薩を主尊とする故に観音院と称し、この菩薩が手に蓮華を持つ故に蓮華手院と名づける。この院は三部の中には蓮華部に当たる故に、蓮華部院ともいう。如来の大悲の徳を示し、四智の中には妙観察智に相当する。『大日経』具縁品には観自在・多羅・毘倶胝・得大勢・持名称者（耶輸陀羅）・白処・馬頭の七尊を説き、秘密曼荼羅品には資財主と諸吉祥とを加え、阿闍梨所伝曼荼羅には四十尊を列ねるも、現図は経二品所説の尊の外に『不空羂索経』等によって尊数を増し、主尊二十一、伴尊十余を図絵している。但し伴尊の数と位置には異説がある。この院は南より北へ三列となり、各列に各主尊七尊を安ずる。

南第一列東①より⑦まで順に蓮花部発生・大勢至・毘倶胝・聖観自在・多羅・大明白身・馬頭の七尊。多羅の向って右下の伴尊は多羅使者。第二列⑧より⑭まで順に大随求・薩埵波吉祥・耶輸陀羅・如意輪・大吉祥大明・大吉祥明・寂留明の七尊。如意輪の下両側の伴尊は蓮花軍荼利（右）・宝供養、大吉祥大明の下の伴尊は鬘供養（右）・焼香供養、大吉祥明の下の伴尊は右左共に蓮花部使者。第三列⑮より㉑まで、順に披葉衣・白身観自在・豊財・不空羂索・水吉祥・大吉祥変・白処の七尊。白身観自在の右上に使者三位、豊財の下右左に使者各一位、不空羂索の左下に蓮花部使者、水吉祥の左下に塗香供養、大吉祥変の左下に蓮花部使者が位する。印融の『私鈔』には毘倶胝に一使者を加えて伴十六尊とする。

第一列中央の聖観自在菩薩は当院の主尊で、その他は変化観音である。中国の訳経年時や遺物から考えると諸観音中十一面観音が最古のものであるが、『大日経』及び『疏』にはこれを説かず。現図曼荼羅蘇悉地院に初めてこれを安置している。

当院以下各院とも尊数が多く一々これら梵号密号から印真言まで説明することは煩わしいから、各院とも、比較的名の知られている尊についてのみこれを説き、その他は省略するから、『石山七集』『便覧』等によって検知していただきたい。

一、聖観自在菩薩（旧訳、聖観音）

◯梵号　阿利也二合嚩路吉帝湿嚩二合羅　◯密号　正法金剛または本浄金剛　◯種子　　◯三形　初割蓮花

◯尊形　身色肉色、色究竟天の粧を作し、微笑し、紅蓮花に坐する。左手に未敷蓮花を持ち、右手中無名小三指を屈し、大頭二指を捻して説法印を結ぶ。　◯印相　開敷蓮華印で両掌を合わせ二小二大を合わせたて、余の六指を開き散ず。　◯真言　曩莫三曼多母駄喃一薩婆怛他引蘖哆嚩路吉多二羯嚕儜麽也三囉囉囉吽惹四莎訶

観自在菩薩は解脱道を表し、蓮花の淤泥中にあるも泥に染せぬ如く、一切衆生の心中に本性清浄の理を具することを観察し、その心蓮を開かしむるをこの尊の内証本誓とする。左手に持つ未敷蓮は衆生の心蓮、右手の説法印は、仏の説法によって衆生の心蓮を開く義をあらわしている。また微笑の相は説法の姿である。頭にいただく宝冠中に無量寿仏を安置しているが、これは観自在は因位、無量寿は果位で因果一体なることを示し、また観自在が過去に已に成仏せることをあらわすのである。

二、南列上より第三位　毘倶胝菩薩

○密号　定慧金剛　○種子 　○三形　珠数鬘

この菩薩は観音の眉間の皺の中から生じた菩薩で、観音の大悲の威力を示し、一切衆生を怖畏せしめて、しかも衆生に無怖畏を得させるを内証とする。毘倶胝は皺の梵語である。従ってその尊容も『大日経』には三目ある忿怒形で、髪髻をたつと説いているが、現図は菩薩形で慈眼相を作し、第三目を欠ぎ、羯磨衣を着し袈裟をつけず、身色は肉色で四臂あり、赤蓮花に坐している。四臂は左第一手に開蓮花を持ち、(『便覧』に開蓮上に梵篋を安ずと説くも、御室版には梵篋なし)第二手に甘露瓶を持ち、右第一手は与願印、第二手に数珠を持つ。また化仏ある冠をいただく。

三、南列上より第二位　大勢至菩薩

得大勢ともいい、毘倶胝の大悲の勢力を体現したことを示す尊である。

○梵号　阿利也摩賀薩駄摩鉢囉鉢齰　○密号　持輪金剛　○種子 七集　○三形　未敷蓮華

○尊形　身色は肉色、左手に半開蓮花を持ち、右手は頭指以下の四指を屈して大指をたて、胸のあたりにおく。赤蓮花に坐し、華冠をいただく。　○印相　二手空心合掌にして未敷蓮華の如くする。　○真言

曩莫三曼多母馱喃一髯髯娑二急呼莎訶

観自在と大勢至とは阿弥陀仏の両脇士で、智悲の徳または定慧の徳を司る尊として、世に知られている。これは顕密通談の説である。

四、南列上より第五位　多羅菩薩　○密号　悲生金剛　○種子　又は

観自在菩薩の眼から生じた尊といわれる。観自在の西に坐し、中年女人の姿で、身色は青白色（『便覧』等に緑色）、羯磨衣を着し、二手合掌（『経』には青蓮花を持つと説き、『便覧』等も青蓮という）。三形は青蓮の已に開いて却って合するものという。中年の姿にするも、三形の意と同じ。梵語多羅に眼睛と救度との二義があり、普門慈眼を以て衆生を救度する義を有する。

○真言　曩莫三曼多母馱喃一多羅多嚩抳羯嚕拏　婆上二合吠莎訶

五、南列上より第七位　馬頭明王菩薩

観自在菩薩の断徳の至極を示した尊で、迷悟を区別し、自他を隔てる心垢を断じ尽くすことによって自性清浄の法界（大明白身）に入ることができることを示し、大明白身の下に坐する。この尊を馬頭と名づける理由は断惑のために精進である義により、また有情を利益することの速なるを駿馬の走ることに喩える意である。

○梵号　阿利也賀野紇唎縛　○密号　迅疾金剛または噉食金剛　○種子　七集　○三形　馬口

○尊形　身色は赤色（『七集』等には肉色）。三面二臂の忿怒形で、大馬口印を結び、右膝をたてて赤蓮花に坐し、頭に白馬首をいただく。大馬口印とは、二手虚心合掌、二無名を掌に入れて甲を合せ、二頭屈して甲を合せ、二大指甲のはしを外に張る。二大と二頭の間を馬口の形とし、二頭を明王の双牙と観ずる。○印相　大馬口印　○真言　曩莫三曼多母馱喃佉娜也畔惹娑破二合吒也莎訶

多羅と大明白身と馬頭とは妙観察智の無間道即ち煩悩垢穢を除く断徳を示す。

六、中列上より第一位　大随求菩薩

○梵号　摩訶鉢羅底薩落入　○密号　与願金剛　○種子　○三形　梵夾　○尊形　身色は深黄色、化仏います冠をいただき、蓮華に坐す。八臂あり。右第一手五股杵　第二手は鉞斧（『七集』には鎊鉾、『便覧』には鏝鉾とする）を持ち、第三手に宝剣、第四手に三股戟（『七集』『便覧』には鉞斧鉤とする）を持つ。左手第一手は光炎ある金輪を安ずる蓮華を持ち、第二手に梵夾、第三手に宝幢、第四手に索を持つ。○印相　梵夾印、左手を仰げて心に当て五指をのべ、右手を以て左の上を覆い相合せ平ならしめる。○真言　唵跋囉跋囉三跋羅三跋羅印捺哩合二也尾戌達額吽引吽嚕嚕左隷娑齷合二賀

この尊の本経は不空訳『普偏光明焰鬘清浄熾盛如意宝印心無能勝大明王大随求陀羅尼経』二巻であり、息災、滅罪、産生等に功徳がある。また異像が数種ある。

七、中列上より第四位　如意輪菩薩

この尊は観自在菩薩が宝部三昧に住して法輪を転じ、受苦の衆生に世出世間の宝財を施し、その願望を成就せしむる尊である。如意は宝珠で福徳を出生して世間の財を以て衆生を救う意。輪は智徳を出生して出世間の法施を以て救う義である。

○梵号　阿利也真陀麽尼　○密号　持宝金剛　○種子　○三形　如意宝　○尊形　身色紫金色、化仏います冠をいただき、六臂あり、右足を立てて左足裏をふみ、赤蓮華に坐す。六臂の中右第一手は思惟手、第二手は宝珠を持ち、第三手は念珠を持つ。左手第一手は光明山を按じ、第二手は蓮花を持ち、第三手は金輪をささげる。この六臂は順に地獄・餓鬼・傍生・阿修羅・人・天の六道の有情に抜苦与楽することを表してい

る。　◯印相　二手合掌して二頭指宝形、二中指蓮葉形に作し、二大二無名二小指各外に相叉える。　◯真言　唵跛納摩（二合）振鮨（引）摩尼入齷（二合）攞吽

この尊にも二臂・四臂・十臂・十二臂等異像が多い。

八、北列（上より第四位）　不空羂索菩薩

『大日経』にはこの尊を説かず。菩提流志訳『不空羂索神変真言経』、不空訳『不空羂索陀羅尼儀軌経』二巻等に説く。羂は網、索は綸で、漁猟の具であるが、大悲の網をはり利生の索を生死苦海にたれて、流転の衆生を救済することを喩示して羂索という。済度もれることなく、摂取空しからざるを以て不空羂索という。或いは羂索共に縄の義と解し、四摂大悲の縄を生死苦海にたれて、普く衆生を縛して捨てず、菩提の岸に到らしめる本誓を示して不空羂索と名づけるという。

◯梵号　阿利也母伽跛舎　◯密号　等引金剛　◯種子　　◯三形　羂索　◯尊形　身色は肉色。三面四臂、鹿皮を袈裟とし、赤蓮華に坐する。三面共に慈悲面であるが、各三目ある。また正面は化仏います冠をいただく。四臂の中、右第一手は念珠、第二手は水瓶をもち、左第一手は蓮華、第二手は羂索を持つ。

◯印相　二手蓮華合掌、二大二頭指を外縛し、右大指を左の虎口の中に入れる。　◯真言　唵阿（上）謨（引）伽跛娜麼（二合）播（引）捨（一）矩嚕（二合引）馱羯囉灑（二合）野（二）鉢羅（二合）吠（微閉反引）捨野（三）摩賀鉢輸（上）跛底（丁以反四）野麼齷嚕拏（上）矩吠（同前音引）羅（五）波羅（二合）憾麼（二合）吠（引）灑馱羅（二合六）跛娜麼矩攞（三）（去）麼琰（引七）吽（引）吽

この尊には経軌に説く異形が多い。経軌の説くところ、この尊の陀羅尼を誦する者は現世に無病・衆人愛敬・財宝自然等の二十種の勝利益があると。

第十三　金剛手院

この院は中台八葉院の南方に位し、金剛薩埵（金剛手・金剛蔵）の内証をあらわす曼荼羅であるから、金剛手院または薩埵院と名づけ、三部の中には金剛部大智の徳を示す故に金剛部院ともいう。四智の中には成所作智。『経』の具縁品には金剛蔵・忙莽雞・金剛針・商竭羅（金剛鏁）・月黶の五尊のみを説くが、密印品には金剛拳を加え、秘密曼荼羅品には虚空無垢等多くの尊を加え、阿闍梨所伝曼荼羅には主尊二十七、伴尊数名を列ねている。しかし現図は具縁品と秘密曼荼羅品の諸尊を勘案して、次図のごとく、主尊二十一、伴尊数尊をあげている。

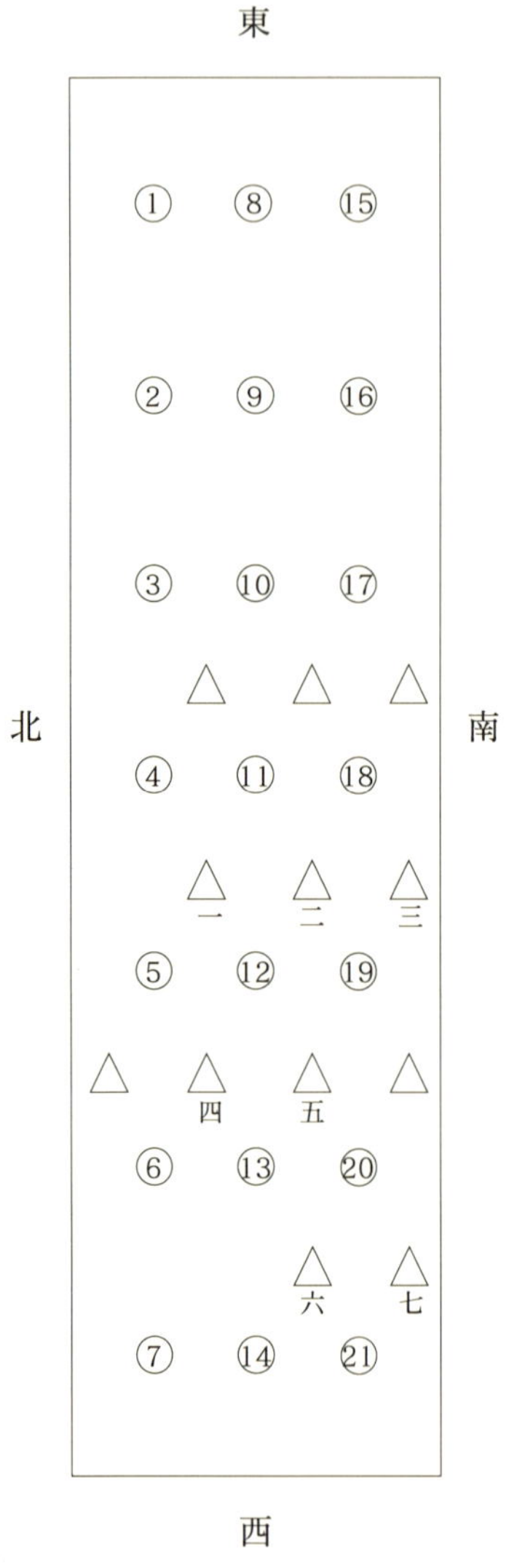

①—⑦は金剛部発生・金剛鉤女・金剛手持・金剛薩埵・金剛鋒・金剛拳・忿怒月黶の次第。

⑧—⑭は虚空無垢・金剛牢持・忿怒持金剛・虚空無辺超越・金剛鏁・金剛持・住無戯論（持金剛利か）の次第。⑮—㉑は金剛輪持・金剛鋭（説の誤）・懌悦持金剛・金剛牙・離戯論・持妙金剛・大輪金剛の七尊。

△は伴尊。△一—△七は順に金剛軍荼利・大力金剛・金剛拳・金剛鉤・金剛童子・孫婆・金剛正。その他の伴尊五尊は皆金剛使者。

一、（北第一列上より四）　金剛薩埵

○梵号　阿利也怛曰羅薩怛齷　○密号　真如金剛　○種子　または　○三形　五股金剛杵

○尊形　身色肉色、髪髻冠をいただき赤蓮華に坐す。左手を拳に作し、拳面を外に向けてたて、左胸に当て、右手は心に当てて掌を仰げて三股杵を横たえ持つ。顔面を少し右にかたむける。○印相　内縛五股印。

○真言　忿怒帰命（一）戦拏摩訶（引）路灑拏吽

この尊は当院の部主で、第一列中央に坐し、成所作智の解脱道を表す。この解脱の智用を示して右手に三股金剛杵を持し、左手を金剛拳印にしている。また金剛杵をもつことは衆生本有の浄菩提心諸仏金剛智体を執持することをあらわす。金剛界の金剛薩埵は右手五股杵、左手金剛鈴をとり、今と形相を異にする。『大疏』第五には五股金剛杵を持つといい、五如来智の表示とするも、『経』は単に左手抜折羅をとるという故に三股杵と見られる。しかし五股杵も三股杵も智の表示の点では同じである。現図は右手に杵を持つ故に『経』と左右を異にする。

二、（北列の上より第三位）　金剛手持金剛

金剛薩埵の右隣に住するこの尊は、『経』に忙莽雞と称する尊に相当するか。忙莽雞は金剛部の部母で、般若の智体である。即ち成所作智能生の般若智を尊格を以て表現したものである。

○梵号　齷曰囉呵宰堵（二合）齷曰囉駄洛　○密号　堅固金剛または秘密金剛　○種子　怛里（二合）（『不同記』他）

現図集七　◯三形　三股杵不同記　五股杵集七　◯尊形　身色白黄色、頭に髪髻冠をいただき、右手与願印、左手に三股杵を斜に持ち、赤蓮華に坐す。　◯印相　二小二大指を反し相叉う、（左小右大、右小左大各反し叉う。余の六指は甲を手背につける）これを持地印と名づける。蘇悉地の三部三昧耶の中の金剛部三昧耶印である。　◯真言　忿帰命一吽吽吽二発吒発吒髯髯三娑齷二合賀引

三、北列位最下　忿怒月黶菩薩

この尊は成所作智の断徳の至極を示す。煩悩罪障を断じ尽くした後、初めて金剛部中に発生することを示して、第一列の最下位に住する。『経』具縁品はこれを降三世と名づけ、三目四牙、百千手あって種々の武器を持つというも、現図は下に説く如く四臂像である。尊名の月黶の黶は梵に底攞迦という。尊の義と斑文の義とある。尊の義では月が清浄なる如く煩悩を浄除する尊の意で月黶と称する。また斑文の義によれば、月の斑文を額に有する菩薩の意となる。

◯梵号　阿利也句路駄賛捺羅底攞迦　◯密号　底利金剛または底羅金剛　◯種子　紇林イ或いは通

◯三形　一股杵（『石山七集』『便覧』）三股戟（『不同記』）　◯尊形　身色青黒色（『七集』・御室板共に青色）、赤蓮に結跏趺坐し、赤黒髪を有し、金線冠をいただき、三目四臂、極忿怒形に作し、口を開き笑形にして四牙を上に出す。四臂の中左右第一手は両手各拳に作して腕を交え、右第二手に三股戟、左第二手に独股杵を持つ。三戟は三業の勇猛を表し、独股杵は迅利速疾の義を示す。　◯印相　『七集』に「金剛慧印を以て少しく虚空輪を屈し風輪を持して相至らざらしむ」（『便覧』も同じ）というも、恐らくは内五股印の一種で、二頭指を勾屈して二大指に近づけ、しかも密着せしめないのであろう。　◯真言　帰命一頡唎二合急呼吽発吒二軽莎訶

四、中列上より第五位　金剛鏁菩薩（金剛商羯羅）

具縁品の経文によれば、金剛蔵（金剛薩埵）の左方に位するが、現図はその位置に持金剛鋒を安じ、その背後の中央列にこの尊を移したのである。持金剛鋒（金剛針）は般若の断徳を示す尊であるが、金剛鏁は一切の強剛難化の衆生を摂持して無上菩提を得しめ退失せしめない徳を有する。従って三形にも金剛鏁を用いる。鏁は衆生をつなぎ脱出しないように摂持することを示す。金剛界三十七尊中の四摂菩薩に同名の尊があり、成身会の尊容は今と同じく右に金剛鏁を持ち、左拳を腰に安じている、同尊と見てよい。

○梵号　縛曰羅二合戸哩二合佉攞　○密号　堅持金剛　○種子　　または　　○三形　金鏁

○尊形　身色は肉色、髪髻冠をいただき、右手に金剛鏁をとり、左手拳面を仰げて、腰に安じ、右膝を立てて赤蓮華に坐す。　○印相　『七集』に「福智反け鉤して身に向け智の空を舒べて上に加う」という。これは転法輪印である。密印品に説く印は印文『七集』と異なるも同印である。　○真言　忿帰命一満陀二満陀也暮吒暮吒也伐折路二合嗢婆去二合吠三薩齷怛囉引鉢囉二合底丁以反訶諦四莎訶

五、中列最下位　住無戯論菩薩

南列上より第五位に住する離戯論と今尊と梵号密号を異にする（離戯論の密号は真行金剛）もその他は同じであるから、同尊と見られる。従って、密教観想道場観に付する尊図には今の位の尊を住無戯論とする故に、今しばらくその説によって梵号等を示すことにする。

○梵号　阿利也二合鉢羅二合波制尾賀哩（離戯論の梵号は儞瑟波羅半左尾可哩、齷曰羅二合駄洛）

○密号　無量語金剛または無意語金剛　○種子　　金剛部の通種子である。　○三形　一股杵。金剛部の通三形である。　○尊形　身色肉色、左手胸の前にて独股杵を持ち、右手乳のあたりに掌を外に向け、大頭二指捻し、中無名二指屈し、小指を竪て少しく屈し、右膝をたてて赤蓮花に坐す。　○印相　持地の印。

金剛部三昧耶印に同じく、金剛部の通印である。○真言　唵帰命一吽吽吽二発吒発吒髯髯三娑齷合二賀引　この真言は一切持金剛の真言で金剛部の通真言である。

六、南列上より第二位　金剛鋭菩薩

この尊の梵名として『諸説不同記』に[illegible]（[illegible]とするは[illegible]の誤り）とある。この梵名は説の義で鋭の意ではないから、鋭は説の写誤であろう。従ってこの尊は秘密曼荼羅品の名称金剛に当たる（栂尾、『曼荼羅の研究』一六〇頁）。この外の当院の諸尊の中には金剛部の種子・三形・印言に通用の尊が多い。

第十四　釈　迦　院

この院は東方第二重で、遍知院の上方にある。大日如来の変化身としての釈迦を主尊とし、説法利生の化他方便の徳をあらわす曼荼羅である。図の如く三十九尊います。

㋑無能勝。㋺無能勝妃。㋩観自在。㋥虚空蔵。①より⑨まで順に、供養雲海・智拘絺羅・優波利・迦旃延・阿難・拘稀羅・宝輻辟支仏・輪輻辟支仏・如来牙の九尊。⑩より⑰までは順に、如来咲・如来語・如来舌・摧砕頂（除障仏頂）・高仏頂・最勝頂（金輪）・勝仏頂・白傘蓋の八尊。⑱より㉖までは順に、如来槊（如来爍乞底）・栴檀香辟支仏・多摩羅香辟支仏・大目犍連・須菩提・迦葉波・舎利弗・如来喜・如来捨の九尊。㉗より㉞までは順に、一切如来宝（如意宝）・如来毫相・大転輪仏頂・光聚仏頂・無量声仏頂（無量声転輪仏頂）・如来悲・如来愍・如来慈の八尊である。

釈迦院を東方におく理由につき、二三の異説があるが、やや穏当と思う説を示せば、胎蔵曼荼羅は西向曼荼羅で

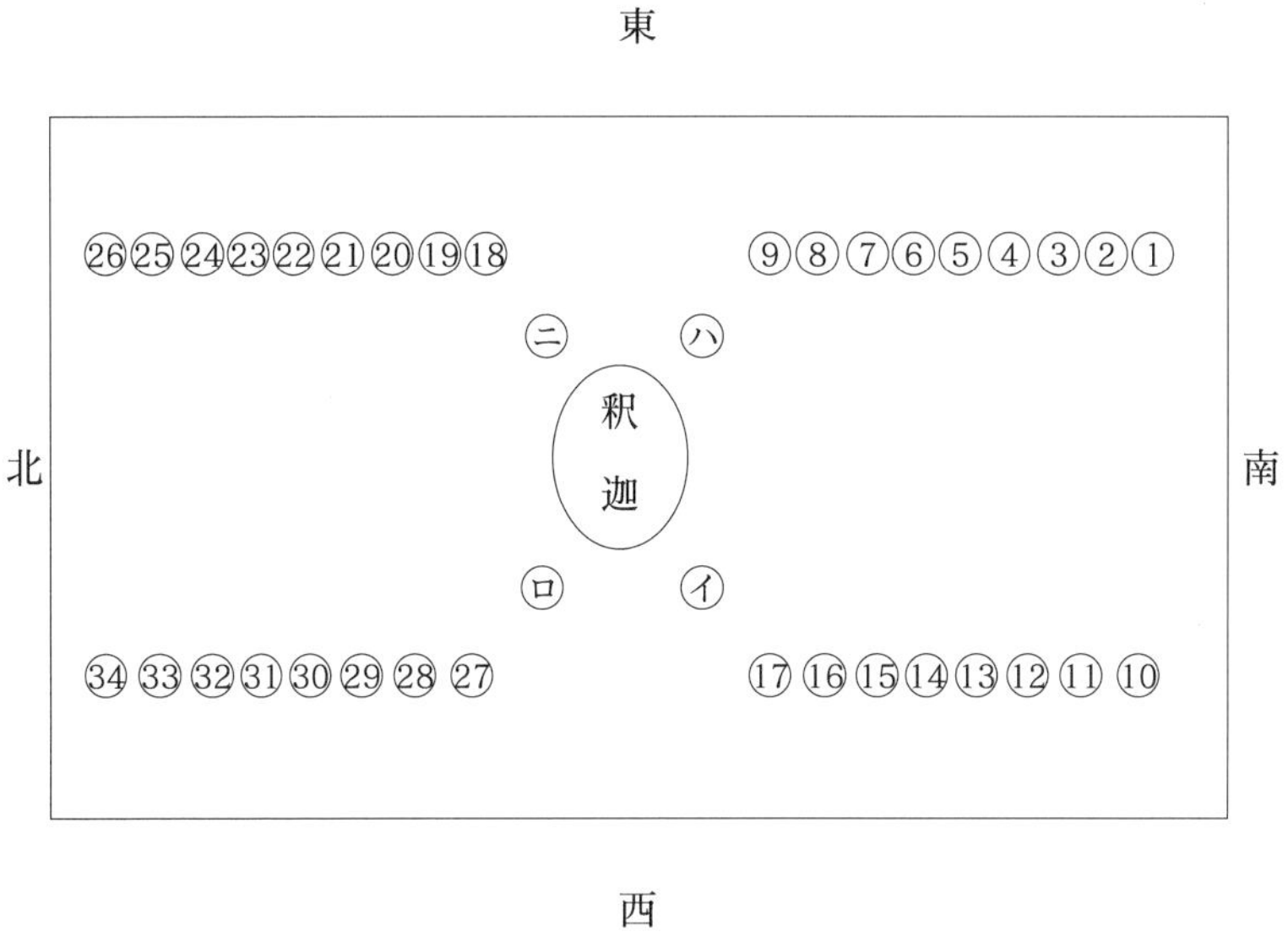

あるから東方が最上であり、ここに諸仏如来をおき、南北に金剛部と蓮花部、西方に明王をおいたものと思われる。尊勝仏頂灌頂曼荼羅・『蘇悉地経』所説の諸曼荼羅・『陀羅尼集経』の普集会曼荼羅等は皆如来部を東方に、金剛部を南に蓮花部を北に列ねている（吉祥『曼荼羅図説』五四頁）。『経』具縁品には「次に第二院に往いて東方初門の中に釈迦牟尼を画け」と説き、遍知眼（能寂母）・毫相明・八仏頂等をこの院に列ね、声聞・比丘辟支仏を説かない。即ち生身仏の釈迦ではなく、変化法身の釈迦とする意である。『大疏』第五には第一重は大日の自証の智、釈迦は化他の大悲、文殊・地蔵等の諸菩薩は悲智の間であるから、釈迦院は第三重におくべきで、『経』に第二重とするは慢法の人を防ぐための爛脱であると釈している。これは釈迦を生身仏として見る説である。現図は経文のままに釈迦院を第二重におき、しかも生身釈迦の眷属の声聞衆等をも加えている。これは釈迦は変化法身とし、しかも生身法身不二の義を示したのである。このことは釈迦の身相の上にもあらわれている。即ち白蓮

花に坐するはこの尊が法身仏なることを示し、二手説法印を結ぶは、法身仏に即してしかも生身仏説法の相に住することを示す（『大疏』第五）。

現図には経に説ける遍知眼能寂母が見当たらぬが、一切如来宝がこれに相当するようである。宝珠は一切仏菩薩の通三形であるから、能寂母仏眼の義に相応する。一説には現図の如来宝は毫相に当たり、現図の毫相が『経』の能寂母に当たるという。この尊が光珠を持ち、『大疏』に「慈眼の光遍ぜざる所無し」というをもって、その証としている。仏眼仏母は前の遍知院にもあったが、能寂母仏眼は釈迦の随類形の身を出現する徳であって、資格が異なっている。

この院に八仏頂を列ねるが、その名称や坐位は経具縁品・摂大軌・阿闍梨所伝曼荼羅・胎蔵図像・胎蔵旧図様・現図の説に出没があり、また異名同尊もある。吉祥『曼荼羅図説』五九頁に表示しているから参照したらよい。『大疏』第五によれば、八仏頂の中白傘等の五仏頂は釈迦の五智の頂であり、広大（現図の転輪）・極広大（高）・無辺音声（無量声）の三仏頂は如来の三部の衆徳の頂である。仏頂は果徳の幽玄をあらわす。

如来舌・如来語・如来咲等は仏の身心の徳であるが、『経』密印品には如来毫相・如来牙・如来舌・如来語門等を大日如来の功徳として中胎に於いて説き、阿闍梨所伝曼荼羅では遍知院に列ね、釈迦院にも如来鑠底・如来牙・毫相等を列ねている。現図にこれらの諸尊を釈迦院におくは、顕教には法身無色無言と説く故に、且くこれに順じて、中胎や遍知院に出さず、変化法身の当院に列ねて、却ってこの釈迦が本来常住の自性身であることを表わしたものと思われる。

釈迦の傍に無能勝と同妃を画くは、釈迦が菩提樹下成道のとき、四魔を降伏する徳を示す。観音と虚空蔵とは順に法宝と僧宝を表わし、釈迦仏宝とで三宝を示すという。『理趣釈』にその意を明かしている。

一、東門の中　釈迦牟尼仏

◯梵号　釈迦牟尼　◯密号　寂静金剛　◯種子 　◯三形　鉢　◯尊形　身色金色、肉髻等三十二相を具して仏形、濁赤の袈裟を着し、右肩偏袒、二手説法印を結んで説法の相を示し、蓮花上に結跏趺坐。濁色の袈裟をまとうことは生死に染せず涅槃に住せざる姿を示したのである。赤は衆生を愛することを表わし、濁は生死に染着せぬことを示す。◯印相　説法の印。二手各五指をのべ、中指大指相捻し、左を心前に仰げ、右を左の上に覆せてしかも着けない。◯真言　帰命一婆薩囉吃哩合二捨涅入素娜曩二薩囉達摩囉無鉢反始多引鉢羅合二鉢多合二䭾䭾曩三摩三摩娑囉引二合賀

現図は中央に門標を画くのみで夾門がないが、実は夾門に釈迦仏が坐せられるのである。

二、東門の外北第二行南一　一切如来宝（如意宝）

◯梵号　薩囉怛他䭾多摩尼　◯密号　宝相金剛　◯種子 七集　◯三形　蓮華上如意宝　◯尊形身色黄色、左手に蓮華を持ち、上に宝形を安ず。赤蓮華に坐す。◯印相　普通掌　◯真言　帰命一薩婆他二微摩底三微枳囉儜四上達磨駄睹涅入闍多五参参訶六莎訶

三、左方第二行第六　最勝仏頂（金剛仏頂）

◯梵号　毘惹曳瑟尼合二娑　◯密号　最勝金剛または上行金剛　◯種子 　◯三形　蓮華上金剛輪

◯尊形　身色は黄色、髪髻冠をいただき、左手に輪宝をのせた蓮華をもち、右手中指無名指を屈し、その他三指をたてて胸に当て、赤蓮華に坐す。◯印相　転法輪印。即ち二手五指をのべ、左を覆せ右を仰げ、小指より頭指にいたる八指各交え叉え、左大指を右掌中に越えしめて右空指と端を合す。八指相鉤するは八輻輪を示す。◯真言　帰命一施施尾惹欲鄔瑟尼合二灑娑囉合二賀引

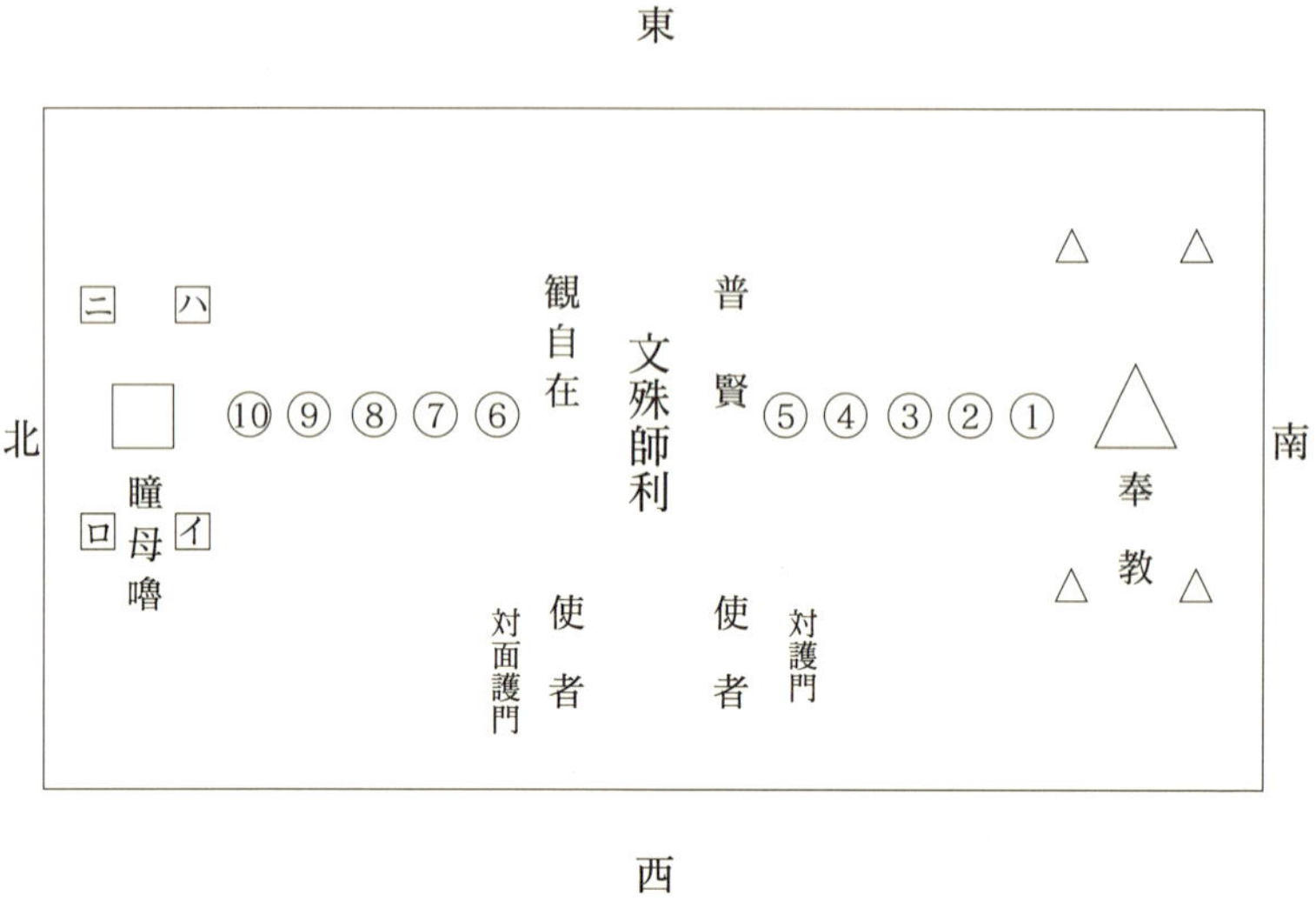

第十五　文殊院

文殊院・除蓋障院・地蔵院・虚空蔵院・蘇悉地院は大日の三無尽荘厳の実相を開顕し、これを証悟して向上するための曼荼羅である。

当院は東方にあって、三無尽荘厳の実相をさとる般若の妙慧をあらわし、文殊菩薩を主尊とする故に文殊院と名づける。『経』具縁品には文殊・網光・五使者・五奉教者の十二尊をあげ、秘密曼荼羅品には更に宝冠・無垢光の二童子を加え、阿闍梨所伝曼荼羅・胎蔵図像・胎蔵旧図様等には文殊の化身である降閻魔尊（大威徳明王）を始め、経説以外の尊を多く列ね、現図はそれらの内二十五尊を選んでいる。

△印は奉教。①から⑤まで順に召請（鉤召使者）・地慧（文殊使者女）・質多羅（文殊使者）・優婆髻設尼・髻設尼の五女尊。⑥から⑩まで順に光網・宝冠・無垢光・月光・妙音の五尊。[イ]は阿波羅耳多、[ロ]は惹耶、[ハ]は阿耳多、[ニ]は肥惹

耶である。『経』には召請等の五尊に各一女使者を画けというも、現図はこれを南方にまとめている。瞳母嚕等の五尊は南方の五使者との対照上『理趣経』に説ける惹耶・肥惹耶等の四姉妹とその兄の瞳母嚕を画いて釣合をとったのである。また『経』には文殊の右方に網光童子とその眷属二尊を画けという。二眷属は宝冠と無垢光である。現図は左方の髻設尼等の五尊との釣合をとるため、月光童子と妙音菩薩を加えた。月光は無垢光と内証を同じくし、妙音は文殊と同尊である。

一、中央文殊師利菩薩

この院の中央東門の中にいます、当院の主尊である。妙徳または妙吉祥と訳し、無分別の妙慧を円満せる菩薩の義である。『経』によれば、この菩薩は身色欝金色を童子形で、頂に五髻を結び、慈顔微笑、左手に金剛杵ある青蓮花を持ち、白蓮台に坐すという。現図の尊容もほぼこれと同じである。

○梵号　阿利也曼殊室利　○密号　般若金剛　○種子　𑖦𑖽　○三形　青蓮上三股金剛　○尊形　身色は欝金色、五髻冠、童子形、右手与願印、左手に青蓮華をもち、華上に三股金剛を立つ。慈顔微笑、白蓮花に坐す。欝金色は堅固なる深慧をあらわし、五髻は往昔に五智を成満したことを示し、しかも本願の因縁を以て童子形を作す。童子形は法王子で、因位の相であるが、これは修行の模範を示すためである。青蓮は諸法に染着せぬことと、妙慧の作用の鋭いことを示し、三股杵も妙慧の金剛不壊の徳を示す。慈顔微笑は説法の相、与願印は衆生に般若の妙慧を与えることをあらわし、白蓮に坐するはこの尊が中胎蔵に異ならぬ義を示す。○印相　虚心合掌、二中指反けて二無名指の背を押し、二頭指を以て二大指を捻する。　○真言　帰命一瞞

係係矩摩羅迦二尾目吃底二合鉢他悉体他以反二合多三娑麽二合囉娑麽二合羅四鉢羅二合底然五娑齷二合賀

文殊の前門標の両側の二使者は対護門（右）と対面護門（左）と呼ばれ、守門者である。後両脇の観自在と普賢

は共に文殊の侍者で、観自在は文殊の妙観察智の徳用を示し、普賢は文殊の妙慧の修行に於ける三業勇猛の徳をあらわす。文殊の右方第一に坐する光網菩薩は『経』具縁品に網光童子と名づけ、『大疏』五に「文殊師利は無相の妙慧を持し、光網は万徳荘厳を持す」と説き、更に福智の二徳は一方に偏せぬ義を示して、この二尊を並べ明かすことを述べているが、実は光網は文殊の妙慧の上にあらわれる万徳を示した尊で、文殊の眷属であり、妙慧の光が互に交映する徳を帝釈天の羅網の光にたとえて、光網と名づけたのである。

第十六　除蓋障院

南方第二重の金剛手院の南にあって、除蓋障菩薩を主尊とする一院を除蓋障院と名づける。文殊院で三無尽荘厳の実相を悟り、ここに煩悩障・所知障等の一切の蓋障を除いた徳を示すのが、この院の曼荼羅である。旧図様にこの位置を虚空蔵と名づくるは誤りである。『大疏』によれば、この院は文殊院と共に大悲万行を表する諸菩薩の曼荼羅の中に摂せられる。

『経』具縁品にはこの院に除蓋障・除疑怪・施無畏・除一切悪趣・救意慧・悲念・慈起・除一切熱悩・不思議慧の九尊を説き、現図もまた九尊を画く。義操の『胎蔵金剛名号』『秘蔵記』末の胎蔵曼荼羅尊位、『諸説不同記』『胎蔵七集』『両部曼荼羅便覧』等に、現図の九尊を東方から順に悲愍（救意慧）・破悪趣（除一切悪趣）・施無畏・賢護（除疑怪）・不思議慧・悲愍慧（悲念）・慈発生（慈起）・折諸熱悩（除一切熱悩）・日光と名づけ、除蓋障を地蔵院の最下位にあるとする（日光と除蓋障とを同尊と見るにつき、杲宝『胎蔵界念誦次第要集記』十一・全書本二六〇頁上を参照せよ）。栂尾教授は除蓋障院の最下位の尊を除蓋障とし、地蔵院の最下の尊を日光と判じているが、吉祥教授は他院と同様に主尊の除蓋障はこの院の中央に坐するものとし、経疏の文に照らし、現図の尊容を判じて、現図に於ける坐位を上方から悲愍慧・破悪趣（除一切悪趣・滅悪趣・捨悪道）・施無畏・除疑怪（賢護）・除蓋障・慈発生（慈起・大慈生・大慈出起）・悲愍・折諸熱悩（除熱悩）・不思議慧と定められた。両説を比較するに吉祥説が優れている。この両説を生じた原因は経文の「捨於二分位」の解釈の相異にある。吉祥説によって坐位を示せば次図の如くである。

	南	
東	悲愍慧 破悪趣 施無畏 除疑怪 除蓋障 慈発生 悲愍 折諸熱悩 不思議慧	西
	北	

当院の諸尊は大慈悲を旨とし抜苦除蓋を念とするが、特に除蓋障菩薩は菩提心の如意宝珠を以て一切衆生に無畏を施し、その所願を満足せしめるを本誓とする。この院の中尊の尊容を拝するに左手に蓮上三弁宝珠を持ち、右手は前に向けてたて、大指を以て無名小二指をおさえ、頭中二指をのべている。若し右手が施無畏印なら『大疏』第五の釈に照らして、除蓋障であること一点の疑いもないが、右手の印相がこれと異なるから、これが異論を生じた一因でもある。しかし密印品に除蓋障の印を「虚心合掌して無名指小指を掌中に入れ、頭指中指を相合す」と説き、

これを左右に分てば、今の中央の尊の右手の印と一致する。

『諸説不同記』『七集』等に除蓋障の三形を宝幢とするは、地蔵院最下位の尊を除蓋障と誤認した上で、その持物から推定したのであろうが、転字輪品や秘密曼荼羅品の経文によれば宝珠である。

一、除蓋障菩薩

○梵号　薩䪁尼䪁囉拏尾娑迦〔二合〕毘　○密号　離悩金剛　○種子 また　○三形　宝珠

○尊形　古来不思議慧と称する当院中央の尊は巳に述べた如く、左手に蓮花をとり、花上に宝珠を安し、左手は宝珠印を二分せる形にする。冠をいただき、赤蓮花に坐する。また古来除蓋障と称する地蔵院最下位の尊は右臂をたて掌を仰げ指端を垂れ（施願手）、左手に宝幢をとる。『八大菩薩曼拏羅経』に、除蓋障を金色身にして左手に如意幢をとり、右手施願手と説くと一致する。○印契　宝珠印、二手虚心合掌して二大二無名二小の六指を掌内にいれ、二頭二中指を宝形の如くする。○真言　帰命〔一〕阿〔去急呼〕薩埵係哆〔引〕弊〔毘庾反〕嗢蘖多〔二〕怛覧〔二合三〕怛覧覧覧莎訶

第十七　地　蔵　院

北方第二重で観音院の北隣を地蔵院と名づける。地蔵菩薩を主尊とし、その本誓を示す眷属と共に九尊います曼荼羅である。除蓋障の徳を得た結果甚深なる法に堪え、諸の苦難迫害をよく忍び、その苦痛を喜とするにいたる徳を示している。旧図様に観音院の北側の曼荼羅を除蓋障とするも、その尊容は地蔵菩薩であり、除蓋障ではない。具縁品には地蔵の眷属として、宝掌・宝手・持地・宝印手・堅意の六尊を説くも、現図はこれに三尊を加えて九尊

とする。義操の『胎蔵混合名号』『諸説不同記』『七集』等に示す。当院の九尊の名とその坐位は次の如くである。

東

南

除憂冥
不空見
宝印手
宝光
地蔵
宝手
持地
堅固深心
除蓋障（日光か）

北

西

最下位の除蓋障は前にものべた如く日光菩薩の誤りであろう。日光は『薬師本願経』にその名を記すも、尊容を明らかにしていないから、尊容によってこれを日光と定めることはできないが、『玄法軌』にこの位置の尊を日光明菩薩と名づけ、『青龍軌』に日光菩薩と称している。法全が相承せる師伝の説であろう。不空見と除憂冥（除憂暗）は賢劫十六尊の中にある。

宝掌・宝手・宝印手の三菩薩は具縁品と余品と現図との間にその名称の同異出没がある。（吉祥『曼荼羅図説』七一頁参照）

地蔵は衆生の性欲に応じて忍耐と歓喜との徳を与うる菩薩で、大地に堅固不壊の徳、万物負荷の徳、宝蔵の徳がある如く、この菩薩は菩提心堅固不壊の徳を司り、能く忍辱精進して有情を利益する故に、喩に従えて地蔵菩薩と名づけ、その内証を示して左手に蓮上宝幢を持ち、右手に智光をあらわす月輪を持つ。

○梵号　阿利也乞叉底蘗婆　○密号　悲願金剛　○種子 　○三形　蓮華上幢　○尊形　身色肉色、髪髻冠をいただき、右手に月輪形を持ち、左手に幢幡ある蓮花をもち、面を左に、向け赤蓮華に坐す。○印相　密印品に「定慧手を以て拳に為し、二火輪を開敷せしむ、これ地蔵旗印なり」と説くも、普通は内縛して二中指を開きたて、二大指を並べたつ。二中指は旗を立てたる形。　○真言　帰命一訶訶訶微沙麽二合曳平二莎訶

第十八　虚空蔵院

この院は西方第二重で、持明院の西方に位する。地蔵院に於いて苦難迫害によく堪えて苦をも楽とする徳を得た結果、虚空の無礙なる如くに、福智自利利他の行に自在を得た果徳を示す曼荼羅である。虚空蔵菩薩を主尊とし、飛天四位、婆蘇仙・功徳天の伴尊と共に二十八尊を画く。旧図様に西方地蔵菩薩というは誤りなること、前に述べた如くである。

①より⑤までは順に檀・戒・忍辱・精進・禅那の五波羅蜜。⑥より⑩までは順に般若・方便・願・力・智の五波羅蜜菩薩。⑪より⑭までは順に共発意転輪・生念処・忿怒鉤観自在、不空鉤観自在の四菩薩。⑮より⑲までは順に無垢逝・蘇婆呼・金剛針・蘇悉地羯羅・曼荼羅の五菩薩。△印は飛天、㈠は婆蘇仙、㈡は功徳天である。

『大日経』具縁品・普通真言蔵品・密印品・秘密曼荼羅品には虚空蔵の眷属として、虚空無垢・虚空慧・清浄慧

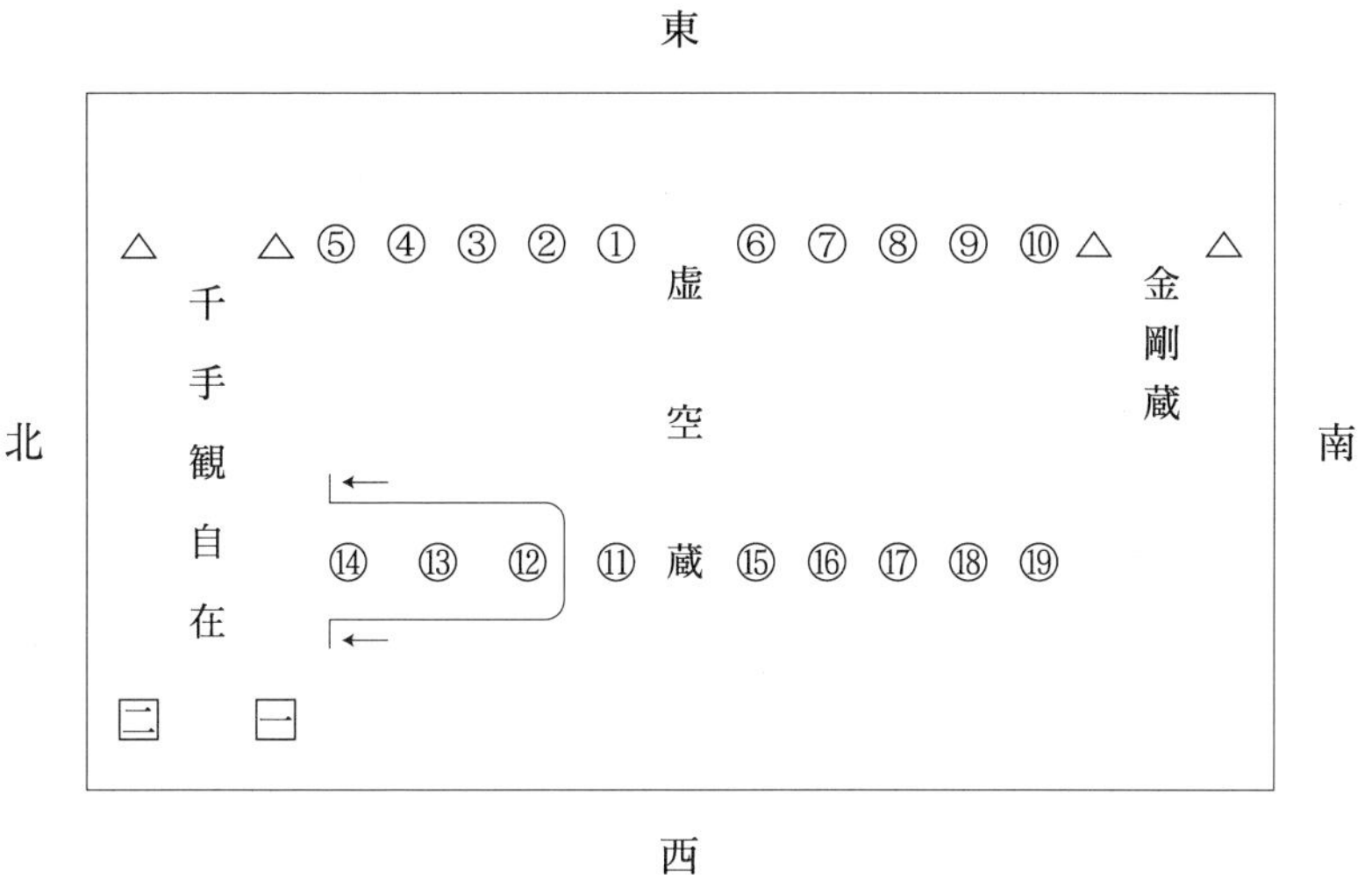

・行慧・安慧の五尊をあげ、胎蔵四部儀軌にはこの外に出現智・蓮花印・執蓮花杵の三菩薩を加え、阿闍梨所伝曼現智・蓮花印・執蓮花杵の三菩薩を加え、阿闍梨所伝曼荼羅には虚空蔵の右方に虚空無垢・法慧・慧歩等の十一尊と、左方に虚空慧・清浄慧・無像菩薩等の十一尊を列ね主伴合わせて二十三尊をあげている。今これを現図と比較するに何れもその名称を異にし、果たして現図に経所説の五尊が悉くいますか一見不明である。吉祥教授は密印品の印相と現図の尊容とから判断して、虚空慧と共発意、清浄慧と生念処、行慧と無垢逝、安慧と蘇婆呼とを同体とし、虚空無垢と金剛針との同異を不明としている。これに反し、栂尾教授は秘密曼荼羅品所説の三形と現図の尊容とを比較して、虚空無垢と生念処、清浄慧と無垢逝、行慧と蘇婆呼、安慧と金剛針を同尊と定めている。この両説何れが是か容易に判断し難いが、胎蔵図像に説く所安慧以外の四尊の持物が何れも密印品の説に一致（『不空羂索経』第九の所説も同じ）するから、密印品の説に準拠して現図の尊容を定めるべきか。

一、虚空蔵菩薩

○梵号　阿利也迦舎蘖婆　○密号　如意金剛　○種子 　○三形　宝剣　○尊形　身色は肉色、五仏冠をいただき、左手を胸に当てて蓮華をもち、上に宝形を安じ、右手に剣をもち、宝蓮華に坐す。○印相　虚心合掌　二風（頭指）を二火（中指）の下におき、二空（大指）を以て中に入れる。これを虚空印と名づける。

○真言　帰命一阿去迦引奢参麽哆弩蘖多微質怛覧引二合齷囉達囉莎訶

二、千手千眼観自在菩薩

○梵号　沙訶沙羅二合布惹阿利也齷路吉帝湿婆去羅　○密号　大悲金剛　○種子 又　○三形　開敷蓮華　○尊形　身色黄金色、二十七面四十二手を具し、宝蓮華に坐す。四十二手は二手合掌・二手定印・左に紅蓮・経篋・宝珠・螺・独股杵・鐸・三股戟・釧・索・澡瓶・弓・榜排・鉞・紫蓮・揚柳・白払・輪・日珠・宮殿の十九手、右に鉢・蒲桃・宝篋・三股・宝印・錫杖・与願・数珠・胡瓶・箭・五色雲・剣・白蓮・髑髏・鏡・月珠・鉄鉤・化仏・玉環の十九手があり、合掌・定印を各一手と見て常に四十手という。二十七面は二十五有を済度する二十五面と本面と本師阿弥陀仏面とである。或いはまたこの尊は十波羅蜜具足の尊であるから、檀・戒・忍・進・禅・慧に各三種を開き、方・願・力・智に各二を開き、これに本面を合わせて二十七面とすという。○印相　二手金剛合掌、手背を少しまげて離れしめ、二中指を合わせ、二大二小指を開き直くたてる。『千手軌』にこれを根本印という。この印は蓮華五股印・九山八海印・補陀落九峯印ともいう。○真言　唵齷曰羅二合達磨紇哩入二合

この尊の四十手は各二十五有の衆生を済度し、一切の願望を成就せしめる故に四十手を直に千手と見、且つ各手に皆一眼ある故に千眼という。また現図に四十二手の外に多数の小手を描くは千手を示したのである。この尊は蓮

華部妙観察智の活動の徳をあらわしている。

三、金剛蔵王菩薩

◯梵号　阿瑟吒合二多羅舎部惹縛曰囉　◯密号　秘密金剛　◯種子　　◯三形　瓶口に蓮有るもの

◯尊形　身色青色。一百八臂に種々の器をもち、二十二面あり、その中の一は仏面、宝蓮華に坐す。但し現図の像は十六面である。十六面は十六大菩薩生満足を示し、これに六波羅蜜を加えて二十二面とする。百八臂の中左の一手に賢瓶を持ち、この瓶中に万法を蔵することを表し、余の諸手は或いは印を作し、或いは三股杵・独股杵・輪・鉤・戟・剣・梵篋・羂索等種々の器物をもつ。また百八臂は百八煩悩を断尽して百八三昧を成就したことをあらわし、成所作智の活動の徳を示している。　◯印相　右手掌を仰げて左手の掌の背を押し、右大指を左小指の下に叉え、左大指を右小指の上に叉え、手背をつけ、余の三指直く手背に博ぐ。この印を金剛羅闍一切見法印という。　◯真言　唵跋折路合二波婆去夜莎訶（常の金剛部三昧耶の印言なり。）

千手観自在と金剛蔵を当院の右左に安ずるは、千手は蓮華部の果徳を示し、金剛蔵は金剛部の果徳を示す尊であるから、虚空蔵と共に三部の解脱の果徳を表し、三無尽荘厳を悟れる解脱の果徳を円満することを示し、観音部に属する千手と金剛部に属する金剛蔵を特にこの院に描いたものと思われる。『信日鈔』に金剛手院・観音院狭き故に虚空蔵院の空処にこれを置くというは、浅略の義である。

千手・金剛蔵の傍に飛天があるは、供養雲海の義を示す。

忿怒鉤と不空鉤は千手の眷属であり、曼荼羅菩薩と蘇悉地羯羅菩薩は金剛蔵の眷属である。

第十九　蘇悉地院

当院は西方第三重にあり、虚空蔵院の下方に当たる。現図は次の如く八尊を安ずる。子島曼荼羅はこの八尊の外、尊名未詳のものを加えて十六尊を列ねている。また『阿叉羅帖』第五にのせる所の、慈覚大師の種子曼荼羅には十二尊を出す。この院には主尊をかぐ故に虚空蔵院の蘇悉地羯羅菩薩、或いは曼荼羅菩薩を以てこの院の主尊に擬する説がある。しかし本経并に広摂二軌には蘇悉地院を説かず、玄法・青龍二軌にはこの院の八尊を虚空蔵院に合わせて別開していない。本来独立の一院ではなかった。しかし現図は上方に釈迦・文殊二院がある故に、下方を一院とすると不釣合であるから、虚空蔵院の中から八尊を区分して蘇悉地院を設けたものか。主尊がないのはこのためであろう。この院を蘇悉地院と名づくるは、『玄法軌』に道場観の後に曼荼羅各院の方位を説く時、「龍方虚空蔵及蘇悉眷属」とあるに準拠したものか。蘇悉地院の名を用いるは安然の頃から始まったようである。『秘蔵記』末の胎蔵曼荼羅尊位に四波羅蜜院と名づけている。四波羅蜜は金剛界曼荼羅に説く金宝法業の四波羅蜜菩薩であるから、金剛部・宝部・蓮華部・羯磨部の四部の悟果を示す曼荼羅の意味で名づけたものか。四波の菩薩がこの院に住すという意味ではない。胎曼は三部組織であるから、四波羅蜜院の称呼は適当ではない。

東

南

金剛明王
金剛将菩薩
金剛軍荼利
不空金剛
不空供養宝
孔雀王母
一髻羅刹
十一面観音

北

西

この院の不空金剛等南方の四尊は金剛部に属し、北方の十一面観音等の四尊は蓮華部に属する尊で、虚空蔵院で示されたと同様に金蓮二部の悟りの徳を示す尊としてあげたものであろう。

第二十　最外院

現図胎曼は四囲の最外部に諸天・乾闥婆・阿修羅・迦楼羅等三界六道の雑類を列ねている。『秘蔵記』にも外金剛部の名を出し、秘蔵記末の胎蔵曼荼羅尊位にこれを外金剛部院と名づけているので、古来この称呼が広く行われているが、外金剛部とは金剛界畔の外にある曼荼羅を指し、金曼には適当であるも、胎曼には不適当である。胎蔵旧図様に最外院と名づけ、『陀羅尼集経』第十二に外院という。故に今しばらく最外院の名を用いた。外部院と称してもよいか。

最外院は本来八方天等の密教護持の諸天曼荼羅である。然るに現図は胎蔵旧図様の第二重と第四重との諸天の重複を整理し、第二重の釈迦八仏頂等を釈迦院として存置し、南西北三面の変化身の天部を最外院へ移したのである。従って現図では八方天・四天・九執・十二宮・二十八宿・八部衆等二百二尊ありという。或いは二百三尊・二百五尊等とし、或いは百九十三尊とする説もある。

最外院中主要なものは八方天である。八方天は胎曼のみならず、その他の別部または別尊の曼荼羅にも描かれ、八方天の位置によって、その曼荼羅の方位を知ることができる。その坐位は次図の如くである。これに上方梵天と下方地天を加えて十天といい、更に日月の二遊空天を加えて十二天とし、共に密教の護世天として尊崇する。

九執（九曜）は『経』には日天の眷属として、その周囲に列ねるように説くも、現図は四方に配置し、日曜と計都を東門と火天との間に、火曜・木曜・羅睺を火天と南門との間に、月曜・水曜・土曜を羅刹天と西門との間に、金曜を北門と伊舎那天との間におく。

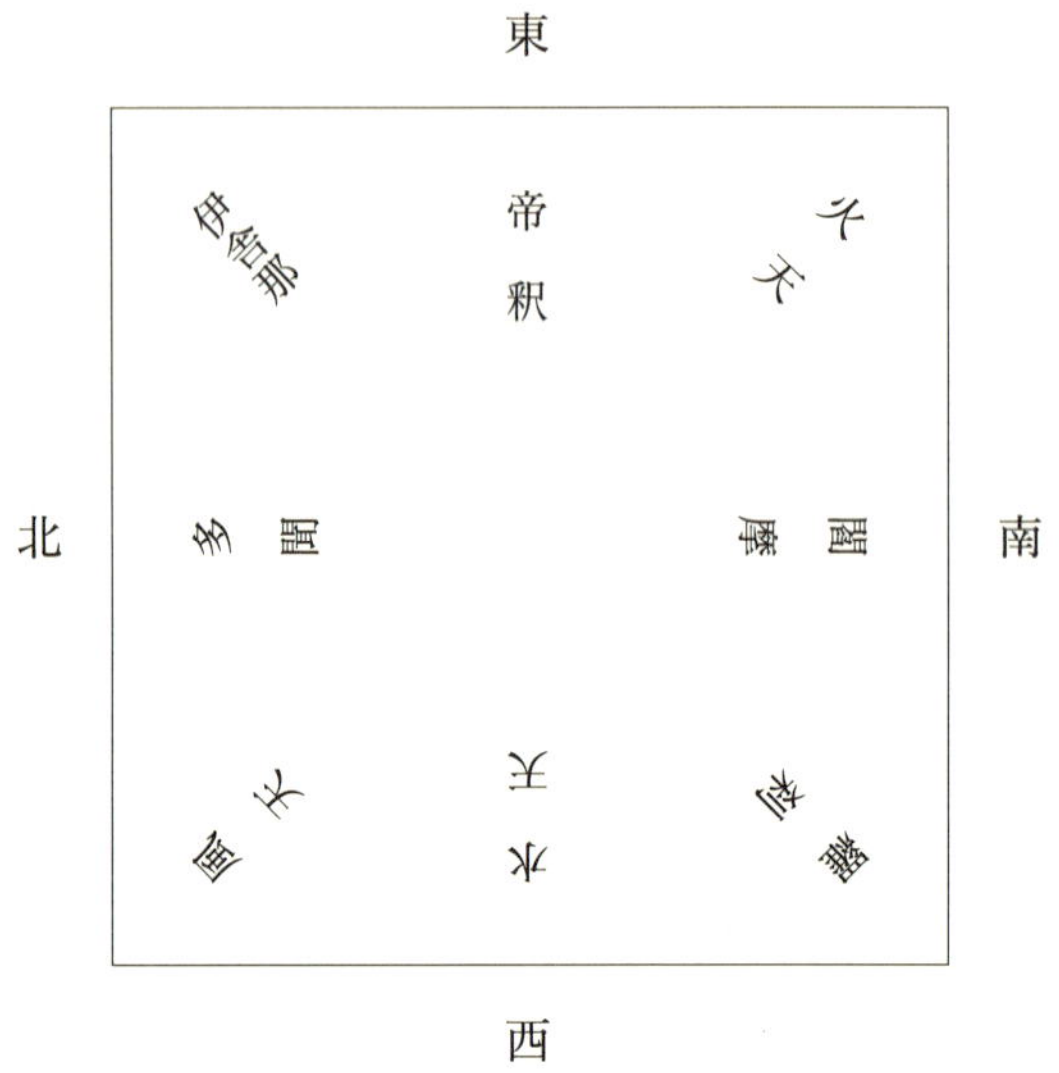

十二宮は太陽が年間に天空を一周するに当たり、月々に移る太陽の位置に当たる星座のことである。普通には月天の眷属というが、現図では東方に羊宮（白羊宮）・牛宮（牛密宮）・夫婦宮（男女宮）、南方に摩竭（大魚）宮・宝瓶（賢瓶）宮・双魚宮、西方に秤宮・蝎（蝎蟲）宮・弓宮、北方に小女宮・蟹（螃蟹）宮・師子宮を画く。旧図様には羊・男女・秤・蟹・女の五宮を東に、師子・蝎二宮を南に、弓・摩竭・瓶の三宮を西に、魚・牛密宮二宮を北に配し、胎蔵図像には九曜・十二宮共に月天に近く西辺の北端に画いている。

二十八宿は太陰（月）が一ヶ月弱の間に天空を一周するに当たり、毎日の太陰の位置に当たる星座をいう。『宿曜経』にこれを詳しく説き、『舎頭練経』『孔雀経』等にもこれを説いている。その方位に異説があるが、現図には四方に各七宿を画き、『孔雀経』の所説に一致している。旧図様に明かす二十八宿の座位は『宿曜経』の説に一致している。

九曜・十二宮・二十八宿以外の鬼衆・天使等外院の異類の坐位は、胎蔵図像・旧図様・現図とを比較するに、同名異像、異名同像のものがままある。たとえば、現図の成就持明仙を歩多鬼衆と名づけ、現図の楽天歌天を成就仙人・持明仙人と呼び、現図の鳩槃荼を緊那羅と呼ぶが如きである。鳩槃荼は陰嚢の大なること冬瓜または水甕の如く、睡眠を妨ぐる鬼なりという。緊那羅は馬首人身で、歌舞を能くする。現図の鳩槃荼は緊那羅か。

外院の諸衆は実類か権類か。

十界の依正は皆大日法身遍法界の体であるから、生仏平等の立場から論ずるときは権実をいうべきでないが、迷悟差別の立場では権類と見る義と実類とする義とを生ずる。『秘蔵記』の「胎蔵の金剛は護法の衆、業報の身にして仏身に非ず」というが如きは、実類とする証文である。しかも曼荼羅の諸尊は仏の大悲より生ずとする立場からいえば、龍鬼羅刹等の異類も悉く仏身の流現であるから権類と見るべきである。

第二十一　四大護院

現図には四大護院を画かないが、『経』転字輪曼荼羅行品によれば、曼荼羅の四方に守護の四金剛神を画くべきである。『経』によれば第一重の四方の内眷属、遍知・持明・観音・金剛手の四院の外に帝釈方（東）に無畏結護者、夜叉方（北）に壊諸怖結護者、龍方（西）に難降伏結護者、焰摩方（南）に金剛無勝結護者の四大護を画くことを説く。『青龍軌』もまた第一重の四方に安ずることを明かす。また延命院元杲の『胎蔵念誦次第』によれば、外院の四門に安ずる。

四大護を現図ではどこに摂在すべきか、これに二説ある。一は四方の門の四守護者に摂すと説き、一は四天王に摂すという。御室板曼荼羅は前説により、西門に於ける宝瓶と対面天・難破天・難陀竜王・抜難陀竜王を画いて四大護院と題している。これは四門の中の西門をあげて、他を省略したのである。

四大護の形相は『大日経疏』第十三にこれを説く。

第二十二　金剛門・蓮華門・牡丹草・宝生草

胎蔵曼荼羅には釈迦院、文殊院と外院とに合して五門あるが、これは金剛門という。金界曼荼羅には一印・四印・理趣の三会に四方に紅蓮の相を描き、これを蓮華門という。余会はしばらくこれを略したのである。胎蔵の理に入るには金界の智に依ることを示して金剛門をおき、金界の智に入るには胎蔵の理によることを表して蓮華門をおく。また四門は発心・修行・菩提・涅槃の四徳、常楽我浄の義をあらわすものである。

胎曼の縁に牡丹草を画き、金曼の縁に宝生草を画くことにつき、信日の『鈔』、印触の『鈔』等にものべているが、土檀にあっては曼荼羅の外縁は供養物を置く所であるから、ここを荘厳するために牡丹草や宝生草を画いたのである。しかも牡丹は富貴の花であるから、色法の曼荼羅たる胎曼に用い、宝生草は無尽によく繁るから金剛の智の無辺を表わして金界に用いたのである。曼荼羅の外縁を食道と名づけ、供養物を安置する処であること、及び金に宝生草、胎に牡丹草を用いることは『桧尾口訣』に出ている。また一説には曼荼羅は王城を模したもので、この所は王城の外苑に相当し、幡や花鬘等を以て荘厳することを示したものという（栂尾『曼荼羅の研究』）。これは曼荼羅は王城を模したとする仏陀瞿醯耶の説に基く釈である。

以上胎曼の概略をのべた。今回はこれで筆をおき、明年金曼を講ずる時、改めてその概説を記すことにする。

昭和四十六年四月十日

小田慈舟

第二十三　金剛界曼荼羅総説

現図金剛界曼荼羅（Vajra-dhātu maṇḍala）は弘法大師の請来であるが、前篇で述べた如く、多分恵果和尚の指示による作画であろう。この曼荼羅は『金剛頂経』によったものである。『経』は総じて十八会に於いて説いた十万頌約三百巻の大部のものといわれている。但しこれが漢訳は一部分で、今日之の全体を詳しく知ることはできぬ。ただその解題とみなされる不空述の『十八会指帰』によって、その梗概を知ることができるのみである。

金剛頂経十八会の説法は一経の始終と見るべきでなく、初会にも二会三会にも序分・流通分があって、各会が独立の一経を成している。『貞元録』第十五によれば、不空三蔵が、天宝二年（A.D.七四三）に師子国（セイロン）に行き、国王戸羅迷伽（Śīila-megha）から、この十八会梵本をもらって、天宝五年に唐へ持ち帰ったという。

金剛界曼荼羅は九会から成り成っている。九会の名称には異説がある。その中主要なものに次の四伝がある。

（初会金剛頂経）	（十八会指帰）	（秘蔵記文秘）	（宗叡）
一、金剛界曼拏羅	金剛界大曼荼羅	成身会	成身会
二、金剛秘密曼拏羅	陀羅尼曼荼羅	三昧耶会	三昧耶会
三、金剛微妙曼拏羅	微細金剛曼荼羅	羯磨会	微細会
四、金剛事業曼拏羅	供養羯磨曼荼羅	供養会	供養会
五、最上四印曼拏羅	四印曼荼羅	四印会	四印会
六、最上薩埵曼拏羅	一印曼荼羅	一印会	一印会

七、　　　　　　　　—金剛薩埵会　　—理趣会
八、三界最勝大曼拏羅　—降三世大曼荼羅　—降三世会　　—降三世会
九、金剛三昧秘密曼拏羅　—降三世秘密曼荼羅　—三昧耶会　　—降三世三昧耶会

また一伝（信日・印融等）には成身会を羯磨会という。台密の承澄の『金界雑要』（『阿娑縛鈔』第三十一）には慈覚大師円仁の伝として、成身会・成身三昧耶会・微細会・微細会（供養羯磨曼荼羅をも第三会と同一名称を用いる）・五普賢会・一印会・十七尊・降三世会・降三世三昧耶会の名をあげ、智証大師円珍の『雑私記』にも師独自の名称をあげている。これら諸伝の中東密では主として宗叡相伝の名称を用いている。この伝によって九会の構造を示せば次図の如くである。

（五）四印会（5）	（六）一印会（4）	（七）理趣会（3）
（四）供養会（6）	（一）成身会（根本会）（9）	（八）降三世会（2）
（三）微細会（7）	（二）三昧耶会（8）	（九）降三世三昧耶会（1）

図中（一）（二）等は下転従果向因の次第を示し、（1）（2）等は上転従因至果の次第を示す。

金剛界九会曼荼羅は九種の曼荼羅のあつまりであるから、金剛界九種曼荼羅と呼ぶのが正しいが、古来金剛界九会曼荼羅と称している。今もそれにしたがっておく。また厳密な意味では、金剛界曼荼羅の名は成身会曼荼羅に限定すべきであるが、高祖の『金剛頂経開題』にも「胎蔵に簡ぶ時は十八会皆金剛界と云う可し」と説く如く、広く『金剛頂経』の諸会の曼荼羅に通用しているから、今はしばらく慣習に従って、金剛界九会曼荼羅の名を用いることにした。

金剛界曼荼羅の名義については、弘法大師の『金剛頂経開題』に詳しく釈してある。金剛は世間の金剛宝石を喩として如来の実智に多くの功徳を具することを示し、界は梵語の (dhātu) の訳で、この語には界・身・体・差別の四義があり、この四義相まって、大日如来の徳をあらわす。即ち金剛界とは智法身の大日如来のことで、大日如来の徳を表示する曼荼羅の意を以て金剛界曼荼羅と名づけたのである。

金剛界九会曼荼羅につき、古来の一説（重誉『教相鈔』第四等）に成身会から一印会までの六会は『金剛頂経』初会の金剛界品によって描き、理趣会は第六会の大安楽不空三昧耶真実瑜伽即ち広本の『般若理趣経』によって描き、降三世会と降三世三昧耶会とは初会の第二降三世品によったものという。然るに栂尾祥雲の『曼荼羅の研究』には、九会の本拠を次の如く悉く金剛界品と降三世品とによると判定している。この説は実は古く済暹（一〇二五―一一一五）の『両部曼荼羅対弁鈔』（大正蔵図像第一）『九会秘要鈔』（同上）等に出す一説で、海恵の『密宗要決鈔』第二十五（真言宗全書所収）、賢宝の『秘蔵記愚草』、菩提華の『両部曼荼羅便覧』第四等にもこれを引用して両説をあげている。また理趣会を第六会の経文によるとする説にも一理あり、たとい一印会に因果を分かち、一印の因曼荼羅を理趣会とする説によるも、第六会の経所説の曼荼羅を参考としたことは明らかである。このことは後に更に詳述するが、今は一印会の因曼荼羅を理趣会とする説によってその本拠を図示する。

金剛界九会曼拏羅の本拠

一、成身会――金剛界大曼拏羅広大儀軌分第一（宋訳経巻一―六）
二、三昧耶会――金剛秘密曼拏羅広大儀軌分第二（巻六―七）
三、微細会――金剛智法曼拏羅広大儀軌分第三（巻七）
四、供養会――金剛事業曼拏羅広大儀軌分第四（巻八）
五、四印会
六、一印会
七、理趣会
（五・六・七）――現証三昧大儀軌分第五（巻八）
（一～六）――金剛界品
八、降三世会――降三世曼拏羅広大儀軌分第六（巻九―十二）
九、降三世三昧耶会――忿怒秘密印曼拏羅広大儀軌分第七（巻十二）
（八・九）――降三世品

九会の中央を成身会という。慈雲尊者はこの会を羯磨会とし、しかも羯磨会が即ち成身会なりという。根本会で、厳密な意味ではこの会が金剛界曼荼羅である。真言行者が、五相三密の観行によって成仏する相を示す曼荼羅であるから、成身会と名づける。またこの会は三昧耶会以下の諸会の総体であり、根本であるから、根本会ともいう。延命院元杲の作といわれる『金剛界九会密記』この（大正蔵七八・七二―七四）には、「成身会は総じて九会成身の義を説く品の名なり、九会の数の内に非ず、若し九会の内なりと謂わば九会の中に羯磨会なきに似たり」等と説いて、中央会の諸尊は皆羯磨身を現ずる故に、この会を羯磨会と名づけるという。しかし西院流には成身会を以て九会の随一とする。慈雲は『九会密記』を評して、偽書または未だ正伝を得ざる時の作とし、成身会を九会の総称とする説を排している（『両部曼荼羅随聞記』第一）。この会は五仏・四波羅蜜・十六尊・八供・四摂・賢劫千仏・外金剛部二十天、四執金剛の一千六十一尊の曼荼羅である。

第二の三昧耶会は陀羅尼曼荼羅ともいう。成身会の諸尊の内証本誓を示し、衆生摂化の相を明かしたもので、塔・五股杵・宝珠等諸尊の三昧耶形を図している。三昧耶形は標幟印で、諸尊の本誓心秘密を象徴するものである。この会は五仏・四波羅蜜・十六尊・八供・四摂・賢劫十六尊・外金剛部二十天の七十三尊から成り立っている。

第三の微細会は具には金剛微細曼荼羅という。また羯磨会とも名づける。この会も七十三尊から成り立ち、諸尊が各々金剛微細智の法性に心を専注することを示す。諸尊の尊容は成身会にほぼ同じきも、賢劫千仏の代表として十六尊を出し、四大神の座に蓮華座を図して尊形を示さず、二十天を除いた諸尊が皆三股金剛杵の中に住している。三股杵は事業を成就する義を示す故に羯磨という。当会を羯磨会というはこの義による。またこの会の諸尊の形像は微細であり、諸尊皆微細智に住する故に微細会と名づける。所依の経文にはこの会を法曼荼羅と称する。普通は諸尊の種子真言等を書いた曼荼羅を法曼荼羅と呼ぶが、今は金剛の法性を観察する意味で法曼荼羅と称したのである。

第四の供養会も七十三尊から成る。諸尊が各々自己の本誓を象徴する三昧耶形を蓮華の上にのせて、これを五仏にささげ供ずる相を示す。故に五仏以外の諸尊を女形に画くを本義とする。当会は供養の事業を諸尊を以て示す曼荼羅であるから、経には羯磨曼荼羅という。羯磨は事業の義である。この会の供養には菩提心・灌頂・法・羯磨の四種供養を説く。この四種に各四種あり十六供養となる。

以上の四会は順に大・三昧耶・法・羯磨の四種曼荼羅である。

第五の四印会は上の四種曼荼羅を統合して簡略にした曼荼羅で、精進力の弱い浅根のためにこれを説く。十三尊から成り立つ。本経の説明によれば、中央に毘盧遮那の形像を造立し、その四方に四親近の四波羅蜜菩薩の三昧耶形を画くという。即ち中尊に捏鋳刻等の羯磨身を造立し、その四方に四波の四種印を画いた曼荼羅であるから、これを四印会と名づける。この曼荼羅の中尊は必ずしも大日に限らない。五仏の中の他の一尊を安ずることもある。現図に大日・金剛薩埵・虚空蔵・観自在・毘首羯磨等の十三尊を画くは五仏の四印曼荼羅を合したのである。金剛薩埵は阿閦の四親近の一、虚空蔵は金剛宝菩薩で宝生の四親近の一、観自在は金剛法菩薩で阿弥陀仏の四親近の一、毘首羯磨は金剛業菩薩（虚空庫と同体）で不空成就仏の四親近の一で、この四菩薩は四仏の因徳である。不空の『都部要目』に、四大品を挙げた後に、「此の四曼荼羅は毘盧遮那仏の内の四智の菩薩を表す」と述べ、『理趣釈』に四智菩薩とは薩宝法業の四菩薩なりと説く故に、現図は果徳の四仏のかわりに因徳の四菩薩をあげたのである。菩提華の『両部曼荼羅便覧』第四には四印会に四仏・四菩薩・四波羅蜜の三伝あることを説き、印融の『曼荼羅鈔』は四仏に依り、西大寺の伝は四波羅蜜に依り、本円の『曼荼羅義記』は四菩薩に依るという。『義記』の説は現図の尊容に合致する。

第六の一印会は智拳印大日の一尊を画く曼荼羅である。一印とは智拳印をさす。本経の釈によればこの会は一尊法を修する曼荼羅で、極略を好む行者のために建立する。所修の本尊の大印（尊形）を造立し、またはこれを画く。本経にはこの本尊を金剛薩埵とするが、現図には大日一尊を描く。その理由につき、栂尾『曼荼羅の研究』にこれを論じているが、それによると、本経の一印会の終に「成就法観法等は総て成身会の如くせよ」と説き、しかも成身会の儀軌には十六尊の上首として金剛薩埵の三摩地を説くと共に、五仏の代表として大日の三摩地法を説くが故に、現図は大日尊を描いたのであると。

第七の理趣会は前に述べた如く、二伝ある。一伝には金剛薩埵の一印曼荼羅とし、一伝には十八会中第六会の理趣経曼荼羅とする。この説は九会曼荼羅を以て三輪説法の次第を示すものとし、成身会から一印会までの六会は自性輪身の曼荼羅、第七理趣会は正法輪身の曼荼羅、第八、九両会は教令輪身の曼荼羅とする。現図の当会は金剛薩埵を中尊とし、欲触愛慢の四金剛を四親近とし、これに八供四摂を加えた十七尊曼荼羅である。若し当会を金剛薩埵の一印曼荼羅とするならば、何故に十七尊を画いたか、一印会に準ずれば金薩一尊を描くべきではないか。一の疑問を生ずる。恐らくは、金薩の性格を明らかにし、これを精密に観ずるために、欲触愛慢の四金剛を加えたものであり、『金剛頂経』の一特質たる相互供養の義を示して更に八供四摂の菩薩を加え、十七尊曼荼羅を構成したのであろう。この曼荼羅の構造には理趣経曼荼羅を意識し、これを参考としていることは明らかである。欲触愛慢の四金剛は衆生の四煩悩を示し、煩悩即菩提の義を端的に表現した尊である。因の一印曼荼羅に十七尊を安ずることは、果の一印曼荼羅たる大日一印会にも四仏を四親近とする十七尊曼荼羅の建立が可能なことを影略互顕したものとも考えられる。

第八の降三世羯摩会は、金剛薩埵（毘盧遮那の心中に住する智身）が忿怒の相を以て大自在天等の三界の諸天を降伏し、これに教勅を降すための曼荼羅で五仏等の三十七尊と賢劫十六尊、外金剛部二十天、四大明王の七十七尊で構成している。阿閦輪の金剛薩埵は忿怒形の降三世明王の相を現じ、三十七尊中大日輪を除く諸尊は皆忿怒拳に住している。この忿怒拳とは右腕を以て左腕を押し両腕を合わせて交叉し胸を抱く印をいう。

第九の降三世三昧耶会は降三世羯磨会の諸尊の中四大明王を除いた七十三尊曼荼羅で、諸尊を悉く三昧耶形を以て描き、諸尊の本誓を説く。

古来の説によれば、九会の次第に上転従因至果（自証）の次第と、下転従果向因の次第との二意ありという。下転の場合は成三微供の四会は大三法羯の四種曼荼羅であり、四曼の不離を示して四印会を設け、更に四印会諸尊が独一法身に異ならぬ義を示して一印会を安ずる。またこの法身仏が衆生教化のために正法輪身（菩薩形）を現じたのが理趣会であり、正法輪身の摂化にもれた強剛難化の衆生を教化せんがために、教令輪身降三世明王の姿をあらわして忿怒三昧に住して教化することを示したのが、降三世二会である。次に上転従因至果の義を明かせば、真言行者が菩提心を発して三毒を降伏し、煩悩所知の二障を断じて成道の障礙を除くために降三世二会を説く。その結果煩悩即菩提の理趣を悟り、欲触愛慢も色声香味も悉く菩提心の具徳なりと知ることを示したのが理趣会である。一印会は一座行法に於ける五相成身の観によって仏身を円満することを示し、その仏身より四智印を開くことを明かして四印会を説く、行法次第に於ける四仏加持がこれに当たる。次に供養会は四仏繋鬘等の供養の事業を示し、微細会は微細金剛に遍入する禅定の相を示し、現智身の印明がこれに当たる。三昧耶会と成身会は道場観に於ける種三尊転成の観を示したものである。（賢宝『秘蔵記愚草』参照）

以上述ぶる所の古来の説は九会曼荼羅構成の典拠とは全く別の立場から考えた説である。しかもこの従果向因と従因至果との二意を九会の上に観ずることは、行者修行の資糧として大に留意すべきことである。

第二十四　金剛界曼荼羅の異図

金剛界曼荼羅には現図の外に数種の異図がある。

一、八十一尊曼荼羅　弘法・慈覚・智証請来

弘法大師の『請来録』に金剛界八十一尊大曼荼羅一鋪三幅と記すも、この曼荼羅は現存しないから、その図様は明らかでない。現行の八十一尊曼荼羅の版本には、妙法院版と石山寺版とがある。妙法院版は慈覚大師請来本によったものと思われる。この版を現図の成身会と比較するに、現図の四仏を菩薩形とし、賢劫千仏を十六尊にかえ、

外金剛部の四隅の三昧耶形を降三世（東南）、軍荼利（西南）、大威徳（西北）、不動（東北）の四大明王の尊像とするなど異なる所が多い。特に注目すべきは、現図の三十七尊は蓮華座に住し、この版では四摂以外の三十三尊が悉く獣鳥座に坐している。大日は七頭の師子座、阿閦は七頭の象、宝生は七頭の馬、無量寿は七頭の孔雀、不空成就は七頭の金翅鳥に坐し、四波は金宝法業が順に一頭の翼ある象・馬・孔雀・金翅鳥に坐し、四仏の四近親は四仏に準じて各翼ある一頭の獣鳥座に坐し、内外八供も四波に準じて獣鳥座に坐している。獣鳥座に座することは『金剛頂略出経』第一の説によったものである（『金剛頂義訣』参照）。石山寺版も妙法院版に似ているが、賢劫十六尊の所持物や四大明王の座位など多少異なる点がある。若し石山寺版が弘法大師請来本によったものとすれば、三師の請来曼荼羅が大同小異のものであったと推察し得られる。

二、百八尊曼荼羅

『秘蔵記』にこれを説く。図絵の曼荼羅は現存しない。百八尊とは三十七尊・賢劫十六尊・外金剛部二十天・五頂輪王・十六執金剛・十波羅蜜・四大神である。五頂輪王・十六執金剛・十波羅蜜の諸尊の坐位は判然しない。

三、五部心観　一巻

智証大師円珍が法全の付嘱物として将来したものである。金剛界曼荼羅諸尊の尊形・三形・印契・真言等を示し、巻尾に善無畏三蔵の影像を描いている。善無畏相伝の金剛界曼荼羅である。大正蔵経図像第二に、三井寺法明院本と武藤山治所蔵本と『阿叉羅帖』所収本との三本を出している。また高野山釈迦文院所蔵の残欠本を佐和隆研が便利堂から出版している。この曼荼羅は金剛界大曼荼羅三十七尊、同秘密陀羅尼曼荼羅三十四尊、同微細曼荼羅三十三尊、同羯磨供養曼荼羅三十三尊、同四印曼荼羅九尊、同一印（金剛薩埵）曼荼羅の六会につき百三十七尊容と三形・印契を図している。この中の大曼荼羅三十七尊は悉く獣鳥座に坐し、ほぼ妙法院版に似ている。但し妙法院版は四仏を菩薩形とし、『五部心観』は比丘形とし、四摂菩薩の座を鉤索鏁鈴の順に一頭一羽の象・馬・孔雀・金翅鳥とし、妙法院版の蓮花座に異なっている。また三昧耶会にも尊容を示し、三昧耶会以下の諸会の尊容は現図の諸会の尊と異なった所が多い。『六種曼荼羅略釈』二巻（大正図像第二）はこの図の諸尊の尊容、標幟、印言等を釈したものである。

第二十五　成　身　会

五仏・四波・十六尊・八供・四摂・賢劫千仏・外金剛部二十天・四執金剛　計一千六十一尊

成身会は九会の中央にある曼荼羅で、『金剛頂経』初会の金剛界大曼拏羅広大儀軌分に説く。不空訳三巻経では中巻にこれを示している。中央に三股金剛を以て界とする一大円輪があり、この大金剛輪中に五仏等が住する五月輪があり、大金剛輪の外を方形を以て囲んでいる。この曼荼羅は楼閣の中に造立する。『三巻教王経』にはこの楼閣を金剛摩尼宝峯楼閣と名づけ、『略出経』には五峯楼閣という。現図に示すところの金剛界輪と方形とは、この楼閣または大塔の平面を示したものである。円形は内陣、方形は外陣である。大金剛輪中の五月輪を五解脱輪という。五仏解脱の境地を示す故にかく名づける。五解脱輪の中に各五尊安住し、中央輪に大日と四波羅蜜、東方輪に阿閦とその四親近、南方輪に宝生とその四親近、西方輪に阿弥陀とその四親近、北方輪に不空成就とその四親近菩薩が住し、大円輪の四隅に嬉・鬘・歌・舞の四供養菩薩が住する。この四菩薩は大日が四仏を供養するために現じた尊である。大金剛輪内に住する故に、内四供という。また地水火風の四大神が半身を現じて、四隅から大円輪を支えている。この大円輪の曼荼羅に住する諸尊は四大神を除いて何れも蓮華座に坐する。中央の大金剛輪は吾等が質多心識大を表わし、中の五月輪は大日の五智をあらわし、諸尊の坐する蓮華は本有の理徳を示す。金剛界曼荼羅は質多心を総体とする故に大金剛輪は総、五月輪は別である。五月輪はまた三界五趣の苦を解脱して五智円明の月輪を成就することをあらわし、五月輪の中にある各の五月輪は各具五智の義を示している。四波羅蜜菩薩を中央輪に安ずるは、四仏能生の母であることを示す。また四大神が大月輪を支えているのは、地水火風に空大を加えて五輪五大を意味する。空は無礙であるから図に示さない。或いはまた五解脱輪を空大と意得る伝もある。念誦次第で、道場観の時器界観に於いて下方に五輪を観じ、その上に須弥山を観じ、須弥山上に楼閣を観ずるは、今の四大神が大月輪を棒持することを観ずるのである。

五解脱輪の中央月輪には、大日を中心にその前右後左に金剛・宝・法・羯磨の四波羅蜜が各面を大日に向けて月輪中の蓮花に坐している。図面では四波何れも面を前方に向けているが、曼荼羅の実相は面を大日に向ける。四波のみでなく金剛界曼荼羅諸尊はすべて大日に面を向けるのである。この曼荼羅は西方に祀る故に上方を西とし、下方を東とする。従って大日の前右後左とは東南西北である。次に東南西北の四解脱輪に順に阿閦・宝生・弥陀・不空成就の四仏が各四親近の菩薩と共に住する。即ち東方阿閦輪は阿閦仏の前右左後に金剛薩埵・金剛王・金剛愛・金剛喜の四親近を安じ、南方宝生輪は宝生仏の前右左後に金剛宝・金剛光・金剛幢・金剛笑の四親近を安じ、西方阿弥陀輪は阿弥陀仏の前右左後に金剛法・金剛利・金剛因・金剛語の四親近を安じ、北方不空成就輪は不空の前右左後に金剛業・金剛護・金剛牙・金剛拳の四親近を安ずる。故に五解脱輪中に二十五尊ある。四波羅蜜と四仏との関係につき、『金剛頂経』には四仏能生四波所生と説き、『秘蔵記』には四波能生四仏所生という。この両義は共に道理があり、慈雲の伝には両義並存と説く（『随聞記』二）。

中央大日輪の四方に五色界道がある。世流布の曼荼羅は内より外に向って、白青黄赤黒と次第するが、東寺曼荼羅は白黄青赤黒と次第する。五色界道は胎蔵にもあり、世流布の曼荼羅は胎蔵にては白赤黄青黒と次第し、東寺曼荼羅は白黄赤青黒と次第する。五色界道は一には諸仏出入往還の通路であり、二には諸供物を羅列する処という。五解脱輪は五分法身に配せられるが、これに東因発心と中因発心とにて配当が異なる。東因にては阿閦・宝生・弥陀・不空・大日を順に戒・定・慧・解脱・解脱知見に配し、中因にては大日を戒とし、阿閦を定として順に配し不空成就を解脱知見とする。五分法身は、戒・定・慧・解脱・解脱知見の五法の名体が各分位差別する故に五分という。戒は五戒十善等の戒法をさし、戒によって定心に住するを定といい、定によって無漏智を発得するを慧といい、無漏智を得て煩悩を断尽し、自利円満するを解脱という。解脱知見は仏果を得た上の後得大悲の方便智である。この五法が各々その徳を軌持するを法身と名づける。法は軌持の義、身は聚集の義である。五法各々類を以て集むる故に身という。以上は一往の釈である。若し更に深秘の意をさぐれば、これに本有と修生の両意がある。本有門で意得れば、五智・五大・五分法身は異名同体である。『五重結護』（弘全四・五四五頁）に五分法身を𑖀𑖪𑖨𑖮𑖏五大とする義を説く。五分は五大、法身は法は軌持、身は体、依聚の義である。五大各々に軌持し分位を乱さず、本来法爾として諸法の体性諸法の所依であり、万徳を聚集する本体であるから、これを五分法身という。この本有の五分法身は五大即法性身で六大本初の仏身である。この位は人法不二理智一体の極処である。次に修生門からいえば、五分法身は次第生起の行相を示したものである。秘密三昧耶無漏の戒体を護持して三業の垢穢を除き、心器清浄となるを戒とし、戒を護持する功徳によって阿字本不生の大空三昧に住するを定とし、この三昧に安住して無漏の不二智を発得するを慧とし、この智を発得するによって業煩悩無明を解脱するを解脱といい、解脱の上に生ずる不二智の知見を解脱知見という。不二智を得れば諸法の本位を謬らず、明らかに覚知し顕現する。この解脱知見は如実知自心と同一の分斉である。五分法身は法性無漏の三昧耶戒の上に義を以て分ったものであり、実は一体であるから、戒は最初でしかも総体である。

三股界道　成身会には界道に三股杵を用いている。これを三股界道という。金剛界曼荼羅の名を生ずる一の理由でもある。界道に用いる三昧杵はその数が三十二あり、これに五解脱輪を合せて三十七尊の標幟とする伝もある。（『随聞記』二）

大月輪をかこむ方形の内を内院とし、その外第一重の四隅に香・華・灯・塗の四供養菩薩を安じ、これを外四供養という。四仏が大日を供養するために出生せしめた尊である。また第一重の四門に鉤・索・鏁・鈴の四摂菩薩を安ず。上に記した四波羅蜜と内四供と、外四供と、四摂との十六尊は定尊であり、女形に画く。薩王等の四親近の十六大菩薩は慧尊で、男形である。これに五仏を加えて三十七尊となる。これが金剛界曼荼羅の根幹となる尊である。

四摂と外四供との間に賢劫の千仏を安ずる。一方に二百五十尊づつ図するを本義とする。過去荘厳劫の千仏、未来星宿劫の千仏も画くべきであるが、その代表として、今は現在賢劫の千仏を安ずる。千は満数についていうたので、実は無数の如来と意得たらよい。また三昧耶会等には千仏のかわりにその代表として十六尊をあげている。最外の重に二十天を安ずる。これに五類の一切諸天を代表せしめる。五類とは上界天・虚空天・地居天・遊空天・地下天である。また四隅に羯磨鎮壇（忿怒三股杵）を画き、二十天の間に、光炎にかこまれた三股杵十六個を画く。この三股杵は一伝には二十天の妃という。この場合は羯磨鎮壇も妃天と見るか。一伝には羯磨鎮壇は四大明王（東北不動、東南金剛夜叉、西南軍荼利、西北大威徳）をあらわし、十六の三股杵は十六大護の三昧耶形という。二伝の中には後伝が勝れている。『諸尊要鈔』第十五に出す摧魔怨敵法の勧請句に十六大護諸夜叉といい、不空訳『転法輪菩薩摧魔怨敵法』（大正二〇）に、毘首羯磨・劫比羅・法護・肩目・広目・護軍・珠賢・満賢・持明・阿吒縛倶（以上十大薬叉）・縛蘇枳・蘇摩那・補沙毘摩（以上三大龍王）・訶利帝・翳囉嚁蹉・双目（以上三大天后）の十六大護をあげ、各五千の神将を眷属とすることを説く。『覚禅全鈔』転法輪法の巻に醍醐相伝の形像を出す。また一説では十六大護とは八方天とその天后とであるという（『秘鈔』『秘鈔問答』参照）。

四印会等に準ずれば、諸会共に四方に宝生草をしく重を設け、これに蓮華門を画くべきである。金剛の智曼荼羅に入るには、胎蔵の理を能入の門とする故に蓮華門を設ける。

以上成身会の大綱を説いたから、次にその座位を図示する。

成身会

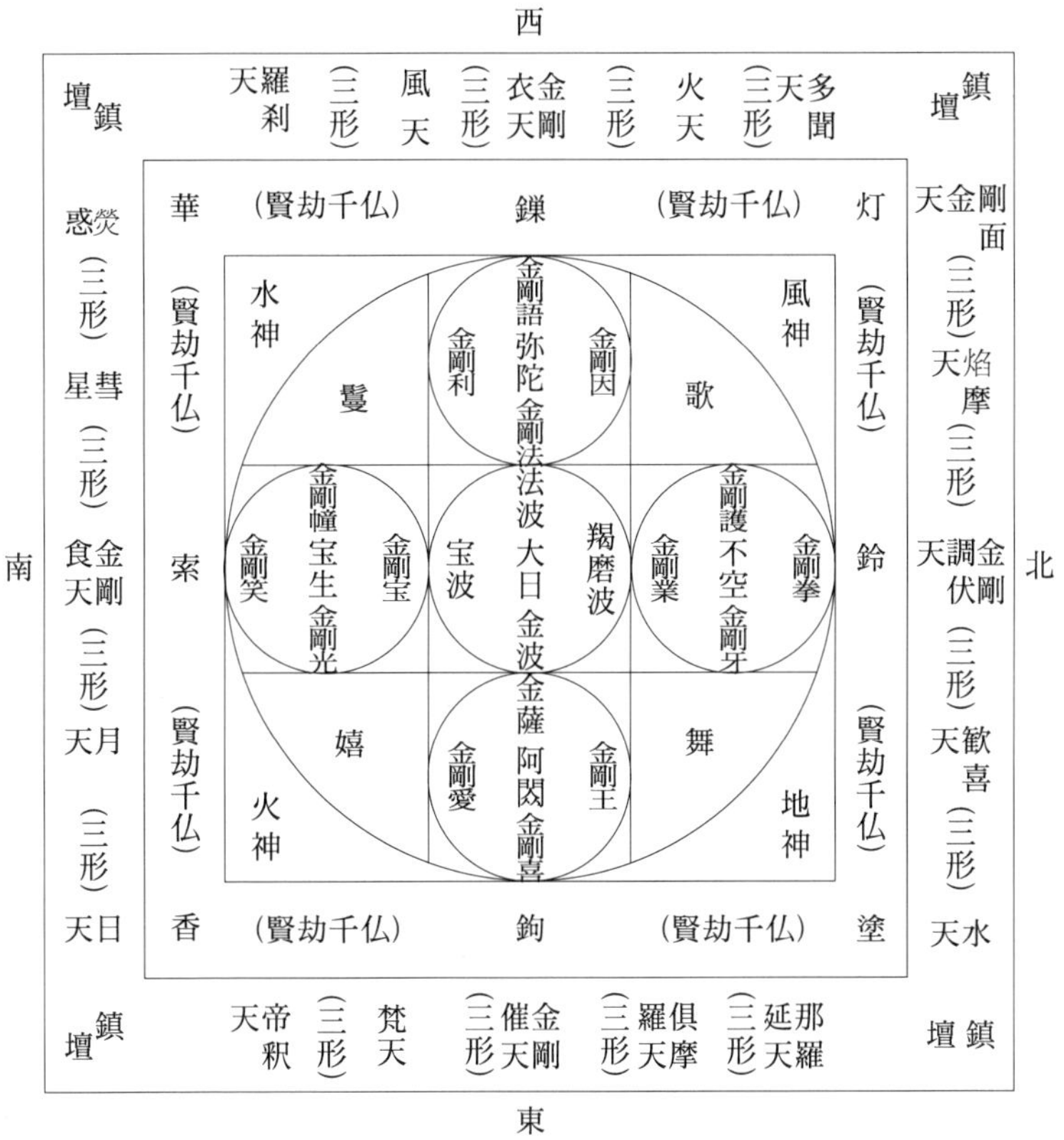
西
南
北
東
鎮壇
鎮壇
鎮壇
鎮壇
多聞天（三形）
火天（三形）
金剛衣天（三形）
風天（三形）
羅刹天
金剛面天（三形）
焔摩天（三形）
金剛調伏天（三形）
歓喜天（三形）
水天
熒惑（三形）
彗星（三形）
金剛食天（三形）
月天（三形）
日天
那羅延天（三形）
倶摩羅天（三形）
金剛催天（三形）
梵天（三形）
帝釈天
華
（賢劫千仏）
鏁
（賢劫千仏）
灯
（賢劫千仏）
鈴
（賢劫千仏）
塗
香
（賢劫千仏）
鉤
（賢劫千仏）
（賢劫千仏）
索
（賢劫千仏）
水神
風神
火神
地神
鬘
歌
嬉
舞
金剛語
弥陀
金剛因
金剛利
金剛法
法波
宝波
大日
羯磨波
金波
金剛幢
宝生
金剛光
金剛宝
金剛笑
金剛護
不空
金剛牙
金剛拳
金剛業
金薩
阿閦
金剛喜
金剛愛
金剛王

胎蔵曼荼羅の解説の際主要な尊については梵号・密号・種子・三形・尊形・印相・真言について説明した。今もこれに準じて解説すべきであるが、九会に亘って説くことは時間的に困難と思うのでこれを菩提華の『両部曼荼羅便覧』、淳祐の『金剛界七集』等にゆずり、今は主として諸尊の尊容と種子三形とを説明するにとどめる。

一、大日如来　身色は浄月（白月）の如く、五仏宝冠をいただき、紺髪を肩にたれ、繒綵の妙天衣を以て腰にめぐらせて上服とし、両手に智拳印を結び、宝蓮華に坐す。頂上より白光明を放つ。四印会・一印会の大日もほぼこれと姿を同じくする。頂上より放つ光明は下は阿鼻地獄から上は色究竟天に至るまでの諸界の有情を照して、その迷盲を払い仏眼を開かしめる。種子は𑖪𑖽字で、三形は率覩婆。

二、四仏　阿閦等の四仏は皆螺髪形で、袈裟を偏袒にまとい、蓮華座に結跏趺坐する。その手相は諸尊各相異し、阿閦は左拳を腰に安じ、右手を垂れて地に触れる。即ち触地印である。この印は諸魔鬼神の障礙を破り、煩悩を滅ぼす功能がある。故に『摂真実経』には破魔印と名づける。身色は青色で、青光を放って東方世界を照し、衆生に悪心を捨てしめ、寂静不動ならしめる。宝生仏は身色金色、左手拳を腰の前に仰げ、右手掌を仰げて指頭を左方に向け、中頭二指をのべて無名小二指を少しく屈する。古書にこれを施願印と記す。但し普通は掌を前に向けて垂れ下げる印相を施願印と名づける故に、今の印相はこれと少しく異なることに留意すべきである。『摂真実経』にこの印の功徳を説いて、五指の間より如意珠を雨らして衆生の諸願を満足せしむという。阿弥陀仏は無量寿如来ともいう。妙観察智定印に住する。この印は『守護経』には第一最勝三昧印と名づけ、能く一切の妄念を滅して心を一境に住し寂静ならしめる。その印相は左右両掌を仰げ中無名小六指を相叉え、二頭指を立て背を合わせ、二大指をその指端に横える。但し御室曼荼羅では、右掌の上に左掌を仰げてのせ、右大指を左掌の中に置く。故に普通の弥陀定印とは異なる。また『摂真実経』中の説は御室版の相と左右手の上下を異にし、右五指を左五指の上に置き、臍輪の前に安ずる。この尊は頂より紅色の光を放ち、普く西方国土を照らし、その中の一切衆生を照らして三昧に入らしめる。不空成就仏は左拳を臍の前に仰げて安じ、右手施無畏印にして胸の前におく。施無畏印は普通は『大日経』密印品に説く如く、五指をのべて掌面を上にし、掌を外に向けて物を施す勢を示す。しかし、御室曼荼羅の尊容はこれと異なり、五指をのべて掌をふせ、胸の前におく。この尊は身より五色光を放ち北方無辺国を照らし、その光に遇う者に悉く無畏を得しめる。

四仏の種子は順に𑖮𑖳𑖽𑖝𑖿𑖨𑖯𑖾𑖮𑖿𑖨𑖱𑖾𑖀𑖾であり、発心・修行・証菩提・入涅槃の徳をあらわす。三形は阿閦は横五股杵の上に五股杵を立て、宝生は三弁宝、弥陀は横五股杵の上に独股杵を立て、不空成就は羯磨杵である。

三、四波羅蜜菩薩　四尊共に天女形で、天冠をいただき、羯磨衣を着し、蓮花座上に結跏趺坐する。金剛波羅蜜は身色は青色、左手に蓮上に梵篋を安ずるを持ち（『秘蔵記』）、右手は阿閦と同じく触地印。御室曼荼羅では左手に持物は見えず、掌面を外に向けた拳の如くに見える。宝波羅蜜は身色は黄色、宝珠をのせた蓮華を左手に持ち、右手にも球状の物を掌にのせている。但し『秘蔵記』末に収める金剛界曼荼羅尊位には「白黄色、左手蓮華、上に宝在り、右手は四角金輪」というて、現図の尊容とは異なる。法波羅蜜は三摩地印（定印）を結び、その上に梵篋をのせた紅蓮花を立てている。身色は紅色、紅色光を放って無辺界を照す。羯磨波羅蜜は左手に梵篋をのせた蓮花を持ち、右手に羯磨杵を持つ。身色は緑色で緑光を放つ。

四波の種子は四仏に準じ、順に𑖮𑖳𑖽𑖝𑖿𑖨𑖯𑖾𑖮𑖿𑖨𑖱𑖾𑖀𑖾である。また三形は順に五股杵・三弁宝珠・独股杵（或いは紅蓮）・羯磨杵である。

四波羅蜜と四仏との関係については数説ある。『略出経』『教王経』等は四仏が大日を供養するために四波を出生すと説き、『秘蔵記』には四波が四仏を出生すという。『分別聖位経』には大日が四波を出生すと説く。

四、慧門十六大菩薩　四仏の四親近十六大菩薩はみな菩薩形で、月輪中の蓮花座に結跏趺坐する。金剛薩埵は右手に五股杵、左手に鈴を持つ（成身・微細・四印諸会はほぼ同様の尊容）。身色は肉色。金剛王は二手拳にして右を内に左を外に腕を交え胸をいだく。身色は肉色（『摂真実経』は青色とする）。王は自在の義、鉤召の義である。金剛愛は『摂真実経』上に金剛弓という。金剛愛染とも名づける。二手を以て箭を持ち、箭を矯《た》むる勢にする。身色は肉色。金剛喜は二手金剛拳に作し、胸の前に於いて弾指の勢を為す。身色は肉色。以上の四菩薩は阿閦仏の四親近で、その座位は仏の前（西）右（北）左（南）後（東）である。この四尊の種子は順にの四字。三形は順に五股杵・双立五股鉤・双立五股杵・二拳相並べて弾指。

金剛宝は虚空蔵と同体である。左手は与願印に作し、右手宝珠を受ける勢を示す。身色は肉色（『摂真実経』には黄金色とする）。金剛光は左手を拳にし、右手に日光形を持つ。身色は肉色。金剛幢は二手に幢を持つ、右手を肩のほとりに左手を腹の横にて幢杖をにぎる。身色は肉色。金剛笑は二手を拳にして耳の傍にあげ、耳背を印する勢に作す。身色は肉色。以上の四菩薩は宝生仏の四親近で、その座位は仏の前（北）右（東）左（西）後（南）である。この四尊の種子は順にの四字。三形は順に三弁宝・日輪・如意幢・二の三股杵の間に歯をあらわす口（笑杵）。

金剛法菩薩は観自在菩薩と同体である。左手に菡蓮華を持ち、右手にてこれを開く勢にする。身色は肉色。金剛利は文殊師利と同体。左手に梵篋を安ずる蓮華を執り、右手に利剣を持つ。身色は金色。金剛因は転法輪菩薩と同体。左手拳に作して臍の前にふせ、右手に金剛輪を持つ。身色は肉色。金剛語は左手を拳にして臍の前にふせ、右手掌を仰げて如来舌を安ずる。身色は肉色。但し東寺曼荼羅は供養会・微細会の尊と同様で、四尊共に二手に蓮花を持ち、その華上に各の三昧耶形をのせている。以上四菩薩は阿弥陀仏の四親近で、その前（東）右（南）左（北）

後（西）に坐す。その種子は四菩薩順にの四字。三形は順に蓮華に独股杵を立つると、利剣と、八輻輪と、舌中三股形である。

金剛業は虚空庫菩薩と同体である。二手合掌して頂上にあげ、身色は肉色である（『摂真実経』には五色という）。金剛護は二手各拳に作して頭指をのべ腕の側に立てる。但し御室版は頭指を立てていない。身色は青色。金剛牙は『聖位経』には金剛夜叉という。摧一切魔菩薩と同体である。その尊容は二手各拳に作して外に向け胸に当てる。身色は白黄色。金剛拳は二手金剛拳に作して胸に当て、腕をやや屈して垂れる。身色は青色。以上の四尊は不空成就仏の四親近で、順に仏の前（南）右（西）左（東）後（北）に坐する。種子は順にである。三形は順に十字羯磨・金剛鍪《ボウ》（カブト）上に三股杵を表わす、横杵上に二利牙をおく、横杵上に二金剛拳の形。

以上金剛薩埵より金剛拳に至る十六尊は慧門の尊で男形である。しかもこの十六尊は実は一金剛薩埵の修行の段階を示したもので別体ではなく、金剛拳菩薩に於いて自証化他の徳を円満し、正覚を成ずるのである。このことは「拳菩薩正覚」の論則に於いて論証している。高祖が『即身成仏義』に引証する三摩地法の文に「後の十六生に正覚を成ず」とあるを釈して、「十六生とは十六大菩薩生を指す」とのべている。即ち金剛薩埵より金剛拳に至る十六大菩薩の階梯を十六生といったのである。

五、八供養と四摂の菩薩　　嬉鬘歌舞の内四供養菩薩と香華灯塗の外四供養菩薩はいずれも女形を現じて内証に相応する姿をしている。故に天女使と呼び、或いは定妃という。金剛界は相互供養を以て一特質とする。内外というは大金剛輪ノ内外の意で、大金剛輪の内に住する故に内ノ四供という。内四供は大日が順に阿閦・宝生・弥陀・不空成就の四仏を供養するために出生した天女使であり、外の四供養は四仏が大日を供養するために流出した天女使である。阿閦仏は菩提心を体とする。菩提心を発すときは適悦歓喜する。故に大日は金剛嬉戯菩薩を出現して阿閦を供養する。宝生は福徳門の尊である。故に大日は福徳を表示する花鬘宝鬘を内証とする金剛鬘菩薩を出現して宝生を供養する。阿弥陀は智慧門説法の徳を司る仏である。故に大日は金剛歌菩薩を流出して弥陀を供養し、説法の徳を倍増する。不空成就仏は諸仏の事業と衆生の事業の徳を司る。故に大日は金剛舞菩薩を流現して不空成就仏を供養する。舞は法身の神通舞戯である。

香華灯塗の四菩薩は大金剛輪の外の重に住する故に外ノ四供という。四仏が大日を供養するために流出した天女使である。即ち阿閦は大日を供養するために香菩薩を現ずる。東方阿閦は初発心の徳を司り、三昧耶戒を受得する尊なる故に、自ら戒香を以て大日に供養するのである。南方宝生は福徳聚門即ち修行門の尊であるから、万行の徳を示す華を以て大日に供養する。西方阿弥陀は智慧門即ち菩提心門の尊であるから智慧の灯明を以て大日に供養する。北方不空成就は穢土に出現して衆生を利益する故に汚染せられることがあるから、塗香を以て身を浄める。故に自内証の戒香を以て大日を供養する。

内四供は正報の供養、外四供は依報の供養である。また一伝によれば内四供は四仏が大日を供養するために流現し、外四供は大日が四仏を供養するために出現した天女使とする。

鉤索鏁鈴の四摂菩薩は化他の徳を示す尊である。大日が一切衆生を曼荼羅に引入せんがために出現せしめた尊で、金剛鉤菩薩は菩提心を以て鉤召する徳。金剛索菩薩は修行を以て引入する徳、金剛鏁菩薩は衆生を実相に安住させて退転することなきようにする徳。金剛鈴菩薩は実相解脱に安住して法性歓喜せしめる徳を示している。

八供四摂の十二菩薩は定門の尊である。その尊容は各の徳を示す三昧耶形を所持している。即ち嬉菩薩は身色黒色、二拳を各腰のかたわらに安じ、頭を少し左にたれる。鬘菩薩は身色白黄色、二拳に花鬘をつなぎ持ち、額より項背に垂れる。歌菩薩は身色白肉色、左手に箜篌を持ち、右手にて弾奏する勢を作す。舞菩薩は身色青色、両手に舞儀の姿勢を示している。次に香菩薩は身は黒色、両手に柄香呂をささげ持つ。華菩薩は身は浅黄色、花を盛る器を右手に持ち、左手をこれにそえる。灯菩薩は身は白色、両手に灯器をささげ持つ。塗菩薩は身は青色、左手に塗香器を持ち右手をこれにそえている。次に四摂菩薩は、金剛鉤菩薩は身色は黒、右手に金剛鉤を持ち、左手拳を臍の前におく。金剛索菩薩は身白黄色、右手に蛇索の如き索を持ち、左手を拳に作して左腰に安ずる。金剛鏁菩薩は身色肉色、右手に鏁をささげ持ち、左手拳を左腰に安ずる。金剛鈴菩薩は身青色、右手に鈴をとり、左手拳に作して腰の前におく。

嬉鬘歌舞四菩薩の種子は順に[illegible]であり、三形は順に左に曲れる三股鉤、金剛宝鬘、金剛箜篌、十字一股杵である。また香花灯塗四菩薩の種子は順に[illegible]で、三形は順に宝香爐、花を盛れる器、宝蠟燭、塗香器である。次に四摂菩薩の種子は順に[illegible]で、三形は金剛鉤、金剛索、金剛鏁、金剛鈴である。

定門の十六尊についてはその尊容内証等の概略を上にのべたが、五仏や慧門の十六尊については未だその内証等を説いていないから、以下に成身会の意義や、慧門十六尊の内証等について述べる。

六、五仏と慧門十六尊の内証　金剛界曼荼羅は仏果の実相即ち智徳の曼荼羅で、成身会は金剛界九会の根本総体であるから、成身会は仏果の実相を表示する曼荼羅と見るべきである。仏果の実相とは五智である（栂尾『曼荼羅の研究』の「根本成身会と五法」の章参照）。不空の『菩提心論』に、

「三十七尊の中に於いて五方の仏位は各一智を表す。東方の阿閦仏は大円鏡智を成ずるに由って、亦金剛智と名づく。南方の宝生仏は平等性智を成ずるに由って、亦灌頂智と名づく。西方の阿弥陀仏は妙観察智を成ずるに由って、亦蓮花智と名づけ、転法輪智と名づく。北方の不空成就仏は成所作智を成ずるに由って、亦羯磨智と名づく。中方の毘盧遮那仏は法界智を成ずるに由って本とす」

といい、三十七尊の主尊である五仏と五智との関係を明かしている。親光の『仏地経論』第七に、この仏果の五法を法身・自性身・自受用身・他受用身・変化身の五身に配する説をのべているが、不空三蔵の『金剛頂瑜伽三十七尊礼』には、この思想を継承して、五仏を法身・自性身等の五身に配し、毘盧遮那を法身、阿閦を自性身・宝生を福徳荘厳聚身（自受用）、阿弥陀を受用智慧身（他受用）、釈迦を変化身としている。また『金剛頂略出念誦経』第一にはこの五法五仏を五部族に分かち、中央毘盧遮那の解脱輪を如来部、東方阿閦輪を金剛部、南方宝生輪を宝部、西方阿弥陀輪を蓮華部、北方不空成就輪を羯磨部としている。

五法五智五仏五部は仏果の実相を示すが、また凡夫の一身に本来具えている徳である。修行によって仏智を証得するは、本具の性徳を開顕するのであって、無より有を生じたのではない。この本具の徳を開顕するための修行法は、金剛界法では五相成身観である。この観法は密教独特のものである。『初会の金剛頂経』『略出経』第一等にこれを説く。その説によれば、印度出現の釈迦が六年苦行して、しかも悟りを得ず空理に滞寂している。この時空中の秘密仏の驚覚を受けて五相成身観を修し、阿迦尼吒天宮で無上正等覚を得、五法五智等を証得して毘盧遮那如来となった。ここに地上の菩薩金剛手、観自在等にかこまれて金剛界曼荼羅を示現した。しかもこの会にもれた菩薩を摂取せんがために須弥山頂に下り再びこの曼荼羅を示現した。この曼荼羅の中央毘盧遮那仏の尊容は阿迦尼吒天に正覚を成じた時の姿である。この毘盧遮那は西蔵に相伝する説では他受用身と見ているが、本宗相承の義は自受用智法身とする。そしてこの自受用智が保有する所の四智を他の菩薩に受用せしめんがために四方に四仏を示現する。即ち東方阿閦仏は大円鏡智の発現で、その菩提の相用を示して薩王愛喜の四親近の菩薩を流現する。南方宝生仏は平等性智の発現で、その福徳聚の修行の相用を示して宝光幢笑の四菩薩を示現する。次に西方の無量寿仏は妙観察智の発現で、その智の相用を示して法利因語の四菩薩を現ずる。北方不空成就仏は成所作智の発現で、その智の相用を示すために業護牙拳の四菩薩を現ずる。この四智の活動をさらに増進せしめるために四波八供四摂等定門の諸尊を流現し、ここに金剛界曼荼羅の基本となる三十七尊を成ずる。金剛界曼荼羅の目的は三十六尊を以て大日の徳用を明らかにするにある。

五部の五智五仏は修生の辺では仏果の実相を示したものであるが、その徳は本来凡夫が具えていた性徳本有の辺からいえば法爾常恒の果徳である。この本有の徳を五相成身観等の修行によって証得する。本有の五智は智の作用が不完全であるから、因位では智と名づけず識という。故に『即身成仏義』に「因位には識と名づけ、果位には智と謂う」と述べるのである。但し唯識家には転識得智の義を立て、八識を転じて大円・平等・妙観・成所の四智を得る義を説くが、本宗の意はこれと異なる。識も智も本有とする。胎蔵は本有を表とする因曼荼羅であるから中台八葉を九識心王とし、金剛界は果曼荼羅であるから智を体として五智心王という。五智の中法界体性智は四部四智の総体で仏部の智である。識に配すれば第九阿摩羅識である。『三巻大教王経』上（大正一八・二〇八中）に「此に由って須弥盧頂金剛摩尼宝峯楼閣に往詣して、至り已って、金剛界如来は一切如来の加持を以て、一切如来の師子座に於いて、一切面にして安立す」といい、『略出経』第一（大正一八・二二七中）に「又想へ、四面毘盧遮那仏は諸如来の真実所持の身を以て」という。この一切面或いは四面大日というは、大日が四智四部を具足してその総体であることを意味する。但し図絵の上には四面を具する大日は描いていない。

五智の中大円鏡智は本有の浄菩提心で、この心に本有の万徳を具すること大円鏡に一切の万像を影現する如くであるから、大円鏡智と名づける。この智は堅固不動の心体であるから金剛部といい、その仏を阿閦仏即ち不動仏と名づける。五転の中には因の句に当たる。この浄菩提心の作用を示すために薩王愛喜の四親近を流現する。真言行者が金剛堅固の菩提心を発し（金剛薩埵）、諸法本来平等の義をさとり、自他愛憎差別の念をはなれて自由を得、一切衆生を善友として鈎召することを得る（金剛王）。自他平等の心に住して自利利他二利の行を旨とし、能く他を愛し利益することをはかる（金剛愛）。衆生を愛することによって自他共に喜ぶ（金剛喜）。菩薩は所願を満足して喜びを得、衆生は解脱の楽を得て喜ぶ。

第二平等性智は本性清浄の智が有情非情に普く平等に具して常住不変なるをいう（本有の義）。また行者が大菩提心を発せば、自他平等の理を照らして大慈悲心を生じ福徳円満する（修生の義）。故に宝部と名づけ、この智を証得した仏を宝生仏と名づける。平等性智より生ずる福徳聚の相貌作用を示すために宝光幢笑の四菩薩を流現する。菩提心の誓願によって大悲万行を修し、修行によって得た功徳宝を積む。万行は如意宝珠である（金剛宝）。またこれによって他より財施を受ける。行者に鈎召せられた衆生は行者の善友となって、行者に栄光あらしめる。宝珠の光明が貧窮の暗を破するを金剛光菩薩という。この宝珠を幢上に高く安じて、世間出世間の宝を雨らして広く衆生に施すを金剛幢菩薩という。万善万宝を衆生に与えて満足せしめ、衆生もまた悦び笑う。これを金剛笑菩薩という。

第三妙観察智は福徳門の修行によって得る正智で、諸法の実相を謬なく観察して、本性清浄の理を証する智であり、五転の中の証位に当たる。『金剛界礼儀』にはこれを智慧門と名づけている。この智を以て説法し、衆生の疑を除く故に、蓮花部慈悲門という。この妙観察の智徳を具うるを阿弥陀仏または観自在王如来と名づける。観察自在の義によって観自在王の名を得たのである。そしてこの智の相用を示すために、法利因語の四菩薩を出生する。金剛法菩薩は本性清浄の法であり、法悦を得て心散乱せず、身心の安楽を得て三摩地に住することを得る。金剛利菩薩は般若の利智を以て煩悩の繋縛を断じ、衆生の迷妄を除く。利は智慧の利剣の意である。文殊師利菩薩と同体。次に金剛因菩薩は般若の利智を因として能く法輪を転じて衆生に菩提を覚らしめ、自心の実相を悟らしめる。因とは説法の因である。この菩薩を金剛輪または転法輪菩薩ともいう。弥勒菩薩と同体。次に金剛語菩薩は正しく説法して衆生を教化し、涅槃に入らしめ、衆生に戯論虚妄の言語なからしめる。

第四成所作智は浄穢に於いて有情を利益する所作を成就する智で羯磨智である。故に五部の中には羯磨部という。その仏を不空成就仏または釈迦牟尼如来という。五転の中には涅槃の位である。この智より生ずる作業の相用を示して業護牙拳の四菩薩を出生する。金剛業菩薩は二利の事業満足するをいい、金剛護菩薩は大慈大悲の甲冑を身につけて衆生界を保護する尊である。金剛牙菩薩は強剛難化の者を教化し、仏地の一障を噉食して根本無明を退治する。この菩薩は調伏の方便を示すために薬叉の忿怒相をして利牙を露出する。金剛の智牙である。金剛薩埵より牙菩薩に至る十五尊の地位を経て、身口意三業が相応し、発心・修行・菩提・涅槃の四転の徳を一身に拳《ツガ》ねて執持するを第十六金剛拳菩薩と名づける。十六生成正覚の位であり、この菩薩の外に大日の覚位があるのではない。

慧門の十六大菩薩は四仏の四智を具体的に表現したものであるが、この四仏四智は真言行者本有の四智を修顕した姿であるから、十六大菩薩は真言行者が修行する内容を細分して説明したものであり、十六大功徳生を示したものである。胎蔵法にあっては行者修行の位階を十地とする。この十地と十六大菩薩位との関係を述べる論則に「生地開合」と題するものがあり、その実体は同一と見るのである。その配当については、二説あり、一説には薩王愛喜を初地、宝光を順に二地三地、幢を四五両地、笑を六七両地、法利を八地、因語を九地、業護牙拳を第十地とする。一説には薩王愛喜を初地、宝光幢笑を順に第二地乃至第五地、法利を第六地、因語を七地、業護を第八地、牙拳を順に第九第十両地に配する。

第二十六　三昧耶会

五仏・四波・十六大士・八供・四摂・賢劫十六尊・二十天　計　七十三尊

三昧耶会は成身会の下方即ち東方の曼荼羅である。成身会では賢劫千仏をあげているが、この会は千仏の代表として賢劫十六尊を出し、七十三尊で曼荼羅を構成し、成身会が諸尊悉く尊形なるに対し、この会は諸尊を悉く三昧耶形で示している。三昧耶会と名づくるはこれがためである。三昧耶は諸尊の本誓を表示する意で、諸尊の持物契印たる宝珠・金剛杵・輪宝・刀剣等を三昧耶形という。『十八会指帰』には「第二に陀羅尼曼荼羅を説く、三十七を具す。此の中の聖衆は皆波羅蜜形に住す」という。陀羅尼曼荼羅の名は文字を以て示す法曼荼羅を指すように見えるが、実は三昧耶曼荼羅のことである。陀羅尼に総摂任持の義があり、仏の密意は種々の功徳本誓を総持しているからこれを陀羅尼と称し、この意密陀羅尼を三昧耶形を以て描くから、三昧耶会と称したのである。また『指帰』に「波羅蜜形」というは女形の意である。陀羅尼は一切有情の仏性を能く養育保護するから、母性を表わして波羅蜜形という。従って『五部心観』には女形の菩薩が三昧耶形を擎《ささ》げた図をかいている。

この曼荼羅は一類の弟子を引入して灌頂を与え、また秘密観法を教える曼荼羅であるから、『三十巻教王経』第七には金剛秘密曼荼羅と名づけている。秘密観法とは金剛秘密身印・金剛秘密観視印・金剛秘密語印・金剛秘密心印等の諸観法であり、経に詳細に説いている。秘密身印の観法は、行者自身の形を金剛薩埵の三昧耶形たる金剛杵にして、金剛明妃と合一すると観じ、或いは自身を金剛王菩薩の三昧耶の金剛鉤にして、金剛王妃に鉤召せられると観ずるが如く、行者自身を菩薩の三昧耶形にして菩薩の身とし、自身の前の明妃と合一すると観じ、智の体（男尊）と用（女尊）との一致を観ずるのである。第二の観視印の観法につき、『経』には四種眼・四種法等の観法を説く。四種眼とは金剛視（歓喜華開眼）・光明視（極悪動揺眼）・忿怒視（顰眉破壊相）・慈愛視（堅固慈愛眼）であり、順に敬愛・鈎召・降伏・息災に相応する眼相である。極悪動揺眼の悪は多分「速」の誤りであろう。不空の『陀羅尼門諸部要目』には、これを順に法眼・熾盛眼・忿怒眼・慈眼と名づけている。また『略出経』一には除災に慈悲眼、増益に金剛眼、降伏に明目、阿毘遮羅に瞋怒眼とすることを説く。その説明によって眼相を判ずるに、明目は光明視、熾盛眼に同じく、他の三眼も同様にそれぞれに配当して見るに別に異なってはいない。ただ四種法との関係に於いて、金剛眼を増益とし、光明眼を降伏とする相異がある。『略出経』に降伏と阿毘遮羅とを出すは不審で、降伏は敬愛の誤りかと思われる。

旧来の相伝の説によれば、三昧耶会は、仏が成身会に於いて成仏し了って化他門に出で、各自の本誓悲願を示して衆生を引摂する曼荼羅なりという。（従果向因の次第）

次にこの曼荼羅に於ける三十七尊の三昧耶形と種子とを説く。賢劫十六尊二十天の三昧耶形は今は省略する。

一、中央大日　胎大日は本有法身であるから、荘厳のない五輪塔を三形とするが、金大日は修生顕得の智身であるから、瓔珞風輪等を以て荘厳した多宝塔を三昧耶身とする。五股金剛杵を横え、その上に多宝塔を安ずる。この三形は蓮華座の上にある。五股杵は生仏不二平等の五智が顕現した時の三昧耶形であるから、五仏は皆この横五股杵の上に各自の三形をおく。但し御室版曼荼羅は横五股を横三股杵に描いている。種子は𑖪𑖽。

二、東方阿閦　普通は五股杵を三形とするが、この曼荼羅にては忿怒三股（羯磨鎮壇）にしている。四魔三障の動乱を降伏し鎮定して不転不動なることを示す。阿閦は一切衆生をして金剛堅固の菩提心をおこさしめるを本誓とする。故に堅固不動の徳を示して鎮壇を三昧耶身とするのである。横五股杵は阿閦の三昧耶身である。但し御室版はこれを横三股に描いている。種子は𑖮𑖳𑖽。

三、南方宝生　横金剛杵の上に三弁宝珠。宝珠は一切の財宝を雨らす徳ある故に、修行功徳の宝を生ずる此仏の三昧耶身とする。横五股の両端の五股は仏と衆生との五智上下なく平等なる義を示す。本有菩提心の義である。但し御室版は蓮華の上に直に三弁宝珠を安じ、横杵を描いていない。種子は。

四、西方阿弥陀　横杵上に独股杵をたてる。この独股杵は蓮花の茎をあらわす。故に『略出経』三には「横跋折囉を画き、上に蓮華を画け」という。胎蔵には初割蓮、金には開蓮を三形とすべきである。横五股杵の表示は前に準じて意得たらよい。これまた御室版は横三股杵にしている。種子は。

五、北方不空成就　横五股杵の上に羯磨杵（両三股杵を十字形に交える）を安く。羯磨杵は事業成弁の徳が横竪無礙なることをあらわしている。御室版は横五股杵を横三股杵にしている。種子は。

六、四波羅蜜　金・宝・法・業の四波順に各蓮花の上に五股・宝珠・花法器仗印（箱状の物の上に独股杵を茎とする合蓮華）・羯磨杵をたてる。

七、阿閦の四親近　薩・王・愛・喜の四菩薩各蓮花の上に順に五股杵・双鉤・双立三股・二手弾指を立てる。

八、宝生四親近　宝・光・幢・笑の四菩薩順に宝珠・日輪・幢幡・笑杵（縦断した二の三股杵を横たえ、その断間に歯をならべる）を蓮花の上に安く。

九、阿弥陀の四親近　法・利・因・語の四菩薩順に花法器仗（『七集』には開蓮）・利剣・八輻輪・舌形三股杵を各蓮花の上に立てる。

一〇、不空成就の四親近　業・護・牙・拳の四菩薩順に羯磨杵・甲冑・双羯三股・二金剛拳を蓮花の上にたてる。

（『便覧』第三、蓮華上二拳如㆓弾指㆒）

二、八供菩薩　嬉・鬘・歌・舞の内四供順に竪跋折囉（左に傾ける三股杵《タワミ三股杵》を蓮台座の上にたてる）・縄末に半三股をつける・上頭三股形の六絃琵琶・十字跋折羅を各蓮花の上にたてる。香・華・灯・塗の外四供は順に焼香器・散華形・蠟燭形・塗香器を各蓮花の上におく。内四供《四印会》外四供

三、四摂菩薩　鈎・索・鏁・鈴の四菩薩順に金剛鈎・金剛索・金剛鏁・金剛鈴を各蓮花の上におく。

大金剛輪の外の四隅にある蓮華座は四大明王座を示したものである。

賢劫十六尊は賢劫千仏の上首で、『略出経』第三・『二巻教王経』下・『賢劫十六尊軌』・『観想曼荼羅浄諸悪趣経』等に曼荼羅に於ける位置・身相・印契・真言などを明かすが、その説は一致していない。吉祥『曼荼羅図説』一二六頁にこれらの経軌并に『石山七集』に出す尊名三形等の同異を表として記しているから参照したらよい。当会の十六尊は勿論三昧耶形で示してあるが、後の微細会・供養会にも十六尊を出す故に、今便宜上その種三尊を菩提華の『便覧』第二（八葉学会本三頁表）によって記すことにする。『便覧』は成身会の所で説き、『略出経』の所説によって尊名と坐位を記している。

東北、慈氏菩薩　種子、三形は軍持、尊形は身金色、左に軍持、右に龍華樹枝を待つ。

東二、不空見菩薩　種子、三形は一股の両傍に眼がある。尊形は身黄色、左手は拳、右手に両傍に眼のある一股をのせた蓮華を持つ。（御室版は独股を立て、その中央より横に小さき独股を十字に交える。）

東三、滅悪趣菩薩　種子《ドボウ》、三形は梵夾、尊形は身白色、左手に軍持を執り、右に三股鈎を把る。

東四、除憂悩菩薩　種子、三形は木枝、尊形は身黄白色、左手は拳、右手に梵夾。

南一、香象菩薩　種子《ギャク》、三形は器、尊形は身白緑、左手は拳、右手には象を擎《ヒ》く。

南二、大精進菩薩　亦、善勇猛と名づく。　種子、三形は独股、尊形は身白頗黎色、左手は拳、右手に鏘戟。

南三、虚空蔵菩薩　種子、三形は三弁宝珠、尊形は身黄白色、左は拳、右手に蓮上如意宝。

南四、智幢菩薩　種子、三形は幢旛、尊形は身青色、左は拳、右手に宝幢。

西南一、無量光菩薩（または甘露光という。）　種子、三形は光明、尊形は身白色、左に梵夾、右手に光明。

西二、賢護菩薩　種子、三形は賢瓶、尊形は身紅色、左手拳、右手如意宝、熾盛なる光明がある。

西三、光網菩薩　種子、三形は幢網、尊形は身赤色、二手に網を持つ、光が有る。

西四、月光菩薩　種子、三形は半月、尊形は身白色、左手に拳、右手は幢上の半月。

北西、一、無尽意菩薩　種子《キシャ》、三形は梵夾、尊形は身白色、左手に拳、右手は梵夾。

北二、弁積菩薩　種子、三形は雲、尊形は身浅緑、左手は拳、右手に蓮。

北三、金剛蔵菩薩　種子、三形は四の独股を井につくる。尊形は身青白色。左手拳、右手に青蓮上に一股杵。

北四、普賢菩薩　種子は、三形は智剣、尊形は身金色、左手は拳、右手に剣。

第二十七　微細会

五仏・四波・十六大士・八供・四摂・賢劫十六尊・二十天　計七十三尊

微細会は九会の中の東南隅の曼荼羅である。『十八会指帰』には微細金剛曼荼羅という。また金剛智法曼荼羅とも名づける。一伝にはこの会を羯磨会と名づける。曼荼羅の尊数は三昧耶会に同じく七十三尊である。この会の諸尊は二十天以外は皆三股金剛杵の中に住している。その相が微細幽玄で知りがたいから微細会という。微細智より出生することを示して、諸尊金剛杵内に安住する姿に画く。また三股杵は諸尊の金剛微細の法を観察する智を表している。次に金剛智法曼荼羅と名づくるは、此会の諸尊が微細定に住して、その観察の結果を表現する法智印となり、この法智印の意義を形にあらわした三昧耶形を観想して、これに心を専注する儀相を示すからである。「金剛の智の法曼荼羅」という意。根本法界体性智から無量の智を流出するが、その代表として三十七尊をあげる。故に『十八会指帰』には「第三微細金剛曼荼羅を説く。亦三十七を具す。聖衆金剛杵の中に於いて画け、各定印を持す」という。定印とは金剛縛をいう。『五部心観』に阿閦以下の諸尊皆胸に三昧耶形を有し、金剛縛定印の相に画くは、このためである。各自の三昧耶形を心に安置するは諸尊が各々自らの法性に心を専注する相である。諸尊が三摩地の相に住するは一切有情をして三摩地智を成弁せしめんがためである。現図は経文や五部心観図と異なって諸尊が金剛縛定印に住せず、三形を心に安置せず、身の威儀は成身会の諸尊にほぼ同じである。種子もまた成身会に同じである。

第二十八　供　養　会　五仏・四波・十六大士・八供・四摂・賢劫十六尊・二十天・計七十三尊

この会は九会曼荼羅右方の中央の曼荼羅である。『三十巻教王経』第八にこの曼荼羅を「最上羯磨曼荼羅其の相猶し金剛界の如し」と説き、『十八会指帰』には「第四に一切如来広大供養羯磨曼荼羅を説く。亦三十七を具す。彼の中の聖衆各本標幟の供養を持して住し、広く入曼荼羅の法を説く。互に十六大供養法を受く。弟子の為に受十六大供養法を説き、四種秘密供養法を説く」という。この会の諸尊は宝冠繋鬘を以て本師如来に奉る事供養の相を顕わす故に、供養会という。一伝に当会を羯磨会と呼ぶは上引の『三十巻経』や『十八会指帰』の文によって考え合せられる名称であり、供養は事業なる故に羯磨会と名づけたのである。御室版では五仏以外の三十二尊と賢劫十六尊は皆両手に蓮花をささげ、その上に各自の三昧耶形を安じている。但し賢劫尊の内除憂闇菩薩は樹枝を両手に持ち、蓮花にのせていない。また二十天以外の諸尊はすべて蓮花座に結跏趺座している。東寺曼荼羅では、四波十六大菩薩は前述の如き儀相に描き、八供・四摂・賢劫十六尊は微細会とほぼ同じ儀相である。三昧耶形を蓮花にのせて双手にささげるは、供養の儀式を表わす。この会は五仏以外すべて女形にすべきである。梵語の供養の語は布惹 pūjā で女声であり、供養の事業は菩提心等を養育し生成せしめる故に、女人の徳性と相通じている。従って『五部心観』には女形に描いている。

この曼荼羅は諸尊が相互に供養する儀式に住している。供養には出纏と在纏と二種ある。出纏供養は、過去已成の如来を供養して法楽を倍増する所の、諸尊相互供養である。在纏供養は諸仏菩薩が各の本誓標幟をささげて、一切衆生在纏本覚の如来を供養して、その内薫力を増すをいう。この会は総じて虚空庫菩薩の三摩地である。『三十巻経』巻第八には当会の供養の内容を、大菩提心成弁供養と一切仏供養と、法供養と三摩地供養との四種とし、更にこの四種に各四種を分かって十六供養とする。また『理趣釈』には菩提心・資糧・法・羯磨の四種供養を説く。この区分は供養の内容によったもので、上記の出纏在纏の区分とは性格を異にしている。この外、五種、八種、十六種、十七種、二十種等の別を説く場合もある。慈覚の『蘇悉地経疏』第六には事法供養と真心供養との二種を説く。事法供養とは塗香・花鬘・焼香・飲食・灯明等を供養すること。真心供養とは真言手印を以て献ずるをいう。或いは利養・恭敬・行の三種供養を説く。利養供養は香花飲食等利養物を供養することで、前の事法供養に当たる。恭敬供養は礼拝讃嘆等を以て供養するをいう。前の真心供養はこの中に摂することができる。行供養は事業動作による奉仕供養である。このように供養の内容は種々に分類することができるが、すべて今の供養会の曼荼羅に属する事業である。

相伝の一説によれば、成身会は行者が上転修行し、五相成身の観を以て即身に仏身を成就する作法の曼荼羅で、自証曼荼羅である。三昧耶会から供養会に至る三会の曼荼羅は、已に仏果を成就した後に化他門に出る相を説くもので、従果向因の曼荼羅である。その中で、三昧耶会はまず因位の本願を開示し、次の羯磨会（微細会）は生仏平等の真理を示して、一切衆生は必ず三平等の真理に悟入し、成仏の位を証することを得る義を説き、後の供養会は化他の大事業を成すことを説く。故にこの三会は化他の大用三密を示す。三昧耶会は意密、羯磨会は語密、供養会は身密である。よってこの三会に三密加持速疾顕の義を示すと（権田雷斧『通解』の一説）。この義も一理ある。但し本筋は前に述べた如く四種曼荼各不離の義を示すものと意得るべきであろう。

第二十九　四　印　会　五仏・四波・内四供　計十三尊

この曼荼羅は九会の右上に位する。上の成身・三昧耶・微細・供養の四会曼荼羅は順に大・三昧耶・法・羯磨の四種曼荼羅である。今の四印会は四曼各不離の義を示して、四種曼荼羅を総合した所の略曼荼羅である。これに十三尊を安置するが、尊形と三形とで示している。その尊名につき、一説には、四方は四仏、四隅は四波とする。五仏心王の義を示し、四仏は能加持、大日は所加持の尊とする（印融の『曼荼羅鈔』）。一説には四方は四波・四隅は金剛薩埵・金剛宝・金剛法・金剛業の四菩薩とする（慈雲ノ口説『随聞記』）。また一説には中台は金大日・東方金剛薩埵・南方虚空蔵・西方観音・北方毘首羯磨（金剛業）の五尊を尊形にて示し、大金剛輪の四隅の三形を金宝法業の四波羅蜜とし、外の四隅の三形を嬉鬘歌舞四供とする。これは本円の『曼荼羅義記』の説で、今はこれを採用する。その配置は次図の如くである。中央大日輪の四囲に五色界道があり、大金剛輪や、各尊の界畔は三股界道とし、四門に蓮華門を設けている。

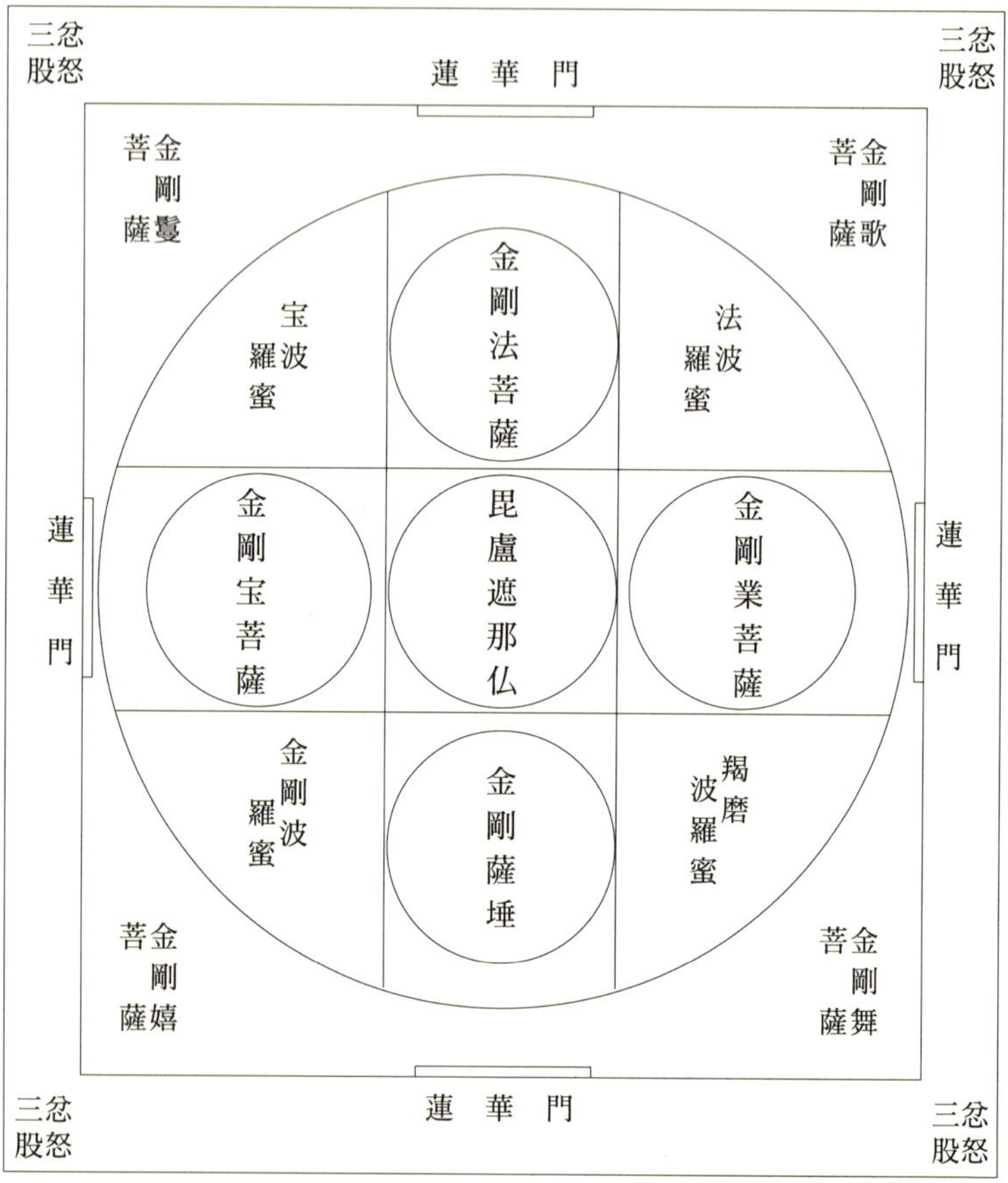
三股忿怒
蓮華門
三股忿怒
金剛鬘菩薩
金剛歌菩薩
宝波羅蜜
金剛法菩薩
法波羅蜜
蓮華門
金剛宝菩薩
毘盧遮那仏
金剛業菩薩
蓮華門
金剛波羅蜜
金剛薩埵
羯磨波羅蜜
金剛嬉菩薩
金剛舞菩薩
三股忿怒
蓮華門
三股忿怒

この曼荼羅は『三十巻経』第八によるに、成身会等の広曼荼羅に入ること不可能な行者のために設けた略曼荼羅である。四波を三形（印契）で表わしているから四印会と名づける。この会は四仏についても成立つ曼荼羅である。また『十八会指帰』によれば、この曼荼羅は下劣の者のためのみでなく、弟子が大三法羯四種智印の成就法と四種曼荼羅観とを受けて、悉地を求むるためでもある。四種智印の成就法とは、一に大印の成就法。諸印を結び心明を持誦し、自心を観想すること教の如くして、智相応し勝成就を得る。二に三昧耶印成就法。自ら諸根を調えて金剛縛を結ぶ。この印契にふれると妙愛を得、自在を得る。三に法印成就法。微妙金剛の法の中にて智印を結ぶ。この儀軌が相応すれば智印の妙愛法を成就する。四に羯磨印成就法。諸の歌舞飲食楽法などを以て仏聖賢に献ずれば、羯磨印の妙愛自在を得る。次に四種曼荼羅観とは、一に大曼荼羅観。端然正坐して自ら金剛界となると観ずる。二には三昧耶曼荼羅観。金剛縛を結び、二中指を竪て、小指と頭指との端をおこし、面を仰げる。三には法曼荼羅観。微細金剛の勝法を用いて三摩地を修し、微細会の曼荼羅を観ずれば、三摩地を自在にすることを得る。四には羯磨曼荼羅観。二手金剛挙印を結び、二金剛杵を堅く執持し、小指頭指を結縛する（二手に金剛杵をにぎり、小金剛輪の印を結ぶ）。これは金剛身の勝壇印である。

第三十　一　印　会　独一法身

九会の中央上辺の曼荼羅である。『三十巻教王経』第八現証三昧大儀軌分第五にこれを説く。しかし、東寺曼荼羅・高雄曼荼羅の一印会は本経の説と同じでない。本経の説によれば、一印会は一尊法を修するための曼荼羅で、極略を好む行者のために説いたものである。多くの場合その一尊の大印（尊形）を造立し、若しは描き、或いは大印にかえて三昧耶形を造立する。その一尊の曼荼羅に対して、その尊の真言を誦じ、或いは三摩地に入って修行する。『五部心観』には本経によって、月輪中に金剛薩埵一尊を描き、真言を記し、更に梵語で「一印曼荼羅畢る」という意を書いている。この曼荼羅の本尊は何尊でもよいのであるが、本経に金剛薩埵を出すは、この尊が菩提心の徳を主り、諸尊の総徳で、一切行者の代表と見ることができるからである。しかも本経に本尊の三摩地法として、毘盧遮那と金剛薩埵との法を説く。現図に大日の一印曼荼羅を描き、更に西北隅に金剛薩埵の一印曼荼羅たる理趣会を描くは、この本経の説文によったものである。現図に大日の一印曼荼羅を説くは、三十七尊が皆大日一尊に帰入する義を示し、万有諸法が悉く六大法性の体大に帰入することを明かしている。

この曼荼羅は中央月輪の中に宝蓮華に坐する大日如来を描く。この尊は自受用智法身で五仏宝冠をいただき、智拳印を結ぶ。一印会の一印とは智拳印のことである。大月輪の外に三色界道があり、その外に食道があり、蓮華を描き、その四隅に各一賢瓶を置く。食道の外に四方に蓮華門があり、四隅に忿怒三股をおき、宝生草を描く。

大師は真雅に無所不至印を、実慧に外五股印を、真済に智拳印を最秘印として伝えたという。従って智拳印は最秘印である。この印は『金剛頂大教王経』『一字金輪軌』『理趣経』を始め、多くの秘経軌に説く所で、その名称も種々異なり、その名が印の特色の一端を示している。今それを詳述することは省略するが、印相は左右金剛拳にして、左拳の風指をのべ、右拳にてこれをにぎる。左は衆生の五大、風指（頭指）をのべるは頭に息風のある義を示す。右の金剛拳は仏界で、五智五仏の宝冠をかたどる。右拳にて左風指をにぎるは衆生に宝冠を被らせた姿である。この印を以て加持すれば、凡夫の身に如来の灌頂宝冠をいただき成仏することを得る。また左風指は衆生の命息、右の大指は仏界の大空智で、左風指の端と右空指とを接するは生死輪廻の惑業苦の三道を空じて成仏する義である。大日の三形は塔であるが、この智拳印はこれを結びあらわしている。左拳は五大にして塔、右拳を合すは塔上の九輪である。多宝塔上の九輪は金の五仏と四波羅蜜の九尊を示す。下の塔は胎理塔である。また金大日の種子は𑖪𑖽字であるが、この印は𑖪𑖽字の形を結ぶものともいう（興教大師、『金剛界沙汰』）。𑖪𑖽字の本体を言説の𑖪（va）字とする義と、縛の𑖤（ba）字とする説とある。𑖪字は縛不可得にして諸惑滅除の義を示す故に法身の種子とする。𑖪字は言説不可得で水大の種子である。一伝にはこの字に五大五輪を具すと見る。この説は、『秘蔵記』に水に五智の徳を具することを明すを、よりどころとしたものである。秘蔵記杲宝鈔に𑖪字の形音義について詳釈している。

権田雷斧の『通解』に「一印会の行法は始終智拳の一印を以てし、他の印明を用いざる一印法なるべし、虚空蔵求聞持法の如し」と説く。この説は慈雲口説の『随聞記』に正しく明かしている。また『随聞記』では智拳印の印母について口訣を出している。西大寺流相伝の説である。また『通解』に、金剛薩埵は左手金剛拳の風指をのばして鈴をとり、右手金剛拳に五股をとるは、智拳印を引き分けたものと述べている。更にまた木幡心空（真空か）上人の口訣として「菩提心論の奥の若人求㆓仏慧㆒等の頌文は智拳印の説文なり、若人求仏慧と云う時に左の人指をのべ立て、通達菩提心と誦じて右の拳の中に通達す。父母所生身速証大覚位と誦ずる時、左の風指の端を右の空の端に拄う。父母所生の肉身に法身大空を証得する義を示すなり」とのべている。

月輪・蓮花・光明・光焔・輪環・蓮華門・宝生草等は既に胎蔵のときに説明したから省略する。四隅の四瓶は四智を表わす。瓶には何れも𑖪𑖽字を書く。瓶中の水は五智の徳を示す。この五智荘厳のために瓶に綵帛をかけてかざる。瓶には賢瓶と軍持瓶の二種あるが宝瓶は必ず賢瓶を用いる。この瓶中に二十種の宝物を納める。五智の宝財である。瓶は五茎の蓮を以て覆う。五智開敷の義を示している（胎の宝瓶は三茎蓮を用いるが、これは三部の花をあらわす）。三色界道は胎の三部を示す。智は理を所依として住する義をあらわしている。食道の蓮華もまた同様である。金剛の智を荘厳するに胎蔵の理を以てするのである。

宝冠に五智宝冠と五仏宝冠とある。一印会大日の宝冠は五仏冠である。智法身が理を離れぬ義を示している。（慈雲口説『随聞記』三の五仏灌頂の頂を参照）

第三十一　理　趣　会　五尊・八供・四摂　計十七尊

この曼荼羅は九会の左上北西隅に位する。金剛薩埵を中心とし、慾触愛慢の四金剛を四親近とし、四隅に香華灯塗の四供、第二院の四隅に嬉鬘歌舞の四供、四方に鉤索鏁鈴の四摂菩薩を配している。即ち次図の如くである。

理趣会

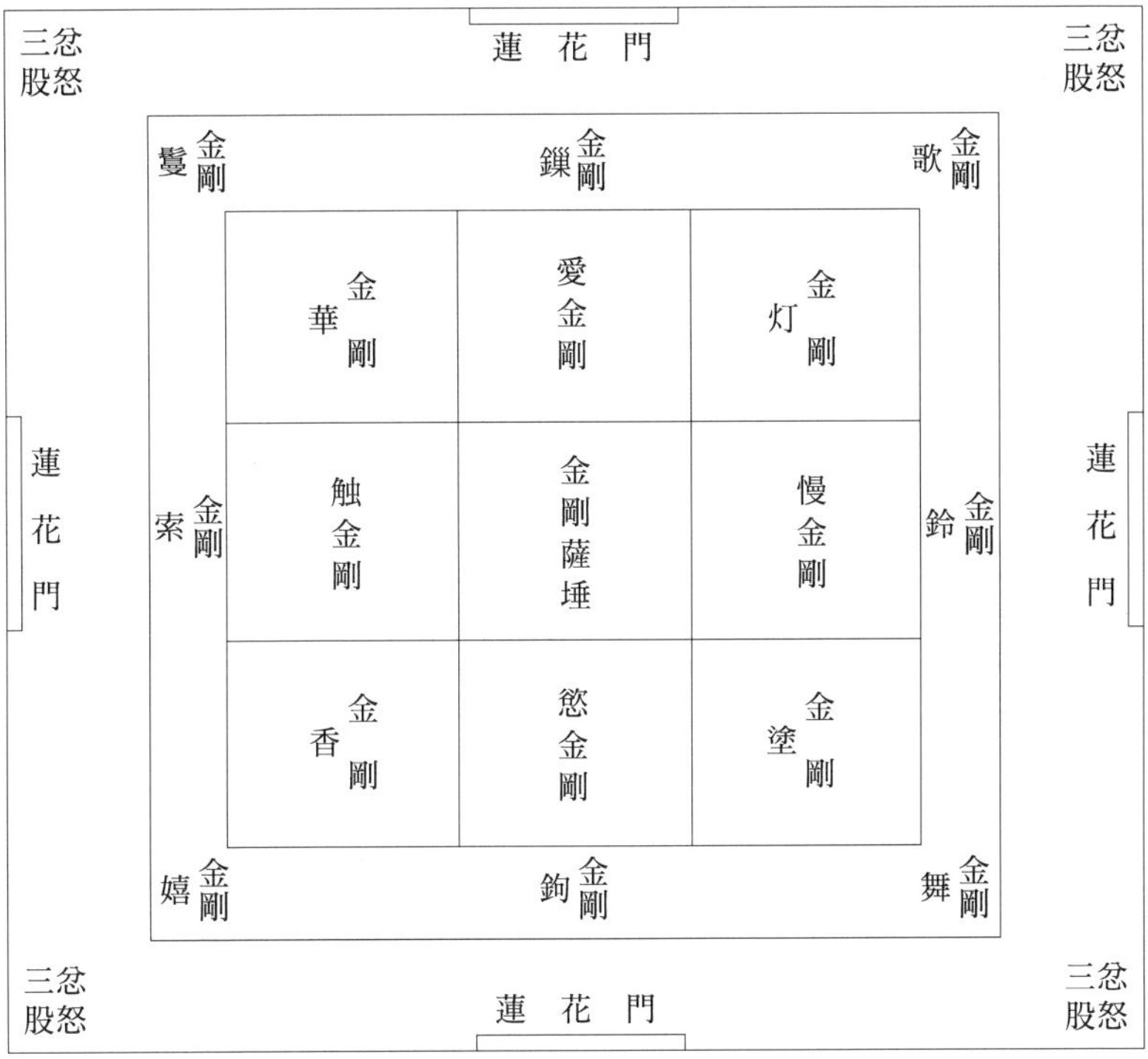

香＝時雨
意生金剛女
華＝時春
計里吉羅金剛女
灯＝時秋
愛楽金剛女
塗＝時冬
意気金剛女

鉤＝色
索＝声
鏁＝香
鈴＝味

済暹の『両部曼荼羅対弁抄』上に九会と胎の十三大会との不同を説く文段に、理趣会について二説を出し、一説には一印会に因果を分かち、現図の一印会は果の一印、理趣会は因の一印で、理趣会は一印会から開いたものとする。一説には理趣会は『理趣経』の五秘密曼荼羅と分斉を同じくすると見て、十八会の第六会の曼荼羅と見る。この両説は『九会秘要抄』にも出ている。古くからいい伝えた説のようである。そして中世にも賢宝の『秘蔵記愚草』に『両部対弁抄』を引用して両説をあげ、徳川期の菩提華の『便覧』にも『愚草』を引いている。『金剛頂大教王経』の中には金剛界品・降三世品・遍調伏品・一切義成就品の四大品がある。第一説の意は、現図の九会は成身会から理趣会までの七会は金剛界品の経文によって建立し、降三世会と降三世三昧耶会とは第二の降三世品の経文によって建立したと見ている。即ち『教王経』の経文に忠実に従った建立とするのである。栂尾『曼荼羅の研究』に第二説を排して初説を採用している。九会曼荼羅構成とその所依の経文との関係からいえば当を得た説といわねばならぬ。しかし、第二説も注意を払う必要がある。第二説は三宝院流等に相承する説であるが、この説の根拠は九会曼荼羅を自性・正法・教令の三輪身の次第を説くものとして、成身会から一印会までは自性輪身の曼荼羅、理趣会は正法輪身の曼荼羅、降三世二会は教令輪身の曼荼羅とするにある。この三輪曼荼羅の次第による九会構成と見る義は注意すべきであり、『曼荼羅の研究』に、成三微供四会の曼荼羅中に五仏の如き自性輪身あり、十六大菩薩の如き正法輪身あり、金剛牙等の教令輪身もあるからそれ以上に正法輪身として理趣会を教令輪身として降三世二会を設くる必要はないと論じているが、これは少し的をはずれている。九会に三輪身説法の次第を見る説は各会の主尊の資格によって述べているのである。賢宝が『愚草』に指摘している如く理趣会の曼荼羅が宋法賢訳『七巻理趣経』第三に説く金剛薩埵十七尊曼荼羅とその建立が符合する。従って現図曼荼羅作者の意途は恐らく初説の如く因の一印曼荼羅として理趣会を建立し、しかも十八会中の第六会の金剛薩埵十七尊曼荼羅によって諸尊を安置し、九会全体の上に三輪身の曼荼羅を造立したものと思われる。

理趣会の十七尊。

一、中尊金剛薩埵　『理趣経』には妙適という。普賢と同体であり、五仏宝冠を着し、大蓮華に坐し、左手に金剛鈴を執りて腰に安じ、右に五股杵を持つ。鈴は適悦の義、腰に安ずるは大我の義である。五股杵は五智を示し、拳を外に向けてこれを持つは衆生に五智を与える義である。

二、東方欲金剛　『理趣経』に欲箭といい、また意生金剛という。二手に金剛箭を持ち、弓をひき箭を放つ意を示す。大悲の欲箭を以て衆生を射取り、菩提の台におくことをあらわしている。

三、南方触金剛　『理趣経』に触とし、計里吉羅金剛ともいう。二手各金剛拳に作して腕を交え、五股杵を抱く。五股杵は金剛薩埵を意味し、衆生を捨てずして、必ず解脱せしめることをあらわす。

四、西方愛金剛　『理趣経』には愛縛という。左右の手に摩竭幢を持つ。愛念の縄を以て衆生を縛して放捨せぬことが、摩竭魚の口に入れたものを免れさせぬ如くであるから、摩竭魚幢を持つ。

五、北方慢金剛　『理趣経』に一切自在主という。意気金剛とも名づける。二手拳をふせて腰に安じ慢相を示す。慢は主宰自在の義。前の愛金剛が衆生を縛して菩提に至るまで放捨しないから、一切衆生が悉く毘盧遮那の体を成ずる。これを慢金剛といい、この位は所作を成弁し已って高拳自在であるから一切自在主という。欲触愛慢四尊は金剛菩埵の四智を司る。故に皆宝冠をいただき男形である。

六、辰已香菩薩　『理趣経』に見という。意生金剛女とも名づける。欲金剛女で、両手に柄香爐を持つ。香華灯塗の四尊は定徳を司る故に女形であり、天冠をいただく。これを見というは、一切法に於いて勝義真実の諦理𑖀字本不生の理を見る義による。

七、華《未申》菩薩　『理趣経』に適悦という。また計里枳羅金剛女・触金剛女ともいう。触を適悦する義、両手に花を盛る器を持つ。

八、灯《戌亥》菩薩　『理趣経』に愛という。また愛楽金剛女とも名づける。貪愛に即して清浄を得るを内証とする。花台の上に蠟燭を立てたるを両手に持つ。

九、塗《丑寅》菩薩　『理趣経』に慢という。また意気金剛女という。生死涅槃に於いて大我の体を得て、三界に於いて自在無畏なるを以て慢という、両手に塗香器を持つ。

欲触愛慢の四菩薩は現行の事相につき、四隅の四菩薩は能起の煩悩に約して四惑即四波羅蜜の徳なりと説く義である。四隅の四供と第二重の嬉鬘歌舞の四供とは、金剛薩埵と四金剛との間の相互供養を示すものか。

一〇、嬉《辰巳》菩薩　左右各拳にしてふせ腰に安ずる。

一一、鬘《未申》菩薩　両手に華鬘をささげる。

一二、歌《戌亥》菩薩　両手に箜篌を持つ。

一三、舞《丑寅》菩薩　両手をおどらせ舞の姿を表わす。

次に四摂の菩薩は『理趣経』には順に色・声・香・味と名づけている。四菩薩共に天冠をいただき、蓮花座に坐す。

一四、東金剛鉤菩薩　右手に金剛鉤を持ち、左手を拳にして腰におく。

一五、南金剛索菩薩　右手に金剛索を持ち、左手を拳にして腰におく。

一六、西金剛鏁菩薩　右手に金剛鏁を持ち、左手拳にして腰におく。

一七、北金剛鈴菩薩　右手に金剛鈴を持ち、左手拳にして腰におく。

慈雲口説の『随聞記』第三に『理趣経』の曼荼羅と現図の理趣会曼荼羅とを対弁して、『経』には二重の欲触愛慢がある。欲箭・触・愛縛・一切自在主の四尊が一重、見・適悦・愛・慢が一重である。故に且く初の欲触愛慢を以て薩埵の一尊に摂し、次の一重を以て現図の欲触愛慢に配して明妃とし、『経』の荘厳・意滋沢・光明・身楽の四尊は現図の花香灯塗で内四供、『経』の色声香味の四尊は現図の鉤索鏁鈴の四摂菩薩とし、現図の嬉鬘歌舞は理趣会の曼荼羅に余る故にこれを内四供の香華灯塗に摂す。内外相融即するという義を述べている。これは西大寺流の相伝の説であり。このように融摂無礙を見ることはまた密教の特質でもある。

第三十二　降三世会

五仏・四波・十六大士・八供・四摂・賢劫十六尊・二十天・四大明王・計七十七尊

九会の中北方の中央に位する。降三世羯磨会ともいう。当会と次の降三世三昧耶会は『三十巻大教王経』の降三世品によって建立したものであり、『経』の第九より第十二に至る四巻に説いてある。前の金剛界品による曼荼羅は金剛の智体をあらわすが、降三世品による曼荼羅は大日が強剛難化の衆生を教化せんがために、忿怒の相を以て大自在天等の三界の諸天を降伏し、これに教勅を下す曼荼羅である。従って降三世会を本経には三世最勝大曼荼羅とも名づける。降三世会の名称は『秘蔵記』による。三世最勝とは降三世の異名である。三世は三界三毒で、三世の貪瞋痴の三毒を降伏するから降三世と名づけ、過去の貪によって今世に貪報を受け、今世に貪業を為して未来に貪報を受ける。瞋痴もまた同様である。また三世とは三界である。我慢の三界主を降伏する故に降三世という。金剛手が大自在天を降伏するは菩提心を以て煩悩所知の二障を断捨することを表する。大自在天は自ら三界主なりと称して我慢であり、自意に合わねば忿怒を発す故に、大自在天は瞋恚をあらわし、女は貪愛の対象であるから大自在天の妃烏摩は貪欲を示す。金剛薩埵忿怒三昧に住して、この大自在天と后妃とを降伏し、彼等に心の実相を開覚せしめ、曼荼羅に帰入せしめる。

現図の降三世会は殆ど成身会と同じ構図である。本経に説く尊容は現図の尊様とは異なっている。現図は四仏が大日と同じく宝冠をいただく。成身会の尊容は螺髪形であるから、この点は両者少しく異なる。また四波羅蜜は尊容が各別であるが、十六大菩薩中の金剛薩埵以外の十五尊、八供四摂菩薩はその尊容ほぼ成身会の尊容に同じく、四波十六大菩薩の傍に各その三形を画く。東方阿閦輪の金剛薩埵の座に降三世明王を画く。これは降三世が金剛薩埵の化身なることを意味する。四仏と金剛王以下の慧門の十五大士は何れも忿怒拳にしている。即ち二手金剛拳にして右腕を以て左腕を押し、両腕を合わせ交叉して胸を抱く。これは降三世の印であり、これによって降三世会の意義を示している。この忿怒拳は常の二手金剛拳地風二指立て鉤する印とは異なる。今の忿怒拳は深秘、常の忿怒拳は浅略の義と伝える。二十天の間に成身会・供養会等には三股杵を描くが、当会は独股杵を描き、成身会は外部の四隅に忿怒三股をおくと、当会は東北隅に不動、東南に降三世金剛、西南に軍荼利、西北に大威徳の尊容を描く。この四尊は鎮壇の尊である。但し四明王共その尊容は常の五大明王の像とは異なって天形である。またその座は長谷版等の図様では八葉座と見えるが、御室版では荷葉座になっている。

東方阿閦輪の金剛薩埵の座に位する降三世明王は身色は青黒、利毛、三面、三目忿怒相で、口辺に利牙を出す。八臂で、根本の二手は右腕を外にして交え、二手拳にして頭指をのばす。即ち独股杵印を結ぶ。右第二手に三股、第三手に箭、第四手に剣を持ち、左第二手に三股鉤、第三手に弓、第四手に索を持つ。右足に烏摩妃の嬭《チチ》の下をふみ、左足に大自在天の左肩をふむ。この足相を丁子立という。身色の青黒は調伏の義、四辺の火炎は大智三昧の表示、利毛三面三目忿怒相は三毒降伏の相を示し、利牙は無明煩悩を断尽する義をあらわす。独股杵印は独股杵を以て煩悩を打ち破る義、余手の持物は皆煩悩を断除する利器である。烏摩妃は修惑、大自在天は見惑を意味し、また三界を造る根本無明を示す。丁子立は降伏の立相である。ここに大自在天というは色界頂の天王であるから、本来は妃は無いのであるが、有漏の定慧を具する故に且く妃を立てたのである。

五解脱輪の中央輪の四隅の三昧耶形は四波羅蜜の三形。東方輪の四隅の三形は鉤索鏁鈴、東方の四親近の菩薩が四摂の三昧に入って衆生を摂化することを示す。これは智中の悲を象徴したものである。南方輪の四隅の三形は宝光幢笑の三形を示し、その中の横三股杵は笑菩薩の三形である。西方輪の三形は法利因語の三形を示す。その中の三股杵は語菩薩の三形である。北方輪の三形は業護牙拳の三形で、その中の双三股首は牙菩薩の三形である。かくの如く三形を描くは、諸尊が皆降三世の忿怒三昧に入るも、その内証が別であることを表したものである。

第三十三　降三世三昧耶会　五仏・四波・十六大士・八供・四摂・賢劫十六尊・二十天　計七十三尊

当会は九会の中には東北隅に位し、降三世会の下方にある。降三世会の諸尊の中四明王を除いて七十三尊で構成し、降三世会に於ける諸尊の形像を悉くそれぞれの尊の三昧耶形を以て示している。降三世会は難調の諸天等を調伏するために忿怒の相に住した曼荼羅で、諸尊の身業の活動を表しているが、この会は諸尊の本誓、内心の活動を表示したものである。この曼荼羅は初会の降三世品第二の説によったもので、宋訳の『大教王経』第十二に金剛三昧秘密曼荼羅または忿怒秘密印曼荼羅と名づけている。但し本経の説文と現図とは必ずしも一致していない。その相異の一二を示せば、本経には、この曼荼羅の中央に毘盧遮那の身形を安立せよと説くも、現図は金剛界品に於ける三昧耶曼荼羅と同様に、三股杵の上に制底（塔）を描いている。また本経には阿閦輪の中央に槍を横にせよと説くも、現図は三股杵を横えている。本経では金剛界品に於ける三昧耶曼荼羅とこの会の曼荼羅との間に多くの相異があるが、現図ではこの曼荼羅と前の三昧耶会の曼荼羅との間に大差なく、金剛杵や羯磨杵を忿怒杵にする程度の相異にすぎない。また本経は、一切金剛部金剛曼拏羅儀軌分（『経』第十六）に外金剛部を説かぬが、現図は前の降三世会に準じて、外金剛部三昧耶会を加えている。

従来の説によると、この会の五仏・四波・十六大士・内四供の二十九尊の種子として、降三世明王の大咒の一字を充当するという。菩提華の『便覧』等にこれを記すが、本経には別の種子を説いている。

不動明王は胎蔵の教令輪身、降三世明王は金剛界の教令輪身である。これは降三世に仏部の忿怒身と金剛部の忿怒身との二面があって、仏部の忿怒身として金剛界の教令輪身とするのである。『仁王儀軌』に説く如く、降三世を五大明王の随一として金剛部の忿怒身とするのとは、意趣が別である。

第三十四　結　語

真言宗の所依の根本経典はいうまでもなく、『大日経』『金剛頂大教王経』、金剛頂十八会の経である。しかも経文のみでは容易に理解し得ない点が多々あり、また十八会の経は全部が漢訳されているのでもない。且つ高祖大師が『請来録』に「密蔵深玄にして翰墨に載せ難し、更に図画を仮りて悟らざるに開示す」と説く如く、図画をからねば経旨を満足に理解することが困難である。これ実に両部曼荼羅が建立せられ、図画せられた所以である。金剛頂十八会の経には多くの曼荼羅が説かれているから、この現図金剛界曼荼羅でその全容が示されたのではないが、その基本的なものが説いてある。従って現図両部曼荼羅は金胎両部大経の精要を図示したものとして、一宗の教理行果の四法を示すものである。しかも高祖はこの金胎両部曼荼羅を一具の法として体解し、これによって修行せられたのである。両部曼荼羅は一体不離の曼荼羅である。しかも金胎とわかれていることは、夫れ夫れに同じからざる特質があるからである。それと同時に相を異にしながら体を同じくしている面もある。この点に早くから留意しているのが、仁和寺の学僧済暹僧都である。済暹は『両部曼荼羅対弁抄』二巻を著わして、上巻に十種不同門を開いて両部の相異特質を論じ、下巻に十種同相門を設けて両部の共通点を明らかにしている。即ち上巻に第一名字不同門、第二真言印契不同門、第三教令輪身不同門、第四在纏出纏不同門、第五心蓮心月不同門、第六理智不同門、第七五阿五相廃立門、第八三部五部不同門、第九速疾成仏与即身成仏不同門、第十九会十三大会建立不同門を設け、下巻に第一相別同体門、第二説法利生同相門、第三修行同相門、第四滅罪得福同相門、第五周遍作用同相門、第六超過三世同性門、第七自本垂迹修因向果同相門、第八三句三門廃立相通門、第九同用護摩門、第十同用灌頂門を設けている。その中に論じていることは両部曼荼羅の体に直接関係あるものと間接的なものとがあり、またその所見については異見もあろう。しかし両部曼荼羅の同一性と特質とを知る上には大に参考になる。この中の一部については詳述したいのであるが、時間の都合上さしひかえる。この書は大正蔵図像第一に収めてある。底本はよくないが写本も稀であるから貴重である。往々誤字があり、引証文に脱落があり、ことに下巻の第六超過三世同性門（一五頁上一九行—下八行の四八行）が第五周遍作用同相門の文中に混入している。これらの点に留意して読んでいただきたい。

すでに御気付のことと思うが両部曼荼羅は真言教学の骨格をなすものであり、人法一如の思想、三句五転、四曼四智印、三密、六大、十住心、凡聖不二、相互供養等の大師の教がこの曼荼羅に基いていることを知るべきであり、真言行者の修すべき観行もこの曼荼羅を離れては成り立たない。しかも両部曼荼羅については多くの未解決の問題もある。今後更に研究を要する。幸い高野山大学に多くの学者が分担して研究中であり、その一部の中間報告もなされている。その研究の成果を期待してやまない。

昭和四十七年四月七日　擱筆

小田慈舟

御室版両部曼荼羅の開版とその功労者

一　序　言

御室版曼荼羅は金胎両部諸尊の尊容等を各別に画いたもので、廃仏毀釈の声かまびすしき明治三年に開版された曼荼羅である。その版木は今なお大本山仁和寺の経蔵に完全に保存されている。この開版に従事した功労者は発願主法雲阿闍梨と大成・宗立・雲道の三画僧とである。四師は滅びんとする法宝を世にのこし曼荼羅教の廃亡をふせがんとする厚き護法の念にかられて、言語に絶した貧苦とたたかいながら涙ぐましき精進をつづけ、この難事業を完成したのである。しかもその苦心に報いらるる所は余りに小で、漸く二百部を印行し、僅かに百部を世に頒ったに過ぎない。よって明治の後半には殆ど世間から忘れられる有様であった。さいわい大正二年故大村西崖氏の尽力によって、高雄・子島・東寺三本両部曼荼羅の写真版と共に三百部を印刷して仏書刊行会から発行せられたので、漸く識者の注意する所となり、四師の功績が世に知らるるに至った。御室版開版の由来及び法雲阿闍梨の行実は三本両部曼荼羅の解説中高雄曼荼羅の項に詳述せられ、かつ本誌（『密教研究』）第九号に発表せられた。私は今それ以上の新材料を得たわけではないが、さいわいにして田村友女史・要憲住氏の教示によって大成・宗立・雲道三師とその師僧大願和尚の事績につき新たに知り得た所が少なくないから、ここに御室版印行の由来とその功労者について一文を草することにした。大村氏の発表より既に十数年を経過した今日、本誌の読者も余程移動しているから、これを紹介することも無益なわざではあるまい。

二　開版の由来と法雲阿闍梨の行実

御室版曼荼羅は世に流布せる金胎両部各一枚に摺り上げた曼荼羅ではなくて、両部諸尊の尊容、界道等の各部分を別々に大きく描いた曼荼羅である。その底本は兼意阿闍梨（一）が後一条天皇長元七年弘法大師二百回忌に際して高雄金泥曼荼羅の尊容等を模写した白描の粉本（二）である。よって御室曼荼羅は高雄曼荼羅の尊容を完全に伝えるものとして不朽の価値を有している。高雄曼荼羅は千百余年を経たる今日なお国宝として神護寺に秘蔵せられて居るが、剥落破損甚しくその尊容を明らかに観ることは困難で、御室版によってのみ原図の尊容を明らかに拝し得らるるのである。而も法雲阿闍梨が兼意阿闍梨の粉本を得るまでには容易ならざる苦心があった。そのことは師の行実に明らかであるから、今その事蹟を略述することとする。

〔註〕

（一）兼意阿闍梨は成蓮房といい、粟田関白の孫皇后宮亮定兼の子である、故に亮阿闍梨とも称した。幼少の頃寛意の室に入り、伝法灌頂に沐し、後年仁和寺成就院第二世となった高僧で、画を巧にした。学殖深く、その著『成蓮鈔』二十巻は諸尊法を集めたもので学者の宝典とする所である。付法の弟子二十人あった。

（二）法雲の『両部曼荼羅古本記』にいわく、「大師手親図二画二部曼荼羅等一、安二置之於山城国高雄山一也文　原本曰、金曼荼羅高雄金泥天保十二年三月廿一日修補供養畢、高山方便智院沙門慧友護（六十七歳）胎蔵準レ之、金剛界曼荼羅高雄金泥心覚、胎蔵準レ之。帙云、胎金曼荼羅二帖兼意阿遮梨印信附属之本也。闍梨告曰、此本根本大師二百年御忌以二高雄金泥曼荼羅一奉二模写供養一之本也。弟子心覚伝領護持須応下秘二蔵于名山石室二正期中龍華三会之暁上云云　胎蔵準之」

とこの白描本は兼意より印信として成就院第三世となった心覚に付属した。今は東京益田孝氏の手に帰して秘蔵せられている。

法雲阿闍梨は諱を尊峯といい、志摩国河内村の産で、小字を喜之助と呼んだ。岡村五郎太夫の長男に生まれ、嘉永五年三月二日年齢十九歳で丸山庫蔵寺の尊襄に就いて剃染した。その後師令を受けて大和長谷寺能満院（一）の海如和尚に従い曼荼羅の講伝を受け、法を学ぶこと六年、和尚に親炙して修学に精進した。法雲師は密に天下に曼荼羅の正図なきを知り、その正図の完成を以て畢生の業とするの大願を発し、諸処に奔放して諸図を集め、これを折衷して一正図を製せんと志し、丸山の御坊に帰って後日夜画工を指揮して拮居経営すること数年に及んだ、完成に先立ち資金の窮乏を来したから師は私に寺宝を典してこれを補いつつ事業を継続したのである。然るにこの事やがて師僧尊襄の知る所となり、その怒りにふれて寺を追放せられる憂目に遇った。法雲師は止むを得ず、京都に上り、かつて知遇を辱《かたじの》うせし仁和寺（二）照道僧正を塔頭皆明寺に尋ね、その力を藉って宿願を成就せしめようとした。しかもその運に至らざる前に嚢中無一物となり進退谷まるの悲境に陥り、悶々の情に日を送りつつあった。たまたま旧友濃州舎衛寺の光翁と旅館に相見え、その助力によって漸く照道僧正の力を藉り得らるるようになった。当時仁和寺は故小松宮彰仁親王御復飾の後であったが、なお我寺なりと仰せられて別に寺主を置き給わず、その師範照道僧正をして寺務を管せしめられた時であったから、僧正の援助を受くることは法雲師をして百倍の勇気を起こさしめたことであろう。これによって尊襄の怒りも解け、御室山内に寓して公然製図に従事することになった。かくて師は仁和寺の命を以て近隣の諸寺を尋ね秘図を捜索しつつあったが、遂に宝庫から白描の一古図を発見した。この宝庫は高山寺かと思われるが、行実の文明瞭を欠き確実に決し難い。法雲阿闍梨はかつて海如和尚に受伝せしとき、現図曼荼羅は経疏と符合せざる所七十二ありと聞いていた。尋ね得た白描は他図と異なる所が多いので経文に比較せし所七十二ヶ所の符合せざる点を発見し、この白描図こそ弘法大師の相伝にかかる現図曼荼羅の正本を模写せるものであると知り、多年苦心しつつあった宿願を一朝にして満足することが出来たのである。この白描の曼荼羅図は実に兼意阿闍梨が金泥高雄曼荼羅から模写した本であった。かくて法雲師は僧正と相謀りこの図を世に梓行せんとしたが、その出版の経費が得られない。僧正はその末寺に課し或いは有縁者に勧化して資金を調達せんとしたけれども(三)充分目的を達し得なかった。版木に刻まれている寄附者の名を見るに高野山衆徒の三十枚を筆頭とし、洛西花園の金牛院宗円が三枚、江州神照寺が二枚を寄附し、その他一枚宛寄附せし篤志家が法雲師の実父など十名あるのみである。これ等の人々は多分僧正の需に応じてこの時に喜捨したのであろう。かかる有様であるから僧正も師もはたと困惑した。一日師の知人江州愛知川の人青西男也なる者が師を伴うて弘誓寺勇精を訪い、曼荼羅上梓のことを談した。仏天の冥護というべきか、勇精は宗派を異にせしも大いに師の熱誠に感動し、自坊の檀越植木、松井の二富豪を説いてその資金を分担せしむるよう取り計ったのである。たまたま仁和寺塔頭尊寿院に大成という画家が住していた。大成師の事蹟は後章に述べる。彼の恩師を六角堂能満院大願和尚といい、かねて曼荼羅印刊の宿願ありしも遂に果たし得ずして遷化せし後なりしかば、法雲師のこの挙に共鳴し、同法の徒宗立・雲道二師と共に兼意の白描粉本に基づいて版下を画くことに努力したのである。九ヶ月間精進した結果明治三年六月ついに完成することを得、新鐫模本古曼荼羅と名づけて印行した。今御室版両部曼荼羅と称するもの即ちこれである。かつて大成師に師事せし要氏の通信によれば、三人の画僧は全然無報酬で献身的に奉仕したのである。しかもこの事業はなお四千余円の巨費を要した。植木・松井両家はこれがため産を破ったと聞き及ぶ。いかに難事であったかは想像するに余りある。

法雲阿闍梨は後疾を得て二見ヶ浦大江寺に帰臥し、その住職となり、明年退いて故山の龍口に痾を養い、殆ど十年病苦に悩まされたがその間蔵経に親しむを無上の慰安としつつ日を過した。病漸く癒ゆるに及び、濃尾の間に曼荼羅の講伝を行い、明治二十二年八月京都諸寺の招きに応じて泉山雲龍院に留錫し曼荼羅を講伝した。これ実に最後の転法輪であった。会中宿痾再発纔に講伝を畢え十一月八日寂を示した。天保五年四月五日志州の僻村に呱々の声をあげてより世寿五十有六。京都の諸僧及び志摩・尾張・美濃に散在せる諸弟子等醵金して雲龍院の山背にこれを葬り、その三回忌に際し雲龍院玄猷が遺弟等と相計って官に少僧正の追補を請い受け、五輪塔を墓所に建てた。法雲阿闍梨の伝はその学友たりし鳥羽の区長（後に神宮の神官となる）有馬鞭の撰せる『法雲阿闍梨行実』に明らかである。法資宮崎智全師の脚注せる全文は小原師が本誌に載せてあるから今は略する。

〔註〕

（一）海如和上は慈雲尊者の高弟智幢和尚の下に正法律によって受戒せる持律堅固の大徳で、悉曇の造詣深く野沢諸流の蘊奥を窮めた高僧である。享和三年四月八日上総国望陀郡（今の君津郡）鎌足村に生まれ、明治六年十月廿八日長谷能満院に寂。悉曇は大成師の恩師大願和尚に受けられたので浅からぬ因縁あるを知って、私は愉快に思う次第である。

（二）照道僧正は故伯爵冷泉為紀の叔父に当る。またその住院皆明寺は今廃寺となっているが、仁和寺霊宝館の東土塀の外にあり、その旧地に最近桑田慈海師が鳴滝の五智山蓮花寺を移転造営せられた。皆明寺が御室版曼荼羅の蔵版者となっているは照道僧正の住院であったからである。

（三）この時に配布された『勧進記』や開版の曼荼羅を配付せし寄附状の摺写したものが残っているから、資料保存の意味で採録して置く。『勧進記』は表紙に、

弘法大師御請来
金泥両部曼荼羅　仮過去牒
模写上梓勧進記

と題し、本文に、

今般弘法大師御請来両部曼荼羅彫刻致し初心伝法之一助ニ諸国寺院へ流布之義当院僧正殿被発起候得共幕太(編者 莫大カ)之事故難被及自力候、依レ之諸国信者ニ法名を勧誘し当山ニ於て永代春秋両彼岸ニ令回向其余力を以て右志願被遂度思召ニ候間各々志之聖霊法名俗名等ニ被相添浄財喜捨之程御頼ニ及候也

但シ一霊ニ付金五拾疋

御室御所

皆明寺家

曼荼羅上梓掛

明治三年　　静観院㊞

午二月日　　修善院㊞

とある。本文は一枚に摺ってあって表紙共半紙八枚綴の帳である。また版木に刻せる寄附者の芳名は左の如くである。

胎蔵中台八葉院第二紙　丹波河鹿郡内久井村千学院内　倉橋源二良
同　第五紙　志州鴨河内村　奥村六太夫
胎蔵蓮華部院第一紙（三枚ノ内）　洛西花園　金牛院　宗円
同　第二紙　小野　随心院御門跡　増護
同　第三紙　濃州真桑村　薬師坊　良栄
同　第四紙　美濃国　護国之寺　良円
同　第五紙（二枚ノ内）　江州神照寺村　神照寺
同　第六紙（三十枚ノ内）　高野山衆徒中
同　第十二紙　江州愛知郡肥田村　恵調
同　第十五紙　嵯峨大覚寺御門跡
同　第十八紙　江州八幡　高田宇野
同　第二十一紙　南都東大寺一山中
胎蔵除蓋障院第七紙　志州鴨河内村　岡村五郎太夫

次に寄附状は一枚摺で、包紙にも両部曼荼羅一部寄附状の文がある。

両部曼荼羅一部寄附状

今般高祖御請来金泥曼荼羅
新模写寿梓之広被頒布于世
旨趣者近代之図様多令謬誤
色相及印契持物等依之専憑
拠相伝之古本被改正之永世
護法之人勿疎其秘旨故被寄附畢
仁和寺
皆明寺家
明治三庚午年十月
執事　顕　徳　院㊞

三　曼荼羅版画の筆者

法雲阿闍梨の曼荼羅刊行に参加した画工は前述の如く京都六角堂能満院大願和尚の遺弟大成・宗立・雲道の三師であった。いずれの部分を画いたかは雲道の記せる文によって明らかである。即ち金剛界の四印会と胎蔵の不動尊とは大成の模写、胎蔵の大部分は宗立の模写、金界の大部分と胎の弥勒・薩埵院（金剛部院）の使者・観音院（蓮華部院）の使者・鬼門・宝生草・千手・金剛蔵・般若菩薩の校合図・補欠の図様等は雲道の模写する所である。校合図は東寺永仁転写本や槇尾転写本などから模写したもので、補欠図は兼意本に欠けたる部分を他本で補ったのをいう。然らば各自の描ける紙数は幾何であるかというに金剛界百十四紙胎蔵法百八十四紙で計二百九十八紙あるから、大成の模写せるもの四印会七紙、不動尊一紙、宗立の模写せるもの約百六十紙、その余は悉く雲道の筆に成ったのである。胎蔵法には普通の二倍大が多数あるが、而も雲道の描ける中には一印会の如き竪四尺弱横三尺五寸余の大形があり、千手・金剛蔵は普通の約五倍もあるから、雲道が最も多数の版下を画いたと称すべきである。普通の板は竪九寸強横一尺二寸余ある。同門の主席たる大成師が余り多く書いていないのは如何なる理由であろうか。判然たることは知り得ないが、私の想像する所では大成師は画技を二人にゆだねて自らはその監督の任に当ったことと、その首座として衣食の料を得るに苦心し奔走したためであろう。要憲住師が自ら見或いは聞き伝えている所として記された文によれば、大成師は法雲阿闍梨と共にこの事業を双肩に担って立った人で、全然無報酬で版画を書いたのであるから、三人の衣食を得るには一方ならぬ苦心があった。当時大成師と雲道師は仁和寺尊寿院に留守居としてわずかばかりの米を給せられていたに過ぎぬ。時としては食うべき何物もなく、三人相寄って米をいかにすべきかと嘆じつつ、日夜絵筆を執ったのであった、その悲痛な生活は気の毒でもあり、尊くもある。

大成・雲道・宗立は共に大願和尚の門弟で、元治元年和尚の住坊六角堂能満院が火災にかかった後、和尚と姉小路大宮西の蓮光院に移住し、同年九月和尚の遷化に遇い、二年間ここに止まり次いで仁和寺尊寿院に移り、三人同居していた。もっとも曼荼羅を描く時は宗立師は既に市内下河原に借宅し独立していたので、この時大成師の招によりて曼荼羅描写に参加したのである。大村西崖氏の解説によれば、仁和寺に程近き法金剛院の要地蔵で曼荼羅を描いたとある。要師の通信と宗立師の伝によれば尊寿院ではないかと思われる。或いは両処に住していたかも知れぬ。この点はなお調査しなければならぬ。

四　大成師と大願和尚

大成師等が法雲阿闍梨を援助して御室版の下画を描くに至った動機は、阿闍梨と意気投合しその熱誠に感動したことと、自らの厚き護法心に基づいたことはいうまでもない。しかし一面に恩師大願和尚の宿願を果たし得る喜悦に心を動かしたと見る可きである。大願和尚は仏画に巧であったばかりでなく、彫刻の技にも長じ、七八百種の経典を印行した位であるから、両部曼荼羅印行の大願を有していたのである。然るにこれを果たし得ずして示寂したから、大成師等はこの恩師の願望成就という点に尠なからず心を動かしたであろうと思う。

大成師は越後国南蒲原郡水沢新田村の産で、父を水野彦蔵と称した。晩年六十一歳の老境に入ってから郷里に帰り、ささやかな草庵を結びて簡素無我な生活を送り、明治二十年頃入寂せられた。世寿は未詳であるが、七十を越えた老齢であったと想像する。その性格は名人肌といおうか余程常人と異なっていたらしい。越後に於ける老後の生活に良寛和尚の如き面影があったと郷里の古老が物語っているそうである。

師は生来仏教を好み、幼少の時人の世話するままに会津藩の若松市喜福院に入寺し大願和尚の膝下に仕えて出家した。諱を憲理といい、字を大成と号したのである。その俗名は知らない。郷里にその実家が存続しているから調査すれば知り得らるるであろう。喜福院は会津城主の祈願寺であった。

大願和尚は最初有部律を受け持律堅固な清僧であり、信徒の帰依厚く、何不自由なき身分であった、然るに心密かに京師に出でて仏画の大道場を建立せんと思い、信者の諫止を振り切って上京した。その年代は不明であるが、文政十一年七月大和長谷寺で海如和尚に悉曇を教え、三年後の天保二年には慈雲尊者の法弟黙住信正律師に就いて正法律の受戒をしているから、それ以前に京都へ上ったと想像せられる。文政十一年は大願師三十二歳であるから、喜福院を去ったのは真に少壮時代である。

大願師は大成師を伴って上洛し、六角堂境内の能満院に居を卜した。六角堂は天台宗であるが、能満院は真言宗である。無檀無禄の貧寺で凡僧には辛抱し得らるる寺でないけれども、大願師は一大決心を以て上洛したこととて貧苦を物ともせず、初志の貫徹に精進した。実際当時の状態を見るに高僧碩学はなお求め得らるるも縑綵衆芸の阿闍梨なく、坊間に流布せる仏画は悉く信念なき職業画工の手になれる粗悪なものばかりで、阿闍梨の手に成れる端厳な仏画は皆無であった。されば大願・大成両師は厚き信念の下に仏像仏画を描いて希望者に頒ち、これによって僅かに生活の資を得つつ密法弘伝に力をそそいだのである。

晩年に及んで大願和尚は御室仁和寺に『百巻鈔』（『覚禅鈔』）『十巻抄』（恵什の『尊容鈔』）等の優秀なる古本があることを知り、伝《つて》を求めてその謄写を希望した。さいわいにその願は達せられ、立派な仏画の粉本を作ることが出来た。それ以来人の需に応じて仏画を描くには必ずこれに基づき、正確な図様を作ったということである。この古鈔謄写は和尚六十四歳の時であった。もちろん和尚一人の筆ではあるまい。門弟も助力しているに相違ない。

能満院の仏画道場は貧しきながら次第に発展し雲道・宗立・皆了等八人の弟子と共に暮す身となった。然るに不幸にして元治元年八月十九日幕末擾乱の兵燹《へいぜん》にかかり能満院は烏有に帰し、多年苦心して蒐集せし経巻図像等も大半焼失してしまった。そこで止むを得ず、姉小路大宮西の蓮光院に師弟諸共引越したのであるが、この火災が師の身心に大打撃を与え、月を越えた九月三日遂に遷化したのである。その霊は今なお同院の墓所に祀られてある。

大成師は常に人に語れるに、「明治維新前後に於ける仏画師は我師大願和尚の右に出づる者無し」といっていられた、と伝聞する。この両師は実際秀れた仏画家として推称すべき僧である。大成師の描いた端厳なる十三仏画像が今なお郷里に散在している由で、大谷大学教授山辺習学師もその一本を蔵しておられる。

大願師珍蔵の経本図巻等は焼失を免れた小部分が宗立師即ち後の田村月樵画伯によりて相承護持されたが、画伯の歿後未亡人によって画伯の遺品三二と共に京都絵画専門学校と大本山智積院とに寄贈せられたそうである。大願師が智山派の出身であったから智積院に納めたと聞く。多分喜福院が智山末なのであろう。

五　雲道師の略伝

雲道師は無意念と号した、彦根藩芹橋町の生まれで、幼少の時大願師の許に来たり出家得度した。幼名は不明である。大成師と同様に密教を学んだばかりでなく仏画をも習うて次第に進境を示すようになった。さほど才子肌の人物ではなかったが、なお画技に於いては一般仏画工の遠く及ばない所で、多くの仏画を描き、大成師と共に大願和尚の股肱となって働いた。その性格は大願・大成・雲道三師共俗気を離れた仙人風の所があったらしい。御室版曼荼羅については最も多くの尊像を描いた功労者である。明治十五年頃病歿し、蓮光院に於いて大願和尚の傍に埋葬した。年齢僅かに四十余歳、前途なおあるの身を以て早世したのは惜むべきことである。私は去る五月六日蓮光院に参詣して墓前に一返の回向をささげたが、雲道師の名は多くの同門の弟子と共に大願和尚の墓石の傍に刻まれていた。宗立師の墓もその傍に建てられている。蓮光院主藤田僧正に請うて過去帳等を拝見し、その事蹟をさぐる考えであったが、同師不在中で要領を得ず、この稿を終るまで遂に面会の期を得なかった。雲道師に関しては調査粗漏の憾があるが、後日の研究にゆずらねばならぬ。

六　宗立師の面影

宗立師は姓を田村といい、後帰俗して月樵と号し専ら画家として世にたった。弘化三年八月二十日丹波園部在に生まれ、父を式部といい、亀岡城の主及び公卿中山家に仕えた人であった。宗立師も恩師大願・法兄大成・雲道諸師の薫陶を受けた人だけあって無慾恬淡な性で逸話も尠なくない。私は桜があでやかに咲き乱れた春の一日土宜教授に伴われて、京都恩賜博物館の北側に未亡人田村友老夫人の寓宅を訪れ、親しくその逸話を承り、遺品を拝見し、かつ黒田天外氏著『名家歴訪録』と花明居士著『明治畸人伝』に載せられたる月樵画伯の伝を拝読した。今その時に得た材料によって宗立師の生い立ちをさぐり、その面影を偲ぶことにする。

師は三歳にして父君に伴われ京師に出でた。七歳の時百人一首の歌と画を謄写して家族を驚かしたことがある。師が天外氏に物語った所によれば、三歳の時母堂に馬の顔を画いて貰って、その真似をしたのが画を書いた最初というから、天性画を好んでいたのである。何歳の時からか判然せぬが十歳まで亀岡（その頃は亀山といった）に居住し、十歳の時再び父君に伴われて京都に出で東山大雅堂清亮について南画を一年ばかり稽古し、次いで六角堂能満院大願和尚の門に入って仏画を修めた。和尚は深く師を愛し切に仏門に入ることを勧めたから、田村家の一人児として家を相続すべき身でありながら十二歳の時薙染して沙門宗立となったのである。

十三歳の時はからずも洋画のあることを聞き、遍く古社寺の名画を見、或いは応挙の写生画などを見たが心に適わず、自らしきりに写生して専ら実物に違わざることに力め、画に陰影を附することを考案した、即ち西洋画風の陰影ある絵画を創意したのである。当時京都に来住せしドイツの医学者ボーレン氏が師の絵画を見て、これは油絵式だと評したということである。その時は未だ文久元年で年齢僅かに十六歳であった。田村家には今なお十七、八歳の頃に描かれた油絵風の画が保存されている。中にも文久三年四月十二日の作である蜘蛛や、同年の作にかかる鼠などは快心の作として額にし、娯んでおられたということであるが、共に陰影があり、後者には漆を用いて眼精を点じている。また文久二年七月二十六日十七歳の時同じく陰影法を用いて花梗が龍に似た南瓜を書いておられる。これは師の大願和尚が洛外龍安寺門前の谷口村から雨乞を依頼され、即日霊験があった謝礼として貰った南瓜を写生した旨を記してある。そしてこれには十方明という署名がある、他にも沙門十方明とある絵があるから、宗立師の字であったことを知り得る。

大願和尚は雨乞の名人であった、宗立師もまたその伝を相承して時々雨乞や雨止めの祈禱をし大いに自慢していたという。しかもそれが画筆を弄しつつ行うのである。老夫人の話によれば、弘法大師神泉苑雨乞の時請ぜられた善女龍王の粉本について画きつつ雨を降らすのが得意であった。現に一尺三寸余の龍王の画像が京都博物館に寄托されていて、かつて同師物故の後遺墨展覧会の節、この画像の陳列中は一日として晴天なく、未亡人の注意によってこれを撤した後初めて晴天になったそうである。或る人が同師に雨乞法の相伝を懇願したら、全財産を悉く持参せよ慾心のある者は効験を得ないと誡めた。師は終世清貧に安じて画筆を友とせられた。

宗立師は弱年ではあったが、熱心に稽古をはげみしを以て、立派な仏画師となり、大願和尚の片腕として大いに努力し、多くの仏画を世人に頒った。

十七、八歳の時写真機を見て大いに驚き、これを購求せんと欲したが、その価二百円というに詮方なくも思い止まった。

十九歳の時父式部殿が歿せられ、次いでその八月六角堂は全焼し、師は大願和尚や同門の人々九人打ち連れて姉小路の蓮光院へ移住した。いわゆる元治甲子の兵火に災されたのである。前に述べた如く大願和尚はこの火難に身心疲憊し遂に翌月遷化せられた。そこで他の弟子達は追々散じたが、宗立師は法兄大成・雲道と共に二年ばかり同院にとどまり、絵画の謝儀を以て糊口をしのぎ、次いで御室尊寿院に移った。

その内に宗立師は市内東山下河原町辺に借宅して独立の画工となった。二十二歳の頃と思われる。この時宗立師は帰俗したのであるかどうかわからない。この頃から洋画の稽古をしたらしい。関西に於ける油絵の元祖と称せられている。

それから程なく大成師の招きによって御室版曼荼羅事業に携わり、法兄と共に辛苦をなめつつも恩師の宿願成就に法悦を感じて精進した。それは明治二年春から三年へかけてのことで、宗立師が二十四、五歳の頃である。盟主たる大成師は恐らく五十歳を越えていたに相違なく六十近き年輩であったらしい。雲道師は三十歳余であったろう。

宗立師の帰俗年代やその事情は判然せぬ。しかし曼荼羅描写の後京都中学校に英語を学び、後にドイツ人ドクトル・ランケック氏と英国人ウォックマン氏に油絵を習い、三十三歳の時友女史を納れて妻とせられた点から想像するに、多分明治五、六年から十年頃迄の間であろう。明治十三年より二十二年まで京都画学校の教師を勤め、その後は専ら洋画に耽り、また日本画をも製作した。

大正七年七月十日長き画筆の旅路を卒えて七十三歳を以て世を去り、その霊は蓮光院の恩師の墓側に静けき眠りに就いている。法名は懿徳院仙翁宗立居士という。居士の両親もこの処に永眠しておられる。また臨済宗本山建仁寺の方丈には画伯の硯形の記念碑が建っている。逝去の節は建仁寺塔頭に埋葬し、その後改めて蓮光院へ移したのである。

宗立月樵画伯の作品は尠なくないが、前述の外に八畳敷大の涅槃像がある。そして作品の種類は実に多種で、仏像仏画はいうまでもなく、山水花鳥等に南画風のものもあれば、油絵もある。

七　結　言

以上御室版曼荼羅の開版の事情とその事業に功労ありし人々に関して叙述した。なお調査の粗漏があり、不分明の点があるが後日の攷究にゆずる。多少にても従来より明らかになった辺は全く田村友女史と要憲住師の賜である。御両人とも七十有余の老齢であるにも拘らず、快く私の依頼に応じて力を添えられたことを深く感謝して筆を擱く。要師は今長野県西筑摩郡上松町に住しておられる。

弘法大師の教学と釈摩訶衍論

一　序言

『釈摩訶衍論』十巻は『大乗起信論』を釈した書である。大安寺戒明が宝亀の末頃に我国へ請来した。その正確な年次は不明で、宝亀十年、同十一年、天応元年等の異説がある。天応元年は宝亀十一年の翌年であり、何れにしても、弘法大師幼年時代に我国に伝わった書である。この論は龍猛菩薩造・筏提摩多三蔵訳と称するが、我国請来の当初から三船真人淡海、伝教大師等が偽書として排斥した。然るに弘法大師は『発菩提心論』と『釈摩訶衍論』とを共に龍猛菩薩の真撰とし、この二論を『真言宗所学経律論目録』（『三学録』）にのせて、真言宗徒必修の論と定められた。偽作説については何等ふれる所なく、強い信念のもとにこれを所依の論とせられた。『発菩提心論』についても、古くから不空三蔵の集とする説がある。この二論の作者に関しては別途に論ずべき課題であるが、率直に言って、この二論が同一人の作とは認め難い。作者について異論のあるのは当然である。しかし高祖大師は在唐中彼の地に於いて、この論が漸く識者の注意を引いている事を知り、且つ恵果和尚から学んだ教学の中に『釈論』の思想が含まれている点から、この論を重視し、自ら『釈論指事』二巻を記して論の要文を指示し、真言教学の組織に有力な資料とし、所依の論蔵と定められた。『菩提心論』は密部の論としての体裁を具え、三摩地菩提心を説くとき五相成身観・三密・金剛界三十七尊・𑖀字観等の密義を示しているから、大師はこれを密蔵肝心の論として高く評価せられた。『釈摩訶衍論』はこれと趣を異にし、五相三密等の密義は述べていない。従って宋の慈行大師志福等華厳系の学者は顕論と見ている。然るに弘法大師は性徳円満海不二果分の法を説く密論と定めて、多くの著書に引用し、或いはこの論の釈や用語を使用し、その思想に基いて自説を述べられた辞句が多くある。

弘法大師が『釈論』を用いる態度に幾つかの型を見出すことができる。即ち、

一、顕密対弁の資料とする。

二、『釈論』を純粋密論と見て、論に説く所の三十三法を直に金剛界三十七尊に配し、人法一如の思想を説く。

三、『釈論』の釈相に準じて特殊の解釈をする。

また顕密対弁については幾つかの問題があるから、後に論ずる。或る先徳の説に、弘法大師の御遺告に見ゆる不二一心の句について、これを以て大師が『釈論』の「不二一心」を念頭に置いて仏前に祈誓せられたという。久米寺に於いて大日経感得の起因となった東大寺大仏殿に於ける祈誓については、『御遺告』に数本ある中『遺告住山弟山等』（高野絵図）の本に、

常に三乗五乗十二部経心神に疑有り。未だ決を為さず。唯願わくは三世十方の諸仏我に不二を示したまえと求むるに、祈感あって、夢に人有り。告げて曰わく、大毘盧遮那経あり。云々（弘法大師全集洋二・七七三頁）

という。然るに『遺告諸弟子等』（同・七八三）と『遺告真然大徳等』（同・八一五）との両本は「不二一心祈感」と記す故に、弘法大師祈誓の内容を『釈論』と結びつけて、不二一心を祈誓せられたと判ずるのである。しかしこの説には賛意を表し難い。遺告の文は大師が無上唯一の法門を求めて、一心に仏前に祈誓せしことを示す文で、全集編者が『遺告諸弟子等』本の文を、「唯し願わくは三世十方の諸仏我に不二を示したまえと一心に祈感するに」と読める訓点が正しいと思う。高野図絵の巻に単に不二とすることに留意すべきである。『御遺告』と『釈論』とを結びつける説は当を得ていない。

二　秘蔵記に見ゆる釈論の思想

『秘蔵記』は一説に不空三蔵口説・恵果和尚記といい、一説に恵果和尚口説・弘法大師記という。この外、或いは文秘の記とし、或いは日本先徳の口説とする等異説がある。しかし古来相伝の説は恵果口説・弘法記とする。この説を採用するならば、大師が『釈論』を重視せられた重要な理由の一と見ることができる。『秘蔵記』の中には『釈論』の思想と関係があると認むべき文が五ヶ処ある。

一、第九章　以三三部宛三三点（弘法大師全集洋二・八頁）

仏は衆生の身中の本来自性の理は仏と等しくして差別無しと知る。而も衆生は己が本有の本始両覚は仏と等しきことを知らず。恒常に六塵の煩悩に覆弊せられて顕出すること能わず。文（分章は杲宝撰『秘蔵記私鈔』による）

本覚の本有は性宗以上の大乗経論の通談であるが、始覚の本有を説くは『釈論』特有の思想で、『釈論』第二・同五にその典拠がある。論第二（和本、下半三日下、大正三二・六〇九頁上）に「論じて曰く。無為の法に四種有り、云何が四とする。一には真如無為、二には本覚無為、三には始覚無為、四には虚空無為なり」文と。この中の真如と本覚とは体、始覚と虚空とは用である。また真如と虚空は理、本覚と始覚は智である。この四種は皆無為常住であるから本有である。即ちこの文に本覚と始覚の本有の義を説いている。また論第五（和本、五日下、大正三二・六三六頁中）に「熏習力有るを以ての故に、能く衆生をして生死の苦を厭い涅槃を楽求せしむ。自ら己身に真如の法有りと信じて発心修行するが故に、此の義に由るが故に三身本有の理故《ことさら》に顕了なり」という。真如の三大の中、体大は理法身、相大は智法身、用大は報応二身である。三大共に本有なるが故に三身共に本有である。これを前引の論文と併せ見るに、理智二法身は真如本覚、報応二身は始覚であるから、三身本有と始本本有とは同義である。金胎両部についていえば、本有本覚は胎蔵大日、本有始覚は金界大日である。今の『秘蔵記』の文は両部大日の自己本有なる義を、『釈論』の法相によって示したものである。

二、第四十九章　結界義（洋二・三頁）

結界に二種有り、一には次第、二には横なり。（中略）二に横とは我が一心法界の中に毗盧遮那乃至四仏四波羅蜜十仏刹微塵数の如来宛然として有ます。文

この中の一心法界の語は『釈論』によっている。論第一（下半七日、大正三二・六〇〇頁上）に「一心法界三大義中各開二二種一故文」といい、同（下半九日、大正同・六〇一上）に「是一法界心惣摂二二種門一名二摂世出世間一」という。

三、第五十四章　自然智等（二・三頁）

自然智無師智というは吾が身中の本来自性の心中に本より染浄の理有り。無明に覆弊せられて、心神頑愚にして識知する所無し。文

「染浄の理」とは『釈論』特有の思想である。論第三（初日下、大正三二・六二三頁下）に清浄本覚・染浄本覚・清浄始覚・染浄始覚を説き、生滅所入の一心如来蔵が縁起して、五有為法となり四種無為法となることを明かす。この四無為に不変と随縁との二義があり、不変の義を清浄とし、随縁の義を染浄と名づける。清浄本覚が無明の熏習を受けて、無明と和合し、生死界を現ずる位を染浄本覚という。『記』（『秘蔵記』）に「染浄の理」というは、この染浄本覚を指す。

四、第七十九章　識体建立（二・四二頁）

問う。顕教には八識を立つ、密教には若干《いくばく》の識を立つるや。答う。一識或いは八識或いは九識或いは十識乃至

無量の識を立つ。問う。其の心如何。答う。中台の心王の尊を以て一切の心主を摂す、是れを一識と謂う。八葉の尊を以て一切の心主を摂す、是れを八識と謂う。八葉及び中台の尊を以て一切の心主を摂す、是れを九識と謂う。第九已上の九識を動ぜずして其の余の十仏刹微塵数の一切心主を一識に摂する、是れを十識という。これを一切一心識と名づく。

この文は識体建立の異説を述べたものである。顕教は八識説なるも、密教には五種の識体説がある。人法不二と説くは、密教の特質の一である。この立場では心心所の法を、直に曼荼羅諸尊と意得るから、胎蔵曼荼羅の中台大日一尊を以て曼荼羅の諸尊を摂すれば一識建立となり、中台大日を八葉の尊に摂し、八尊を以て諸尊を摂すれば八識建立となり、中台八葉の九尊に諸尊を摂すれば九識建立となり、九尊以外の諸尊を一切一心識の一種とし、九識にこれを加えて十識を建立する。また曼荼羅諸尊の内証各別の義により、無量識を建立する。『記』に一切一心識というは『釈論』の説による。この識は多一識とも、如来蔵ともいう。生滅所入の一心である。『釈論』の十識建立に三種ある。一には真生二門合論の十識、前八識は生滅門、第九識は所入、第十識は真如門とする。二には生滅門の十識、前九識を能入の門とし、第十を所入門とする。この両義は共に論第二の説である。三には不二門の十識。この義は論の文相には見当たらないが、性徳円満海に本有の十界曼荼羅を建立する立場から見た説である。『秘蔵記』に建立する十識は生滅門によって説くも、しかも直に曼荼羅諸尊の開合に引合せて識体を建立したもので、生滅門即不二の深旨による釈である。

五、第九十八章　有為無為（三・四八頁）

問う。真言教に於いて有為無為を立つるや。答う。将に立つべし。問う。何んが立つるや。答う。四種曼荼羅は帝網の如く摂入し摂持す。是の諸尊は即ち無為なり。此の諸尊の作業応化等は是れ有為なり。剋正すれば、

有為と云わば皆有為、無為と云わば皆無為なり。文

顕教には真如を無為、色・心・心所・不相応行の諸法を有為とし、無為は真実常住、有為は可破壊の無常の法とする。真言教にては六大法界を無為とし、四種曼荼羅を有為とする。しかも有為無為共に常住真実の体とする。また四種曼荼羅に有為無為の二義があり、四曼各具不離にして重重に渉入し摂持する義を無為とし、麁細の差別相あり、縁に従って出没隠顕するを有為という。その実有為即無為無為即有為である。この義は全く『釈論』の真生二門の当体不二と見る思想に一致している。論第二（上半四日下、大正三二・六〇五上）に「謂以㆓真如門㆒摂㆓一切法㆒無㆘一一法而非㆗真如㆖故、以㆓生滅門㆒摂㆓一切法㆒無㆔一一法而非㆓生滅㆒故」と説く文意と今の『記』の説と同じである。

以上の如く『秘蔵記』に『釈論』の思想が用いられていることは、恵果和尚がこの論に注意を払っていた証拠であり、弘法大師がこの論を重視した一因と考えてよい。

三　顕密二教判の資料としての釈論

『弁顕密二教論』『秘蔵宝鑰』『十住心論』等に顕密二教の優劣浅深を判ずるとき、大師は『釈論』を引用してその証とする。また諸開題等に『釈論』に基づく二教の優劣を示す文がある。大師が『釈論』を最も多く使用したのは、実に顕密対弁の問題である。但し大師が『釈論』を資料として顕密を対弁する場合幾つかの異なった態度が伺われる。その第一は『二教論』上の『華厳五教章』引用の喩釈に、

十地論及び五教の性海不可説の文と、彼の龍猛菩薩の不二摩訶衍円円性海不可説の言と懸《はるか》に会《かな》えり。謂わゆる因分可説とは顕教の分斉なり。果性不可説というは即ち是れ密蔵の本分なり。何を以てか然か知るとならば、

金剛頂経に分明に説くが故に、有智の者審に之れを思え。文（弘全洋一・四八二頁）

と説き、或いは序分に「地論釈論称三其離二機根一」と述べ、『金剛頂経開題』に「大衍称二其絶離一」といい、『十地論』『五教章』と同じく『釈論』に果性不可説とする義や、果分相応の機根無き旨を明かしている。この文相よりすれば、大師は『釈論』を顕論と判ぜられた一面があるようである。しかし、これは不二果分性徳円満海は五種言説の中前四種言説を以ては説くことが不可能であるとする立場から、性海不可説と説き、因分相応の機根は果分を離れていることを述べたまでで、大師の真意は不二果分を不可説離機とするものではない。この事は『二教論』上に龍猛の釈論には円海不談の説を挾むと述べて、『釈論』に往々円海不談の義を説くも、これが『釈論』の真意でないことを示された。「挾」の字に重要な意味がある。

第二には『釈論』を密論と定め、『釈論』に不二果分相応の機根言説心量を説き、性徳円満海を明示するものとして、顕密の優劣を対弁する立場である。この場合は『釈論』に示す所の三十三法門を不二と真如門と生滅門との三門に分別して、その顕密の所属を見るのである。大師は『弁顕密二教論』上（洋一・四七七頁以下と四八九頁）に五重問答（『釈論』第五の七日下、大正三二・六三七頁中）、三門得不の問答（論第一、下半九日下、大正六〇一頁下）、摂不摂の釈（論第十、十日下、大正六六八頁上）、五種言説十種心量の文（論第二、上半六日下、大正六〇五頁下）を引いて顕密二教の優劣を判じている。

『十住心論』第九には『大楽金剛不空真実三昧耶経』（『般若理趣経』）初段の文を引き、その種子真言吽字について『理趣釈』の文をかりて説明し、一切如来の不共真如の妙体と恒沙の功徳と皆この吽字より生ずることを述べ、華厳法華に真如を以て諸法の体性とし至極の理とするも、この真如は吽字より生ずる故に、華厳の極位も尚お因分たる真如生滅二門の境を出でない、真言密教不二果分に対すれば劣っていると説き、『大乗起信論』の立義分の文を引証し、『釈論』第二によって、心生滅門の正智所証の性真如の理は生滅門の所摂なること、真如門の理は理自ら理、生滅門の理は智自ら理にして両者に区別あること、生滅門に四重の真如本覚あることを説き、更に『釈論』第三（上半八日下、大正三二・六二二頁中以下）に説ける性浄本覚門の四種大義の釈に出す所の四種大鏡の中の文を引用して、華厳所説の融三世間の仏は第二因熏習鏡に当たることを明かにしている。また更に（洋一・三九三頁以下）、『釈論』第十の摂不摂の釈、同第二（上半四日下、大正三二・六〇五頁上）の法門該摂円満門の釈、同第一の三門得不の問答等を引証し、これに釈を加えて、華厳の仏尚お不二果海の仏に及ばざることを説き、その浅深優劣を明らかにしている。

『秘蔵宝鑰』下には五重問答の中の前四重の文を順次に第六住心以後の四ヶ住心に配して引用している。

これを要するに大師が顕密二教の対弁を説かれた最も重要な上記の三書に、『釈論』から引証せる文は、『釈論』第一の三門得不の問答、第二の上半四日下の文、同巻の五種言説十種心量の言心離不離の文、第三の性浄本覚の四種大鏡の文、第五の五重問答の文、第十の摂不摂の釈文である。従ってこれらの引用文を掲げて釈を施す必要を感ずるが、私に与えられた紙数ではこれを論ずることは困難と思う故に今は省略する。

この顕密対弁を説くに当たり、古来二門分別の扱いと三門分別の扱いと二様ある。『二教論口筆』第十によればこの両義は興教大師覚鑁上人の説という。この中二門分別とは真如生滅二門の法を以て法界を尽し、不二を別立しない。一切諸法には皆生滅無常の道理と真如常住の道理とがある。生滅無常の義は顕教の所談で、無為常住の義は真言密教の所立である。即ち無為常住とは不二中道の体である。従って不二を別立せず、一切諸法を真如生滅の二種に摂し、真如を以て密、生滅を以て顕と分別するのである。興教大師の『釈摩訶衍論指事』と同『愚案鈔』とによるに、二門分別による顕密の対弁について五義ある。

一、一心三大相望。　一体一心摩訶衍と三自一心摩訶衍に属する前後両重の八法を真如門とし、体相用三大の前

後両重の二十四種の門法を生滅門と定め、真如門を密、生滅門を顕とする。（『指事』、興教大師全集上・七三）

二、能所入相望。　十六能入門を生滅とし、十六所入法を真如として、能所入の間に因果関係を見て、因行の生滅門を顕とし、果徳の真如門を密とする。（同前）

三、真生相望。　真如に属する十六種を密とし、後重の十六種を顕とする。（同前）

四、両重相望。　不二と前重の十六種を真如門に配して、これを密とし、後重の十六種を生滅門に配して顕教とする（『愚案鈔』第一本・全集上・一〇三）。この義は両重共に因分なるも、不二果分に対して親疎の別により、不二に近き前重を不二と共に密とし、不二に遠い後重を顕教とする意である。

五、因果相望。　果海の不二は真如にして密、因分の前後両重三十二種は生滅無常にして顕と定める。（『指事』、上・九二頁）

弘法大師の顕密二教の浅深優劣の釈にはこの五義の何れかに由っている場合が多い。

三門分別の義は不二と真如と生滅の三門を立て、顕密の配釈をする義であるが、これにまた二義ある。一には密二顕一の義で、生滅門を顕教とし、真如と不二とを密教とする。二には密一顕二の義で、真如生滅を共に顕教とし、不二を密教とす。この二義共に『口筆』に記す頼我の説であるが、この中普通は後義による。弘法大師の『金剛頂経開題』に経題の「摂大乗」の句を釈する時（全集洋一・七〇三頁）に能摂大乗と所摂大乗とを開き、能摂大乗は根本惣体の不二大乗、所摂大乗は二重の三十二大乗なりと説く。この釈は三門分別の証拠となる。興教大師の『愚案鈔』（全集上・一〇三頁）にも、不二大乗は両部密蔵金胎二界の大日にして、性徳円満海果分の境界であり、弘法大師はこれを真言の人法と判じ玉う。余の三十二は修行種因海因分可説の法門なる故に顕教なりと説いている。

高祖大師の顕密対弁の説には、上述の如く、二門分別と三門分別との二途があるが、『釈論』の三門得不の問答、五重問答、摂不摂の釈等は三門分別の立場を示し、真如門の下に説く言心離不離の釈などは二門分別に属している。

以上は主として『釈論』の文を引証して顕密二教諸大乗の優劣浅深を判じた文について述べたのであるが、『釈論』の文意によって顕密二教の浅深の別を示した文章や、真言密教の優位を説く文が、大師の文章の中に多く散見する。その一一を摘記することは差し控えるが、その中の重要なものを少しばかり挙げて見よう。

一、是の如くの四種法身（中略）一相一味にして此れも無く彼れも無し、（中略）此の処は金剛已還四種行人等希兮夷兮聾の如く盲の如し（中略）絶言の実義と名づく。（『吽字義』麼字の離釈段、洋一・五四六頁）

この文の金剛已還とは『釈論』第三に説く所の十信三賢九地因満果満の五位の中の因満以前の四位を指す。因満は第十法雲地、果満は妙覚の仏果である。『釈論』には等覚位を第十地に摂して別開せず、因満を金剛地と名づけ、果満を金金剛地と名づける。

二、夫れ法界浄心は十地を超えて以て絶々たり。一如本覚は三身を孕んで離々たり。況んや復曼荼の性仏は円円の又の円、大我の真言は本有の又の本なり。風水の龍其の波瀾を動ずることを得ず。業転の霧其の赫日を蔽すこと能わず。恒沙の眷属は鎮に自心の宮に住し、無尽の荘厳は本初の殿に優遊す。文（『大日経開題』、洋一・六三頁。

別本の『大日経開題』、洋一・六六八頁）

この文の法界浄心、一如本覚、円円の又の円、風水の龍等は『釈論』による。有快師の『開題鈔』によれば、この文に三義あり、一義には「法界浄心」等は生滅門により、「一如本覚」等は真如門により、「況んや」等は不二門による。今の文は三門分別の意により、真生二門の因分に対して不二の果分を示す文である、という。また一義には、二門分別にては真如は元より秘密であり、開会の意では生滅も密と見られる義があるから、今は三門倶密の義による文と見る。また一義には「法界浄心」は蓮華部清浄の理、「一如本覚」は金剛部円明の智、「曼荼性仏」は仏部惣徳を示す。『大日経』は三部曼荼羅であるから、今も三部に約して説くという。この三義は共に道理がある。第一義は顕密対弁の釈であり、後の二義は自宗不共の説である。

文の中の「円円の又の円」とは至極円満の意であるが、更に深意をさぐれば、「円円」は両部につき、「又円」は両部不二を示す。『梵網経開題』等に「双円性海」または「重円性海」をいうは皆これに準じて意得たらよい。「風水の龍」は『釈論』第二に所入一心の十名を明かす中の第三出生龍王（和本、上半二日下、大正三二・六〇三頁中）の中の生滅所入を示す出生風水龍王を指す。『宝鑰』下の第九住心の段にも、この「風水龍王」の句を用いている。「業転の霧」とは四相を開ける三細六麁の中の業相と転相を指す。今はこの二相を挙げて他の七法を含ましめるのである。即ち生滅門の一切染法は不二一心の日光を遮蔽することができぬ義を、今の文に説くのである。

三、双円の性海には常に四曼の自性を談じ、重如の月殿には恒に三密の自楽を説くに洎《およ》んでは人法法爾なり、興廃何れの時ぞ。機根絶々たり、正像何ぞ別たん。焉に於いて妄風心水を鼓して波濤洶湧し、業霧恵日を弊して蔭雲靉靆たり。生住の夢虎は有々を着愛に呑み、異滅の毒龍は我々を無知に吸う。等文（『教王経開題』、洋一・七二六頁、『理趣経開題』、七三六頁、『法華経開題』、七五六頁、『梵網経開題』、八〇九頁）

この文章は最初に教の本源たる果分の境地を明かし、「焉に於いて妄風」以下の句に染法縁起の相を示している。しかも二門分別の立場から、不二と真如とを果分とし、生滅を因分として、その浅深を示す釈と解すべきである。双円性海に不二摩訶衍の法、重如月殿は真如門の法を指し、この二を順に金胎両部に配して見たらよい。「妄風」以下の句は、根本無明の妄風が本覚の心水を鼓して三細六麁の波濤を生ずる義である。この一節は生滅門の要をとって釈している。

四、妙法とは且らく六重の浅深あり。一には染浄本覚妙法、二には清浄本覚妙法、三には一心法界本覚妙法、四には三自本覚妙法、五には一如本覚妙法、六には不二本覚妙法なり。此の六重に就いて且らく顕密の妙法を分たば初の五は顕、後の一は密の妙法なり。又前の五が中に初の四は顕、後の一は秘なり。又四の本覚の中に更に顕秘有り。初は顕、後は秘なり。次の如く知るべし。今の所説の経は染浄本覚の妙法なり。（『法華経開題』、洋一・七六九頁）

この六重本覚妙法の義は大師独自の説であるが、その典拠は『釈論』にある。大師は『金剛頂経開題』（洋一・七〇〇頁）に本覚に三自一心門本覚・一一心真如門本覚・不二摩訶衍一心本覚の三種を立て、更に三自一心門の下に染浄本覚・清浄本覚・一法界本覚・三自本覚の四種を開き、一一心真如門に清浄真如本覚と染浄真如本覚とを開き、更に重々の本覚あることを示している。今の六重本覚妙法は三自一心門下の四種本覚と一一心真如門本覚（一如本覚妙法）と不二摩訶衍本覚とを以て本覚妙法を説き、而も今講ずる所の『妙法蓮華経』に説く妙法が第一の染浄本覚妙法なることを述べたものであり、その間に自ら顕密諸大乗教の浅深を示している。この六重本覚の思想は『釈論』の五重問答の文に基づく。五重問答は『起信論』の「一切衆生悉有真如」の文を「一切衆生皆有本覚」と釈しかえて、この下に問答を展開するもので、染浄始覚・清浄本覚・一法界心・三自一心摩訶衍・不二摩訶衍の明無明を決択する問答である。前三重は後重生滅門の一心系の法門で、その能入（第一・二）と所入（第三）とである。第四重は前重生滅所入の一心である。前後両重の間には浅深の別があり、前重は利根、後重は鈍根の解する所である。第染浄始覚は十信乃至果満の五十一位を経て、四相と根本無明の五有為を断じて始覚智を得る法門で、第六住心に当たる。第二清浄本覚は第七住心、第三一法界心は第八住心、第四三自一心摩訶衍は第九住心、不二摩訶衍本覚は因果不二・凡聖不二・理智不二・身心不二を説く真言密教第十住心の分斉であり、大日法身の内証智の境界である。

六重本覚妙法の中第一の染浄本覚妙法は五重の中の第一の染浄始覚を本覚に還元したものである。しかもこれを

『法華経』の妙法に配している。『宝鑰』に一法界心を第八住心とし、今は染浄本覚妙法を『法華経』の妙法とする。一法界心は真如所入の法である。染浄始覚は生滅能入門であり、染浄本覚智は染浄本覚を生ずる本源である。この一法界心の本覚妙法と染浄本覚妙法との相異を如何ように考えたらよいか、大師自らの説明はない。後日の研究課題である。

四　三十三法と三十七尊

『梵網経開題』に『釈論』に明かす三十三法を直に金剛界三十七尊の内証とし、人法一如の立場からこれを直に三十七尊と説いている。即ち、

三大とは体大相大用大なり。真如門の三大は定相あること無し、互相に二を具するが故に。三といふは生滅自門の三大を以て名づく。各其の相あり、自性差別の故に。是の三大の法に三十二の法門眷属を具す。摂大体性の五大を加うるときは則ち三十七なり。是れ則ち三十七仏なり。謂わゆる三十七尊とは五仏四母十六三昧四摂八供是れなり。（中略）鉤索等を四摂と名づく。等文（洋一・八二六頁）

と説く。この義は『釈論』を純粋の密論と見る大師独特の釈であって、論の文相には見当らぬ。『釈論』は立義分に三十三法を立て、一切諸法を摂し尽くすと説く。しかも前重の十六能所入と後重の十六能所入との三十二法は修行種因海であり、不二摩訶衍が性徳円満果海であるとする。しかるに大師は、因分三十二法は不二から開くから、これを不二に帰して三十三法悉く秘密法門と見て、三十二に摂大体性の五不二を加えて三十七法三十七尊としたのである。摂大体性五不二とは摂と体相用三大と体性との五法の不二である。体性不二は正しく不二性徳円満海を指

す。摂不二は後重一心下の二法惣の位で、立義分の「是心則摂」の文に当たり、真如生滅二所入の惣体なるが故に摂不二と名づける。大不二は後重の体相用三大である。この三大に各二法惣の位があり、真生二所入の総体なるが故に不二として大不二という。摂大不二を後重に於いて開き、前重に於いて開かないのは、前重は微細後重は麁顕であるから、微細の法を略したものか。或いは前重を開けば四十一法となり、三十七尊に合致せぬから、これを略したとも考えられる。また五不二は五仏で、五仏は五大の王であるから、五不二を五大と名づけたものか。

三十七尊の配釈につき、大師の文は明了でない。故に興教大師の『愚案鈔』一本、同『指事』、道範の『釈論曼荼羅』、頼宝の『勘註』一、信堅の『古草』等先徳の説が異なっている。宥快法印の『梵網経開題鈔』下巻十三丁の一義には体性不二は大日、摂不二は阿閦、三大不二は順に宝生阿弥陀天鼓の三仏、一心三大下の二法二門は薩王愛喜等慧門の十六大菩薩、前重八門は嬉鬘歌舞香華灯塗の八供養菩薩、前重八法は四波羅蜜と四摂菩薩に配当する。また『釈論決択集』第三二十九丁左の配釈には、体性不二を大日、前重真如所入の四法を四波羅蜜、生滅所入の四法を内四供、真如の能入四門を香華灯塗の外四供、生滅能入の四門を四摂菩薩に配し、後重三大の二法惣の四を順に阿閦等の四仏、一心三大の二法二門を慧門の十六大菩薩に配している。

『梵網経開題』の釈は『釈論』に三十七尊の内証法門の縁起を明かすと見る。『菩提心論』は直に三十七尊の縁起を明かす故に、此の二論は人法のなりはあっても共に三十七尊を説くから、『釈論』もまた密蔵肝心の論というべきである。

興教大師は『釈論指事』の不二真如生滅を順に仏蓮金三部に配する説及び不二を金界果曼荼羅、生滅を胎蔵因曼荼羅に配する義（上・九二、九三頁）を示された。この説は弘法大師の著作中には見当たらないが、耳を傾けるに価する説であり、『釈論愚案鈔』一本に説ける種々の秘義と共に、『釈論』に於ける秘密の義を考える資料とすべきである。

五　釈論の影響を受けた上記以外の大師の文章

弘法大師の著作の中『釈論』の影響を受けた文章は上記に止まらない。中にも『吽字義』の汙字の実義を釈する中の同一多如等の文（五四五頁）、『大日経開題』の神変の釈（六三七頁）、同別本の十三大を説く文（六八〇頁）、『金剛頂経開題』の経題の真実摂大乗大教王の句の釈（七〇一—七〇四頁）、『梵網経開題』の三大の釈（八一六頁）、『最勝王経開題』の不二一如の釈文（八二〇頁）、『金剛般若経開題』の有為無為の釈（八三八頁）、『三昧耶戒序』（洋二一・一三三頁）、及び『平城天皇灌頂文』（一六七頁）の信の十義の文等についても述べなければならぬ。また『即身成仏義』の三大説の如き、直接ではないが間接には影響があると思わるる事などについても述べて見たい。しかし既に制限紙数に達したので、これらは別の機会にゆずることにする。但し弘法大師の著作中『釈論』の影響ありと見た文処は末尾に摘記して置く。

六　結　　語

弘法大師が『釈論』から受けられた影響、その教学に於ける『釈論』の地位については前記の論述で、その全容をほぼ理解し得ると思う。大師の『釈論』に対する態度には一には『十地論』等と同様果分の離機離教を説くものとする態度と、『釈論』を不二果分を説く密論と定めた上で因果を分かつ二門分別の立場と、三門分別の立場、及び三十三法悉く秘密とする立場と四種の態度があることを重ねて記して置く。そして三十三法を金界三十七尊とする秘密の釈義は大師の独創であることをよく知っていただきたい。

一々明記しなかったが、この論文は恩師長谷宝秀・森田龍僊両先生の提撕に負う所が大である。森田先生の名著『釈摩訶衍論の研究』に既にこの問題を取り上げて詳細に論ぜられた。今改めて執筆するにも及ばぬようであるが、近時『釈論』が宗徒から敬遠され放棄されているように思うので、その注意を喚起する一助にとも思って、この題を出した次第である。

附記　弘法大師の著作中（秘蔵記を除く）釈論に関係ある文処

1　付法伝第一（弘法大師全集洋一・三頁）如是法身智身の文
2　十住心論第九（一・三八八—三九六）この中に八文あり。
3　同第十（一・三九八）釈大衍説十識等の文
4　秘蔵宝鑰上（一・四一九）心外礦垢等の文
5　同下（一・四五三、四五五、四五九、四六二、四六四、四六九）五文。但し四六二の風水龍王等の句及び四六四の性浄本覚等の文の外は、釈輪第五の五重問答の文を分節して第六七八九の四ヶ住心に引く。
6　弁顕密二教論上（一・四七四）顕教契経部等の文
7　同（一・四七四）此三密門者等の文
8　同（一・四七六）人鳥明暗の句
9　同（同上）天親十地等の文
10　同（一・四七七）問義若等の問答
11　同（同上）龍猛菩薩釈大衍論曰等の一節（五重問答の文）
12　同（一・四七九）何故不二摩訶衍法の文。（三門得不の問答）十住心論第九にも引き、釈を加う。

13　同（同）又云。諸仏甚深等の文。（三門摂不の問答）これ亦十住心論九に引く。
14　同（一・四八二）華厳五教章の引用文の喩釈
15　同（一・四八四）二諦義引用文の喩釈
16　同（一・四八九）龍樹釈大衍論等の文。五種言説十種心量の文
17　即身成仏義（一・五一八）心王者等の文
18　声字実相義（一・五二六）問曰龍猛所説五種言説等の文
19　吽字義（一・五三九）復次一心法界等の文
20　同（一・五四三）日月星辰等の句と、決定不定等の句の本有三身の句
21　同（一・五四五）同一多如等の句
22　同（一・五四六）如是四種法身等の句の金剛已還等の文
23　大日経開題（一・六三三及び別本の大日経開題、一・六六八）夫法界浄心等の文
24　同（一・六三七及び別本大日経開題、一・六八六）此神変無量無辺等の文
25　大日経開題別本（一・六四四）心王大日孕三身等の文
26　大日経開題別本（一・六六〇）所謂大者人中之大等の文
27　大日経開題別本（一・六八〇）謂大者等十三大を説く文
28　金剛頂経開題（一・六九〇）法仏三密四種言語不能及（中略）大衍称其絶離（中略）冰照椎輪等の文
29　同（一・七〇〇―七〇四）此本覚又有三種差別等の文
30　同（一・七〇六）復次約仏等の文
31　教王経開題（一・七一六及び理趣経開題、一・七二六、法華経開題、一・七五六、梵網経開題、一・八〇九）汨乎双円性海等の文
32　理趣経開題（一・七三三）所謂五部等の文

33 法華経開題（一・七六八）夫重円性海等の文
34 同（一・七六九）妙法者且有六重等の文
35 法華経開題別本（一・七九九）知見者所謂等の文
36 梵網経開題（一・八二三）今謂梵王等の文
37 同（一・八一四）馬鳴体統云等の文
38 同（一・八一六）三大者体大等の文
39 最勝王経開題（一・八二〇）夫独尊大空等の文
40 同（一・八三三）最者蓮華部等の文
41 金剛般若波羅蜜経開題（一・八三八）無為法者内外諸家等の文
42 同（一・八四二）如是四行中等の文
43 三昧耶戒序（洋二・一三、平城天皇灌頂文二・一六七）信の十義を説く文
44 秘密三昧耶仏戒儀（三・一四二）所謂菩提心者等の文
45 平城天皇灌頂文（三・一五四）摩尼奇珠（中略）得二三密乎凡身一の文
46 同（一五八）未過此太虚（中略）照灼四生之宅の文
47 同（一五九）夫気海雖微等の文
48 性霊集第六（洋三・四六四）栗駄蓮理等の文
49 同（四六六）双円大我等の文
50 同第七（四七六）夫金剛四法身（中略）法性身塔奇哉皇哉文
51 同（四七九）誰若弌阿（中略）十慮心滅休遊の文
52 同（四八三）染浄狂風等の文

53　同第八（四九一）恭聞齷曰囉也（中略）薩他怛掲多其人也の文

54　同（五二一）作過者也暗（中略）我心能為の文

55　同第九（五二九）夫有形有識（中略）三界之泥の文

以　上

この論文提出後高野山大学同学会の需に応じて、「弘法大師の諸開題等に散見する釈論の思想」と題する論文を寄稿しました。同学会の研究誌に掲載せられる予定ですから、併読していただけば幸です。

慈舟追記

（『密教学研究』創刊号、昭和四十四年三月）

弘法大師の諸開題等に散見する釈論の思想

一　序　言

弘法大師の教義には『釈摩訶衍論』が極めて重大である。特に顕密二教の優劣浅深を判ずる上にこの論は重要な資料となっている。私は今秋高野山大学で開かれた日本密教学会で「釈摩訶衍論と弘法大師の教学」と題して講演し、更にそれを敷衍して一文を草し、学会へ提出して置いた。何れ報告書に掲載されることと思うが、紙数の制限によって、諸開題等に顕われた思想については僅か二三のものにふれたのみであった。今これを補充する意味で、諸開題等に散見する釈論の思想について、一々に文章を掲げてこれを詳述し、大師の思想に於ける『釈論』の影響を示すことにした。両論文を併読していただきたい。

大師の諸開題はその真撰と見られるもの二十種、これに『真実経文句』『法華経釈』の如き、開題に準ずるもの五種を合わせ、二十五篇を『弘法大師全集』第四に収め、真偽未決のもの数篇を巻第十一にのせている。今は真偽未決のものにはふれない。

諸開題は多くは短篇であるが、『大日経』『金剛頂経』『理趣経』の三本の密教の根本聖典と、顕経の中の『法華経』『最勝王経』『金剛般若経』に関する大師の見解を知る上に極めて重要な書であり、大師の教学を研究する上には無視できない文献である。この重要な諸開題の中、『大日経開題』（今釈此経本）、『理趣経開題』（将釈此経本）、『仁王経開題』『一切経開題』を除く十六篇の開題と『法華経釈』とに『釈論』の思想と関連する文章三十三を検出した。

また『性霊集』に八文、『三昧耶戒序』『秘密三昧耶仏戒儀』『平城天皇灌頂文』の三書から七文、『付法伝』『即身成仏義』『声字実相義』『吽字義』から七文を得た。この外『秘蔵記』『十住心論』第九、『秘蔵宝鑰』下、『弁顕密二教論』上に関連の文章を見るが、『秘蔵記』等については既に日本密教学会へ提出した論文で述べているから、今は諸開題から『吽字義』までの諸文について述べることにする。弘法大師の教学と『釈摩訶衍論』との関係については、故森田龍僊教授の名著『釈摩訶衍論の研究』と『秘密仏教の研究』とに、広く大師の著作から関連文章を検出して論述せられた。先生の検出は極めて詳密、これに加え得るものは僅かであった。従ってこの論文が先生の著作に負う所大なることを前以て記して置く。

二　大日経の開題について

『釈論』の思想にふれた『大日経開題』は六本ある。全集所載の順によって、この六本の開題の文について述べることにする。

一、『大日経開題』（法界浄心本）にいわく。

夫れ法界の浄心は十地を超えて以て絶々たり。一如の本覚は三身を孕んで離々たり。況んや復曼荼（『大疏有快鈔』第六には羅の一字を補う）の性仏は円々の又の円、大我の真言は本有の又の本なり。風水の龍は其の波瀾を動ずることを得ず。業転の霧其の赫日を蔽すことを能わず。恒沙の眷属は鎮《とこしえ》に自心の宮に住し、無尽の荘厳は本初の殿に優遊す。文（全集和四・一、洋一・六三三。『大日経開題』隆崇頂本、和四・三六、洋一・六六八に同一文あり）

この文中の法界浄心、一如本覚、円々之又円、本有之又本等の句は『釈論』の文によったもので、この一文が『釈論』の思想によって述べたものであることは明らかである。有快師の『開題鈔』にこの文について古徳の釈を三義あげている。一は三門分別の意によって真生二門の因分に対して不二の果分を示すという。即ち「法界浄心」等は生滅門により、「一如本覚」等は真如門により、「況んや復」等は不二門による釈と見るのである。二は三門倶密の義によって真言密教の深旨を示すとする。二門分別の場合は真如門は密に属するが、今は更に開会の義を以て生滅門にも秘密の義を見るのである。三に今文は『大日経』の三部の徳を示すとする。即ち「法界浄心」は蓮華部清浄の理、「一如本覚」は金剛部円明の智、「曼荼性仏」は仏部総徳を示すと見るのである。この三義の中初義は顕密対弁の立場から述べ、後の二義は自宗不共（独特）の釈である。この三義は共に道理があり、三義相待って、文の深意を汲むことができる。また有快師の『梵網経開題鈔』に、『釈論』に説く真如生滅不二の三門は秘密を示す所の不二門から真生二門を開くのであるから、本より末を照す時は三門皆秘密であり、末より本に至る次第階級を説けば、真生二門は顕乗の分斉、不二門のみ独り秘密であると説くから、これによって第二の三門倶密の義を意得たらよい。

文の中の「十地」は顕教に立てる十地の菩薩の位階を指す。「円々の又の円」は至極円満の義を示す文であるが、また「円々」は金胎両部、「又の円」は両部不二を示している。『教王経開題』及び『梵網経開題』等に「双円性海」といい、『法華経開題』に「重円性海」と説くは、これに準じて意得たらよい。「風水の龍」は『釈論』第二に説く出生風水龍王のことで生滅所入の一心を指す。『釈論』第二に所入一心の十名を明かすとき、第三に出生龍王の名をあげ、真如所入の一心を出生光明龍王、生滅所入の一心を出生風水龍王と名づくることを説き、前者は純浄の本法を体とし、後者は染浄二法を体とすることを明かす。今文に「風水の龍は其の波瀾を動ずることを得ず」等と説くは、染法の妄風と浄法の真水とを併せ生ずる所の生滅所入の三自一心の龍王は因分であるから果海に游泳することはできないことを明らかにしたものである。染法の妄風というは根本無明と生住異滅の四相である。四相は開けば業転現の三細と、智相・相続・執取・計名・起業・果法の九法となる。その中の業相は、根本無明が本覚の真心を熏ずる時、真心が初めて微細の動揺を生ずる位である。転相は業相が一転して能縁の見分となる位である。『開題』の文に「業転の霧」等と釈するはこの業転二相をあげてその他の七相をこれに含ましめ、生滅門の一切染法は不二一心の日光を遮蔽し得ないことを述べたのである。

二、同本にいわく。

神変とは測られざるを神と曰い、常に異なるを変と名づく。即ち是れ心の業用なり。始終知り難し。三種の凡夫識知すること能わず十地の聖者も未だ其の辺を知らず、唯し仏のみ能く知り能く作す。故に大神変と曰う。此の神変無量無辺なり、大に分かって四と為す。一には下転神変、二には上転神変、三には亦上亦下、四には非上非下なり。下転とは本覚の神心より随縁流転して六道の神変を作す。又声聞縁覚等も分に神通変化を作す。並に是れ迷少の神変なり。法仏の如来大悲大定より能く難思の事業を作して聾瞽の耳目を驚（一に警に作る）覚したまう。是の如く等の事は下転神変なり。上転神変とは、若し衆生有りて菩提心を発し、自乗の教理を修行し、昇進して本覚の一心を証すれば、則ち能く迷識の神心を転変して自乗の覚智を証得し、一切の難思の妙業心に随って能く作す。即ち是れ上転神変なり。亦上亦下とは、法界の身雲恒沙の性徳形として形ならずということ無く像として像ならずということ無し。一切の形像を以て一切の法性塔と為す。是れ則ち上に臨むれば則ち下、下に臨むれば則ち上なり。並に皆四種身を具して大神通を起こす。故に亦上亦下神変という。非上非下神変とは非有為非無為の一心の本法と及び不二が中の不二の本法とは、諸の戯論を越えて諸の相待を絶す。難思の本、変化の源なり。故に非上非下神変という。文（和四・五、洋一・六三七。『大日経開題』関以受自楽本、和四・五四、洋一・六六六に同文あり。また『大日経開題』隆崇頂本、和四・三九、洋一・六七一に四種神変の名を出すが、その釈は略している）

神変に四義を明かすことは、『釈論』に直接これを説いていないが『釈論』第六に変の功徳に上流転変と下流転変との二義を説くを典拠として案出せられた義と思われる。上流下流の二転変について、釈論末師の中の通法大師法悟は『賛玄疏』に、上流は仏果に約し、下流は因位に約し、一本覚が因果凡聖に亘って随縁し転変する義であると説き、慈行大師志福は『通玄鈔』に、上流下流の二転変は染浄本覚が具する所の上下二転の義であるという。無際大師普観の記も亦同様の義を述べている。この説は一往は本覚は下転、始覚は上転なるも、実は二覚各々二転を具し、今は本覚の二転を明かすという意である。

四種神変の中の下転神変につき、文に凡夫の神変と二乗の神変と法仏の神変との三種を示している。その中凡夫の神変とは、本覚が随縁下転して無量の染法を現じ、六趣生死の境と転変するをいい、二乗の神変とは六神通によって十八変化を示す等をいい、法仏の神変は神力加持三昧に住して身語意の三密無尽荘厳蔵無量の三身を奮迅示現するをいう。この三種の神変の中の前二は所対の迷少の神変、第三は絶待の大神変である。

第二の上転神変は修生上転の神変である。法仏は本有本覚の体であると同時に、上転修生の義があるから、因行果の三句の次第を経て大覚位に至るときに、八万四千の煩悩を転じて八万四千の仏徳とならしめ、自由自在に神変を生ずる。これが即ち上転神変の義である。

第三の亦上亦下神変とは、上下二転の神変を兼ね具うる義である。法界の諸法は六大法性塔婆であるから一々に亦上亦下の神変を具している。しかもこの神変は法仏の神変に帰する。

第四の非上非下神変とは、非有為非無為の生滅所入の一心と、不二一心とは前の三種神変を生ずる本源なるも、この二種の一心は法仏の一心であることを示す。これ開会の義を以て生滅門を不二と同列に置く義である。

三、『大日経開題』（衆生狂迷本）にいわく。

心王の大日は三身を孕んで円々の又の円、心数の曼荼は十地を超えて以て本有の又の本なり。恒沙の眷属は鎮《とこしえ》に自心の宮に住し、無尽の荘厳常に本初の殿に遊ぶ。文（和四・二三、洋一・六四）

この文の意は一の「夫れ法界の浄心」等の文と同様に意得たらよい。「円々の又の円」は『教王経開題』に双円性海と説くに同じく、『釈論』の性徳円満海、円々海徳のことである。「本有の又の本」は本有の性徳を示す句であるが、又の本ということによって意を強めたのである。

四、『大日経開題』（大毘盧遮那成仏神変加持経本）にいわく。

謂わゆる大とは、人中の大、法中の大、教中の大、義中の大、体中の大、相中の大、用中の大、乗中の大、因中の大、行中の大、果中の大、入中の大、理中の大、智中の大、定中の大なり。是の如く十仏刹塵の大を具す。此の大は則ち絶待常住不二の大なり。是れ相待無常の大には非ず。遍照を以て譬と為し、帝網に寄せて喩を顕わす。文（和四・二六、洋一・六〇）

大日経題の大の字について十五義を以て釈しているが、これは『釈論』の思考法をとり入れて大の意義を各方面から追求して考えた釈である。後に掲げる『大日経開題』三密法輪本に釈する大の十三義と対照して見れば、この見解が誤りでないことを知るであろう。また『大日経疏』第一に広大金剛法界宮の句を釈するとき、「大とは謂わく辺際無きが故に」と説き『大日経略開題』にこの意を受けて「大とは謂わく無辺際の義なり」と釈せる（和四・三、洋一・六五三）を比較して見たらよい。

五、『大日経開題』（隆崇頂不見本）にいわく。

又測られざるを神と曰い、常に異なるを変と名づく。此の神変無量なり、大に分って四と為す。一には下転神変、二には上転神変、三には亦上亦下神変、四には非上非下神変なり。

具には疏に説くが如し、繁に依って記せず。文（和四・三九、洋一・六七二）

四種神変の義は上に述べたから、今は釈を略する。

六、『大日経開題』（三密法輪本）にいわく。

謂わく大とは一には体大、二には相大、三には用大、四には果大、五には因大、六には智大、七には教大、八には義大、九には境大、十には業大、十一には最大、十二には勝大、十三には遍大等なり。謂わく体大とは若しは相若しは用、真如の性とともに而も常遍広博なること猶し虚空の如くなるが故に。二に相大とは恒沙の身密不可思議にして、互相即入し、微細重重無尽なるが故に。用大とは業用周普して体の如く遍ずるが故に。無間無断にして方便を行ずるが故に、謂わゆる神変加持是れなり。果大とは謂わく智断依正、法界に普周するが故に、即ち謂わく大毘盧等なり。因大というは謂わく浄菩提心を発し三密供養の行を行じ、五字身を厳り、三句業と為すが故に、吽字即ち是れなり。教大とは謂わく三密所現の一色一声等法界に遍満して本不生を詮す。三時を超えたる如来の日時に常恒に演説するが故に。義大というは謂わく、所詮の観照門なり。一一の声字含苞せずということ無きが故に、阿字より賀字に至るまで是れなり。境大というは能所詮の法普く無尽の衆生を摂して化境と為るが故に。十最大というは、一には超過最、二乗地を遠離するが故に。二には出離最、三界の城を離るるが故に。三には対治最、頓に四住地を断ずる故に。四には厭患最、五蘊の聚落を過ぐるが故に。五には離愛最、永く六道の岐を別るるが故に。六には威徳最、七悪軍を退するが故に。七には兵衆最、皆八邪林を尽くすが故に。八には智慧剣最、九結科を決断するが故に。九には解脱最、十纏縄を断除するが故に。十には勇猛最、九十六種の外道を摧伏するが故に。経には十種の第一という。十勝大というは、一には力勝、十力を具足するが故に。二には無畏勝、四無畏を具足するが故に。三には不共勝、十八不共法を具足するが故に。四には道品勝、三十七道品を具足するが故に。五には変化勝、百千種の変化を具足するが故に。六には言音勝、八十八の梵音を具足するが故に。七には端厳勝、三十二種の丈夫の相を具足するが故に。八には吉祥勝、境界と作るに随って功徳を出生し増長するが故に。九には難得勝、三界の中に独尊一の故に。十には住処勝、所居の宮殿無辺広博なるが故に。経には十種の殊勝という。十業大というは、一には自然業、所作自在の故に。二には平等業、教化利益差別無きが故に。三には相応業、機に随って出現するが故に。四には具足業、福智二種の資粮（糧ィ）を円満するが故に。五には無尽業、辺際無きが故に。六には同生業、趣に随って生を受くるが故に。七には無着業、塵累を遠離すること蓮華の如くなるが故に。八には依止業、帰依処と作ること大地の如くなるが故に。九には無厭業、生を摂するに窮り無きこと大海の如くなるが故に。十には通達業、障礙有ること無きこと虚空の如くなるが故に。経には十種の作用という。十遍大というは、一には根遍、一一の根法界に遍ずる故に。二には識遍、心識達せざる所無きが故に。三には境界遍、円智の所縁は分界無きが故に。四には寿命遍、思議す可らざるが故に。五には眷属遍、測量す可からざる故に。六には功徳遍、一一に虚空に等しきが故に。七には慈悲遍、簡択無きが故に。八には言説遍、言音至らざる所無きが故に。九には証遍、窮めざる所無きが故に。十には無等遍、与等無きが故に。経には十種の周遍という。文（和四・四八、洋一・六〇）

この一文は前の大毘盧遮那成仏神変加持経本の「大」の釈と共に、『釈論』の思考型式に影響を受けた解釈法によっていることが、一見して明らかである。ことに最勝業遍の四大について各十種の大を開く釈は、全く『起信論』の帰敬序の「最勝業遍智」等の句を釈する『釈論』第一の文句を少しく省略して引用したものであり、第十の業の釈を勝大の次へ廻していくのも『釈論』の文を引用する関係からである。

三　金剛頂経の開題について

『金剛頂経』の開題には『釈論』による文章が多い。殊に経題の釈に注目すべきものがある。

七、『金剛頂経開題』にいわく。

法仏の三密は四種の言語も及ぶこと能わず。曼荼の四身は九種の心識も縁ずることを得ず。是の故に名言絶えて機水涸れ、身土隠れて応月没す。（中略）大衍には其の絶離を称し、地論には其の不説を顕わす。三大域を異にし、一心源を別てり。（中略）氷照の椎輪は轅《ながえ》を染浄の岳に摧き、水波の游艇は楫を風水の海に折る。文（和四・五八、洋一・六九〇）

この文にある四種言語と九種心識は、『釈論』第二（上半六日下）の真如門の釈段に説く所の五種言説と十種心量による釈である。五種言説とは相・夢・妄執・無始・如義の五種をさし、釈論には『楞伽経』等の文を引用してこの五種言説を明かし、大師の『弁顕密二教論』上にその全文を引用している。また十種心量とは眼識心・耳識心・鼻識心・舌識心・身識心・意識心・末那識心・阿梨耶識心・多一識心・一一識心の十種である。これまた『二教論』上に全文を引用している。『釈論』には五種言説の中の前四種は虚妄の説にして真を談ずること能わず、第五如義言説は如実の言説にして真理を談ずることを得と説き、十種心量の中初めの九種心は真理を縁ぜず、第十の一心のみ真理を縁ずることを得と釈している。即ち前四種言説と前九種識心とは生滅門の言心、第五如義言説と第十一一識心とは真如門の言心とし、生滅の言心は本体に相応せず、真如の言心は本体に相応するとする意である。これ全く二門分別の義によって生滅を因分顕教とし、真如を果分密教とする立場である。また今文は先ず密教の法身如来の三密門、四種曼荼羅身は前四言前九心識を絶離せる境地なることを示し、更に「大衍には其の絶離を称し、地論には其の不説を顕わす」というて、『釈論』（大衍）に不二果海は前四言前九心識を絶離することを明かし、『十地論』には果分不可説と説くことを示している。凡そ一心三大（体相用）はこれを開けば三十二の因分の法となるが、この因分の諸法は不二果分に及ばないから、本文に重ねて「三大域を異にし、一心源を別てり」と述べている。

「氷照の椎輪」等は一乗教の天台・華厳、第八第九両住心が各々その当位に滞留して後位の不二果海第十秘密荘厳心に進まないことを明かしている。天台には法性は水の如く無明は氷の如しと説き、（『摩訶止観』第五）また鏡と影像との喩を以て境智不二の義を述べるが、この天台の法門は『釈論』の染浄本覚に同じである。故に「氷照の椎輪は輴を染浄の岳に摧き」の句は天台の法門を示している。また華厳には水波の喩を以て因果二分を説くが、これは『釈論』に生滅所入の一心を示す風水龍王に当たるから、華厳の法門を示して「水波の游艇は檝を風水の海に折る」と述べたのである。輴を摧くといい、檝を折ると記すは、天台華厳が共に当位に留り後位に進み得ぬ状態を示す句である。

八、『金剛頂経開題』にいわく。

此の如く四種法身は自然自覚なり。故に先成就の本覚の仏と名づく。此の本覚に又三種の差別あり。一には三自一心門の本覚、二には一一心真如門の本覚、三には不二摩訶衍一心の本覚なり。初の三自一心本覚の中に四の別有り。染浄本覚・清浄本覚・一法界本覚・三自本覚是れなり。真如門の本覚に又二の別有り。清浄真如本覚・染浄真如本覚なり。是の如くの本覚重重無量なり、今此の経に示す所の本覚は通じては一切の本覚を摂し、別しては不二門の本覚を表す。此の本有法身其の数無量なり。故に一切如来という。此の如来は余の一切門の摂することと能わざる所なり。然も此の不二本覚は能く一切門の仏を摂す。故に頂と名づく。如来頂は即ち最上最勝の義の

故に。文（和四・六八、洋一・七〇〇）

この文は『金剛頂経』の中の「一切如来」の句の釈段の一節である。この文は一切如来を四種法身に摂し、この四種法身は自然自覚の本覚仏なりとし、本覚を先ず三自一心門と一一心真如門と不二摩訶衍一心との三に大別し、三自門より染浄・清浄・一法界・三自の四種本覚を開き、真如門の本覚より清浄真如、染浄真如の二本覚を開き、これに不二門本覚を加えて七重の本覚を説き、この不二本覚は能く一切の仏を摂するも、余の一切門の仏は本有法身の一切如来を摂し得ないと述べている。『法華経開題』（重円性海本）に妙法に六重本覚妙法あることを説くが、これは今の七重本覚の中の一一心真如門の下の二重の本覚を別開せず、これを一如本覚の一としたのみの相違であり、その実体は同一である。

六重本覚の建立は『釈論』第五の五重問答の文による。五重問答の全文は『弁顕密二教論』上にこれを引用している。この論文は『大乗起信論』の「一切衆生悉有真如」の文を「一切衆生皆有本覚」と釈しかえて、この下に問答を展開し、染浄始覚・清浄本覚・一法界心・三自一心摩訶衍・不二摩訶衍の明無明を決択しているのである。五重の中の前三重は後重生滅門に於ける能入（第一第二重）と所入（第三重）で、第四重は前重生滅所入の一心である。前後両重の間には浅深の相違があって、前重は隠秘の深法であるから利根の者の解する所、後重は麁顕の浅法であるから鈍根相応の法門である。染浄始覚・清浄本覚・一法界心は後重生滅門の中の一心に属する法門である。その第一染浄始覚は十信、三賢、九地、因満、果満の五位（五十位）を経て生住異滅の四相の末惑と根本無明との五有為を断ずる始覚智を得る法門である。従って第六住心法相宗とその分斉を同じくする。第二清浄本覚は染浄二法を超越せる言心都絶の覚体である。凡そ染浄始覚智は染浄本覚智より生じ、染浄本覚智は清浄本覚智から生ずる。故に清浄本覚は染浄始本二覚を生ずる本源である。この法門は独空畢竟の理を説く第七住心三論宗に相当する。第三の一法界心は生滅所入の一心である。一法界心には真如所入の一心である所の純白一法界と、生滅所入の一心である所の無尽一法界との二種がある。今の一法界心は二種の中の後の無尽一法界である。この一法界は生滅門の十界無尽の諸法を生ずる非有為非無為の如来蔵である。三千妙法を説く天台宗第八住心がこの分斉である。第四の三自一心摩訶衍は、前重生滅所入の一心で、無尽一法界の本源である。融三世間の盧遮那仏をたてる華厳宗第九住心がこれに相当する。四家大乗相当の前四重の法門は不二摩訶衍円円海に対すれば何れも無明の分斉であるから、『釈論』にはこの四法を何れも「無明の分位（辺域）にして明の分位に非ず」と判じている。第五の不二摩訶衍は万徳を円満せる果海で明の位である。不二は因果不二、凡聖不二、理智不二、身心不二等の不二法門を説く真言密教第十住心、大日法身自内証の自覚聖智の境地である。

五重問答の前四重は生滅門、第五は不二門であるから、この中には真如門は無い。然るにこの論文によって真如門の本覚を立つるは如何なる理由によるか。また第一重は染浄始覚であって染浄本覚ではない。然るに六重本覚の第一に染浄本覚というはいかように受け取ったらよいか。この二の疑問について、『釈論』の意を汲んで会釈を加えよう。『釈論』に衆生皆有本覚の義を釈するに、有覚門と無覚門とに分かち、有覚門に五重問答を設け、無覚門に真如平等の法門を明かす。即ち無覚門が真如門であるから、六重本覚にこれを取入れて立てたのである。染浄始覚を染浄本覚とするは、始覚智もまた無為常住の体なりとするのが『釈論』の意であるから、始覚智を直に本覚智と見て染浄本覚としたのである。

『釈論』には真如門に染浄清浄の二義を開かない。これを開くは弘法大師独自の説である。これについて有快師の『金剛頂経開題鈔』五（一五左）に四義をあげている。その中第四義がよい。その意をいえば、真如門にも随順・得入の二位を立て、随順（修行位）の位には微細の染法を伴うから染浄真如といい、得入（証得位）の位は微細の染法をも離れているから清浄真如という。大師はこの義辺から真如門に染浄と清浄との二を開かれたのである。六重本覚を樹つる本意は、両部大経所詮の本覚は一切本覚の根源たる不二本覚であることを明かすにある。

九、同書に、経題の「真実」の二字を釈していわく。

次に真実と言うは、真は真如、実は実知実相なり。真に十種有り。一には根字事真、二には本字事真、三には遠字事真、四には自字事真、五には体字事真、六には性字事真、七には住字事真、八には常字事真、九には堅字事真、十には惣字事真なり。如に又十種有り。繁の故に之を略す。真とは真理、如とは如理、此の真と如とに各二十種を具す。十種の清浄の真理は十種の清浄の本と相応す。十種の清浄の如理は十種の清浄の覚と相応す。十種の染浄の真理は十種の染浄の本と相応す。十種の染浄の如理は十種の染浄の覚と相応す。今言う所の真如は通じては染浄清浄二種の真如を摂し、別しては自門秘密の真如を顕わす。本は能く末を摂す。故に二種を摂する耳。実知実相とは三自門の実知実相、一心門の実知実相、性徳円円海の実知実相各々重々差別なり。今言う所の実知実相は不二門の実知実相是れなり。然も通じては二門の実知実相を摂す。実知と言うは能達の知、実相とは所達の境なり。又実知は是れ心密、実相は是れ身密なり。復次に智即ち境、境即ち智、又智に非ず境に非ず。而も智而も境なり。然れども九種の心量の所縁に非ず。一一心の所縁のみ。又一一心の所縁に非ず、不二心の所証のみ。

文（和四・六九、洋一・七〇二）

この文は経題の「真実」の釈である。即ち真は真如、実は実知実相なりと釈して、真に根等の十義あることを明らかにし、如にもまた十義を有することを説き、この二十義が染浄・清浄の二義を伴い、四十義となると釈している。次に実知実相に三自門と一心門と性徳円円海の三種あることを述べている。真如の四十義は『釈論』第三（上半三日下）に性真如の理体を釈する文によって説き、実知実相に三門を立てて釈するは一部の達意によったものである。

不二門の実知実相は、三自と一心との二門の実知実相を摂すること、前九種の心量の所縁に非ずして一一心の所縁なりと説く点に留意すべきである。九種心量の所縁に非ず等と釈するは『釈論』第二の十種心量の釈文によっていることは言うまでもない。

一〇、同書に経題の「摂大乗」の三字を釈していわく。

次に摂大乗と言うは此れに二有り。初には能摂大乗、次には所摂大乗なり。能摂大乗とは根本惣体の不二大乗、所摂大乗とは二重三十二大乗なり。本能く末を摂す故に摂大乗と言う。又三十二大乗に各々本有り、末有り。各々の本法は能く末法を摂す。故に摂大乗という。文（和四・七〇、洋一・七〇三）

この釈文に能摂所摂の二種の大乗を説くが、この釈は『釈論』第一（下半の八日下九日下）の釈文や第十の摂不摂の問答の釈によって、顕教を三十二の所摂大乗とし、密教を不二の能摂大乗とする意を述べたものである。

一一、同書に経題の「大教王」の二字を釈していわく。

大教王とは大に三種有り。一には体大、二には相大、三には用大なり。初の体大の中に又四あり。一には無量無辺諸法差別不増不減体大、二には寂静無雑一味平等不増不減体大なり。此の二法に又二門の大有り。故に四と成る。相大に又四あり。一には如来蔵功徳相大、二には具足性功徳相大なり。此の二法に又二門の大を具す故に四と為る。用大に又四あり。一には能生一切世間善因果用大、二には能生一切出世間善因果用大なり。此の二法に又二門の大を具す。故に四と為る。三種の大義を数うれば各四大を具して都《すべ》て十二大有り。此の十二大は皆是れ生滅門の法門なり。真如門に約すれば又三大の義を具す。是の如くの二門の大の義能く一切の教法を含む。故に大教と曰う。此の大教各自門に於いて自在を得るが故に之を王と名づく。又上の摂の字は流して此の大教王の字に被らしめよ。摂大教王とは此れに二の別有り。能所を具するが故に。能摂大教王とは此経是れなり。所摂大教王とは二門の大乗教王是れなり。即ち是れ応化身所説の大乗教王一乗経王是れなり。王は是れ自在主宰の義なり。何が故にか能摂所摂の差別有る。王の名大小に通ずるが故に。譬えば四種の輪王及び粟散王共に王の号《な》を得れども、然も猶お尊卑差有るが如し。是の如く教王も亦復然り矣。法身仏所説の教王は能く一切の応化身所説の教王を摂す。法身所説とは此の経是れなり。応化身所説の教王とは謂わゆる諸の顕教是れなり。自乗に於いて王の名を得というと雖も、而も法身自証の最勝頂輪王の教に望むれば、猶し粟散王等の輪王の所摂なるが如し。故に摂大教王と名づく。文（和四・七二、洋一・七〇三）

この文は『釈論』第一の立義分の釈段の意によって説いたものである。体相用三大に真如生滅二門を含み、二門に各能入所入があるから、三大に各四あり合して十二大となる。この十二が更に前後両重に分かれるから二十四大となる。三大の列名中各々初に出すは生滅門、後に出すは真如門に属する。今文にあぐる十二大は前重について示し、これに後重を含ましめるのである。十二大は真生二門に通ずるが、今は「皆是れ生滅門なり」と釈している。恐らくは二十四大の一半を生滅、一半を真如とする意であろう。

一二、同書にいわく。

若し竪次第に約すれば是の如くの浅深差別あり。若し横平等に約すれば悉く皆平等平等にして一なり。然れども終に雑乱せず。又一一の経互に主伴となる。若し一門を挙ぐれば主となるが故に各王の名を得。主を挙げて伴を摂するが故に。又若し字門の義に約すれば高下浅深有ること無し。悉く皆法曼荼羅法智印平等無二なり。文（和四・七三、洋一・七〇四）

本開題には『釈論』の法相によって種種に顕密を対弁して釈するが、今更に『釈論』の意によってこれを融会する義を、今文に於いて説いている。『釈論』第一（下半八日下）の文に、是の如くの能所十六の法相は徧満徧満平等平等一味一相にして皆差別無し。所以は何んとならば各諸法を摂して畢竟じて尽すが故に。若し爾らば本末及び惣別皆悉く渾洞して応に雑乱すべしや。終に其の本末相雑乱せず、其の惣別の門初後無きに非ず。然も各々別々にして皆悉く等量なり。故に平等と曰う。一法と謂わんとには非ず、故に平等と称す。文

と説く。当段の開題の文はこの『釈論』の文意によっていること明らかである。

一三、同書にいわく。

復次に仏に約して釈せば（中略）真実とは平等性智の仏なり。真如実法は異を厭い別を捨て、同々無二なるが故に。文（和四・七四、洋一・七〇六）

この文は『釈論』第六（初日下）の「本より已来一自ら一を成じ、同自ら同を作し、異を厭い別を捨てて唯し一真なるが故に」という文によって釈したようである。『釈論』のこの文は体大真如が凡夫声聞縁覚菩薩仏の五種の人に亘って平等なることを説く文である。

一四、『教王経開題』にいわく。

夫れ道の本は無始無終なり。教の源は無造無作なり。三世に亘って而も不変なり。六塵に遍じて而も常恒なり。然れども猶お示す者無きときは即ち目前なれども見えず。説く者無きときは即ち心中なれども知らず。双円の性海には常に四曼の自性を談じ、重如の月殿には恒に三密の自楽を説くというに洎《およ》では人法法爾なり、興廃何れの時ぞ、機根絶々たり正像何ぞ別《わか》たん。焉《ここ》に於いて妄風心水を鼓して波涛洶湧し、業霧恵日を弊して蔭雲靉靆《あいたい》たり。生住の夢虎は有々を着愛に呑み、異滅の毒龍は我々を無知に吸う。六塵の盗賊は識都に横わって劫奪し、五蔭の悪人は身城に逸《ほしいまま》にして暴掠す。等文（和四・八四、洋一・七二六。『理趣経開題』和四・九四、洋一・七三六。『法華経開題』和四・一二四、

洋一・七五六。『梵網経開題』和四・一七七、洋一・八〇九に同文を出す。）

この文は大師が四ヶ処も出されたほどで、有名な文である。二門分別の立場から、真如と不二を性海果分の密とし、生滅を縁起因分の顕教とする上にて、この文を見たらよい。この文は初めに教の本源、法の体性たる果分の境地を明かし「於焉妄風」以下に染法縁起の相を示している。文の「双円性海」は不二摩訶衍法をさし、「重如月殿」は真如門の法を指す。双円性海は『法華経開題』に重円性海と説き、『大日経開題』に円円之又円と説けるものに当たり、『釈論』第一に性徳円満海といい、第十に円円海徳と説く。重如月殿は『梵網経開題』には双如という。『釈論』第二に十如来蔵を釈するとき第四に真如真如如来蔵の名を出し、「唯如々のみあるが故に」と釈す。今重如というは如々の意であって、重如月殿は胎蔵の理を示し、双円性海は金剛の智を示したものである。次に「妄風心水を鼓す」等というは、根本無明の妄風が本覚の心水を鼓して三細六麁の波瀾を生ずることを表わし、「業霧恵日を弊す」等は業識妄心（三細の一）が本覚の恵日を弊うことを明かす。「生住の夢虎」「異滅の毒龍」は生住異滅の四相をあげて、総じて三細六麁の妄心を説く意である。故に「妄風心水」以下の一節は生滅門の要を述べた文章である。

四　理趣経の開題について

大師の『理趣経開題』は真撰と見るべきものが三本ある。その中で将釈此経本には『釈論』の影響を受けた文句を見出すことはできぬが、他の二本には『釈論』の意による文章がある。但し夫生死之河本に出す文は前に説明した『教王経開題』に出す所の「夫道之本」等の文と同文であるから、これを省略し、弟子帰命本に述ぶる一文のみを掲げることにする。

一五、『理趣経開題』にいわく。

謂わゆる五部とは、一には仏部、二には金剛部、三には宝部、四には蓮華部、五には羯磨部なり。是れ即ち五大の所起、五智の所成にして、自性の又の性、法体の又の体なり。三自三大未だ其の辺を見ず、一如一心誰れか其の極に到らん。文（和四・九二、洋一・七三）

この文は『金剛頂大楽不空真実三摩耶経』の経題釈の一節で、「金剛頂」の三字について法、喩、人の三種の釈の中、人についての釈段の文で、金剛頂の句に五部の別を見る釈である。従って五部の思想は直接釈論の影響によるものではないが、文中の「自性の又の性、法体の又の体」の句は『釈論』風の用語であり、「三自三大」「一如一心」は全く『釈論』から得た句である。三自は自然本有の体相用三大を意味し、生滅門の異名である。また一如は一体平等なる真如門の異名である。故にこの文は三門分別の立場から、生滅真如二門の因分の人は、不二果分の五部曼荼羅の体に到達し得ないことを明かした文である。

五　法華経の開題について

大師の『法華経』の開題は五本である。その中「法華経密号」と題する一本を除いて、他の四本には皆『釈論』の影響を受けた文がある。その中で第一の開示茲大乗経本に見られる「夫道之本」等の一文は前出の『教王経開題』の文に同じいから今は省略する。

一六、『法華経開題』にいわく。

夫れ重円の性海は風水の談を超え、双如の一心は言心の境に非ず。大我は其の朗月を都とし、広神は其の心宮に住す。万徳の塵沙は四相にも動ぜず、聖如念風は心海の水を鼓動し、妄雲性空の虚《そら》を蔽す。随染覚者は自性を守らず、独力業相は自由に跋扈す。三界の夢虎は我々を封執に呑み、四大の毒龍は有々を着愛に吸う。永く如床に眠りて覚悟に日無く、久しく苦衢に迷うて家に還るに時無し。等文（和四・一三六、洋一・七六八）

この文の「聖如」の句の前後には脱文があると思われるが、ともかく、この一文は初めには性徳円満海不二の果海をあげ、『釈論』第二に明かす所の広大神王によって大我法身を示し、「万徳塵沙」以下は生滅門の法相によって釈し、生死流転の相を示している。文の中の「重円性海」は円円の海徳不二性海を指し、「風水」は風水龍王で生滅所入の一心を指し、「双如一心」は真如門の一心法をさす。「広神」は『釈論』第二に説く所の広大神王のことである。『釈論』には真如生滅二所入の一心の十名を説くとき、第一に広大神王の名をあげ、これに金剛神王と主海神王とを開き、真如所入の一心を金剛神王、生滅所入の一心を主海神王としている。従って単に広大神王とのみいう時は真如生滅何れを指すか明らかでないが、今の場合は真如所入の一心である。従ってこの一文も二門分別の立場で見たらよい。

次に生滅門の法相による釈の中の、「四相」は生住異滅の四相、「随染覚者」は染浄本覚をいう。「独力業相」は三細の中の業相に独力業相と独力随相と倶合動相とある中の第一を指し、根本無明単独の業用である。

一七、同書に六重本覚妙法を説いていわく。

謂わく妙法とは且く六重の浅深あり。一には染浄本覚妙法、二には清浄本覚妙法、三には一心法界本覚妙法、四には三自本覚妙法、五には一如本覚妙法、六には不二本覚妙法なり。此の六重に就いて且らく顕密の妙法を分かたば、初の五は顕の妙法、後の一は密の妙法なり。又前の五が中に初の四は顕後の一は秘なり。又四の本覚の中に更に顕秘有り。初は顕、後は秘なり。次の如く知る可し。今の所説の経は染浄本覚の妙法なり。何を以てか知ることを得る、他受用身応化仏の随機の所説なるが故に。等文（和四・一三七、洋一・七六九）

この文は『妙法蓮華経』の経題の「妙法」について六重本覚妙法を開いたものである。六重本覚の思想は前に『金剛頂経開題』の釈段で説明したように、『釈論』によって大師が考案された独特の説である。大師は妙法に六重を開き、その顕秘に重々あることを説き、『法華経』に説く妙法はその中では最浅位の染浄本覚妙法で応化身所説の随機の顕の妙法にすぎず、密の妙法に非ざることを明示している。顕の『法華経』を説くに当たって、大師はこの開題に於いて多分に秘密の深義を説くも、これは開会の釈である。大師は経が本来の応化身所説の顕教大乗経であることをここに説いておられるのである。六重本覚については前に述べたから今は省略する。

一八、『法華経釈』にいわく。

知見とは謂わゆる衆生の三密なり。衆生の三密に六重の本覚有り。是の本覚に各々三十七智百八乃至微塵数の仏智四種曼荼羅身を具す。然りと雖も衆生は宅中の宝蔵を知らず覚らざれば、仏能く此の宝蔵を知見して衆生に開授せしめんと欲うが故に。等文（和四・一五五、洋一・七六七。『法華経開題』殑河女人本　和四・一六七、洋一・七九九　に同一の文がある）

この文は衆生の三密について六重本覚を説く。前示した六重本覚妙法の釈は、六重に浅深を説き、顕密を対弁しているが、ここに出す六重本覚は衆生本有の三密の具徳としての六重本覚であり、この本覚に四種曼荼羅微塵の仏智を本具することを明かすから、自宗不共門の釈で、密教本来の法義を示したものである。開会の秘密眼を以て『法華経』を見るとき、このような深義を説くことができるのである。

六　梵網経の開題について

『梵網経開題』には『釈論』と関連する文が四ヶ処ある。その内、夫道之本無始無終等の一文は、既に説いた『教王経開題』の文と同一であるから、今はこれを略し、他の三文のみを提示する。この開題も開会の義による深秘釈をしている。

一九、『梵網経開題』にいわく。

今謂わく梵王は清浄の義なり。天とは自然光明潔清浄の義なり。王とは自在決断能摂所帰の義なり。是れ即ち清浄本覚心王の名なり。文（和四・一八〇、洋一・八二三）

『梵網経』は、古伝に梵王の幢に因みて喩と為して此経を説くという。因って大師は先ず梵王の意義を釈せられた。今文はその一節である。この一文は梵王の深秘釈を為すに当たって、『釈論』の清浄本覚の思想を転用した釈である。清浄本覚の義は『釈論』第三及び第五に出ている。

二〇、同書にいわく。

馬鳴の体統にいわく。法とは衆生の心なり。此心に二種の義有り。一には真如門、二には生滅門なり。若し真如門に約する時は五十地位の階級無し。優劣離乱の位なり。生滅門に約すれば五十二地の差別有りと云々。今此の経の四十位地も亦是の如し。若し体性本覚に約すれば皆是れ万徳法身の別なり。若し因縁修行に拠れば即ち是れ行者向上入証の位なり。横には一味平等の理を表し、竪には差別階級の義を表わす。不縦不横は則ち行者の正観中道の心なり。文（和四・一八二、洋一・八二四）

この文は『梵網経』に説く四十位地を明かすについて、『大乗起信論』の立義分と解釈分の文と、『釈論』第二（上半四日下）に説く二門位地異の釈とを取意して説明している。『釈論』に「七には位地異、真如門の中には相雑住の故に、生滅門の中には往向住の故に」と説く。相雑住は優劣雑乱の位、往向住は地位差別の義である。また文に「馬鳴体統」というは、『大乗起信論』を指す。古来この論の作者を馬鳴菩薩とする。故に、『起信論』を馬鳴体統の言葉で示したのである。

二一、同書にいわく。

門とは能入所入に別あり。能入は則ち智なり。所入は則ち理なり。理智二名なりと雖も体性は是れ一なり。決断簡択を智と名づけ、不乱摂持を理と曰う。色を以て心を摂すれば心は則ち所摂なり。心を以て色を摂すれば心は則ち能摂なり。色心名別なれども並びに是れ一体なり。一体と法と亦三義有り。三大と名と是れなり。三大とは体大相大用大なり。真如門の三大は定相有ること無し。互相に二を具するが故に。三というは生滅自門の三大を以て名づく。各其の相有り。自性差別の故に。是の三大の法に三十二の法門眷属を具す。摂大体性の五大を加うるときは、即ち三十七なり。是れ即ち三十七仏なり。謂わゆる三十七尊とは五仏四母十六三昧四摂八供是れなり。大日不動宝生弥陀天鼓是れを五智と名づけ、金宝法業を四母と名づけ、薩王乃至牙拳は十六三昧なり。嬉鬘等の八天女を供養と名づけ、鉤索等を四摂と名づく。是の如くの一一の仏各々に即ち塵数の眷属あり。是れ即ち諸仏の万徳なり。衆生の三密なり。（中略）此経に談ずる所の時盧遮那仏現虚空光体性本原成仏常住法身三昧示諸大衆とは即ち是れなり。文（和四・一八四、洋一・八二六）

この文は『梵網経』「心地品」に一百十の心地を説くことを示して、この心地は即ち法門なりといい、その門の意義より説き起した文章である。当段の釈は単に『釈論』の意によって説くのではなく、『釈論』に見ゆる三十三の法について独自の深義を述べたものである。しかし着想の基礎は『釈論』にあることを忘れてはならぬ。そしてこの一文は体相用の三大の法門に三十二法を具することと、三十二に摂大体性の五大を加えて三十七法を立て、これを金剛界三十七尊とする深義を述べているのである。この文章については「弘法大師の教学と釈摩訶衍論」と題する論文に於いて既に論じているから、今は簡単に要点だけを述べて置く。

体大は普遍平等常住不動の真如の理であり、相大は真如に具する所の恒沙の本覚の功徳であり、用大は真如本覚から出現する報応二身である。しかもこの三大は一心の内容を開いたもので、一心即三大三大即一心不二一体である。今は一心三大の中三大を本として真如門の三大と生滅門の三大との相異を示し、この三大を開いて三十二法とし、これに摂不二と体大不二、相大不二、用大不二と体性不二の五不二を加えて三十七法としている。二門三大の不同について『釈論』第六（八日下）に「真如門の中の三種の大義は唯各一を立つ、双立無きが故に。若し生滅門の中の三種の大義は三種の大義具足して双立す。前後無きが故に。之を以て別と為す」という。真如門よりいえば三大は体即相相即用で、一大に各々他の二大を具足し互融無礙する故に、無双立の三大である。しかるに生滅門より観れば、三大は対立して各自に別相を存している。故にこれを双立の三大という。しかもこの双立と無双立とは差別平等の二義にして互に相離れず。その内容を開けば前後両重三十二となるのである。

次に摂大体性五大とは摂不二と体相用三大の不二と体性不二との五不二をいう。その中第一の摂不二とは、後重一心の二法惣の位である。立義分の「所言法者謂衆生心」の句がこれに相当する。衆生心は真如生滅を総摂する不二一心である。次に第二の体大不二とは立義分の「一者体大」の句に当たり、真如生滅二門の体大を含む不二の位であるから体大不二という。第三の相大不二とは立義分の「二者相大」の句に当たり、真生二門の相大を含む故に不二の義があり、相大不二という。第四の用大不二は立義分の「三者用大」の句に当たる。これまた真如生滅二門の用大を含む故に用大不二という。第五に体性不二とは四不二の惣体たる不二摩訶衍をいう。
四不二の位より別開する相状を図示すれば次の如くである。

- 一、摂　不　二
  - 一体摩訶衍
  - 三自摩訶衍
- 二、体大不二
  - 無量無辺諸法差別不増不減摩訶衍
  - 寂静無雑一味平等不増不減摩訶衍
- 三、相大不二
  - 如来蔵具足摩訶衍
  - 具足性功徳摩訶衍
- 四、用大不二
  - 能生一切世間因果摩訶衍
  - 能生一切出世間善因果摩訶衍

五不二の中の前四不二は四仏の如く、体性不二は普門大日の如き関係にあり、五不二より縁起する三十二法は定門の十六尊と慧門の十六菩薩との如き関係があるから、五不二と三十二法とを以て三十七尊とするのである。この釈は顕密を対弁する二門分別、三門分別の何れにもよらないで、三門悉く密法とする深秘釈であり、大師の独自の見解である。

三十三法と三十七尊との配立は、大師の御釈に明らかでない。故に先徳の釈が一致していない。興教大師覚鑁上人の『釈摩訶衍論指事』に、

此の三十三種の法門は是れ三十七尊の三摩地なり、不二は是れ大日不二の総体、一心三大は是れ四仏、前後両重

の門法は波羅蜜以後に之れを配す可し。復次に前重の一心三大は四仏、十六の門法は十六菩薩、後重の四法総は是れ四波羅蜜、真如所入は内の四供、能入は外の四供、生滅門法は四摂なり。秘々中の深秘に付かば皆是れ大日如来の法曼荼羅身なり。一一の法に各々の法を具して互相摂入し輪円具足して横竪無辺なり。数量利塵に過ぎ理々智々各々無数なり。（全集上・七三）

と説きて大体を示すのみである。これに基づいて、道範の『釈論曼荼羅』、頼宝の『釈論勘註』第一、宥快の『釈論決択』第三等に配当しているが、互に出没がある。しばらく『決択』の説によらば、五不二は順に阿閦・宝生・弥陀・釈迦・大日の五仏、前重八法の中真如の四法は金宝法業の四波羅蜜、生滅の四法は嬉鬘歌舞の内四供養、前重八門の中真如の四門は香華灯塗の外四供、生滅の四門は鉤索鏁鈴の四摂菩薩、後重の八法八門の中一心の二法二門は東方四親近の薩王愛喜、体大の二法二門は南方の宝光幢笑、相大の二法二門は西方の法利因語、用大の二法二門は北方の業護牙拳の四菩薩である。

弘法大師は三十三法を三十七尊に配立せられたが、これは且らく一義を示したまでで実は両部諸尊の内証法門である。故に興教大師の『指事』及び『愚按鈔』第一末（全集上・一二六）には不二真如生滅を胎蔵の仏蓮金三部に配し、或いは不二と三十二を順に金胎両部曼荼羅に配する等種々深秘の義を説いている。

七　最勝王経の開題について

『釈論』に関連する文章が、『最勝王経開題』には二文ある。

二二、『最勝王経開題』にいわく。

夫れ独尊大空は機根を超えて本具の蔵絶々たり。双如一心は建立を寂にして以て性海の徳離々たり。三自の龍風水を頭尾に吐き、二種の如徳損を所在に韻《ひびく》が若《ごと》きに至っては、恒沙の性徳雲翳に覆われて見えず。刹塵の三身煙垢を被って顕われず。独力の摂権其の力弥《いよいよ》強く、四生の勢屈其の灾尤も熾なり。曽つて三身の己に在ることを知らず。誰か四徳の我有なることを覚らん。（中略）狂酔に浅深あれば教薬多門なり。機根に大小あれば車乗不一なり。薬は病に随って無数なり、乗は器に逐って無量なりと雖も、而も末を摂し本を要むれば自ら不二に帰す。不二の理甚深にして解し難く、一如の趣秘奥にして入り叵《がた》し。謂わゆる不二一如豈に只遮二詮一の名ならん乎。密号名字知らずんばある可らず。等文（和四・一八八、洋一・八二〇）

この文は開題の冒頭の文で、『釈論』の思想によって、不二性海果分の法は甚深微妙の法にして因分の機根の及ばざることを説き、更に衆生は妄業によって生死の苦海に輪廻すること、教薬は多端なるもその根本は不二一如なること、不二一如の理の秘奥なることなどを説く文である。その中で「独尊大空」等の句は『釈論』第一（下半九日下）果海問答の文に「何が故にか不二摩訶衍の法は因縁無き耶。是の法は極妙甚深にして独尊なり。機根を離れたるが故に。何が故に機を離れたる。機根無きが故に」等と説く文による。『起信論』の解釈分の真如門の釈に「此の真如の体は遣る可きこと有ることとなし。一切の法は悉く皆真なるを以ての故に。亦立つ可きこと無し。一切の法は皆同じく如なるが故に」といい、『釈論』第二（上半八日下）にこの文を釈する時、「復次に障智有らば心の高下に随って応に一切の位地を建立すべし。而も如の体の中には分位として建立す可きこと有ること無きが故に、能立の方便有ること無し。所以は何んとならば、一一の法として如の体に非ざること有ること無きを以ての故に」と説く文などによって、今「双如一心」等という。『釈論』第二（上半二日下）に『無始契経』を引いて、大海中に出生風水龍王と名づくる大龍王あり、其の頭頂より澄水を出生し、其の末尾より標嵐を出生すという譬を出して、生滅所入の一心が一切の差別平等の種々の諸法を生じて常恒に相続する意を説く。今この論意を受けて「三自の龍風水を頭尾に吐き」等という。澄水は四無為の浄法、標嵐は有為の妄法に喩えたのである。また文の中の「独力」等は従前の釈に準じて意得ていただきたい。

「不二の理甚深」等の文は、理智不二、生仏不二等の真言密教の実義を述べたものであるが、これも『釈論』の不二門真如門の思想によって差別俗諦の当相が平等第一義諦なることを説いている。

二三、同書にいわく。

最とは蓮華部なり。最清浄の自性心に十種の最を具す。不染不汚なること猶し蓮華の本性清浄にして無垢離塵なるが如し。勝とは羯磨部なり。北を勝方と名づくることは諸処に於いて殊妙第一なるが故に。如来の事業智は十種の勝力を具して衆生を成就すること無比無等なるが故に。文（和四・一九〇、洋一・八三）

『金光明最勝王経』の経題を釈するに当たり、金と光明と最と勝と王とを五仏五部に配し、金は金剛部、光明は宝部、最は蓮華部、勝は羯磨部、王は仏部なりと釈す。今掲げている文はその中の最勝の二字についての釈文である。既に気付かれたことと思うが、この中の十種最、十種勝力は『釈論』第一（上半八日下）の帰敬序の釈によったものである。十最とは超過最、出離最、対治最、厭患最、離愛最、威徳最、兵衆最、智慧剣最、解脱最、勇猛最である。十勝とは力勝、無畏勝、不共勝、道品勝、変化勝、言音勝、端厳勝、吉祥勝、難得勝、住処勝である。

八　金剛般若経の開題について

『金剛般若経開題』の中に『釈論』の意による文が二ケ処ある。何れも二門分別の立場にて理解すべき文である。

二四、『金剛般若経開題』にいわく。

無為の法とは内外の諸家の談釈紛紜たり。且く龍猛菩薩の釈義に約して之を談ぜば、謂わゆる有為とは三自の法、無為とは一如の法なり。法とは衆生心なり。三自門に染浄清浄一法界三自の四種の本覚有り。一如門の中に亦恒沙の仏徳を具し、円満海の中に亦無量の徳を具す。此の如くの諸徳は皆是れ一衆生の心法なり而巳。是の心法は皆無明大念の作業を離るるが故に無為と名づく。皆念相を離れたる覚者其の数無量なり。故に而有差別という。差別は則ち一法に名づくるに非ず。高下有るが故に差と曰い、彼此不同の故に別と曰う。一一の仏徳恒沙に過ぎ刹塵に超えたりと雖も、根条主伴各々差別有り。然れども猶し平等平等にして一なり。故に無為法と名づく。無為というは則ち一如平等の義なり。文（和四・二〇六・洋一・八三八）

この文は有為（生滅門）無為（真如門）の二門によって顕密を対弁する義と、六重本覚の法相によって衆生心に具する万徳を開示する義とを説いている。「龍猛菩薩の釈義に約す」というのは『釈摩訶衍論』の釈義によることを明らかにしたものである。この文中に示される差別即平等の思想は、『釈論』第一（下半十日下）に「平等平等にして皆別異有ること無し。各諸法を摂するが故に終に雑乱せず」と説くによる。「是の心法は皆無明大念の作業を離る」等の文は、『釈論』第三（上半四日下）に「謂わゆる大無明念を遠離するが故に離念と言う。四種の無常の相を遠離するが故に離相と言う。（中略）離念相とは即ち清浄本覚の人を唱うる辞なり。者とは即ち人なるが故に」というによる。

二五、同書にいわく。

是の如き四行中に無量の徳を具す。謂わゆる如来恒沙の万徳は有為虚妄の相を離れ、四種言説の境を絶すといえども、然れども猶し無為法の中に恒沙の妙徳を具足す。謂わゆる万徳は則ち曼荼羅の無尽荘厳の蔵是れなり。

刹塵も其の数を喩うることを得ず、河沙も其の量に比すること能わず。文（和四・二〇、洋一・八四二）

この文は慈悲喜捨の四無量心行に無量の徳を具することを明かし、如来の万徳は有為虚妄の相を離れ生滅門の前四種言説の説き得ざるものなるも、この真如無為法の中に恒沙の妙徳を具すと説き、この万徳を秘密曼荼羅と名づくと述べている。従って、この一文は『釈論』の影響を受けている。二門分別の法相によって意得たらよい。

九　三昧耶戒序・秘密三昧耶仏戒儀・平城天皇灌頂文について

『三昧耶戒序』は『三昧耶仏戒儀』と一具の極めて重要な書であるが、この中で真言行者の発菩提心に関する釈段に『釈論』によった解説が見られる。また同一の文が『平城天皇灌頂文』にもある。『平城天皇灌頂文』は弘仁十三年、平城上皇が弘法大師を拝して灌頂壇に入り玉いし時のものである。

二六、『三昧耶戒序』にいわく。

此の乗に入って修行せんと欲わん者は先ず四種の心を発すべし。一には信心、二には大悲心、三には勝義心、四には大菩提心なり。初に信心とは決定堅固にして退失なからんと欲うが為の故に此の心を発す。此れに十種あり。一には澄浄の義、能く心性をして清浄明白ならしむるが故に。二には決定の義、能く心性をして淳《もっぱら》堅固に至らしむるが故に。三には歓喜の義、能く諸憂悩を断除せしむるが故に。四には無厭の義、能く懈怠に心を断除せしむるが故に。五には随喜の義、他の勝行に於いて同心を発起するが故に。六には尊重の義、諸の有徳に於いて軽賤せざるが故に。七には随順の義、見聞する所に随って違逆せざるが故に。八には讃歎の義、彼の勝行に随って心を至して称歎するが故に。九には不壊の義、専ら一心に在って忘失せざるが故に。十には愛楽の義、能く慈悲

心を成就せしむるが故なり。（和五・一三三、洋二・一三三、『平城天皇灌頂文』、和五・一六七、洋二・一六七）

信心・大悲心・勝義心・大菩提心の四心の義は『菩提心論』の総説段と別説段とによって建立したものであるが、その名称の本説は『守護国界主陀羅尼経』第二「陀羅尼功徳品」である。即ち「この守護国界主陀羅尼は十六倶胝那由他の陀羅尼を以て而も眷属と為す。（中略）然るに彼れ一切皆信心を以て根本と為し、深般若を以て先導と為し、大菩提心を以て荘厳を為す」という。また『大日経』「具縁品」に阿闍梨の徳相を説き、弟子の徳相を示すとき、共に信心を以て第一の徳としている。『大日経疏』第三に「阿闍梨のいわく、一切の善法は信を以て首と為す。当に最初に之れを説く可し」といい、不空三蔵の『三十七尊心要』に「行者初発の信心を以て菩提心を表す」と説く。信心は菩提心の総体、勝義心等の三心はその別相である。故に『大日経疏』第一に菩提心は白浄信心の義であるという。そして大師は今この信心の意義を解明するために、『釈論』第一（下半初日下）に説ける信の十義を以てせられた。『釈論』に『大乗起信論』の「法有り能く摩訶衍に信根を起す」の句を釈して、「信は決定して進む心なり、根は行法を生長す。若し理に入らんが為には此の二に超ゆるなし」といい、更に信に十義あることを釈している。十義の中で澄浄の義は総、余の九は別相である。そして決定等の九種は順に疑惑・憂悔・懈怠・嫉妬・憍慢・不信・慳悋・散乱・瞋恚の九惑に対するものである。この十義は三種菩提心に配すれば、澄浄・決定の二心は大菩提心（三摩地心）に、愛楽の義は大悲心（行願心）に、その他は勝義心に当たる。

二七、『秘密三昧耶仏戒儀』にいわく。

謂わゆる菩提心とは即ち是れ諸仏の清浄法身なり。亦是れ衆生の染浄の心の本なり。根源を尋ね遂（逐の誤か）うに本より生滅無し。十方に之れを求むるに終に不可得なり。言説の相を離れ、名字の相を離れ、心縁の相を離れたり。妄心流転するを即ち衆生染汚の身と名づく。開発照悟するを即ち諸仏の清浄法身と名づく。文（和五・

一四一、洋二・一四二）

この文は菩提心の意義を明らかにするために、体相用の三方面から説明したものである。即ち菩提心が諸仏の清浄法身であり、衆生の染浄の心であると説くは菩提心の体を示す。その根源を尋ぬるに生滅なく、これを求むるに不可得なりと説き、言説名字心縁を離ると釈するは菩提心の相を示す。妄心流転するを衆生身と名づけ、開発照悟するを諸仏清浄法身と名づくというは菩提心の用を示す。

この中の衆生の染浄の心といい、或いは言説名字心縁を離るというは皆『釈論』の思想によっている。ことに「妄心流転」等と説く文は、『釈論』第二に十如来蔵を明かす文の第九第十の釈によったものである。

二八、『平城天皇灌頂文』にいわく。

摩尼の奇珠は大龍を待って宝を雨《ふら》し、輪王の妙薬は鄙人に対すれば以て毒と為る。何に況んや真言の秘蔵は三自を超えて以て聞き難く、金剛の仏戒は十地を過ぎて而も得回《がた》し。輪王の種姓大機の菩薩に非ず自《よ》りんば、誰か能く五智を一心に開き、三密を凡身に得ん。文（和五・一五四、洋二・一五四）

この文は『釈論』を意識して書かれた文である。『釈論』第一（下半二日下）に五分の大意を釈する時、立義分について、「如意宝珠は唯是れ一なりと雖も、而も一切諸宝の根本なり。摩訶衍の法は唯し是れ一なりと雖も而も恒沙の法門の体性為《た》り。重威の大龍の乃《いま》し受用する所、利根智者の乃し領解する所なることを顕示せんと欲うが為の故に、第二に立義分を立つ」という。今の文の摩尼奇珠は『釈論』の如意宝珠で、三十三法の根本宗体たる不二即ち真言密教の法に喩え、大龍は『釈論』の重威大龍で、真言の上根上智の大機に喩えたものである。次に三自は『釈論』に三自一心摩訶衍というに当たり、大師は『釈論』第五の五重問答の中の第四重の三自一心摩訶衍が尚お無明の辺域にありとして、これを第九住心華厳の仏果とせられた。このことは『秘蔵宝鑰』下第九住心の段に明らかである。

二九、同書にいわく。

夫れ此の太虚を過ぎて広大なるは我が心、彼の法界を越えて独尊なるは自仏なり。（中略）修行を待たずして清浄覚者本より具し、勤念を仮らずして法然の薩埵自ら得たり。（中略）如々如々の理空々空々の智の如きに至っては、足断えて進まず、手亡じて及ばず。奇なる哉曼荼羅、妙なる哉我が三密。焉に於いて妄風鼓して海水躍り、暗雲湧いて虚霧霾《つちふ》る。夢虎三界の区に森羅し、空華四生の宅に照灼す。文（和五・一五八、洋二・一五八）

この文の中の独尊の句は『最勝王経開題』の文を釈する時に説明したから今は略する。清浄覚者とは五重問答の中の第二重の清浄本覚を指し、『釈論』第五に「清浄本覚は無始より修行をまたず他力を得るに非ず・性徳円満し本智是足す」等と説く文によって、今「修行を待たずして清浄覚者本より具し」等と釈したものである。「如々如々理」等の文は、『釈論』第二に如義語を明かすとき、『金剛三昧経』の文を引用して「実空にして不空なり、空実にして不実なり。二相を離れて中間にも中らず、不中の法は三相を離れたり、処所を見ず、如々如説なりというが故に」の文と、『釈論』第二に十如来蔵を明かす中の第四如来蔵を説く文によったものである。また「足断えて進まず」等の文は、『釈論』第五に一法界心を説いて「演水の談足断えて止まり、審慮の量手亡じて住す」等の文による。

「妄風鼓して海水躍り」等の文は『釈論』第四に引用せる『楞伽経』の「譬えば巨海の浪斯れ猛風に由って起して洪波溟蜉を鼓して断絶の時有ること無し、蔵識海常住なれども境界の風に動ぜられて種々の諸識の浪騰躍して転生す」等の文による。『釈論』には三細の中第三の現識に能縁の心と所縁の境との二分がならび、所縁の境風がしきりに能縁の心水を鼓動する故に七転識となり六麁の波動を生じて生死流転して止まないと説く。

三〇、同書にいわく。

夫れ気海微なりと雖も忽ち満界の雲を起し、眼精至って小なれども遍虚の物を照す。文（和五・一六三、洋二・一六三）『釈論』第一に「摩訶衍論は文狭く句少くして甚極微少なり。何が故にか無量無辺の契経の海を通じて依とするや、婆薩伊伽諸の如くなるが故に、標多羅唱提の如くなるが故に、是の故に失無し矣」と説き、聖法の記に婆薩伊伽諸を精雚《くわう》と訳し、標多羅唱提を気絲と訳している。気絲は龍絲である。眼中の精雚極めて微なること兎毛塵の如く、その量に差なきも、能く十方中に満つる明闇の色を受け入れる。龍王の舌中の気絲は甚だ微細なるもまたよく十方の中に満つる密雲を納める。今の文は即ちこの『釈論』の意によって述べていること明らかである。

十　性霊集について

『性霊集』に収められた大師の願文等の中にも『釈論』の思想とつながりのある文章が八ヶ処ある。

三一、「奉㆓為桓武皇帝㆒講㆓太上御書金字法華㆒達嚫」（『性霊集』第六）にいわく。

栗駄の蓮理は湿凝を筌魚に借り、大我の広神は虚金を指兎に仮る。文（和一〇・八〇、洋三・四六四）

栗駄とは干栗駄耶の略で肉団心を指し、栗駄蓮理の句で胎蔵の理心を示す。湿凝は水の湿性をいい、また理心を喩えたものである。大我広神は質多智心を示し、虚金は虚空瑩金で、金剛界智心をあらわし、指兎は月をさす指の意である。瑩金は明鏡、兎は月中に兎の姿を見るので、兎によって月をあらわすのである。広神とは広大神王の略称である。『釈論』第二（上半二日下）に、真如生滅二所入の一心に対して各十名あることを説き、その第一名を広大神王とする。この神王に鳩那耶神王（金剛神王）と遮毘佉羅神王（主海神王）とあり、金剛神王は金剛山に住して吉祥神衆のみを出生し、主海神王は大海中にあって種々の吉祥神衆と過患神衆とを出生すと説き、一体の本法が一向に真如浄法のみを出生する義を金剛神王によって示し、真如所入の法とし、三自の本法が一切の種々の浄白品の法と染汚品の法とを出生する義を主海神王によって示し、これを生滅所入の法とする。よって今通名の広大神王をかりて、智心を大我の広神と名づけたのである。故に今の文は『釈論』の意によって草したことが明らかである。

三二、「天長皇帝為二故中務卿親王一捨二田及道場支具一入二橘寺一願文」（『集』第六）にいわく。

双円の大我は如如を一居に越え、五部の曼荼は智智を諸識に韞《つつ》めり。大羅に秣《まぐさ》かうて牛羊穂《つか》れ、化城に脂《あぶら》さして烏兎喘《あえ》ぐ。文（一〇・八二、洋三・四六六）

双円大我は『釈論』第十に『華厳経』によって「其の円円海徳の諸仏は勝れたり」と説いて、不二摩訶衍を明かす故に、今この不二果海の徳を体得せる大日法身を双円大我といい、大日法身は一心の本居より無量の理を現わす故に「如如を一居に起す」という。五部曼荼羅の諸尊は各々恒沙の智を含む故に、「五部曼荼は智智を諸識に韞めり」という。牛羊・化城は『法華経』の説により、三乗の人が三百由旬の化城にいこうことを示し、以て法身大日の境地を顕の三乗の人が窺い得ないことを示したのである。烏兎は日月のことである。

三三、「奉二為四恩一造二二部大曼荼羅一願文」（『集』第七）にいわく。

夫れ金剛の四法身胎蔵の三密印は空性に憩うて軌祖し、重如に秣かうて以て脂轄す。一道無為は初入の門、三自本覚は声《な》も及ばず。文（和一〇・九二、洋三・四七六）

この文は性海果分の境地第十住心に対して、顕教の極位たる第八住心天台も第九住心華厳も及ばないことを述べたものである。空性は空性無境心即ち第八住心をさし、重如は如如の義である。このことは前に既に説いたから今は略する。一道無為は第八住心を指し、三自本覚は三自一心摩訶衍で第九住心に当たる。この文に於ける重如と三自本覚とは『釈論』による句である。

三四、「笠大夫奉ニ為先妣一奉レ造ニ大曼荼羅一願文」（『集』第七）にいわく。

誰か若かん、弌阿の本初は性真の愛を吸うて始め無く、金蓮の性我は本覚の日を孕みて終り無きには、（中略）自自ら自を為し、阿独り阿を作す。（中略）金体を曼荼の海会に証し、蓮躬を瑜祇の心殿に得たり。是の故に五居足疲れて秣い十慮心滅して休遊す。文（和一〇・九五、洋三・四七九）

この文は不二摩訶衍性海金胎両部の徳を讃嘆せる文である。弌阿は一阿で阿字本不生の胎蔵の理を示し、五居は五種言説、十慮は十種心量を指す。五居十慮の句は三門分別に約して真生二門に立つる五言十心は不二摩訶衍の果海に及ばざることを示すのである。

文の中の「自自ら自を為し」とは『釈論』第五に不二摩訶衍性徳円満海の徳を嘆じて「法身熏習門というは、本覚の性智は無始よりこのかた功徳を円満し、智慧を具足し、自自ら自を作して他力無きが故に」と説く文によっている。

三五、「為ニ前清丹州亡妻一達嚫」（『集』第七）にいわく。

染浄の狂風は識浪を鼓して洶湧し、業力の妄霧は心月を翳して以て朦朧たり。文（和一〇・九九、洋三・四八三）

この文は『釈論』の妄法縁起の思想によって述べている。現識の海より六麁の波浪を発し、波浪の中の有漏業が生死海に輪廻せしめることを示している。

三六、「大夫笠左衛佐為ニ亡室一造ニ大日楨像一願文」（集八）にいわく。

恭しく聞く。齷曰囉は智なり。鉢納麽は理なり。智は能く物を照すに功有り。理は則ち摂持して乱るることなし。摂持の故に大身法界を孕みて外無く、光照の故に広心虚空を呑みて以て中無し、理智他に非ず、即ち是れ我が身心なり。一三自の法外に求むるは迷痴なり。塵体の不二に達し、滴心の如一を覚るは、謂わゆる我が大師薄伽梵

摩訶毘盧遮那薩他怛掲多其の人なり。文（和一〇・一〇七、洋三・四九一）

この文に「一三自の法」というは、『釈論』に説く所の一体摩訶衍と三自摩訶衍とを指している。前者は真如所入の一心本覚、後者は生滅所入の一心本覚である。

三七　「奉㆓為祈㆒皇帝㆒転㆓読大般若経㆒願文」（『集』第八）にいわく。

過《とが》を作す者は暗、福を為す者は明なり。明暗偕《とも》ならず、一は強く一は弱し。覚知強きときは則ち万徳円なり。愚迷弱きときは則ち千殃侵す。強弱他に非ず、我が心能く為す。文（和一〇・一二七、洋三・五二一）

この文も全く『釈論』の思想によるものである。

『釈論』第二（下半六日下）に『楞伽経』の「出時の中に於いては我来って他に依り、入時の中に於いては他来って我に依る」の文を引用して、出時は下転、入時は上転であると釈している。下転は本覚が無明に熏ぜられてそれに依随し、上転には無明が本覚に熏ぜられそれに依随する。故に同じく第二（下半五日下）には「諸の染法に力有らば諸の浄法に力無く、本を背いて下々に転ずるを名づけて下転門と為す。諸の浄法に力有れば諸の染法に力無く、原に向って上々に転ずるを名づけて上転門と為す」という。

凡そ生滅門には始覚上転と本覚下転との二門があり、本覚下転門の中にまた凡夫につくと仏果につくとの二義がある。凡夫につくは生死輪廻の展開、仏果につくは無上大覚の位より九界に応同して大悲利物の業用を為すことである。今はその中凡夫につく下転を示している。始覚上転の時は無明無力本覚有力であり、本覚下転（凡夫について）の時は無明有力本覚無力である。

三八、「高野建立初結界啓白文」（『集』第九）にいわく。

夫れ有形有職は必ず仏性を具す。仏性法性法界に遍じて而も不二なり。自身他身一如と与《とも》にして而も平等なり。

之れを覚る者は常に五智の台に遊び、之れに迷う者は毎《つね》に三界の泥に沈む。文（和一〇・一四五、洋三・五三九）

この文中の不二と一如とは『釈論』にいう所の不二門と真如門によったものである。仏性法性の不同について清涼の『華厳大疏鈔』第八十には真如法性は情非情に通じ、開覚仏性は唯し有情に限ると説くも、『探玄記』第十六には「仏性及び性起皆依正に通ず」というが故に、賢首大師法蔵の意は、終教については仏性と法性とを区別するも、円教についてはこれを区別せず、本覚門には仏性は情非情に通じ、始覚門には仏性は有情に局り、法性は非情にかぎるとするのである。然るに真言密教には非情草木にも微細の心識ありとし、すべて仏性を具し、修行成仏すと説く。『吽字義』に「草木也《また》成す、何に況んや有情をや」という。但し草木等非情の者の修行成仏の相は難見である。

十一　付法伝について

二巻本の『付法伝』の中に『釈論』の思想に関連するものを一文見出すことができる。

三九、『付法伝』第一にいわく。

是の如くの法身智身二種の色相平等平等にして一切衆生界一切非情界に偏満して常恒に真実語如義語曼荼羅法教を演説したまう。即ち是れ楞伽に謂う所の真実説法というは是れ也。文（和一・三、洋一・三）

『釈論』第一の性徳円満海果分に本有の十界を立つる三門得不の問答の文や、果分を人法一体と見る『釈論』第十の摂不摂の問答の文意と、今の文に理智法身に色相ありとする意と、同一の思想である。また真実語如義語というは『釈論』の五種言説の第五に如義語を説くものと同一である。

十二　三部書について

弘法大師の教義の中顕密対弁の判教に関するものを除いた教義を説く所の代表的な著作はこの『即身成仏義』と『声字実相義』と『吽字義』とである。この三部書の中には直接『釈論』の思想との関連を見るべき文は比較的少ないが、『即身成仏義』に一文、『声字実相義』に一文、『吽字義』に四文ある。また『即身義』の体相用三大説は『釈論』の体相用三大と同一ではないが、体相用の名称を用いられたことは釈論に暗示を得たのではなかろうか。

四〇、『即身成仏義』にいわく。

心王とは法界体性智等なり。心数とは多一識なり。各具五智とは一一の心王心数に各々之れ有ることを明かす。文（和三・一〇三、洋一・五三八）

この文の多一識は『釈論』に説く一切一心識である。この一切一心識は生滅所入の異名である。多は生滅門の有為無為の万法、一は生滅門を生ずる根源たる一心である。今は便宜上この名称をかりて用いたものである。

四一、『声字実相義』にいわく。

問うて曰わく、龍猛所説の五種言説と今の所説の二種言説と如何が相摂する。答う。相夢妄無始は妄に属して摂し、如義は則ち真実に属して摂す。已に真妄の文字を説き竟んぬ。文（和三・一一〇、洋一・五三六）

この文は『声字義』に説く所の真言と妄語との二種の言説と『釈摩訶衍論』に説く所の五種言説との関係を説く文である。即ち大師は『釈論』の如義言説を真言の文字、相言説・夢言説・妄執言説・無始言説の四種を妄語に摂する旨を明らかにせられたのである。

四二、『吽字義』の汙字の実義を釈する文にいわく。

一心法界は猶し一虚の常住なるが如く、塵数の智慧は譬えば三辰の本有なるが如し。（中略）然れども猶一心の本法は寧ろ損減有らんや。文（和三・一三三、洋一・五三九）

この文は本有の三密の常住不損減の義を明かす文であるが、この中の一心法界の句や一心本法の句は『釈論』の用語を借りたものである。

四三、同書に汙字の実義を説く中の偈頌にいわく。

決定不定軽重差有れども、空しく劫数を歴《ふ》、損此れに過ぎたるは無し。本有の三身は儼然として動ぜず。文（和三・一二七、洋一・五四三）

この文は決定性の二乗や不定性の損減を説く文であるが、その中の本有三身の句は『釈論』によったものと思われる。『釈論』第五（五日下）に真如熏習について自体相熏習と用熏習との二義を釈するとき、三身本有の義を詳しく述べて、その結釈に「此の義に由るが故に三身本有の理故《ことさら》に顕了なり」という。今本有の三身が儼然として動ぜずと説く文と照し合せて見るに、『釈論』の文によると見られるのである。

四四、同書、汙字の実義の釈の偈頌にいわく。

同一にして多如なり、多の故に如々なり、理理無数、智智無辺なり、恒沙も喩に非ず、刹塵も猶少し、雨足多しと雖も、並に是れ一水なり、灯光一に非ざれども、冥然として同体なり。色心無量にして、実相無辺なり。心王心数主伴無尽なり。互相に渉入して帝珠錠光の如し。重重難思にして各五智を具す。多にして不異なり、不異にして多なり。故に一如と名づく。一は一に非ずして一なり。無数を一と為す。如は如に非ずして常なり。同々相似せり。文（和三・一二九、洋一・五四五）

この文は一多法界の義を説く文である。『釈論』第三（上半三日下）生滅門を説く文段に真如を説いて、「性真如の理体は平等平等にして一なり。一多の相有ることなし。故に名づけて真如と為す」という。性真如は各々別々なるも無礙円融するが故に一である。故に一は非一の一、多は非多の多である。今の文と『釈論』の釈と意を同じくしている。

四五、同書、麼字の離釈段にいわく。

是の如くの四種法身其の数無量なりと雖も、而も体は則ち一相一味にして此も無く彼も無し。既に彼此無し寧ぞ吾我有らんや。是れ則ち遮情の実義なり。此の処は則ち金剛已還の四種の行人等希なる兮、夷なる兮、聾の如く盲の如し。絶の又の絶、遠の又の遠なり。四句も及ばず、六通も亦極まる。是れを絶言の実義と名づく。文（和三・三〇、洋一・五四六）

この文は四種法身の一相一味にして彼此の差別無きことを説き、この位は金剛已還の行人の伺い得ない境地であることを説き、絶言の実義を述べている。金剛已還とは『釈論』に説く名であるから、今この文を摘示した。文意そのものが『釈論』の影響を受けているというのではない。

『釈論』第三に生滅門の五位として十信・三賢・九地・因満・果満の五位を立てるが、因満即ち第十法雲地以前の四位の菩薩を金剛已還の行人という。『釈論』には等覚位は第十地に摂し、因満位を金剛地、仏地の果満位を金剛地と呼んでいる。

十三　釈論指事について

大師の御作に『釈論指事』二巻がある。上巻には『釈論』第一より第十に至るまでの各巻について要項を指示し、時々割註を加えたものであり、下巻は特に第二第三両巻の要文について指示したものであって、何れも大師が『釈論』を読破して気づかれた点を記されたものである。大師の著作に『釈論』の意を織込まれる場合の手引になったものであろう。

十四　結　語

大師の教学に最も重大な影響を与えている『釈論』の思想は不二性徳円満海の存在とそれに契う機根の存在と言語心量のあることであった。そしてこれが大師の顕密対弁の上に重要な影響を及ぼし、大師が最も心血をそそいで著わした『秘密曼荼羅十住心論』や『秘蔵宝鑰』や『二教論』に於いて顕密二教の優劣浅深を判ずる重要な証文として『釈論』を引用せられたのである。従って弘法大師の教学と『釈論』との関係を考える場合はこの点が眼目である。しかしこの点については既に日本密教学会へ提出した論文で述べているので、この論文では総てこれを省略し、その他の大師の著作に散見する『釈論』との交渉を見て来たのである。上記のように関連ある多くの文を見出して今更の如く、『釈論』が大師の教学に与えた影響が多大であったことを感じたのである。『釈論』作者が誰であろうとも、大師にとっては貴重な論であり、真言宗の所依の論であるから、真言の教義を研究する学徒は『釈論』

の研究をゆるがせにしてはならない。

（昭和四十三年十二月十日脱稿）

十巻章概説

顕密二教判と十住心

第一　序　説

真言宗の教学を研修するには、古来二十五巻書を学ぶことになっている。即ち『弁顕密二教論』二巻、『秘蔵宝鑰』三巻、『即身成仏義』一巻、『声字実相義』一巻、『吽字義』一巻、『般若心経秘鍵』一巻、『発菩提心論』一巻（以上を常に十巻章という）、『釈摩訶衍論』十巻、『大日経住心品疏』五巻（実は二巻半なるも、古来木版本に第一第二巻に各本末を分かち五冊に分冊している）、これである。この度の講義は十巻章に説かれる主要な教義を概説するのが目的であるが、与えられた短期間にこれを果たすことは不可能であるから、今回はその中の顕密二教判と十住心とに限定して講述し、次回以後、他の課題を説くことにする。

弘法大師の教学を知るには先ずその教判説を学ぶことが重要である。これに顕密二教判と十住心の判とがある。前者は『弁顕密二教論』に詳しく論述し、後者は『秘密曼荼羅十住心論』と『秘蔵宝鑰』とに詳述する。十住心思想は真言行者の浄菩提心の展開を明らかにするが主眼である。教判の役割は従属的なものである。教判としては顕密二教判が主体で、その上に十住心の判を開いたと見るべきである。顕密二教判を横の判教といい、十住心の判を竪の判教と称し、この横竪二種の判教によって真言密教が最も勝れた教法であることを明らかにする。

『二教論』の著作年代は、私は弘仁初期と推定しているが、明白ではない。しかし大師の顕密二教の思想は既に

大同元年十月二十二日の『御請来目録』に現われている。同書に、

法海一味なれども機に随って浅深あり。五乗鑣《くつばみ》を分かち、器に逐《したが》って頓漸あり。頓教の中に顕有り密有り。密蔵に於いて或いは源、或いは派、古の法匠は派に泳ぎ、葉を攀《よ》じ、今の所伝は柢《ご》を抜き源を竭《つく》す。（弘全一・八三）

又夫れ顕教は則ち三大の遠劫を談じ、密蔵は則ち十六の大生を期す。遅速勝劣猶神通と跛驢との如し。（同上）

定を修するに多途にして遅有り速有り、一心の利刀を翫《もてあそ》ぶは顕教なり、三密の金剛を揮うは密蔵なり。心を顕教に遊ばしむれば三僧祇眇焉たり、身を密蔵に持すれば十六生甚だ促なり。頓が中の頓は密蔵之れに当たれり。（同・一〇二）

という。従ってこの思想は大師が恵果和尚に受法の時以来抱かれた思想であると考えられる。

顕密二教の名称は支那に於ける密教の祖師も用いている。善無畏・一行・不空等の支那の祖師の訳著中に教判に関する記事がある。しかしこれらの祖師にあっては顕教というのは三乗教であって、天台華厳等の一乗教は密教として扱っていることが多い。恵果和尚の顕密観は明らかではないが、多分不空三蔵と同様であったであろう。従って弘法大師が、法相・三論・天台・華厳の四家大乗を明白に顕教と規定するのとは多少異なっている。大師は金胎両部大経に説かるる法門を純粋の密教とし、変化法身釈迦所説の密教を雑部の密教と規定し、その他往々顕教の経論等に密義を明かしている（これを往々有斯義の密教という）と説く故に、大師の顕密二教判は大師独特の教判である。大師以後天台宗の密教者円仁・円珍・安然等の顕密二教観も弘法大師の考えとは異なっている。

顕密二教の教判は大師の著作の中に処々に散見する。即ち前記の『御請来目録』を初めとして、『付法伝』上、『性霊集』第九（勧㆓諸有縁衆㆒応㆑奉㆑写㆓秘密法蔵㆒文）、『十住心論』第一、『同』第十、『秘蔵宝鑰』中、『大日経開題』『般若心経秘鍵』等にこれを説き、最も組織的に論証しているのが『弁顕密二教論』二巻である。故に最初に『二教論』

の組織とその内容の梗概を述べることにする。

第二　弁顕密二教論の組織とその内容

『二教論』は序分と正宗分とから成り立っている。序分は顕密二教の大綱を述べ、且つ本書撰述の意趣を説く。

初めに二教の綱格をのべ、その差別を明かす。

—夫仏有二三身一……求仏之客庶暁二其趣一。文

後に撰述の意趣を述ぶ。—縦使触二顕網一……合為二一手鏡一。文

顕密二教の綱格を明かす一段は、先ず能説の仏身と所説の教法の差別によって顕密二教の区別を示し、その名義を明らかにし、次に部と蔵と乗と行と成仏の時限とをのべて、応化身所説の顕教の分斉を明らかにし、次に『分別聖位経』の序文に意によって顕密二教の差別を証し、後に密教が如来内証智の境界を説き、その境地は顕教の等覚十地の菩薩も知らない殊勝な法門であることを述べている。

次に第二の撰述の意趣を明かす一段は、顕教に執着する者は密教の如来内証智の法をさとることはできぬ、密教を解する人のみが利益を受ける旨を説き、当書撰述の意趣を述べ、更に問答を設けて、古の伝法者が且つて説かなかった法身説法の義を説いて二教の優劣を明らかにすることをのべている。

次に正宗分は六問答から成っている。

一、顕密二教各別の義の問答。—問顕密二教……是名レ秘也。文

二、法身説法の義に対する問答。—問応化身説法……人鳥明暗。文

三、前来の伝法者が法身説法の義を説かない理由の問答。―問若如汝説……古賢不嘗醍醐。文

四、教証の問答。―問義若……如是経論簡択説。文

五、証文の問答。―問者曰……下巻而解迷之。文

六、秘密義の問答。―問若所談者……随応摂而已。文

以上六問答の中、第四の教証を問答する段では本論が『五秘密経』『瑜祇経』『分別聖位経』『大日経』『楞伽経』『大教王経』（実際はこの経の引文は無い）『菩提心論』『智度論』『釈摩訶衍論』の六経三論を所依の教証とすることを述べている。論文にはこの外に四家大乗の祖師の著作など多く引用しているが、この六経三論を正所依とする意味で特別に列記したものと思われる。若し所依の経論に通別を区別すれば、通じては六経三論、別しては『聖位経』を所依とするか。三身二教の差別、法身説不の法相等はこの経に最も明らかに示している。

第五の証文を問答する段は二重の問答となっている。初めには証文をあげて、「汝が迷暗を摧破す」と答え、次の問答で正しく証文をあげている。そしてこの証文が、量的には本書の大部分を占めている。しかもこの証文が自らまた二段に分かれ初めに二十五文を引き、十六の喩釈を加え、顕密二教の別を証し、次に『瑜祇経』『大日経』『守護経』『智度論』から七文を引いて法身説法の儀相を証している。

第六の秘密義の問答段は問者は二重の問を提起している。即ち第一に法身内証智の境を説くを秘密といい、その他を顕教とするならば、何故に釈尊所説の経等に秘密蔵の名があるか。第二に釈尊所説の陀羅尼門を何れの蔵に摂するかと問う。答者は第一の問に答えて、顕密の義に重々あり、浅教を深教に望めると深教は秘密である。故に外道の経書にも秘蔵の名があり、如来所説の法の中にも顕密重々あるが、今いう所の秘密は究竟最極法身の自境を秘密と名づけると説く。また秘密の意義について、衆生秘密と如来秘密との二義を述べている。次に第二の問に対し

て、応化身所説の陀羅尼門は同じく秘蔵と名づくるも、法身の所説の法に比すれば権であって実ではない、秘に権実が有り、応に随って摂すべきであると答えている。

第三　顕密二教判の要旨

釈迦所説の教法は機根に順応した顕略浅権の教であるから顕教といい、法身所説の教法は如来内証智の境界を説く秘密深奥な真実教であるから密教と名づける。

顕密二教の相異優劣の区別について、興教大師覚𑖪𑖽上人は『顕密不同章』に一万の相異があると説き、『顕密不同頌』に三十八、『五輪九字明秘密釈』に四十余の相異点をあげている。したがって両者の相異はいろいろな観点から論ずることができる。

『二教論』上には、

顕教の契経部に百億有り、蔵を分かてば則ち一十五十一の差有り、乗を言えば則ち一二三四五の別有り、行を談ずれば六度を宗とし、成を告ぐれば三大を限りと為す。

と説く。この文は経と蔵（教）と乗と行と成仏との五点をあげて顕教の中に種々の別あることをのべたのであり、この立場で二教の差を見ることも必要であるが、今は次の六項について二教の差別優劣を説くことにする。

一、能説の仏身。―法身の説不。仏身の資格。

二、所説の教法。―果海の説不。

三、所化の機根。

四、成仏の遅速。
五、修行法の相異。
六、教益の勝劣。

第一、能説の仏身とは教主の資格の優劣を論ずることであり、密教の教主法身仏に説法の有無を論ずる問題である。『二教論』上に、

夫れ仏に三身あり、教は則ち二種なり。応化の開説を名づけて顕教と曰う。言顕略にして機に逗えり。法仏の談話之れを密蔵と謂う、言秘奥にして実説なり。（弘法全集一・五八）

またいわく、

問、顕密二教其の別如何。答、他受用応化身の随機の説、之れを顕と謂う也。自受用法性仏の内証智の境を説く、是れを秘と名づく。文（同・五九）

と説き、能説の仏身の高下によって、所説の教法に優劣浅深あることを主張する。

密教の仏身観に顕密合論の仏身説と、密教独自の仏身説とある。前者は応身・報身・法身の三身をたてる。応身は変化身で、方便をめぐらして機根相応の教法を説き、地前の菩薩・声聞・縁覚・凡夫等のために三乗教の法を説く。報身は地上の菩薩のために一乗の法を説く。論に「応化」というは、応は報身、化は変化身（応身）を指す（応化を変化一身と見る場合もあり、当論には両方とも用いているが、今は報応二身と見るがよい）。この報応二身を顕教を説く仏身とし、法身を密教を説く仏とする。当論に説く三身はこの顕密合論の三身である。法身は真仏、報応二身は権仏で、優劣浅深の別がある。顕教にも法身仏を説くが、それは修行者が到達すべき果体で、無相法身無我無言の真如の理であり、言説によって衆生を教化する業用は無いという。然るに大師は法身を六大所成の仏形とし、常恒に

言説説法するという。即ち法身は有色有形で言語心量を有している。故に名は同じきも、顕密の法身観は根本的に異なっている。顕教に無相法身を立てて、これを念ずるは、行者が我執迷情を除くための権《かり》の方便にすぎない。然るに大師は法身を大日如来と名づけ、霊格をそなえた三世常恒の仏とする。法身は法界に遍満し広大無辺なる形色を具し、大智慧の光明を以て常に衆生の迷暗を照破し、大慈悲の妙用を以て普く衆生の善根を開発し、自受法楽のために自眷属の諸尊と共に三世常恒に三密平等の法門を説き、衆生をして法身の三密に契証せしめる。吾等衆生は煩悩罪垢のために心眼をとざしているから、常恒の法身仏を見、その説法を聞くことができぬが、この法門に値遇して、仏の加持を蒙むれば三密修行の道に入り、やがては証果を得ることができる。法身仏は自らの内証法門理智の二徳を示す所の大悲胎蔵法と金剛界法の両部曼荼羅を説く。この教法を密教という。経につけば大毘盧遮那十万頌と金剛頂十万頌と十八会の経である。

第二の唯密の仏身観は四種法身説である。即ち自性・受用・変化・等流の四法身である。また受用身を自受用と他受用との二身に開き、五種法身とすることもある。古徳の説によると、四種法身に三種ある。毘盧遮那具体の四身、自性会本質《ほんぜつ》の四身、本影合論の四身である。毘盧遮那具体の四身とは、大日一身に具足する四身の義で、『金剛界礼懺経』、『分別聖位経』所引の梵本『入楞伽』「偈頌品」に説く。第二自性会本質の四身とは『瑜祇経』に説く五智所成の四種法身で、自性会場に坐する。この四身が真言密教の仏身論の根本となるものである。第三本影合論の四身とは本質の自性身と随他影像の瑞相三身（受用・変化・等流）とである。自性会に於ける自証の仏身即ち六大法身の大日を本質の自性身といい、自性身が化他門に住して塵道加持世界に出で影像の仏身を現ずるを余三身の尊とも瑞相三身ともいう。十地の菩薩のために現ずるを受用身と名づけ、地前の菩薩と二乗凡夫のために現ずるを変化身と名づけ、六道の類（或いは九界）に等同して現ずるを等流身という。この四身は身土に大小麁細の別があるも、その内証は一味であるから、共に法身と名づける。但し自性身と余三身とを対比して自性身を自証とし、余三身を化他とするは一往の義で、実は四身共に自証化他の徳を有する。故に『二教論』下には「此の四種身に竪横の二義を具す、横は則ち自利、竪は則ち利他」と釈し、横門には四身共に自性をあらわし、竪門には皆化他を成ずるのである。

法身仏の説法を認めるか否かは、顕密二教の相異の一要点である。『釈摩訶衍論』に説く五種言説十種心量の説に基づき、法身仏に果海相応の言語心量ありとして、如義言説、一一識心を以てこれに当て、法身を霊格具足の仏身とするのが、大師の教説の一特色である。因人凡夫の能力では絶対法身を如実に認識することを得ないから、顕教の人は法身を以て無相無言の空理として否定的な無人格体とする。故に当論上にこれを評して「並びに因位に約して談ず。果人を謂うには非ず。」という。『大日経開題』『金剛頂経開題』にもこの旨を述べている。

第二、教法の浅深権実。果海説不の問題。

顕密二教は能説の仏身に優劣の差があるから、その所説の教法に浅深権実の別がある。これは一面からいえば果海説不の問題である。大師は『二教論』に顕教の法相・三論・天台・華厳の四家大乗の教法を批判して、何れも遮情の分斉であって絶対の境地にかなっていないと説かれた。顕教は報応二身が機根の能力に従って説いた方便権教で、如来の内証真実の法門を示していない。故にこれを随他意の説という。密教は如来の内証をありのままに説くところの真実教で、随自意の説である。顕教の大乗教と密教とは共に法身に契証することを目的とするも、顕教は無相空寂の真如の理を以て果体とし、その果体は吾等の言語では説き得ない境地であり、吾等の心慮の及ばない所であるという。即ち法身の果海を不可思議不可説の境界とする。華厳には果分不可説と説き、天台には百非洞遣四句皆亡といい、法相には廃詮談旨体妙離言と説き、三論には言語道断という。然るに真言密教には、果体を空理と見るは如来の方便であって実義ではない、果海にはこれに相応する言語心慮があり、能くその実相を常恒に説き示しているとのべ、この果海の実相を両部曼荼羅とする。即ち顕教に無相真如とするところに法身大日如来を開顕し、衆生と法身と同体不二なる旨を示し、衆生の身心に法身の万徳を実現し、胎蔵法金剛界両部曼荼羅理智の二徳を開顕し、即身成仏の実義を示すのが、真言密教の本旨である。『釈摩訶衍論』に生滅門・真如門・不二門の三門を設け、その中の不二摩訶衍法を果海としているが、大師はこの不二摩訶衍を以て両部曼荼羅の体とせられるのである。生滅界の当体は総て大日如来の妙色身の顕現であるから、生滅の妄法として捨つべきものでなく、十界が悉く大日法身の秘密曼荼羅である。普通には差別を融じた平等の義を以て不二を説くが、不二門の不二はこれとは異なって、差別の二そのままが不二平等であるとする意である。生滅門の而二差別の当体が一々に大日如来の無尽荘厳の功徳である。大師は『最勝王経開題』に「不二の理甚深にして解し難く、一如の趣秘奥にして入り叵《がた》し、謂わゆる不二一如豈只だ遮二詮一の名ならんや」と説く。密教に即事而真・即身成仏・娑婆即密厳と説く如きは、全く不二果分の妙旨によるのである。

上述の如く不二果分の説不を以て顕密二教の重大な分かれ目とする大師の教判説は、『二教論』に詳細に論じている。但し同論には顕教の中の勝れた四家大乗の所説を引用して密教と対弁し、小乗教等の説はこれを省略している。四家大乗は何れも果分不可説の域を脱しないが、その説く所は同じではない。或は果分の実在を暗示し、或は果分の空無を主張する。華厳・法相は前者に属し、天台・三論は後者に当たる。大師は華厳等に不可説とする果分の本体を以て真言密教の本分とし、真言密教は果分の実相を明らかに説くと釈し、天台等に果分を無相空寂の理体とする説を以て究竟の実談にあらず入仏道の初門であると判じている。即ち華厳宗の説では、別教一乗に性海果分と縁起因分とをたて、性海果分は不可説、縁起因分は普賢の境界であるという。大師はこの説を判じて性海果分は

『釈論』の不二摩訶衍に当たり、これが真言密教の本分であると説く。第二に法相宗には四重二諦義をたて、第四重の勝義勝義諦は廃詮談旨離言絶慮の一真法界であるという。果体の実在を認めながら、因人絶離の境界とするは、真言密教の深旨を知らないからである。大師は自性法身が如義真実の語を以てこの一真法界の果海を開演すと説き、これを真言密教とせられるのである。第三に天台宗は空仮中の三諦円融の理を談ずる。この妙理は仏智のみが知ることを得て、凡夫二乗等は知ることができぬ、言語道断心行処滅の体であるという。果分の当体を無相絶離とするは顕教の至極であるが、大師はこれを入仏道の初門と評している。第四に三論宗には生滅の万法は多くの因縁が集って生じたもので自性が無い、無自性空寂であると説き、この空寂の理体を第一義諦の法とする。大師はこの説を評して、この空理は顕教に於いては宗極とするも、これは因人の迷情を遮遣する方便説で、真実の談ではないという。

顕教は真諦に仏無く衆生無く一味の法であると説き、真言密教は真諦の源底に仏あり衆生ありと説く。法身仏の説法の有無と、果海の説不と、真諦に仏と衆生を見るか否かの説とは、共に同一の理趣をのべたもので、互いに表裏を為している。法身仏の説法の有無は法身の正報について説き、果分の説不は法身の依報について論じ、真諦に仏衆生の有無は依正二報不二一体の立場から論ずるのである。法身は依正不二性相一如の大覚体で、大自在者であるが、顕教にこれを無相空寂の真如とするは、衆生因人の立場から法身を観じた説き方である。法身自体からいえば、法身は金剛不壊の大覚体であり、その大覚の内容を三世常恒に宇宙全体に説いている。これが法身の説法である。大師はこの義を開顕して、法身の果海に、これに相応する心慮言語があり、従心流出の眷属と共に凡聖不二の理、即事而真の義を常に説法すと説かれた。従《よ》ってこの大覚体は物心一如の具体的実在の六大体性であり、法然本有の仏体である。三世諸仏とはこの覚体を如実に現証し、これに安住して宇宙の真相をさとり、大自在を得て、大智大悲の霊用を以て衆生を救済する覚体である。この如来の覚体は無量無数であるが、而も同一の覚体に住する故に一である。即ち多にして一、一にして多、一多不二の覚体である。

大師の教は人法一如の義を説くのが特色である。

第三、所化の機根。

顕密二教の所化の機根もまた各別である。『般若心経秘鍵』には「顕密は人に在り」と説くが、真言密教の深旨はこれに相応する機根でなければ理解することはできぬ。『菩提心論』に、

大阿闍梨云《のたま》わく、若し上根上智の人有りて外道二乗の法を楽わず、大度量《だいたくりょう》有りて勇鋭にして惑無からん者は宜しく仏乗を修すべし。

と説くが如く、上根上智の人のみが密教相応の正機である。但し機根については古来種々の説があり、印融の『杣保隠遁鈔』第七の「事六度兼行」の論の終りに九箇の機を説き、妙瑞の『宝鑰見光鈔』には六科十三門を設けて詳論し、長谷宝秀の『十巻章玄談』下・五五頁以下にその要旨を述べているから、今はそれにゆずり省略する。

また真言密教は一面教薬甚深の法門であるから、結縁の機根としては万機を摂して漏らさない。故に真言密教を万機普益の法門という。

第四、成仏の遅速。

第五、修行法の相異。

この二項は密接な関係があるから一括してこれを説明する。

大師が顕密二教の浅深を判釈し、真言密教を宣揚せられた本意は、衆生を密教に帰入させ真実の成仏を得させるためである。仏教は諸宗共に成仏を目的とする。しかもその所説は異なり、小乗仏教は身心都滅の無余涅槃に入る

を真の解脱とし、法相・三論等三乗教は三大劫の間六度行を修して成仏すと説き、華厳・天台両一乗は真如縁起融通無礙の理を談じて頓に成仏すという。また浄土門諸宗は他方仏土へ往生成仏することを説く。然るに大師は顕教中の諸大乗教を共に六度万行を修して三劫成仏するを目的とするものと判じている。この事は『二教論』上に「行を談ずれば六度を宗とし、成を告ぐれば三大を限と為す」と説き、また『御請来録』『大日経開題』『十住心論』『秘蔵宝鑰』『即身成仏義』等にも明らかにしている。

三巻『金剛頂大教王経』に一切義成就菩薩（釈尊）が秘密仏の驚覚開示を蒙って、五相成身三密の観行を授かり修行して成仏し得たことを説き、『守護経』第九に釈尊が六年苦行の最後身に空中示現の無量の化仏から唵字観を授かり、この観法によって成仏することを得たと説く。大師はこの両文を『十住心論』第九、『宝鑰』下第九住心の章に引用し、真言密教の修行法によらねば真の成仏は得られぬこと、顕教に成仏というは実は菩薩位を証するにすぎぬことを明らかにせられた。

顕教の六度行は対症療法で、無貪を以て貪を対治し、無瞋を以て瞋を対治する等、有漏をすてて無漏を求め、有為を去って無為に入る行である。故に顕教は遮情対治の法門にすぎない。寂静無相の真理の中に対立の世界を超えて、能所の別無く善悪の差も無く、一切の修行が皆空に帰する。この境地を『菩提心論』には「筏に遇うて彼岸に達しぬれば法已に応に捨つべし、自性無きが故に」と説く。大師は『即身成仏義』に「諸経論の中に皆三劫成仏と説く、今即身成仏の義を建立する、何の憑拠か有る」と問をかかげて、顕教は総じて三劫成仏、密教は即身成仏を旨とする義を論述している。この意は龍女成仏や疾得成仏を説く『法華経』『華厳経』等の一生成仏説は初住の分証の立場を述べたのであって、初住以後第十地に至るまでに三大僧祇を経ねばならぬ。『法華経』「方便品」・同「寿量品」・旧訳『華厳経』「盧遮那品」等には遠劫作仏の証文もある。華天両一乗に一生成仏と称するはこれを真言密教から評すれば摂相帰性の理談で、成仏の必須行たる三密修行を欠ぎ、真実の一生成仏即身成仏ではない。真の即身成仏一生成仏は五相三密の観行によってのみ得られる。大師は『十住心論』第一に、

帰路に経紆有り、所乗に遅疾有り、牛羊等の車は紆曲に逐って徐く進んで必ず三大無数劫を経、神通の宝輅は虚空を凌いで速に飛んで一生の間に必ず所詣に到る。

と説き、顕教を牛羊の車に喩え、真言密教を神通宝輅に比して、成仏の遅速を明らかにせられた。

両部曼荼羅は真言行者の求むる究竟の仏果である。この曼荼羅は理智の二徳である。真言密教の根本原理は両部大経を一貫する理智不二の一心である。不二一心は相対差別の物心を超越した絶対平等の一心で、これを衆生の立場からいえば吾等の自性清浄心であり、仏辺から見れば仏菩提の本質である。故に真言密教は不二一心を理解し、如実に三密妙行を修して理智の二徳を修顕するを目的とする。恵果和尚は常に門人に告げて、

若し自心を知れば即ち仏心を知る。仏心を知れば即ち衆生心を知る。三心平等なりと知るを即ち大覚と名づく。大覚を得んと欲わば応に諸仏自証の教を学ぶべし。（『性霊集』第九、「勧諸有縁衆応奉写秘密法蔵文」）

と仰せられたが、この諸仏自証の教を大師は金胎両部大経とし、この両部大経に示される修行法によってこの不二一心の塔を開き、不二一心の実相を覚れば、吾等凡夫の肉身のままに直に仏果を証することができる。大師の『即身成仏義』はこの旨を明らかにしている。

即身成仏の修行は三密行であるが、真言行者の具体的な修行法にはいろいろ規制があり、阿闍梨の指授を受けて修行せねばならぬ。具体的な修行法について述べる必要があるが、この問題は別の機会にゆずる。今はただ真言密教の修行法は三密行であり、五相成身観・五字厳身観・入我我入観・字輪観・阿字観・唵字観等の観法であり、また日々の生活行為の規制には顕密二戒を護持すべきであることを記すにとどめる。

第六、教益の勝劣。

顕密二教の教益には勝劣の別がある。顕教は機根に応じて説く方便教であるから、或る機根に対しては利益を与えるも、他の機根に対しては利益を与えない。またその教法が権方便の説であるから真実をさとらしめる利益はない。然るに真言密教の教益は甚深広大で、顕教の利益とは遥かに勝れている。大師は『二教論』下に『六波羅蜜経』の文を引いて、五味の喩を以て小乗教・大乗教・真言教の利益の浅深を明らかにせられた。同経に八万四千の妙法を素怛纜（経）・毗耶奈（戒・調伏）・阿毗達磨（論・対法）・般若波羅蜜多・陀羅尼門の五蔵とし、これを五味に配している。経文によると、五蔵の中最初の三は小乗の経律論三蔵であり、般若波羅蜜多は大乗教をさすこと明らかである。大師は陀羅尼蔵を直に真言密教としているが、経も陀羅尼総持門の受持者を金剛手菩薩とするから、真言密教を指す意である。経には、

或いは復有情諸の悪業の四重八重五無間罪謗方等経一闡提等の種々の重罪を造れるを銷滅することを得しめて、速疾に解脱し頓悟涅槃すべきには、而も彼が為に諸の陀羅尼蔵を説く。此の五法蔵は譬えば乳酪生蘇熟蘇及び妙醍醐の如し。（中略）総持門は譬えば醍醐の如し。醍醐の味は乳酪蘇の中に微妙第一にして能く諸病を除き、諸の有情をして身心安楽ならしむ。総持門は契経等の中に最も第一たり、能く重罪を除き、諸の衆生をして生死を解脱して速やかに涅槃安楽の法身を証せしむ。文

と説く。大師はこの引証によって顕密の教益の浅深を示すものとし、真言密教の教益の深広なることを讃せられた。従って『十住心論』第一にも、

四蔵の薬は但し軽病を治して重罪を消すこと能わず。謂わゆる重罪といぅは四重と八重と五逆と謗方等と一闡提と是れ也。醍醐の通じて一切の病を治するが如く、総持の妙薬は能く一切の重罪を消し、速やかに無明の株杌

を抜く。文

と説き、真言教法は如何なる重罪をも消滅せしむる功徳のあることを述べている。真言教は法身如来自内証の法を説けるもので、機根本位の説法ではないが、自性会場にこの教法に相応する因人もある。また如来の内証を示す所の曼荼羅・真言・陀羅尼に甚深なる功徳があり、無量の教益がある。わずかに両部曼荼羅を拝するも、重罪を滅し、真言陀羅尼を受持し読誦し書写すれば広大なる功徳を得る。教法の功徳が深広であるから、重障の衆生をも救済し、万機をもらさず済度する。故に顕密二教はその功徳について浅深の相異がある。

以上顕密二教の優劣浅深を判じた。二教の浅深はいろいろな角度から見ることができ、興教大師の『顕密不同頌』『五輪九字明秘密釈』第一択法権実同趣門等に種々二教の差別を説き、浄厳は『弁惑指南』巻第三に『顕密不同頌』を釈し、同第四に『五輪九字秘釈』中の二教の差別を明かす頌文を釈している。また済暹の『顕密差別問答鈔』二巻、頼瑜の『諸宗教理同異釈』、慈光隆山の『令聞真言宗要』第四等は二教の浅深を知る上に大いに参考になる書である。

第四　十住心

大師の教学に於ける重要な思想の一に「十住心」がある。この思想も大師が早くより考えておられたようであるが、これを組織的に述べているのは『秘密曼荼羅十住心論』と『秘蔵宝鑰』とである。この二著は共に淳和天皇の勅命による撰述であり、大師の著作中にも質量共に群を抜く大作である。この両書については後に更に述べる。この両書に説く所の十住心の思想は単なる教判論ではない。宥快の『十住心義林』には十住心建立の義勢を検討して、相説の十住心、旨陳の十住心、相説旨陳合論の十住心、機根契当の十住心、心続生の十住心、唯密の十住心、顕密合論の十住心、唯顕の十住心の八項を設けてこれを論じ、更にこれらの諸義を要約して、

一、顕密合論の十住心

二、真言行者修行転昇に約する十住心

三、秘密曼荼羅に約する十住心

の三義とし、『秘蔵宝鑰鈔』にはこの中の第三を分かって五種三昧道に約する十住心と、普門大日の万徳開示に約する十住心とを建立している。そして『十住心論』と『宝鑰』とを仔細に検討するにこの三義四義は十住心思想を適確に把握している。教判としての十住心はこの中の顕密合論の十住心について見る義勢であり、本講義に於ける主目的に添うものではあるが、十住心思想をよく理解するためにはこの三義四義について述べる必要がある。故に本章ではこれが要旨を明かすことにする。

第一、顕密合論の十住心。

これは後章で一々の住心について説く。今は簡単に要点だけ記しておく。ここに建立する十住心は次表の如く、前九種住心は顕教、第十住心は密教と定めて、顕密二教の優劣浅深を批判し、秘密真言乗が真の仏果であることを示すものである。『宝鑰』は文の表はこの顕密合論の十住心を説いている。しかし大師の本旨は単に教判としての十住心のみでなく、真言行者の浄菩提心が展開する有様を示す所の住心転昇に約する十住心や、秘密曼荼羅の功徳を示す十住心を建立することにある。『十住心論』にはこれがよく示されている。顕密合論の十住心はむしろ兼意と見られる。しかしこれが顕密二教の教判の上に更にこまかく十種の段階を設けて各種の世間出世間の教を批判している点はやはり教学の問題としては注意すべき重要な思想であることを忘れてはならぬ。

十　住　心

第一	異生羝羊心	一向行悪行	世間三ヶ住心		顕教
第二	愚童持斎心	人乗			
第三	嬰童無畏心	天乗			
第四	唯蘊無我心	声聞乗	小乗	出世間	
第五	抜業因種心	縁覚乗			
第六	他縁大乗心	法相宗	三乗教	大乗	
第七	覚心不生心	三論宗			
第八	如実一道心（一道無為心）	天台宗	一乗教		
第九	極無自性心	華厳宗			
第十	秘密荘厳心	真言宗—秘密仏乗			密教

第二、真言行者に約する十住心。

これは真言行者の浄菩提心が展開し昇進する状態を十種の段階に分かって説明するものであり、そのよりどころは『大日経』「住心品」に説く所の三劫六無畏の釈段にある。しかも大師はこれを顕教の諸教の説に寄せて前九住心の説明をしておられる。「住心品」の釈によってこの十住心の大要を説明すると次の如くである。

第一住心は浄菩提心が最初におこることを明かすために、善心にそむく凡夫の違理の精神状態を明かす。真言行者が未だ真言密教を知らない以前の境界である。第二・三の両住心は六無畏の最初である所の善無畏の位であって、行者が真言の教に遇い、本尊に帰依し、供養する位である。即ち行者が菩提心戒・三昧耶戒を受けて曼荼羅壇に入り、灌頂を受け、声字観を以て曼荼羅の行を修する位である。第四・五の両住心は、第二無畏から第四無畏までに相当する。第二身無畏は有相の三密行によって本尊の衆相を観見する位であり、第四住心に当たる。第三無我無畏は第二身無畏に於いて観見した仏の衆相に対して心不可得と観じて愛着を生じない位である。第四法無畏は修行によって観見した瑜伽の境界は本尊と行者との三密相応の因縁によって感じたもので、その衆相は皆自性なく無相空寂であると知って愛慢の情を離れる位である。この無我無畏と法無畏とは第四第五両住心の当分である。次に第六七両住心は六無畏の中第五の法無我無畏に当たる。真言行者が心外に感じた仏は実は心内の功徳であると覚って、心外の仏と心内の仏と一体なることを知り、この瑜伽の境地にあって心の自在を得て、仏の無生をさとり愛着の念を生じない位である。第八九十の三住心は第六一切法自性平等無畏に当たる。行者が心外に観見した仏も心内の仏も共に遮遣して、法身大日如来に帰入し虚空無垢の大菩提心に安住する位であり、その最後位に於いて大日の果徳を完全に証得する位が第十住心である。凡そ本地法身を証得するには甚深なる無相観を要する。深信の結果仏身を観見することができても、十喩の観を修して心外に現われた化仏に執着せず、これを遮遣しなければ真の法身仏を体得することは不可能である。六無畏は心外の仏にも心内の仏にも執着せず内外一体遍照法界の大日に帰入する相を示したものである。

第三、深秘に約する十住心。

これは秘密曼荼羅の功徳に約する十住心ともいう。これに一門の内証に約する十住心と、普門大日の万徳に約する十住心と二種ある。十住心は十界の有情の心品を開いたものであるが、これを真言密教の深秘門からいえば、この十界は大日如来の果徳のあらわれで、浅深高下の区別もなく、十住心は直に秘密曼荼羅の諸尊の内証法門である。『大日経』第一「具縁品」に仏地・菩薩・声聞・縁覚・世間の五種三昧道を説き、十住心各々の真言を説く。即ち仏地三昧道は第十住心、菩薩三昧道は第九八七六の四住心、縁覚三昧道は第五住心、声聞三昧道は第四住心、世間三昧道は第三二一の三住心に当たる。この五種三昧道に示された真言の字義を観じ、普賢・観音・文殊・弥勒・縁覚・声聞・諸天等の各々の当位に於ける果を一生に証得するを一門の内証に約する十住心といい、各々の住心の当位より直に法界法身の観に入って普門大日の果体を証得するを普門大日の万徳に約する十住心という。

秘密曼荼羅の功徳としての十住心はこれが直に十界の万法であって、人天鬼畜等の道も皆秘密仏乗であり、十住心一々に浅深優劣の差別はない。悉く法身如来の果徳の顕現である。故に『十住心論』第三（弘全第二・洋一・三五〇）に、

若し真言の実義を解すれば、則ち若しは天、若しは人、若しは鬼畜等の法門は皆是れ秘密仏乗なり。

と説く。

第五　顕密合論の十住心

『秘蔵宝鑰』に説く十住心の法門に前章に述べた三種の義があることは勿論であるが、文章の表面は顕密合論の十住心が主となっている。そして教判論としての十住心はこの立場に於いて見るのである。故に本章に於いて顕密合論の立場での各住心の相を述べることにする。

第一、異生羝羊心。この住心は善悪因果の道理を知らず、ただ悪業のみあって少しの善をも行わない人をいう。また過去に十悪業を行じた結果として現世に地獄・餓鬼・畜生の三悪道の果報を受けた者もこの住心に属する。従って六道の衆生の中十悪のみを行う者は皆この住心である。『大日経』「住心品」に説く所の三十種の外道もこの住

心に属する。彼等は因果の道理を知らず、六趣輪廻の因を作している。

この住心を異生羝羊心と名づくるは、種々の業によって種々の果を感ずる果報の身相が千種万別であるから異生という。異生の名は六道の衆生に通じ、必ずしも当住心に限った名ではない。羝羊は畜生の中で性質が下劣であるから、一向に悪行のみを事とする第一住心の者をこれに喩えたのである。

故に『宝鑰』上に、

凡夫狂酔して吾が非を悟らず、但し婬食を念うこと彼の羝羊の如し。

と説き、更に、

凡夫狂酔して善悪を弁えず、愚童痴暗にして因果を信ぜざるの名なり。凡夫種々の業を作って種々の果を感ず、身相万種にして而も生ず、故に異生と名づく。愚痴無智なること彼の羝羊の劣弱なるに均し、故に以て之に喩う。

と説いている。そしてこの名は『大日経』「住心品」に「愚童凡夫の類猶し羝羊の如し」とあるを典拠とする。

第二、愚童持斎心。この住心は第一住心の人が漸く善心を生じ、人倫の道を行う心品である。儒教の五常、仏教の五戒十善を行う者、『大日経』「住心品」に説く順世八心の中の前六心等がこれに当たる。「住心品」に説く六心とは一には種子心（一日食を断つ）、二には芽種心（父母親戚に施す）、三には疱種心（親戚でない者に施す）、四には葉種心（器量高徳の者に施す）、五には敷華心（歓喜して伎楽者等に施す）、六には結実心（親愛の心を以て尊宿に供養する）をいう。その内容は斎と施との二であり、初の種子心とは五欲に耽る第一住心の者が忽然として少欲知足の念を生じ、克己節食の心を発すをいう。即ち持斎である。芽疱等の後の五心は持斎によって余った物を他人に施す善心の移りかわりを示している。布施の対象が初めは肉親に限定し、次には広く一般にわたり、次には対象をえらび、特に器量ある人、徳のある人に与え、次には一般の人をたのしませる伎楽者をえらんで施し、後には尊敬するに足る高徳者を親愛の心を以て供養する。この施与の対象をえらぶことは善心が次第に向上したことを示している。

愚童持斎心の名はこの六心より得た名である。愚童は凡夫と同じく六道に通ずるも、今は特に人乗をさしている。持斎は厳密には六心の第一の種子心の意であるが、後の五心をもこれに含めて見るのである。『宝鑰』上巻に、

外の因縁に由って忽ちに節食を思う。施心萌動して穀の縁に遇うが如し。

と説き、或いは、

愚童少しき貪瞋の毒を解して欻爾に持斎の美を思惟し、種子内に熏じて善心を発す。牙疱相続して英軌を尚ぶ。五常十善漸く修習すれば、粟散輪王其の旨を仰ぐ。

という。

第三、嬰童無畏心。吾々が住む世界は欠陥の多い苦痛に満ちた世界であるから、永住すべき地ではないと思い、天上の楽果をあこがれて、梵天や自在天などに帰依し、十善戒を守り、四禅定を修し、他主空三昧の空慧を得た者、及び、これらの修行によって三界二十八天に生じた者を第三住心とする。生天を教える宗教、即ち仏教勃興期及びそれ以前に印度に行われた諸の婆羅門外道など皆この住心に属する。『大日経』「住心品」に説く所の順世八心の中の第七受用種子と第八無畏依の嬰童心はこの住心建立の典拠である。

この住心を嬰童無畏心と名づくるは、嬰童は第三住心の者天に生じて八万劫の長寿を得るも、仏陀の無量寿に比すれば孩児の如くであるから、嬰童といい、この住心の者諸天に帰依して天上に生まれ、しばらく悪趣の苦患を離れるから無畏と名づける。故に『宝鑰』上にこの住心を明かして、

外道天に生じて暫く蘇息を得、彼の嬰児と犢子と母に随うが如し。

と説き、或いは、

外道人を厭い、凡夫天を欣う心也。上非想に生じ、下仙宮に住して、身量四万由旬、寿命八万劫にして、下界を厭うこと瘡痍の如く、人間を見ること蜉蝣の如し。光明日月を蔽し、福報輪王に超えたりと云うと雖も、然れども猶彼の大聖に比すれば劣弱愚朦なること此の孩児に似たり。小分の厄縛を脱るるが故に無畏なり、まだ涅槃を得ざるが故に嬰童なり。

と釈している。人間の麁苦障を厭い、天上の浄妙離の境界に至ることをねがい、外の三宝三学等を立てる外道の説はすべてこの住心に摂する。外道の説は真に解脱を得る教でないから、第三住心に摂し世間教とする。故に『宝鑰』上に、このことを問答して、

問う、諸の外道同じく三学を修して彼の二界に生じ、空三昧を証して言亡慮絶す、何に由ってか煩悩を断じ涅槃を証することを得ざる。答う、観二辺に著し、定二見を帯するが故なり。問う、同じく非有非無を観ず、何ぞ二辺二見に堕する乎。他主に繫属して因縁の中道を知らざるが故なり。因縁の中道其の意云何。因縁の有を観ずるが故に断辺に堕せず、自性空を観ずるが故に常見に墜ちず、有空即ち法界なりと観ずれば則ち中道正観を得、此の中道正観に由るが故に早く涅槃を得。外道邪見の人は此の義を知らず、是の故に真の円寂を得ず。若し此の理を聞かば羅漢を得ん。

と説く。この文の中に「他主に繫属して因縁の中道を知らず」というは、正しく外道と仏教との相異を示している。外道は神我を立てて、万有の中に神我のみ真であり、諸法は空であると説いて、一切を神我に帰入せしめようとする。即ち神我を有とし万有を空とし妄とする故に、自ら空有断常の二見二辺に堕して真の中道を得ることができず、真の解脱を得ない。仏教は総て因縁生法の自性空を観ずる故に有見に堕せず、また因縁の有を観ずる故に空見にも堕せず、有空一如の理を観ずる故に真の解脱を得るのである。

第四、唯蘊無我心。この住心は声聞乗に当たる。三界六道の境界は火宅に同じく止住すべき処ではないと思い、仏に従って四諦の法を聞き、因果の道理を悟って、我体は五蘊が仮りに和合して生じたもので実有の体ではない、現実に存在するものは単に色受想行識の五蘊のみと知り、法の実有を肯定して我体を遮遣し、我及び我所有の執着が生死流転の根源であると知って無我観を修し、涅槃の境に入る者である。故に『宝鑰』上に、

唯し法有を解して、人我皆遮す。羊車の三蔵悉く此の句に摂す。

と説き、同巻中に、

大覚世尊此の羊車を説いて三途の極苦を抜出し、八苦の業縛を解脱したまう。其の教たらく、三蔵広く張り、四諦普く観ず。三十七品は道の助けたり、四向四果は即ち人の位なり。識を言えば唯し六、七八無し、成を告ぐれば三生六十劫、非を防ぐは則ち二百五十、善を修するは即ち四念八背なり。（中略）生空三昧に神我の幻陽を知り、無生尽智に煩悩の後有を断ず。（中略）遂に乃ち五蘊の泡露を厭いて三途の塗炭を悪み、等持の清涼を欣って廓大虚に同じ、湛然として無為なり。何ぞ其れ楽なる乎。身智の灰滅を尚ぶ。乗の趣きたること大体此の如し。法を存するが故に唯蘊なり、人を遮するが故に無我なり。簡持を義と為るが故に唯なり。

と説く、住心の得名もこの釈によって明らかである。その典拠は『大日経』「住心品」に、

謂わく、是の如く唯蘊無我を解して根境界に掩留修行す。

と説くにある。

第五、抜業因種心。この住心は縁覚乗である。声縁二乗は断証行果共にほぼ同じであるが、縁覚は声聞よりも智慧がやや勝れ、観法も一層緻密になり、煩悩の習気をも断じ尽くして有余無余の涅槃に入る。故に声聞乗とは別の住心を建立したのである。声縁二乗は共に小乗教であり、煩悩業苦の三道の流転向下と、三道を滅尽する還滅向上

の相を観ずる。但し声聞乗は苦集滅道の四諦の理を観じ、縁覚は十二因縁を観ずる。十二因縁とは衆生の如是相を説明したもので、無明・行・識・名色・六入・触・受・愛・取・有・生・老死の十二縁起相である。この縁起観を解釈するに異説もあるが多くの学者は三世両重の因果に分解する方法をとっている。即ち過現未の三世に亘って立て二重の因果関係を見るのであり、無明・行を過去世の因、識・名色・六入・触・受の五を現在の果、愛・取・有の三を現在の因とし、生と老死を未来の果とする。十二縁起は煩悩業苦の三道を出でないが、これを三世両重の生死として観ずることは、無始無終の生死にしばらく始終の次第を立てて観ずるのである。縁覚は十二因縁を順観し或いは逆観して、こまかく生死界の実相を知り、生死の根本たる惑業を断じ無我の義に徹して有余無余の二涅槃の果を得るのである。故に『宝鑰』上にはこの住心を説明して、

身を十二に修して無明種を抜く。業生已に除いて無言に果を得。

といい、同巻中に、

抜業因種心とは麟角の所証、部行の所行なり。因縁を十二に観じ、生死を四五に厭う。彼の華葉を見て四相の無常を覚り、此の林落に住して三昧を無言に証す。業悩の株杌此に猶《よっ》て抜き、無明の種子之に因て断ず。(中略)湛寂の潭に游泳し、無為の宮に優遊す。自然の尸羅授かること無くして具し、無師の智慧自我にして獲、三十七品他に由らずして悟り、蘊処界善は藍を待たずして色《いろ》あり。身通をもって人を度して言語を用いず、大悲闕げて無ければ方便具せず。但し自ら苦を尽くして寂滅を証得す。故に経に云わく、業煩悩の株杌無明の種子の十二因縁を生ずるを抜くと。

と述べている。

抜業因種心の名は前引の『大日経』「住心品」の文によって付けたのであり、抜は断除の義、業は悪業、因は十

二因縁、種は無明の種子である。即ち悪業煩悩と、それから生ずる十二因縁と、その種子となる無明の習気とを悉く抜除する浄心の意であり、惑業苦の三道を断除する心という義である。

第六、他縁大乗心。この住心は大乗の初門で唯識宗即ち法相宗に相当する。大慈悲心を以て法界の一切有情を縁じ、自利利他の二利の行を満足することを心掛ける心品である。『宝鑰』上に、

無縁に悲を起して大悲初めて発る。幻影に心を観じて唯識境を遮す。

と説き、同巻下に、

心海湛然として波浪無し、識風鼓動して去来を為す。凡夫は幻の男女に眩著し、外道は蜃の楼台を狂執す。自心の天獄たることを知らず、豈唯心の禍災を除くことを悟らんや。六度万行三劫に習い、五十二位一心に開く。煩悩所知已に断じて浄ければ、菩提涅槃是れ吾が財《たから》なり。四三点の徳今具足す、覚らずして外に求むる甚だ悠なる哉。言亡慮絶して法界に遍ぜり。沈萍の一子尤も哀む可し。

と説く。この住心の要旨を知るには法相宗に説く所の二空・三性・八識・五重唯識・四菩提・四涅槃等の義を意得るべきであるが、今はしばらく二空八識の義をのべることにする。小乗教には吾等がものを分別するはたらきを分類して、眼耳鼻舌身意の六識とする。眼等の五識は感官によって色声香味触の五境を認知する作用である。これらは外界の刺激を心内に写像するのみで、これを比較し推論したり、過去を追憶する等の複雑な精神作用をする能力は持っていない。これらの複雑な精神作用は第六意識のはたらきである。故に小乗教では意識を以て法境を知覚する識としている。然るに法相宗はこの六識説には満足せず、末那・阿頼耶の二識を六識の上に加え八識説をたてた。その中の第八阿頼耶識は旧訳には阿梨耶識といい、また阿陀那識ともいう。この識は一切諸法を生起する根元であって、依正二報共にこの識に含蔵する所の種子から生ずる。故に蔵識と訳している。万物はこの第八識から変現す

るのであるから三界は唯一心の所変にすぎない。一心の外に何の法も存在しない。この識は因縁によって生滅するも、無始以来常に現起して、前七識の熏習力によってたえずその種子を熏習し生死輪廻の主体となるのである。従って小乗教に実有とする五蘊の法も、五蘊和合して生ずる人体も万物も悉く心内所現の仮法にすぎず、実有の法ではない。人も法も空であり無我である。この唯識所変人法二空の理を明かし、煩悩所知の二障を断じ、六度・四摂等の自利利他の行を行い、菩提涅槃の妙果を証得するのが当住心の用心である。

この住心を他縁大乗心と名づくることは、『大日経』「住心品」第二劫の釈段に

大乗の行あり、無縁乗の心を発して法に我性無し。

とあるによる。梵語の莽鉢羅 māpara に無縁の義と他縁の義とがあるから、経には無縁乗とし、高祖は他縁大乗と名づけたのである。無縁とは三界唯心心外無別法の義であって、自証による名であり、他縁は他の有情を縁じて大悲を発す義で化他の義によって名づけたのである。両祖各一義によって名を異にしているが、両者の間には深い関連があり、矛盾してはいない。この住心は大乗の初心であるから、大師は特にこの住心に大乗心の名を用いたのである。

第七、覚心不生心。三論宗に相当する。法相宗は万法を唯心の所変とし、心は実有、境は空無とする。然るに三論宗は諸法を悉く因縁生のものとし、一定の自性も無く万法の当体が直に空であると観じ、不生・不滅・不断・不常・不一・不異・不去・不来の八不正観を修して八迷の戯論を断じ、心源空寂の境に住することを説く。即ち心境倶空の義を説き、諸法の実相は有無の見をはなれた無所得中道であり、言語心慮を超絶しているという。覚心不生心は全くこの無所得中道を覚った心品であるから、『宝鑰』上に、

八不に戯を絶ち、一念に空を観ずれば、心原空寂にして無相安楽なり。

と説き、同巻下に、

因縁生の法は本より無性なり、空仮中道都べて不生なり、波浪の滅生は但し是れ水なり。一心は本自り湛然として澄めり、色空不壊にして智能く達す、真俗宛然として理分明なり、八不の利刀戯論を断つ、五辺面縛し自降して平らかなり、心通無礙にして仏道に入る、此の初門より心亭に移る。

と説いている。この第七住心を覚心不生心と名づくることも全くこの義により心の本不生を覚るからである。

当住心の建立も前住心と同じく『大日経』と『菩提心論』によられたのであるが、正しく得名の典拠となっているのは『大日経』「住心品」三劫段の第二劫の文である。経の第二劫には初後の二心があり、順に第六七両住心に相当する。この後心を明かす経文に、

是の如く無我を捨てて、心主自在にして自心の本不生を覚る。

とある。この経文の覚とは覚悟の義である。心不生とは心は第八識心王をさし、如来蔵自性清浄の体である。『大日経疏』にこれを釈して「心王は猶し池水の性の本より清浄なるが如し」という。恰も大海の波浪を止めて澄浄なる水性に帰するが如く、心数七転識の妄染を浄除して第八識心王の本性清浄の理に契うことを覚心不生というのである。経に本不生というは八不をさすのであって八迷の戯論を離れた不生である。

第八、一道無為心。この心は『宝鑰』上の列名段には如実一道心とし、同下巻には一道無為心と題し、しかも如実知自心と空性無境心との二つの異名をあげている。如実一道心と一道無為心とは異名同義である。四名の名義については後にのべる。この住心は天台宗に相当する。無相皆空の義を説く三論の教義を更に深刻に考察して諸法実相の義をたてたのが天台の教理である。三論宗では空仮中の三諦の融通を説かず、三諦は隔歴していると見ている。然るに天台宗にはこの三諦の円融無礙の義を説く。一切の万法は衆因縁が和合して生じたもので、現前の相からい

えば有である、しかしこの有は因縁生であるから仮有であって、その実全体空であり無生である。有といい得ると共に空であり、空といい得ると共に有である。この有空の所に中道の妙諦があらわれ、三者は融合している。即空即仮即中である。三諦は円融無礙する。事即理、理即事で差別の現象の外に実体無く、平等の実体の外に差別の現象も存在しない。宇宙間の一切法は悉く三諦円融し、一境として三諦を具足せぬものはないのである。この三諦を観ずる智慧は一切智・道種智・一切種智である。

天台の教義で重要なものに、「一念三千の妙理」がある。一念三千とは衆生の一念に無量の妙法を具足する意である。三千は無数の意である。宇宙の万有はその数が無量であるが、これを地獄・餓鬼・畜生・修羅・人・天・声聞・縁覚・菩薩・仏の十界に摂することができる。この十界は仔細に検討すれば一々に皆他の九界を具え、地獄界にも餓鬼から仏界まで悉く具えている。地獄の衆生も向上すれば迷を解脱して悟りを開くに至り、仏界にも菩薩界にもそれぞれ他の九界を具足して、向下堕落すれば迷界に沈まねばならぬ。十界に各十界を具する故に百界となる。この百界に十如是(如是相・如是性・如是体・如是力・如是作・如是因・如是縁・如是果・如是報・如是本末究竟)を具足する。如是とは現実のままという意である。如何《いか》なる法もこの十如是を具足している。百界に十如是を見る故に千となる。しかもこの千に各衆生世間(正報)と国土世間(依報)と五陰世間とを具足するから三千となる。万有は悉く三千の法を具有し三千の妙法は皆三諦円融し、吾等の一念にこの三千の妙法を具足している。この深義を観じて解脱を得るのが天台の教えである。しかしこの一念三千三諦円融の義によって諸法の実相を説く教も、密教の立場から見れば、未だ遮情の法門で表徳の実義ではなく、秘密曼荼羅に入る初門にすぎぬ。故に『宝鑰』上に当住心を明かすに、

一如本浄にして境智倶に融ず。此の心性を知るを号して遮那と曰う。

と釈し、同下巻に、

前劫の菩薩は戯論と作る、此の心の正覚も亦真に非ず。無為無相にして一道浄し。非有非無にして不二を陳ぜり。心境絶泯して常寂の土なり。語言道断して遮那の賓なり。身心也《また》滅して大虚に等《ひと》し、随類影現して変化の仁あり。

と述べている。

第八住心も『大日経』「住心品」と『菩提心論』の旨陳段の釈を所依として建立したものである。「住心品」の文は『宝鑰』に引用してある。即ち三句答説の文や、第三劫の説文等である。

前に当住心に四名あることを記したが、今その意義を解説して当住心の特質を明らかにする。

第一の一道無為心は当住心の正名である。第七住心までの各住心は直接『大日経』の文に得名の明白な典拠があったが、一道無為心の得名については先徳に異義があり、『宝鑰』の『有快鈔』に三説をあげているが、今はその第一説（道範の『宝鑰問談鈔』の説）をとることにする。その説によれば、一道無為の名は『金剛頂蓮花部心軌』に「想え心に十地を証して如実際に住す。……汝が云う所証の処とは是れ一道清浄なり」とあるによる。この文は一乗の空理に滞寂する菩薩を空中の秘密仏が驚覚開示して極無自性心を生ぜしめようとすることを明かす文で、驚覚を蒙る第八住心の菩薩に一道無為の名を与えるはこの文によるとするのである。第八住心は一乗中道の理を至極とし、中道に留滞する天台宗に当たるが、次の第九住心はこの理に滞らず事事無礙円融を説く華厳宗に相当する故に、この両住心の続生の次第を顕わす所の儀軌の文によって一道無為心と名づけるとするのである。一道とは一乗または一如ともいう。一切衆生自心中の本来清浄なる理体即ち真如の理のことで、この理は一味平等であるから、一如といい、この理に乗じて仏果に至る故に乗といい、この理に依れば能く因より果に至る故に道という。一切諸法の中に唯一で二も無く三も無き故に一という。無為とは為作造作なき義である。真理は法爾常住で他によって造作せられるものではないから無為という。

第二の如実一道心は前の説明によって明らかな如く一道無為心と同じ意である。

第三の如実知自心は『大日経』「住心品」の三句の中の「菩提心為因」の句の釈に「云何が菩提とならば謂わく実の如く自心を知るなり」とある文によってたてた名である。故に『宝鑰』下巻の第八住心の説段にこの文を引いている。経の文は真言行者の所求の菩提心を明かす句であり、『疏』にも「如来の功徳宝処を開示す」と釈し、真言宗の安心の根拠である。これを今第八住心の名とすることは何故であるか、疑問を生ぜざるを得ない。従って『有快鈔』にもこれを問題としているが、その説によると、この経文に遮情と表徳の二辺があり、遮情の一理は顕教に同ずる義があるから、遮情の辺で第八住心にこの名を与えるのである。

『十住心論』第十にこの如実知自心の経文を引用して「此れ是の一句に無量の義を含めり、竪には十重の浅深を顕わし、横には塵数の広多を示す」等と釈し、如実知自心は各々の住心に皆通ずる意を述べている。何故に第八住心に特にこの名を与えたのであるか。如実知自心の名が十住心に通ずることは大師の釈の通りである。しかも「竪に十重の浅深」ありとする故に正しくは第十住心に如実知自心の名を与えるが至当である。前九住心に如実知自心の名を与えるは分々についての名と見ねばならぬ。ただ十住心の中では第八住心以上に如実知自心の義がよく相応するから、今第八住心に如実知自心の名を許したのである。『大日経疏』第三に阿闍梨の徳としての「通達三乗」の句を釈する文（常に四心義の釈段という）に「実の如く自心を知るをば一切種智と名づくと説くが如きは仏性一乗如来秘蔵皆其の中に入る」という。この文の「仏性一乗」は『涅槃経』をさし、「如来秘蔵」は『法華経』をさす。故にこの釈は如実知自心を能摂とし、涅槃法華両経を所摂としている。よって第八住心に如実知自心の名を与えることは大いに理由があるといわねばならぬ。

十住心の中で世間三ヶ住心も心品の転昇を明かしてはいるが、彼等は実には心の行相を知らない。第四住心以上は出世間の教法であるから、分々に心法の相を説く、小乗は心能く導く等というも未だ諸法唯心の義を知らず、第六七両住心は万法唯識の義を談じ心の本不生を覚るも、諸法と唯心との間に能造と所造とを差別する故に諸法即一心とはいわない。第八九十の三ヶ住心は能摂の住心も所摂の宗教も共に心即一切諸法、諸法即一心と説き色心の融通を説く。第八住心は事理無礙、第九住心は事事無礙、第十住心は六大無礙の義を明かす。事事無礙と六大無礙とは相似しているが、華厳の事事無礙は因分について論じ、法性融通の理を由として談じ、真言の六大無礙は果分について体相共に事事無礙円融の義を説くのである。

第四の空性無境心は『大日経』「住心品」の第三劫の文によって立てる名である。経に「謂わゆる空性は根境を離れて相も無く境界も無し、諸の戯論を越えて虚空に等同なり。有為無為界を離れ諸の造作を離れ、眼耳鼻舌身意を離る」と。この文の中の空性と無境界とをとって空性無境心と名づけたのである。空性とは自心等虚空の義、無境とは心外無境の義である。この経文は真言行者の菩提心の功徳を説く文であるが、これまた遮情の辺にてこの住心にこの名を与えたのである。

第九、極無自性心。華厳宗に相当する。この宗は六相・十玄・四法界等の法相をたてて万法の無礙円融を説き、一塵一法に直に一切法を具すという。天台では能生の真如と所生の事法との無障無礙を認めて事理融即を説き一念三千の法を明かすも、未だ事々物々が互いに直接無礙円融することは考えていない。然るに華厳は水波不離相即の喩えを以て、事事無礙円融の理を唱え一塵即法界と説く。

また華厳には縁起因分・性海果分の二分を立てて、因分は普賢因人の境界で説くことができるが、果分は遮那果人の秘境で不可説であるという。宗祖はこの果分は真言の法門であるとし、華厳に果分のあることを知っている点が天台より勝れているとし、天台を第八、華厳を第九住心とせられたのである。

第八第九住心を天台華厳に配するについては、円珍・安然等台密の学匠は非難しているが、この事は『宗義決択集』第十九にある「八九浅深」の論則等によって検討したらよい。

『宝鑰』上には当住心を説明して、

水は自性無し、風に遇うて即ち波たつ。法界は極に非ず、警を蒙って忽ちに進む。

と釈している。この説文について古徳の釈はいろいろ分かれているが、主なものに二釈ある。一は前半の二句の意は海水は自性無き故に風が吹けば波浪を生ずるが如く、諸法は自性無く因縁によって生ずることを示し、後の二句は法界とは第八住心の極位を指すと見て、天台に一真法界の理を極位として執着するも真実の極理ではない。しかし秘密仏の警覚開示を蒙って第十住心に至る、その中間が第九住心華厳宗であると説く。極無自性心の名義について、「至極無自性」と解すると、「極は自性無し」と解する二義ある。前半二句は至極無自性の義を示し、後半二句は「極は自性無き」義を明かしている。また一説には「水は自性無し風に遇うて波たつ」とは譬喩を以て当住心所説の諸法無自性の義を明かし、「法界は極に非ず警を蒙って忽ちに進む」とは第九住心当分に秘密仏の警覚開示を蒙って第十住心に進むことを述べたのであって、法界縁起の果徳も未だ至極ではないことを明かすと解釈している。この二釈は共に理由があり、どちらも排斥すべきではないが、第二の見解が今の場合一層親しいように思う。

極無自性心の名は『大日経』「住心品」三劫段の文によって立てている。前に第八住心を空性無境心と名づけることを明かしたとき引用した『大日経』の文に引きつづき「極無自性心生」とあるのが典拠である。宗祖は「空性は根境を離れたり、(中略)眼耳鼻舌身意を離る」の文を能摂として天台宗を摂し、その次の「極無自性心生ず」

の句を能摂として華厳宗をこれに摂せられたのである。これは宗祖の私案ではなく、八祖相承の義であり、また『疏』の釈によられたのである。故に『宝鑰』下に、

善無畏三蔵の説かく、此の極無自性心の一句に悉く華厳教を摂し尽す、と。所以《ゆえ》何んとなれば、華厳の大意は始を原《たず》ね終りを要《もと》むるに、真如法界不守自性随縁の義を明かす。

と説いている。

第十、秘密荘厳心。法身如来の内証智の境界を説く所の真言密教を指す。身口意三秘密を以て荘厳せられた仏自証の境界を説く心品の意で秘密荘厳心という。『宝鑰』上に当住心を明かして、

顕薬塵を払い、真言庫を開く。秘宝忽ちに陳じて万徳即ち証す。

と釈している。この文は真言の庫蔵を開いて中に秘蔵するところの秘宝を陳列するにさきだって、先ず庫扉の塵垢を払い除いてから開くが如く、上に説き来った顕教諸宗の法門は心外の砿垢迷情を遮遣するための方便であった。今その方便が満足して心内秘蔵の仏徳を顕彰し秘密曼荼羅の功徳を開顕するという意である。仏自内証の境地は顕教の等覚十地の菩薩も覚知することができぬから「秘密」という。秘密は顕略に対する詞である。次に荘厳とは顕教には無相を以て至極とするが、真言密教は自証の極位に有相差別を存し体相用三大を具足し、曼荼羅海会を荘厳するから「荘厳」という。秘密荘厳とは大日所現の無尽の三密をいう、しかもこの法身の三密は衆生本具の三密と一体である。いわゆる法界曼荼羅である。この衆生本具の法界曼荼羅を開顕するのが十住心の本意である。顕教大乗に説く所の宗義は種々あるが総じていえば無我と慈悲を根本義とする。大乗の菩薩は法性の無我を観じ我執を解脱して生死界にも住せず、また因縁生の衆生界を観じて無縁の大悲を起こし、利他の行業を全うする。しかるに真言はこの無我法性の中に常住の大我大日如来を開顕し、この大日法身に帰命して入我我入する即身成仏の理趣を説

き、真言行の菩薩は三密行を修して法身大日の果体に冥会することを期するのである。顕教は無我慈悲を教の本体とするも、真言密教は無我・慈悲・大日を教の本体とする。『菩提心論』に勝義（無我）・行願（慈悲）・三摩地（法身）の三心を真言行者の戒体とすることを説く。勝義心は自利、行願心は利他、三摩地心は法身の果体に安住する位である。大日法身の境地に安住し二利の作業を満足するが真言密教の根本義である。

秘密荘厳心の内容を『宝鑰』下には次の六韻の頌を以て示している。

九種の住心は自性無し。転深転妙にして皆是れ因なり。真言密教は法身の説、秘密金剛は最勝の真なり。五相五智法界体、四曼四印此の心に陳ず。刹塵の渤駄は吾が心の仏なり。海滴の金蓮は亦我が身なり。一一の字門万像を含み一一の刀金皆神を現ず。万徳の自性輪円して足れり、一生に荘厳の仁を証することを得べし。

と。この頌に六大・三密等の名目は見えないが、しかも真言密教の要義、修行の要諦を説いている。頌文の意味は今は略して口授することにする。また『十住心論』第十に、

秘密荘厳心とは即ち是れ究竟じて自心の源底を覚知し、実の如く自身の数量を証悟す。謂わゆる胎蔵海会の曼荼羅、金剛界会の曼荼羅、金剛頂十八会の曼荼羅是れなり。

等と説く。一切の衆生皆両部曼荼羅理智の二徳を本来具足している。この本具の功徳を開顕し実証するのが真言行者の道であり、これが秘密荘厳心である。

秘密荘厳心の得名につき、『有快鈔』に三義を記している。

㈠『大日経』「住心品」の序分瑞相段に「毘盧遮那如来加持の故に身無尽荘厳蔵を奮迅示現し、是の如く語意平等無尽荘厳蔵を奮迅示現す」とあるを典拠とする。『大疏』にこの文を釈して秘密荘厳というが故に。

㈡『大日経』「秘密曼荼羅品」の題名による。この義は秘密荘厳を秘密曼荼羅の義とする。『二教論』下に「恒沙の

仏徳塵数の三密を以て身土を荘厳す、是れを曼荼羅と名づく」と説き、「荘厳」を曼荼羅の義に解しているから。

㈢通じて両部大経による。『大日経』によることは上の義に見える。『金剛頂経』によることは『金剛頂義訣』に「秘密荘厳内証大智」と説く故に。

以上の三義共に道理があり、初めの二義は文相に明らかであり、第三義は義趣の上から見て誤りではない。但し初義は瑞相三身の三密を示す文で能現の本地大日の三密でないから、住心の名とするに足らぬという論もある。しかしこれは本迹不思議加持無二の理により影像即本質で無浅深と見ればよいのである。

第六　広略二論

十住心は『秘密曼荼羅十住心論』十巻と『秘蔵宝鑰』三巻とに詳しく説くことを前に述べたが、この二書は量的には広略の別があるので、『十住心論』を広論といい、『宝鑰』を略論という。この二論は共に勅命による撰述である。その著作年代に異論があるが、淳和天皇（第五十三代）の天長年中と見るべきであり、恐らく天長七年頃か。淳和天皇は諸宗の高徳の名僧にそれぞれの宗の要義を撰述して奉進するように勅命を下された。その時の勅撰書は『華厳一乗開心論』六巻（普機）、『天台宗義集』一巻（義真）、『三論大義鈔』四巻（玄叡）、『大乗法相研神章』五巻（護命）、『戒律伝来記』三巻（豊安）、『秘密曼荼羅十住心論』十巻である。この中の『研神章』に天長七年の奉進であることを明記している。広略二論共に著作年代を明記していないが、『十住心論』は天長七年頃と推定してよい。『十住心論』の序分に「天の恩詔を奉わりて秘義を述ぶ」という。然るに天皇は『十住心論』が質量共に大著であるから、更に略論を著わすよう再度の勅命があったので宗祖は更に『宝鑰』を作って奉進した。故に『宝鑰』上に

「我今詔を蒙って十住を撰す」とある。故に広略二論共に勅命が直接の動機で著わしたのではあるが、宗祖はこの機会にわが真言宗の真髄を説いて、一面には真言行者の修行転昇の相を示し、一面には一宗の教判を示されたのである。

『十住心論』は序分と正宗分とから成り、第一巻に初めに序分、次に正宗分の中第一住心を説く。序分は帰敬序と大意序とに分かれる。第二巻以後毎巻一住心を説いている。各住心とも多くの経論章疏を引用して詳細に明かし、第三住心には天乗に浅略深秘の二義を説き、諸天人鬼等の真言を明かし、第四第五住心以後にも顕密の諸経論等を引いて各住心に該当する顕教諸宗の教義を説き、『大日経』『菩提心論』等を引用して真言行者の浄菩提心の転昇の有様を述べ、第六住心以後第九住心までは順に弥勒・文殊・観音・普賢の四菩薩の内証に配してこれを明かし、各住心とも詳細に説明している。

『秘蔵宝鑰』は『大日経』「住心品」と『菩提心論』とを主として所依とし、両部大経や『釈論』をも重要な所依とし、通じては顕密の諸経論章疏を参考としている。その組織は広論と同じく序分と正宗分からなり、流通分はない。序分には大意序・帰敬序・発起序があり、正宗分に於いては初めに十住心の名を列ねて各住心に四字四句の簡単な説文を加え、その後に各住心別に説明している。上巻に第三住心まで、中巻は第四第五両住心、下巻に第七住心以下第十住心までを説く。

広略二論は著述の因縁から考えて見ても、その宗趣に相異があるとは思われない。宥快も『続宗義決択集』の「秘蔵前九」の論草の中にその旨を説いている。しかし文義には出没がある。両論を比較するに『十住心論』は文義が広博であり、『宝鑰』は簡略である。そして主な相異点をあげると、

一、広論には第三住心以下の各住心に浅深二釈を設けているが、略論には前九住心について各別の深秘釈を設け

てはいない。第九住心に浅深二釈あることを表するも実際には深秘釈の委釈は略している。

二、略論は第十住心に『菩提心論』を引いて五相三密の三摩地の相を明かしているが、広論にはこれを欠ぐ。

三、略論には『釈論』の五重問答の文を引用しているが、広論にはこれを引証していない。

四、略論には第四住心の下に十四問答を設けて、内外二教の優劣を論じ、仏法が鎮護国家の大益を施す所以を力説している。広論にはこの文はない。

仔細に論ずれば多くの相異点を見出すが、以上の四点が特に目立っている。

以上顕密二教判と十住心の綱要とを略述した。この文は種智院大学に於ける講義のテキスト用に記したもので、十巻章概説の一分を構成するものである。テキストであるから詳細な考証や論述はさけ、なるべく簡単に説明することにした。

即声吽三部書の要旨

第一　即身成仏義

一　当書の異本

『即身成仏義』一巻は弘法大師の作で、大師の教義の根幹とも見るべき即身成仏の義を説いた書であり、略して『即身義』という。十巻章の中に収めて古来末徒必修の書としている。高野山御影堂に収蔵する大師の真蹟《しんせき》と称する『即身成仏品』が、その原本といわれている。但し御影堂本は大師の真蹟草本とは認め難く、和田智満和上は書風から推して大師の弟子真雅の筆写と判断した。この御影堂本による正本の外に異本と認むべきものが六本ある。正本は『弘法大師全集』第三（洋二）に、異本は同第十一（洋四）に収めてある。六本の異本とは、

一、真言宗即身成仏義　本書問答　一巻　（一頁―）
二、即身成仏義　一巻　（一〇頁―）
三、真言宗即身成仏義　一巻　（一六頁―）
四、即身成仏義　異本　一巻　（三七頁―）
五、異本即身義　一巻　（五七頁―）
六、真言宗即身成仏義　本書問答　一巻　（七八―八七頁）

である。

この六本の異本は大師の真作ではない。その作者につき、古徳の中には真作と見た方もあり、或いは後人の作と見た方もある。しかし大師の門弟または孫弟が、大師の口説によりながら私見をまじえて記したものと見たらよいか。文体が大師の作としては見劣りがする。また大師の宗義に反する説が少しまじっている。

二　本書の作者と著作年代

正本の『即身成仏義』の作者は弘法大師であるが、恵果和尚の作とする古徳の説が、源朝《げんちょう》の『即身義補欠問題』に難者の説としてあげている。また島地大等の『日本仏教学史』（一三四頁）に偽撰の疑があるとしている。これらの説はよろしくない。その所説は一々に論破することができるが、今は省略する。

著作年代は明らかでない。伝説によれば嵯峨天皇が諸宗の高僧に勅して清涼殿《せいりょうでん》《せいろうでん》で宗論《しゅうろん》を行わせられ、その時に大師が即身成仏の義を主張し、この宗論を縁として本書を作られたという。しかしその宗論が行われた年代は明らかでない。宗論が縁となって著述したと見ることも不都合ではないが、私の想像するところでは、宗論には関係なく、門弟に即身成仏の義を教え、また密教の特質を広く世に示すために著わしたもので、嵯峨天皇の弘仁初期の作か。但し年代をはっきりと示す資料は見当たらない。

三　一部の構造

題名に明らかなように、本書は密教の立場から即身成仏の義を説いた書であるが、その組織構造を見るに、正宗分のみで序分と流通分とは欠げている。最初に二経一論から八文を引いて即身成仏の義を立証し、次に六大無礙等の二頌八句の即身成仏偈をかかげて、即身成仏が可能なことを明らかにしている。またこの偈頌は六大・四曼・三密の三大円融無礙の義と五智無際智の仏智を説いて、即身成仏の理論的根拠を明らかにしている。偈頌の釈に当たっても、『大日経』『三摩地法』『観智軌』『五秘密軌』『金輪時処軌』『瑜祇経』等から十九の証文を引く。但しその中には取意の文または重出のものもある。

最初の八証文とは、

一、此の三昧を修する者は現に仏菩提を証す。此三昧とは謂わく、大日尊一字頂輪王の三摩地なり。（『金剛頂経一字頂輪王一切時処念誦成就儀軌』不空訳　大正一九・三二〇下）

二、若し衆生有りて此の教に遇うて、昼夜四時に精進して修すれば、現世に歓喜地《かんぎじ》を証得し、後の十六生に正覚を成ず。（『金剛頂瑜伽修習毘盧遮那三摩地法』金剛智訳　大正一八・三三一中）

三、若し能く此の勝義に依りて修すれば、現世に無上覚を成ずることを得《う》。（『成就妙法蓮華経王瑜伽観智儀軌経』不空訳　大正一九・五九四上）

四、応当《まさ》に知るべし、自身即ち金剛界と為《な》る。自身金剛と為《な》んぬれば、堅実にして傾壊《けいえ》無し、我れ金剛身と為《な》る。（『金剛頂瑜伽修習毘盧遮那三摩地法』、大正一八・三二九上）

五、此の身を捨てずして神境通《じんきょうつう》を逮得《たいとく》し、大空位に遊歩《ゆぶ》して身秘密を成ず。（『大日経』第三「悉地出現品」善無畏訳　大正一八・二二上）

六、此の生に於いて悉地《しつじ》に入らんと欲《おも》はば、其の所応に随って之れを思念せよ。親《まのあた》り尊の所《みもと》に於いて明法を受け、観察し相応すれば成就を作す。（『大日経』第七「真言行学処品」　大正一八・四五下）

七、真言法の中にのみ即身成仏するが故に、是れ三摩地法を説く。諸教の中に於いて闕《けつ》して書せず。（『金剛頂瑜伽

中発阿耨多羅三藐三菩提心論』（不空訳　大正三二・五七二下）

八、若し人仏慧を求めて菩提心に通達すれば、父母所生の身に速やかに大覚の位を証す。（同上、大正三二・五七四下）

である。

四　顕密二教の成仏説

仏教は各宗とも無上菩提をさとり、仏位に住することを以て最後の目標としている。しかしその成仏説は異なっている。小乗教は無余涅槃《むよねはん》に入るを真の解脱《げだつ》と説き、法相・三論等三乗教は三劫成仏を説き、三僧祇の長年月に亘り六度万行を修して無相真如を証するを以て成仏とする。華厳・天台等一乗教は真如縁起融通無礙の理を立てて頓証成仏すといい、浄土門には他方仏土への往生成仏を勧めている。大師はこれら諸宗の説を排して、本書の巻首に問答して顕教諸宗を悉く三劫成仏の分斉とし、真言密教にのみ即身成仏の義を説くとのべている。然るに天台宗には、『法華経』第四「提婆達多品」、『菩薩処胎経』第四「諸仏行斉無差別品」等に説く龍女成仏の文を以て、即身成仏を説くものとし、華厳宗には疾得成仏の義を説き、普荘厳童子・兜率天子が即身成仏せることを述べている。従《よ》って即身成仏の義は天台・華厳が真言密教よりも前に唱えた説で、真言密教はこれを受けついだとも見られる。『大日経疏』第九に「略して法を説くに四種有り、謂わく、三乗及び秘密乗なり」と説いて、一乗教を秘密乗の中に入れている。しかるに大師は三乗と一乗との区別によって顕密を分かつことに満足せず、華厳・天台の両一乗教をも三劫成仏の分斉であるとし、成仏の遅速を以て顕密二教対弁の重要な点とせられた。一乗教の説が三劫成仏か一生成仏かは、後世にいたるまで種々論議したもので、「一乗経劫」「即身成仏自宗不共」等の論則を生じた。一乗経劫の論は実慧《じちえ》・観賢《かんげん》等の著作には見当たらず、済暹《さいせん》以後の学者の著書に出てくる。古義新義両派を通じて多くは経劫論者であり、大師の思想を祖述しているが、まま不経劫論者がある。即ち済暹・信証・道範・頼瑜（初期）・頼宝・杲宝・聖憲・宥快・長淳・印融等は経劫論者であり、覚顕・頼瑜（後期）・運敞《うんしょう》等は不経劫論者であり、法住は両説の調和を企てている。大師の見解は、華天両一乗は理談としては即身成仏を説くも、実修面に於いて五相成身の観三密妙行の修行をせぬから、真に父母所生の肉身に即身成仏することは不可能であり、三劫成仏の域を出ることができぬとするのである。

顕密の浅深は教の権実による。教の権実は観心の浅深による。観心に浅深があるから、行体に粗妙の異を生ずる。故に成仏に極不を生ずるのである。権教とは真実の成仏を得ない教法に名づけ、実教とは至極の仏果を証する教法をいう。

五　即身成仏説の理論的根拠

即身成仏の理論的根拠は体相用三大円融の義にある。体相用三大説は『大乗起信論』に見え、『釈摩訶衍論』にこれを詳述しているが、弘法大師の三大説はこれらとは異なっている。

大師の三大説は六大体大・四曼相大・三密用大の円融無礙を説くにある。本書に、

「六大無礙《むげ》にして常に瑜伽《ゆが》なり。体　四種曼荼各離れず。相
三密加持すれば速疾に顕わる。用　重重帝網なるを即身と名づく。無礙
法然に薩般若《さはんにゃ》を具足して、心数《じゅ》心王刹塵《せつじん》に過ぎたり。
各五智無際智を具す。円鏡力《えんきょうりき》の故に実覚智なり。成仏」

の二頌八句の即身成仏偈を説く。この偈頌は異本即身義に唐阿闍梨の作という。或る古徳はこれを恵果和尚の作と

見ているが、これは誤りで、大師自作の偈頌である。この偈頌は普通に即身成仏ノ頌または六大無礙ノ頌と称し、即身成仏の意義を明かせる偈頌である。即ち初めの四句一頌は生仏体相用三大円融の理を顕わして衆生身に仏身を具する即身の義をのべ、後の四句一頌は一心に具足する所の仏智を開発する成仏の義をのべている。また初頌の第一句は六大体大、第二句は四曼相大、第三句は三密用大を説き、第四句はこの三大円融無礙の義を明かし、後頌の第一句は法仏の成仏を明かし、次の二句は第一句の「薩般若を具足して」の意義を明らかにするために心数心王の無数なることを述べて、五智無際智の輪円具足の義を説き、第四句は成仏の理由を示している。またこの偈頌は身心の仏徳を明かす。初めの一頌は主として身の仏徳を示し、後の一頌は主として心の仏徳を示している。

体相用三大は諸法の本体論的説明と現象論的説明である。一切の諸法はみな地水火風空識の六大から成り、有情非情を論ぜず何れもその体性を一にしている。これを六大体大という。六大は諸法能生の根源である。法界の体性は法についていえば色心一如の法体であり、人についていえば法身大日如来である。この色心一如の法体に於いて色を開いて地水火風空の五大とし、心を一識大として、この六大を諸法の体性、法界の体大という。十界の有情非情はすべてこの六大法身の縁起であるから、衆生即仏身、娑婆《しゃば》即《そく》密厳《みつごん》である。六大体大の実義からいえば、十界の有情非情は法爾として法身如来の体性に安住する故に、凡身のままに仏身となる即身成仏の義が自ずから顕われるのである。

六大体大について古徳の中に異説がある。その中で注目すべきものが三説ある。

第一、中性院頼瑜の説。法爾の六大を以て諸法能造の体とし、六大体大の位は性の六徳を有するも、顕色・形色等は具足せず、仏形も無し、仏形は四曼の位に於いて初めて現ずるという。従《よ》って大日経教主についても、体大の位に説法無しとし、教主の本体は自性法身なるも、その本地身は無相で形色説法はない。自証の位から化他門に出で、加持門に下りて初めて説法すという。即ち法の上では六大体性なるも、人につけば四曼の自性身とするのである。

第二、大楽院信日・信堅等の説。体大の位は顕形二色を具するも、種子・尊形は無いという。

第三、法性阿闍梨相伝の説。体大の位は青黄白赤黒等の顕色、方円三角等の形色を具するのみならず、種三尊等をも具足するという。これ人法一体の義である。この説は古義真言宗各派に用いる。その要旨を図示すれば次の如くである。

六大	種子	字義	形色	顕色	性徳	業用
地	𑖀	本不生	方	黄	堅	持
水	𑖪	離言説	円	白	湿	摂
火	𑖨	離塵垢	三角	赤	煖	熟
風	𑖮	離因縁	半月	黒	動	長養
空	𑖏	等虚空	団形	青	無礙	不障
識	𑖮𑖳𑖽	了別 不可得	円形（種々形）	白（雑色）	了別	決断

前五大―色―理―多法界―胎蔵
識　大―心―智―一法界―金剛

図中の種子と字義の配釈は、本書に引用せる『大日経』「具縁品」の偈文に見え、顕色の配釈は大師の『声字実相義』に説く。

（以上偈頌第一句の釈）

次に諸法を現象面から観察すると、体のあるものには必ず相がある。この諸法の相貌を相大という。即ち六大体性から縁起する諸現象を相大と称し、これを大曼荼羅・三昧耶曼荼羅・法曼荼羅・羯磨《かつま》曼荼羅の四種に分類する。曼荼羅とは輪円具足の義である。万徳を円満に具足して欠ぐる所なき義である。十界の万有は悉く六大法身の縁起であって、一々に皆法身の無限の理趣を具えている。我等衆生の当相は本来曼荼羅であるのみならず、仏界の四曼と衆生界の四曼とは互いに不離渉入している。喩えば虚空と日月の光明とが渉入自在なるが如く、凡身に即して仏身である。故に相大から見ても一切衆生は本来仏徳を円満している、生仏は一如の体である。

四種曼荼羅の中の大曼荼羅とは、一々の仏菩薩等諸尊の相好の身をさし、またこれらの形像を五色の中のそれぞれの色相によって彩画したもの、また五相成身観に由って本尊の瑜伽を成就せるをいう。これを大智印とも名づける。次に第二の三昧耶曼荼羅とは、諸尊が自らの内証本誓を表示せる所の印契三昧耶形をさす。印契に手印と契印とある。両手に結ぶ種々の印は手印と名づけ、諸尊が手に持つ所の刀剣輪宝金剛杵蓮華等の三昧耶形を契印《げいいん》と名づける。これらの手印契印を曼荼羅の本位に画いたものもまた三昧耶曼荼羅であり、これを三昧耶智印とも名づける。三昧耶 Samaya には本誓・平等・除障・驚覚等の義があるが今は本誓の義による。第三の法曼荼羅とは諸尊の種子真言をさす。またこの種子の字を曼荼羅の本位に書けるもの、法身の三摩地、一切契経の文義等もこの曼荼羅に摂する。また法智印と名づける。第四の羯磨曼荼羅とは仏菩薩等諸尊の種々の威儀事業をさし、これらの活動の相を明らかに示せる鋳像泥像木像等を曼荼羅の本位に安置せる如きも皆これに属する。これを羯磨智印とも名づける。第一の大曼荼羅も活動の相を示してはいるが、五大の色を以て彩る辺で大曼荼羅と名づける。これに対して彫像鋳像等は威儀等活動の相が鮮明に示されているから、これを羯磨曼荼羅という。羯磨は威儀事業の義である。また羯磨智印と名づける。

四種智印は『五秘密軌』『陀羅尼門諸部要目』にその名が出ている。弘法大師は本書に於いてこれを四種曼荼羅と同体異名と説く。曼荼羅は有情非情に通じ、智印は有情にかぎるが、本宗には大師の提撕に準じてこれを異名同体とする。但しその理由については古徳の見解が区々である。その中で代表的な説をあげると、一説には輪円具足の辺では曼荼羅と名づけ、決断決定の辺で智印と名づける。即ち四曼に各智徳を具するから智印と名づける意である。また一説には四曼は体につき、智印は用について名づけるという。この説は四曼も智印も相大の位ではあるが、その中で体用を分かち、法位の相大を四曼と名づけ、随縁の相大を四智印と名づくる意である。大三法羯は本尊の辺で輪円具足の義を四曼と名づけ、行者が四印の妙用をふるって修行顕得する辺を智印と名づけたのである。

（以上偈頌第二句の釈）

体相二大を具有する万象は皆それぞれに活動し作用している。その作用は或いは形式的にあらわれ、或いは音声となってあらわれ、或いは意志的に示される。即ち身口意の三業となってあらわれる。一切諸法は皆三業を具足している。これを三密用大という。智見を開いて万有の実相を観察すれば、宇宙そのままに無量の仏身を現じ、無尽の法門をのべ、無限の意趣を開顕していることがわかる。凡夫は妄想煩悩のために、この真実境を開顕することができぬ。故に本来の六大・四曼・三密を理想として、この理想を開顕する修行をせねばならぬ。手に印を結び、口に真言を誦じ、心《こころ》三摩地に住する三密妙行を修すべきである。印真言等は如来が大悲誓願によって、その内証を表示したものである。衆生の三業と仏の三密とは本性は互いに渉入自在である（六大体大無礙、四曼相大不離の故に）。行者が本尊に帰命して本尊の三密を修する時、如来の三密と加持渉入して、仏徳を開顕する。頌文の「三密加持速疾顕」とはこの意である。この句は仏界の立場では、「三密加持して速疾に顕わる」と読み、衆生の立場では「三密加持すれば速疾に顕わる」とよみ、二種の訓点を施すことができる。

三密に有相と無相とある。有相の三密とは手に印契を結び、口に真言を誦じ、心本尊の三摩地に住するをいう。無相の三密とは、『大日経開題』(高祖)に「手を挙げ足を動ずれば皆密印を成じ(身)、口を開き声を発すれば悉く是れ真言なり(口)、心を起こし念を動ずれば咸く妙感を成ず(意)」と説けるものをいう。一切の所作はすべて三密の法体であるが、その中で別相を抽出して、印契・真言・観念とするを有相三密と名づけ、別相を存せざるを無相の三密という。但しこの解釈は一往の義であって、更に深く考察すると、有相とは𑖀字の上の差別の義、無相とは𑖀字の上の平等の義である。平等・差別を或いは不生・而生ともいうが、この不生平等と而生差別とは一法の上の両義であって表裏の関係にあり、全くの別物ではない。仏は衆生の差別執に事寄せて不生の中に而生差別の理を開いて有相三密の行軌とし、この有相の三密を手本として無相の実理に契わしめ、衆生は有相三密の行を修して無相三密の実理に契うのである。有相に即して無相に契うを行門の実義とし、無相に即して有相を存するを証門の実義とする。

三密には自ら三重ある。一には諸仏修生の三密(他三平等)、二には本尊方便の三密、三には行者本有の三密である。行者が三密妙行を修して仏徳を開顕するは、諸仏修生の三密と行者本有の三密とが加持感応して渉入相応する境界である。この境界に達するには、行者は必ず本尊の方便の三密を借《よ》らねばならぬ。諸仏は大悲心に住して衆生を引摂するために、修行の規範として無相の中から有相の印契真言観想の三密を説き示し、行者は本尊の加被力を蒙って、この有相の三密を手本として修行すれば、遂に本尊と一致するに至るのである。有相の三密は、行者と本尊、衆生と仏との間を接触せしめるくさりである。

三密加持の「加持」にも重々の釈義がある。第一に諸尊の三密についていえば、曼荼羅諸尊の各々所具の三密が互いに渉入し摂持するを三密加持という。第二に行者本有の三密についていえば、行者本有の心王心数主伴無尽の三密が互相渉入彼此摂持するを三密加持という。第三に行者の三密と本尊の三密とが感応道交して一体となるを三密加持という。本書にこの意を明かして「加持とは如来の大悲と衆生の信心とを表す。仏日の影衆生の心水に現ずるを加と曰い、行者の心水能く仏日を感ずるを持と名づく」と述べている。行者が有相方便の三密を軌範として修行する時、如来の三密が大悲を以て行者の心水に応ずるを加といい、行者の信心が諸仏の応現を感ずるを持という。

（以上第三句の釈）

体相用の三大は、すべて仏身と衆生身と重重無礙している。衆生身即仏身、仏身即衆生身で、生仏差別しながら、凡身に即して仏身の衆徳を具し、凡夫の肉身が直に法界曼荼羅である。かくの如き重重無礙の相は帝釈天宮の珠網の彼此互いに交映するが如くであるから、「重重帝網なるを即身と名づく」という。

（以上第四句の釈）

以上初頌四句に説ける体相用三大円融の義をのべ、「即身」の二字の意義を明かしたが、後頌四句は「法然具足」等の三句に於いて、衆生の心中に本来法爾として無尽の仏智を具足する義を明かし、最後の一句にこの無尽の仏智を開顕する真実の成仏の義を示している。

「法然に薩般若を具足す」とは薩般若は具には薩羅婆枳孃囊 sarva-jñānaといい、一切智智と訳する。顕教には一無分別智を指して一切智智と名づける（一智に万境を縁ずる故に）が、密教には五智・三十七智・百八智乃至十仏刹微塵数の智を説き、これを一切智智と名づける。この智は色心一如の体で無色無形ではなく、直に金剛界曼荼羅の五仏・三十七尊・百八尊（『秘蔵記』に三十七尊・賢劫十六尊・外金剛部二十天・五大仏頂・十六大護・十波羅蜜・四大神とする）乃至微塵数の諸尊である。一切衆生は法然にこの曼荼羅の諸尊を具足している。『妙法蓮華三昧秘密三摩耶経』（不空訳？）の序に説ける次の本覚讃の偈頌はこの意を能く示している。

「本覚心法身の　常に妙法の心蓮台に住したまえるを　帰命し上る
本来三身の徳を具足（荘厳ィ）し　三十七尊心城に住す
普門塵数の諸三昧　因果を遠離して法然に具し
無辺の徳海本より円満す　還って我れ心諸仏を頂礼す」

と。本書の偈文の「心数心王刹塵に過ぎたり　各五智無際智を具す」（第二・三両句）とは、一切智智各々に一切智を具して無尽無際なるをいう。心王とは法界体性智等の五智で、尊格をいえば大日・阿閦等の五如来である。心数とは無量の心作用を一識に摂した多一識をさし、心王以外の心所をいう。尊格につけば五仏以外の曼荼羅諸尊である。この一々の心王心数に各々五智無際智を具するから、「各五智無際智を具す」という。無際智とは横竪無辺際なる仏智をさす。五智は心王の智、無際智は心所の智である。

最後の「円鏡力の故に実覚智なり」とは、成仏の理由を明かす。即ち覚者と名づける理由を説く句である。行者が修行して無始の無明を離れ本有の仏智を証得すれば、生死涅槃に大自在を得、大神通力を得て、意のままに妙業を成ずることができる。この仏智は諸法の実相を明了に照見する故に、これを高台の明鏡に喩えて大円鏡智と名づける。この円鏡智は本来法爾の智で、已成未成を問わず、衆生も仏も共に具足している。またこの円鏡力を具足する故に実覚智と名づける。実覚智とは実の如く自心を覚知した仏果のことである。

六　三種即身成仏

正本の『即身義』に説く所の二頌八句の即身成仏ノ頌には自ずから理具・加持・顕得の三種の即身成仏の義趣を含んである。しかしこの三種成仏の名称は正本には見当たらない。この名称は異本即身義六本中の四本（弘全第十一の第三―第六の四本）と『天地麗気記』に見える。『麗気記』も後人の作で、大師の作ではない。従《よ》って三種成仏の名称は後世のものではあるが、即身成仏の内容を把握するに極めて都合がよいから、異本即身義を偽作とする古徳もこれを用いている。異本即身義四本の説文は字句に多少出没があるが、その趣旨は大同小異である。また『大日経』『金剛頂経』によって、この義をたてることを述べている。今異本第三（全集第十一・一六頁）の説文を引用して、その内容を説明しよう。

「一切衆生の自心中に金剛胎蔵曼荼羅因果を遠離して法然に具足するを理具と云ふ也。三密加持に由って自身本有の三部諸仏速疾に顕発する故に加持と云ふ也。三密修行已に成就するが故に即心に万行を具し、心の正等覚を見、心の大涅槃を証し、心の方便を発起して、心の仏国を厳浄す。因従《よ》り果に至るまで無所住を以て其の心に住す。実の如く覚知するを顕得と名づくる也。是の三は皆即身成仏と名づくる也」

この説文によれば、六大四曼三密の三大の妙趣は普く凡聖十界に遍じて欠ける所なく、一切衆生の身心に本《もと》より法爾として両部曼荼羅の徳を具足し、身は五大本有の理、心は識大本覚の智徳である。しかもこの法体は凡夫の知不知にかかわらず厳然たる存在である。これを理具の成仏という。若しこの理趣を知らず、修行をせぬときは、生死の苦海に輪廻して解脱することを得ない。これに反して、阿闍梨について法を授かり、如法に修行すれば、自身と本尊と加持感応して三密行を満じ、入我我入の観円熟して、行者と本尊と一体となる。この時は行者の一身に仏身を成就する。この境界に住する刹那は心眼が開けて諸法の実相を覚知し、一切の仏事を成弁する。この境地を加持成仏と名づける。加持成仏は瑜伽三昧を出て道場を去れば、再び妄念群起の凡夫にかえるが、行者が常に修練《しゅれん》して加持成仏にいたる道程をくり返し修行すれば、やがてその修行が円熟して常に瑜伽三昧に住することを得、行住坐臥本尊の観想を離れず、日常の行動が悉く仏作仏業となる。これを顕得成仏という。確固たる仏位に住する究竟の境界である。

三種成仏は本有修生に区別すれば、理具は本有、加持・顕得は修生の中の因果の別である。

本有（本覚門）——理具—因果不二

修生（始覚門）—┬加持—因
　　　　　　　　└顕得—果

書題の即身成仏の四字の訓点につき、三種成仏の立場から異なった訓点をつけることができる。古来高野山に用いられる説は、一往「即身に成仏す」と訓じ、その上に更に三種の訓点を施している。

一、即ち身成れる仏　　—理具—（体大に約す）
二、身に即して仏と成る—加持—（相大に約す）
三、即《すみやか》に身仏と成る　—顕得—（用大に約す）

実に巧みな訓点である。東寺の学系に属する性心の『即身義鈔』上之本には、

一、即の身は成れる仏　　—理具
二、身に即して仏を成ずる—加持
三、即身に成仏する　　—顕得

この訓点も三種成仏の意をよく示している。

六大無礙即身成仏の偈頌について三種成仏を意得るにつき、『異本即身義』に、

「初めの四句は加持の義、次の三句は理具の義、終わりの一句は顕得の義也」（全集十一・二六頁）という。六大四曼三密の三大は麁細の相異はあるが、ともに互相加入し彼此摂持する義を示しているから、初めの四句は加持成仏に相当し、第五句以下の三句は、法爾に心王心数の無量刹塵の智を具することを明かすから、理具成仏に配し、第八句は大日如来の大円鏡智が実の如く覚悟する義であるから、顕得成仏に配する。

理具・加持・顕得の三種成仏は互いに依り合って即身成仏の真意を明らかにする。従《よ》って三種の間に勝劣を見るべきではない。しかし古徳の間にはいずれを以て正意とするかを論じている。高野の大楽院信日、東寺の杲宝等は顕得成仏を正意とすと説き、高野山の寿門系の学者は理具成仏を正意とすという。法性の説もこれに同ずる。次に根嶺の頼瑜は加持成仏を正意とする。また高野山宝門の学者は三種並に正意とする。この四説の中には三種共に正意と見る説が穏当である。

即身成仏の義は高祖が実践修行して到達せられた体験を語ったものと思われる。二頌八句の頌文はその内容を端的に明示し、三種成仏説はこの体験の相を分析して説いたものである。『即身義』一巻には多くの証文を引用して緻密な考察を施し、即身成仏の義を述べているが、その論述の中に大師の体験が織り込まれていることを忘れてはならない。

第二　声字実相義

一　著作年代

本書の作者については古来異論がなく、弘法大師の真撰と見るのが通説である。但し著作の年代は明らかでない。ただ本書の中に釈を『即身義』にゆずる文が二ケ所あり、『金剛頂経開題』に本書に釈をゆずる文が一ケ所あるから、『即身義』よりも後、『金剛頂経開題』よりも前の作であることを知る。而もこの両書の著作年代がはっきりせぬから本書の著作年代も明らかでない。

二　著述の意趣

本書は略して『声字義』という。密教教義の重要な一部をなす声字則実相の義を解明した書である。大師が承和二年正月二十二日に勅許を得た三業度人の官符に声明業の度人の所学の中に本書を列ねている。大師が本書を重視したことは、この一事によっても知ることができる。大師は如何なる意趣を以て本書を著わしたのであろうか。大師は自らの宗教体験に基づき、真言行者に三密特に語密の本質「真言」の意義を如実に理解させようとして、著わしたのであろう。著述の意趣については古徳は深い関心をいだき、いろいろと検討している。その中の主要な説を示すと、

(一)　顕教は声字を仮法とし、実相は名字言語を超絶すると説き、究竟法身の位には声字名言は無いという。然るに吾宗は声字則実相と説き、阿𑖀字・訶𑖮字等能詮の文字に則して所詮の実相を見、これらの文字の外に別に所詮の実相なく、法身究竟の位に声字が法爾として在ると説く。声字則実相の義を説くか説かぬかの区別によって、顕密二教の優劣を対弁するために、本書を著わしたのである。（有快『研心鈔』一二左初義。『略鈔』上二左、全書本二頁の一義。賢宝ノ『口筆』一（全書本一頁上）

㈡　顕教は因果六度を宗とし、密教は本有の三密を教とする。故にこれを以て顕密二教を対弁し、三密の実相を表わさんがために本書を著わす。（有快『略鈔』上二左 全書本二頁上 の製作意趣の初義）

㈢　『大日経』第一「具縁品」に真言の阿闍梨の十三徳を明かすとき、その一徳として通達三乗と説く故に、真言行者は顕密権実の諸乗を広く兼学すべきである。しかるに広学に堪えがたき行者のために、大師は、即声吽三部書を作って、身語意三密の実相を示したのである。（有快『略鈔』上二左製作意趣の後義）この説は三部書を順に身語意三密、仏蓮金三部の義を説くものとするのである。

㈣　真言密宗の宗旨を明かすために著述したもので、必ずしも顕密対弁のための作ではない。（『研心鈔』一三右第二義）

㈤　『即身義』は金剛界修生成仏の相を明かし、『声字義』は胎蔵本有曼荼羅の徳相を明かす。（『研心鈔』一三右第三義、『略鈔』上 全集本一ノ上 大綱の初義）

㈥　即声吽三部は順に仏蓮金三部・身語意三密の内証をあらわさんがために作る。（『研心鈔』一三右第三義）

以上の六義は有快の広略二鈔等に見ゆる先徳の所説であるが、㈠㈡は顕密対弁《けんみつたいべん》の意を示すとし、㈢以下の四義は自《じ》宗《しゅう》不共《ふぐう》の義をのべたのである。これらの諸説はいずれも一分の理由があるから、『快鈔』や『問題』などに諸義を並べて示すのみで取捨の意見は述べていない。しかし文章の表面から考えると自宗不共の義を以て本旨とすべきで、顕密対弁が目的ではあるまい。本書は題名が示す如く声字実相の義を説いたものである。この義は唯密不共の説であって顕教には通じない。本書は『大日経』「具縁品」の「等正覚真言」等の偈頌を正所依として声字則実相の義を明かすを本旨としている。声字則実相の法体は「法仏平等の三密、衆生本有の曼荼」であって、生仏平等迷悟一体の境地である。本書著述の本意は真言行者をして、三密平等の本源であるところの声字則実相の原理に基づいてたてたものであることを暗示し、法身説法の義を明らかにするのが目的であると考えられる。

即声吽三部書が順に仏蓮金三部、身語意三密の義を明らかにするために著わしたという説は、古くからあるが、これは正しい見解であろうか。『声字義』が語密を説くというは誤りではない。しかし『吽字義』を意密に配することは、その理由を『吽字義』の説文の中に見出すことができぬ。吽字が菩提心の種子であり、菩提心は意密であるから、『吽字義』を意密に配するか。或いは吽字は金剛部の通種子であり、意密金剛などというから、この配当をしたのであろうか。しかしこのような説を立てるよりも、『吽字義』は真言陀羅尼の中の一字をとって、声字実相の義を明らかにし、その他の真言の字にもこのような解釈を施し得ることを示したと見るが正当ではなかろうか。三部書は何れも三密を説き明かしている。三部の書を三密に配当するには及ぶまい。

三　所依の経論

本書は『大日経』を正所依とする。声字実相の法門は一宗の肝心であるから、金胎両部に通ずること勿論であるが、大師が本文の中で、

「大日経に明鑑有るに拠る。彼の経に何んが説く。其の経に法身如来偈頌を説いて曰たまわく」

と記し、『大日経』第二「具縁品」の真言支分を明かす段の、

「等正覚の真言　言名成立の相は　因陀羅宗の如くにして　諸義利成就せり　増加の法句と　本名行相応と　有り」

の偈頌を挙げ、更にこの頌文の意義を問答している。故に正所依は『大日経』であり、この偈文等を釈せる『大日経疏』第七の文を参考したことは明らかである。「声字実相」の句は『大日経疏』第七の、

「復た次に如来一一三昧門声字実相は有仏にもあれ無仏にもあれ法として是の如くなるが故に、即ち是の故に流せず、即ち是れ如来の本地法身なり」等

とあるを以て、正しくその典拠と見るべきである。『声字義』の中には『大日経』の外に『金剛般若経』『八十華厳経』『瑜伽論』等の顕教の経論を引用し、また『金剛頂理趣釈』『金剛頂字母品』『法華経』『釈摩訶衍論』『智度論』『即身義』『大日経疏』等を参考したことは明らかであるが、正所依は『大日経』で、その他は準証または浅略の一義を示すためと見るべきである。

四　当書の組織とその内容

この書は声字実相の義を述ぶるに当たり、叙意・釈名体義・問答の三科を設けて筆をすすめている。しかし実際には釈名体義の説段の中に、

「五大に皆響き有り　十界に言語を具す　六塵悉く文字なり　法身は是れ実相なり」

という五言四句の偈頌をあげて、その文意を釈する中の、第三句の六塵の中の色塵の説明を以て筆をとめ、余の五塵の説明も、第四句の釈もない。そこで古来この書は未完成の書だという説がある。形式的には最初の計画通りにはなっていない。

第一の叙意は大意序である。この中で、教法の興《おこ》る由来をのべ、本書を著わす理由をのべている。如来の説法は必ず文字によるが、文字は六塵《ろくじん》がその体である。六塵の本は法身仏の三密である。この三密は法界に遍在して常住である。如来は名教によって衆生の迷妄を開示する。名教の興りは声字である。声字が明らかであって始めて実相があらわれる。声字実相とは法仏平等の三密衆生本有の曼荼羅である。故に大日如来はこの声字実相の義を説いて

衆生の迷夢を除く。顕密内外の教法はすべてこの門戸による、と述べている。声字実相を法仏の三密と見、衆生本有の曼荼羅と見たところは全く大師の創見である。

第二の釈名体義は大に分かって釈名と出体義との二段となる。釈名の段は声字実相義の五字を声と字と実相と義との四に分かって、その名義を釈し、且つ「声」が名を詮《あら》わすは必ず文字によること、文字の起こりは六塵が本であることをのべ、次に「声字実相」の四字を六離合釈《りくりがっしゃく》について釈している。六離合釈の中で帯数釈《たいすしゃく》は今の場合関係はないから、これを欠ぎ、他の五種の釈を以て説明している。相違釈《そういしゃく》は浅略の釈、持業釈《じごっしゃく》と隣近釈《りんごんしゃく》は深秘の釈、依主釈《えしゅしゃく》と有財釈《うざいしゃく》とは浅略・深秘に通ずという。この五種の釈は声字実相の意義を理解する上に極めて大切であるから、本文をよく熟読して、その要旨を知っていただきたい。

後に出体義の釈段にまた、引証《いんじょう》と釈義《しゃくぎ》との二段がある。初めの引証とは声字実相義の証文を引用する一段で、『大日経』の「等正覚真言」等の五字六句の頌を引き、この頌文に顕句義《けんくぎ》と秘密《ひみつ》の義とあることを指摘し、顕句義の釈は『大日経疏』第七の釈文にゆずり、秘密釈を以て頌文の意義をのべている。その中の要旨は次の如くである。

「等正覚」とは平等法仏の身密であり、この身の密が実相である。身密の数は無量である。「真言」とは「声」である。声は語密である。「言名」とは「字」である、言によって名があらわれる。名は字であるから、この一偈の中の声字実相である。もし一部の中に斯の義を顕わせば、且く『大日経』についていえば、この経の中に説くところの諸尊の真言は「声」である。阿𑖀字門等の諸字門及び「字輪品」等は「字」である。「説無相三昧品」及び諸尊の相を説く文はみな「実相」を明かす。また一字についてこの義を釈すると、𑖀字を例にとっていえば、初めに口を開いてアと呼ぶ時に「ア」の声があるのは「声」であり、これが法身の名字を表わすは「声字」であり、法身が諸法本不生の義であることは「実相」である。

次に釈義の段には声字実相の体義を示すものとして、

五大に皆響き有り、十界に言語を具す、

六塵悉く文字なり、法身は是れ実相なり

という偈頌をあげ、第一句は声の体を竭《つく》し、第二句は真妄の文字を極め、第三句は内外の文字を尽《つ》くし、第四句は実相を窮《きわ》むと釈し、さらにこの一一の句について種々の方面から考察して詳しく釈している。但しこの偈頌の釈は完成していない。六塵の中の色塵のみを釈して他の五塵を説明せず、第四句については釈を欠いでいる。

六塵の中、声塵についてはまとめて釈してはいないが、本書の前半に処々に述べているから、全然釈がないとはいわれぬが、色塵の釈が詳細であるから、これに比較すると、今少し詳しい説明があってもよいのではないかと考えられる。有快の『広鈔』（『研心鈔』）一八左にこのことを問題として二義出している。

(一) 六塵の中、声塵の文字は今書の宗旨《しゅうし》であるから、釈名の下に説いている。故に「六塵悉文字」の頌文を釈する時は重ねてのべず、また香・味・触・法の四塵の文字を説かぬのは色塵の文字の釈に準じて知らしめるためである。（有快はこの義を採用している）

(二) 六塵に悉く文字があることを示すために、総標にはこれを出したが、娑婆世界の説法は色声為本であるから、この二塵の文字のみ釈して、余塵の文字を略したのである。

この二説は不充分ではあるが、本書を完結した書と見る場合、これらの意見を尊重する以外に適当な説は見当たるまい。

頌の第四句「法身是実相」の釈を欠ぐことは物足らぬ感がする。恐らく能詮の声字の外に所詮の実相は無いから、能詮の「声字」を委しく釈したので所詮の「実相」の意義は自然に理解できるという考えであろうか。或いは声字実相の義は叙意の段にも釈名の段にも述べているから、別釈の必要とないとして省略したものか。

大科第三段の「問答」の釈を欠ぐことにつき、古来虚科か実科かという議論がある。（賢宝『口筆』第一・有快『研心鈔』一八右・同『略鈔』全書本三頁下）『続決』第二に「問答虚科」と題してこれを論じているが、難方は虚科とし、答者は実科としている。難方の説は、大科第二の「釈名体義」すら完全に釈していないのだから、この一科は全く欠げている、故に虚科である。これに対して答方は当書は三部書の随一で、三部三密の内証を表わしている。また承和二年正月二十二日の三業度人の官符に声明業の度者必修の書としてのせている。未造畢（未完成）の書なら、大師はそのような軽率な奏請はなさらないであろう。但し、問答の科を釈していないことは、釈名体義の中に已に説きつくしているから、最初の予定を変更して釈を省略したのであると。ここにいう所の釈名体義の中の問答とは、有快は本書の巻末の、

「是の如くの法爾随縁の種種の色等の能造所造云何。能生は則ち五大五色、所生は則ち三種世間なり。これ是の三種世間に無辺の差別有り、是れを法然随縁の文字と名づく」

という問答を指すと見ている。

以上能詮の釈相について、本書の組織内容を概説したが、さらに所詮の宗趣について説けば、本書は声字則実相を表わすを宗とし、三密平等を趣とする。声字則実相は三密の中の語密である。故に本書は語密の実相をあらわすを宗とすということができる。しかも語密の実相をあらわすは三密平等の極処を示さんがためであるから、三密平等を趣とすると説くのである。或いはまた声字則実相は法仏平等の三密、衆生本有の曼荼であるから、本書は声字則実相の義をあらわすを宗とし、法仏平等の三密、衆生本有の曼荼羅に契証せしめるを趣とするということができる。宗とは一部の尊崇する所をいい、趣とは宗の帰趣する所をいう。

五　題号釈

本書の題号は端的にその内容を明示しているから、この題目を釈することにあって、この書の内容を明らかにすることができる。初めに声と字と実相と義とを一々に離釈《りしやく》し、次にこの五字を合釈《がっしやく》する。

離釈。「声」には二種ある。第一には十界の有情の言語に転ずる声である。文に「内外の風気纔《わず》かに発すれば必ず響《ひび》くを名づけて声と曰う也」と説くはこの意である。内外の風気が五処三内を経て響くを声と名づけ、響かないのを息風《そくふう》という（口中の優陀那《うだな》と名づくる風気が臍《ほぞ》に至り、それより響き出る時に頂《いただき》と齗《はぐき》と歯と唇と舌と咽《のんど》と胸にふれて言語が生ずることを五処三内等という）。「内外風気」とは「内」は入る息、「外」は出る息である。第二は非情の音声である。文に「また四大相触れて音響必ず応ずるを名づけて声と曰う也」と説く。金石絲竹等の楽器などから発る音声や、風林滝河等の自然界の音声をいう。故に題の「声」には十界の依正二報・色心・三種世間の一切の音声を総括している。次に「字」とは文に「声発《おこ》って虚《むな》しからず、必ず物の名を表するを号して字と曰う也」とある。これは、音声の上に長短清濁等の別があり、その区別によって物の名を示すを「字」と名づくという意である。例えば風が強く咽喉にふれて発する時は「声」であり、その発声がアとかカとかいうて区別を生ずるは「（文）字」である。次に「実相」とは文に「名は必ず体を招く、之れを実相と名づく」といい、声字によってあらわされる理体を実相という。嘉祥《かじよう》の『中論疏』に「諸法の体実なり、体実の状之れを名づけて相とす」と説くが、「実相」の名字釈は密教もこの釈の通りに解している。実とは真実にして虚偽に簡《きら》う義、相とは相状相貌の義で、真実の相貌を「実相」という。声字と実相と対比すれば、声字は能詮《のうせん》、実相は所詮《しよせん》である。声字によってあらわれる所の真実の理体を「実相」という。但しこの義は浅略の義である。秘密深義によれば、声字の体そのままが不生で、声字の外に実相なく、「声字則実相」である。次に「義」とはこれに二釈ある。一には「義」は「宜」の意である。経文を解釈して宜《よろ》しきに契わしめるを「義」という。二には「義」は「理」である。所詮の道理を「義」という。この二釈の中、初釈は能詮能釈を義といい、第二は所詮所釈を義と名づける。しかも二釈共に誤りでなく、当を得ている。

合釈。「声字実相義」の五字を合して意得るに、五方面から見ることができる。能所分別・仮実《けじつ》分別、顕密通《つう》局《くつ》・三大通局・諸門配当がこれである。第一、能所分別。「声字実相」の四字は所詮所釈、「義」は能詮能釈である。能釈・所釈とは文についていい、能詮・所詮とは文と義とを対比していう。但し「声字実相義」の五字について能所を分別するに四重の別がある。㈠「声字」は能詮、「実相」は所詮。文に「声字分明にして実相顕わる」と。㈡「声字実相」は所詮所釈、「義」は能詮能釈。文に「謂わゆる声字実相とは即ち是れ法仏平等の三密、衆生本有の曼荼なり」と。㈢「声字実相義」の五字ともに能詮である。文に「故に大日如来この声字実相の義を説いて、衆生長眠《じょうめん》の耳を驚かす」と。この意は、大日は能説の仏、声字実相義は所説の法である。所説の法門であるから能詮である。㈣「声字実相義」の五字共に所詮所釈である。文に「声と字と実相との三種区《まちまち》に別れたるを義と名づく」と。この義は能釈の書題を欠ぐことになるが、末全従本有財釈である。

能所分別の義は要するに声字実相の三種が各能所詮に通ずるから、持業釈と隣近釈とで意得たらよい。持業釈で説けば、声字は能詮、実相は所詮であるが、声字則実相であるから能詮の外に所詮無く、「声字」の二字は所詮に通ずる。また「実相」は『大疏』第七に「若しは声、若しは字、挙体不生なり、声字の義即ち全く挙体不生なり」というが如く、声字そのままが𑖀字本不生の実相であり、実相則声字である。よって実相もまた能詮に通ずること明らかである。次に隣近釈にて釈すと、已に持業釈でのべた如く、「若しは声、若しは字、挙体不生」であって、声字と実相と近く隣り合い能所一体である。然るに能詮の方の勝れたるによって「声字」といい、所詮の方の勝れたるによって「実相」という。隣近釈とは同時の法を義用の勝れた方へ従えて名を立つるのである。今は有財の隣近积である。故に一往は初めの四字を所詮とし、義の一字を能詮とし、再往は五字共に能詮所詮に通ずという可きである。

第二、仮実分別。仮実の分別に二義ある。一には有為無常の法を仮とし、無為常住の法を実とする。二には有為無常の法の中にて実体のあるものをすべて実法とし、実法が集まって成るものを仮法とする。普通はこの二義の中の第二義を正しく仮実分別とし、第一義を別して有為無為分別という。今はしばらくこの二意を併せ用いる。即ち「声字」と「実相」とを対望《たいもう》して仮実を論ずるは第一義につき、「声」と「字」とを対望して仮実を論ずるは第二義に属する。最初に「声」と「字」とを対望して仮実を論ずると、小乗教では五位七十五法を立てて諸法を摂する時、声は色法の摂在、字は不相応行法の摂在である。字は声の上の長短高下屈曲であるから、声を所依として転ずるが、字は声の外に別体がある。例えば藤は松を所依とし立つも、松の外に藤の別体がある如くである。但し有部宗《うぶしゅう》と経部宗《きょうぶしゅう》とは意見を異にしている。有部宗は三世実有法体恒有と説き、七十五法一一に皆実体があるとする故に、声も字も各別に実体があるとする。然るに経部宗は七十五法の中で不相応法と色法の中の形色とを仮法とし、その他を実法とする。形色を仮法とするは、顕色を造る極微に青黄赤白の四色があり、この極微が集まって合する時に長短高下等の形色を現ずる故に、顕色の極微の外に別に形色の極微は無いから、形色を仮法とする。また不相応法を仮法とするは、不相応法は色心二法の上に仮りに立てるものであるから、色心二法の外には別体がない、故に仮法である。しかもこれを別法とするは、しばらく義分によって立てるのである。経部宗の意は声は実体があるも、字は声の上の仮立であるから実体はない、義分によってしばらく別法ありとするのである。次に法相大乗の意は、五位百法を立てて諸法を摂する時、小乗と同じく、「声」は色法、「字」は不相応法に摂する。声の上の長短高下屈曲を字という故に、字は声の外に別体なしという。声を実法とし、字を仮法とする意である。

「声字」と「実相」とを対望して仮実を分別すれば、小乗は声字を仮とし、実相の空理を実法とする。次に法相大乗は声字は能詮で実相は所詮、声字は有為法で実相は無為法である。諸法の体性であるところの真如の理法は声字言語の及ばぬものと説く。次に三論宗は八不中道の理体を立てて声字言語の及ぶところでないという故に、これまた声字を仮法とし、実相を真実とする。次に天台の意は有空中三諦は不可思議で声字言語を以て説くことができぬという。これまた「声字」を仮法とし、「実相」を真実とする。次に華厳の意は因分可説果分不可説と説き、理《り》円言偏言《えんごんべんごん》生理《しょうり》喪《そう》と釈する故に、これまた「声字」を仮法とし、「実相」を真実とする。四家大乗の説は義に浅深の相異はあっても「声字」を仮とし「実相」を実とすることは一致している。故に実相は言説を超絶し、法身は説法せずという。大師が、「声字は仮にして理に及ばず、実相は幽寂《ゆうじゃく》にして名を絶す」と釈するは、顕教の説を述べたのである。要するに顕教大小乗諸宗の説は、声字を仮とし実相を実とする故に声字則実相の義を知らない。従《よ》って帰入の極処は言語を絶離する。声字は能入の方便にすぎず、法体に契えば声字は捨ててかえりみないのである。

真言密宗の意は顕教の説と大に異なる。『陀羅尼義』（弘全洋四・三五）に釈する如く、「大日如来の説法の名句文は本不生阿字門から流出するが故に、真実不可思議の真言で無漏である。所詮の法が既に三時を越え過した法であるから能詮の教も亦三時を越えている」。声字実相の三法は皆第一実際妙極の境に至り、その間に浅深の別はない。声も字も挙体不生であるから声字の外に実相を立てず、声字則実相の旨を談ずる故に声字と実相との間に隔たりはなく、共に真実であり仮法ではない。我宗に声字則実相を説くに三意ある。第一に法爾不生の声字を談ずる故に、第二に極位相応の言語を談ずる故に、第三に声字の挙体《こたい》が法爾法然の仏体本地法身の体である。この三意の中第一意にさらに一往再往の二義がある。一往は随縁《ずいえん》門には声字は隠顕の異があり、法爾《ほうに》門には声字もまた常住で実相に異ならない。再往は随縁即法爾、法爾則随縁であるから、随縁は法爾を忘れず、法爾は随縁を忘れない。故に随縁門に即して直に声字則実相の義を説くのである。次に第二の極位相応の言語を談ずとは、自証の極位相応の言語とは如義真実語である。『大疏』に「若しは声、若しは字、挙体不生なり」と説き、言詮即ち不生の全体である。故に帰入する所の極位に至るも顕教の如く言語を排斥するのではない。第三の声字の挙体が即ち法爾法然の仏体本地法身の体であるとは、『大疏』第七に「一一の声字は即ち是れ入法界門なるが故に、名づけて真言教法と為すことを得」と説く如きこの意である。顕密の相異は縁起の本際に於いて声字を立てるか否かによる。顕教は総じて縁起枝末の随縁仮立の一辺を説き、法爾の文字を知らず、極位に声字を廃するも、密宗は縁起の本際自証の極位に、これと相応する声字があると説くを以て、顕密の相異点とする。

第三、顕密通局《つうくつ》。題号の「声字実相」は密教に局《かぎ》るか、顕教に通ずるかを論ずるのが、今の課題である。『続決』二に「声字顕密」と題して問答しているが、難方は釈相によって顕教に通ずる義をとき、答者は意趣によって密教にかぎる義をのべている。答者が密にかぎるとする理由は今顕密通局を論ずるは題名についての議論だからである。広く声字実相について論ずるなら、顕教にも通ずる。題はその書の総称であるから、一部の正宗を以て題名の顕密を定めるべきである。故に今の題号については声字則実相の義を唯密教にかぎると定めるのである。頼瑜の『開秘鈔』上初右や『愚草』に今の題の顕密通局を問答して正しくは密に約し、兼ねては顕に通ずる義を成立している。これは大師が相違釈を本文に示していられるからと思われる。高野山では兼正を見ず、唯密に局るとするのである。

第四、三大通局。題の「声字実相」は体相用三大に通ずるか用大に局《かぎ》るか。釈相の上では用大の中の語密に限定するも、釈意をくむに三大に通じる。三大に通じて声字実相を意得るに、第一に体大の声字実相とは六大体性𑖀字本不生の位にあるところの声字をいう。文に「五大皆響き有り」というはこれを指す。この声字は法体に契うところの如義真実語で、この声字が直に本不生の妙理であり、声字即法界である。六大体大の位に種三尊一体の義を説くはこの意である。第二に相大の声字とは四曼の中の法曼荼羅で、諸尊の種子真言等である。密宗は四曼即是真仏と説き、諸尊の種子真言が直に法身の体であるとする。また四曼各不離であるから四曼各々に四曼を離れず、生仏の四曼互いに輪円《りんえん》具足して灯光の無礙渉入《むげしょうにゅう》するが如くである。これを相大建立の万徳輪円の声字実相という。第三に用大の声字実相とは三密の中の語密である。三密は不離であるから、一密を全うすれば三密を同時に証得する。また生仏の三業は本有門ではその体が同一であり、行者能入の三業の外に別に所入の三密の法体はない。能入が直に所入である。これを用大の声字実相という。本書の釈相は三密用大について説くも、今の声字実相は三大にわたる故に、三大に通じて意得ることができる。

第五、諸門配当。「声字実相義」は種々な法相に配当して意得ることができる。即ち㈠両部に配すれば、「声字」は色・理・胎で、「実相」は心・智・金である。㈡三部三密に配すれば、「声」は語密・蓮華部、「字」は意密・金剛部、「実相」は身密・仏部である。㈢三種般若に配すれば、「声」は文字般若、「字」は観照般若、「実相」は実相般若である。㈣五部五智に配すれば「声」は中央法界体性智・仏部、「字」は西方妙観察智・蓮華部、「実」は南方平等性智・宝部、「相」は東方大円鏡智・金剛部、「義」は北方成所作智・羯磨部である。このような配当釈は本書の題にかくの如き多くの法相を尽くすことを示したものである。

合釈段の諸種の釈は有快の『研心鈔』（『広鈔』）同鈔（『略鈔』）長谷宝秀の『十巻章玄談』等によってのべた。これらの諸書を参照していただきたい。

六　声塵教体と六塵教体

如来説法の教体は声塵か六塵か、顕密諸宗に皆論ずるところである。密宗にも本書に「夫れ如来の説法は必ず文字に藉《よ》る。文字の所在は六塵その体なり」と説く故に、この問題を論じ、古来「声塵教体」と題する論則がある。

この問題を扱《あつか》っている典籍には、顕教では『法苑義林章』一本二〇『唯識論』二四・同『述記』一本五二（以上法相）、『華厳経探玄記』一四一『華厳玄談』二一九『円覚経略鈔』四一四宗密（以上華厳）、『法華玄義』八一三・同『釈籤』（以上天台）等があり、密宗では『本母集』二九頼宝『杲宝私鈔』四『声字義口筆』一賢宝『冠註大日経往心品疏』一浄厳『続宗決』一（此土声塵・此土説法の二論則）『声字義略鈔』一宥快・同『研心鈔』一宥快『声字義撮義鈔』一覚眼『理趣経愚解鈔』二玄広等がある。本宗学者の説も細部にわたっては異論があるが、要するに六塵教体と声塵教体の二説を出でない。

しかもこれを開けば、

㈠唯此土に約して声塵教体とする説。

㈡十方世界を通じて声塵教体とする説。

㈢六塵教体とする説。

の三説となる。この中の第一の此土に於ける如来説法の教体は声塵なりとする説は、天台の妙楽大師の「此土衆生耳根利故」の釈、『唯識論』の釈等による説である。但しこれに唯声塵にかぎるとする説と、声塵を主としながら六塵にも通ずとする説とある。第二の此土他土共に声塵教体とする説は、六塵はその功用が各別で、声塵は法義を詮顕する作用を主《つかさど》る。六塵に皆説法の用があるとするは六塵が各六塵を具して、六塵の中に具する声塵の作用によって説法の功用があらわれるのである。故に正しくは声塵教体であるという。第三の此土他土共に六塵を教体とする説は、此土他土共に機根が種々にわかれていて、或るは色塵を見て得道し、或るは香塵を臭いで得道し、味塵を味うて得道するなどいろいろあるから、通じて六塵を教体とすというのである。

我宗には声塵教体の義を以て正義とし、六塵各具の辺では六塵教体の義もあるとする。凡そ我宗には不二一法界門と而二多法界門とを説き、一法界の立場では六塵に各々法義を詮顕する作用を有する故に六塵教体を実義とし、多法界の立場では声塵教体を実義とする。

第三　吽字義

『吽字義』は弘法大師の作であり、作者については古来異論がない。但し書名は古くは𑖮𑖳𑖽字義・𑖮𑖳𑖽字義釈・吽字義釈・吽字真言・吽字一字真言などと書いたものがある。その内容は同じで異本ではない。尤も『宥快鈔』に「広本」の名が出ているから、現行本よりも内容の異なった本があったと思われる。道猷の説によれば、高野山正智院の経庫に瓊算大徳筆写の『吽字義釈』と題する写本が、現行本より五紙増加しているという。『快鈔』に広本というはこれに当たるかも知れぬ。

この書は梵字の𑖮𑖳𑖽吽字について字相字義浅深の釈をして、真言教義を縦横に説いている。大師の著作中勝れた書の一である。

一　著作の旨趣

伝統の説によれば、即声吽三部書は順に身語意三密、仏蓮金三部の精要を説いたものという。しかしこのような配当釈に拘泥する必要はない。大師は悉曇諸字門の中から、この一字を選出して、吽の一字を通じて声字実相の義を明らかにし、他の諸字門についても、このような方法によって声字実相の義を明かし、真言の教義を説くことができる一例を示されたのであろう。成雄の『吽字義命息鈔』第一に諸字門の中から特に吽字を択び本書を撰した理由につき十義を以て説明している。他の古徳の末鈔の中にも多くの理由をあげている。長谷宝秀の『十巻章玄談』上には『命息鈔』に出す十義と、その他の四義をあげて説明してある。今これら諸義の中重要な数義を述べて、本書著述の本旨をさぐることにする。

㈠吾宗は吽𑖮𑖳𑖽字を以て諸法能生の根本とするから、殊にこの字を釈するのである。顕教は真如を以て諸法能生の体とするが、吾宗はその真如をも吽字から生じたものとする。『十住心論』第九に『理趣釈』を引いてこれを詳釈している。

㈡吽𑖮𑖳𑖽字には因行果等の一切諸法を摂することが顕著であるから。

㈢阿𑖀・吽𑖮𑖳𑖽の二字は大日・金剛薩埵の種子であるから、『阿字義』『吽字義』の二書を著わしてこの二字の義を説く。

㈣阿𑖀・訶𑖮の二字は摩多体文の初後の字である。吽𑖮𑖳𑖽字は𑖮字を本体とする。故に『阿字義』『吽字義』を著わして𑖀𑖮𑖳𑖽の二字を釈し、中間の諸字が皆かくの如くであることを示す。

現存の『阿字義』は真偽未決の書である。大師真撰の『阿字義』があって、それが散佚したのかどうか検討を要する。

㈤　吽字は菩提心の種子なる故に殊にこれを釈す。

二　本書の部帙と所依

本書は金胎両部の中には金剛頂部に属する書である。その理由は次の三点である。㈠吽字は第六識大の種子である。㈡吽字は意密金剛部の種子である。㈢吽字は『理趣経』初段の種子である。

次に本書はいかなる経論によって著わしたか。所依の経論について『命息鈔』一に二義を出す。㈠『理趣経』を所依とする。同経初段の種子吽字を釈する故に。本書初日下に「金剛頂に此の一字を釈するに四字の義を具す」と説く。この文は『理趣釈』にあるから、ここに「金剛頂」というは『理趣経』を指すこと明らかである。㈡『瑜祇経』『理趣経』の二経を所依とする。この二経は共に吽字を経宗とする故に。この中『理趣経』は金剛薩埵の内証を説き、『瑜祇経』は愛染明王の内証を説く。金薩・愛染は同体である。

尊祐の『吽字義略解』には前二義と異なりて所依に通別を立て、通じては両部大経並びに『大日経疏』を所依とし、別しては『理趣経』并びに『理趣釈』を所依とするという。

以上の三義は共に理由がある。別所依につけば部帙と所依と一致する。

以上は正所依について述べたのであるが、本書の記事は顕密諸経論章疏を参考し、『理趣釈』『大日経疏』『守護経』『大日経』『金剛頂経字母品』『金剛頂大教王経』『智度論』等から引用している。殊に訶字の実義と阿字の実義を釈するとき『大日経疏』の釈文をそのまま借用して述べている部分が多い。尚注意すべきは『秘蔵記』との関係である。『秘蔵記』第二十三章（『杲宝鈔』分科による章）に𑖮𑖳𑖽字は𑖀𑖮𑖌𑖦の四字合成の字とし、四字の義を説く。従って大師はこの恵果和尚の口説に基いて本書を著わしたとも考えられる。『命息鈔』一に製作由来を説く時に、師資相承の口訣によることを説くは、この点を述べたのであろう。

三　一部の組織内容

本書は字相字義の二段に分かって𑖮𑖳𑖽字の義を釈している。字相とは相は仮相の義であって、文相の表面に示される浅略な解釈をいい、字義とは相の内面に隠れている深秘の義趣をいう。字相は一字一字それぞれ単一の意味をあらわし、字義は一字に無量の義を含む。従って字相の釈段では吽𑖮𑖳𑖽字を賀𑖮阿𑖀汙𑖄麼𑖦の四字合成の字として、賀𑖮は因の義、阿𑖀は無の義、汙𑖄は損減の義、麼𑖦は我の義（増益の義）であることを述べている。その説文は『大日経疏』第七の文を借用している。そしてこの一段の結釈に、

「一切世間は但し是の如き字相をのみ知りて、未だ曽て字義を解せず。是の故に生死の人と為す。如来は実の如く実義を知る。所以に大覚と号す」

と述べている。この文の中の世間とは世は遷流無常即ち変化してとどまらない意であり、間は懸隔差別、即ち別相をとる意である。ここに「世間」というは何を指しているのか、『命息鈔』一に四義を出す。㈠十住心の中の第一から第三までの三ヶ住心を世間とし、第四住心以上を出世間とする。㈡第五住心までの前五住心を世間とし、第六住心以上を出世間とする。㈢前七住心を世間とし、第八住心以上を出世間とする。㈣前九住心を世間とし、第十住心を出世間とする。以上の四義の中、前三義は字義の一分を顕教に許す義で、第四義は顕教は一分も字義を解せぬとする意である。この義は大師の『梵網経開題』に「字相則顕、字義則秘」と説く立場を守った説であり、宥快はこの義を正義としている。顕教諸宗には真如実相の妙理は不思議で説明することはできぬというから、覚の至極とはいわれぬ。この空理に滞寂する者が秘密仏の驚覚開示を蒙った時、漸く真の覚悟を得るのである。故に前九住心の人は総じて世間の分斉である。

『杲宝私鈔』第九に「字相字義顕密分別事」と題して、顕密の区分について詳釈し、擬儀外迹の義と尅正分別の義とをのべているが、この問題は後に「字相と字義」の章を設けて説明する。

第二の字義釈では離釈と合釈との二段を設け、離釈段では訶𑖮阿𑖀汙𑖄麼𑖦四字一々の字義を釈し、合釈段にて

は、𑖮𑖳𑖽字に含む所の種々の字義を説く。本書の眼目はこの合釈段にある。但し離釈段にも真言教義を縦横に論じている。本書を味読すれば、真言教義の大綱を了解することができる。

離釈段の第一訶𑖮字の釈は、『大日経』の「訶字門一切諸法因不可得故」文を本として、『大疏』第七の文によって諸法縁起の実相を明らかにし、諸法因不可得の実義を明らかにして、阿𑖀字本不生の義との関連を述べている。第二阿𑖀字の字義釈は、『大疏』第七の釈によって、不生・空・有の三義を以て阿字の実義をのべ、𑖀字諸法本不生の義を明らかにしている。また『守護経』第九「陀羅尼功徳品」によって、阿字は菩提心の義、諸法門の義、無二の義、諸法果の義、諸法性の義、自在の義、法身の義の七義を有することを述べている。阿字にはこの外『守護経』第二「陀羅尼品」に無来無去無行等の一百義をのべ、その他の経典にも種々の義をのべているが、『吽字義』に説く字義釈はその中でも重要な意義を示したものと見てよい。次に第三汙𑖄字の字義釈は『金剛頂字母品』及び『理趣釈』等の意によって一切諸法損減不可得の義を示し、十住心に約して汙字の実義を説き、三性六義等の説を批判して汙字の実義を明らかにしている。三性とは遍計所執・依他起性・円成実性の三性であり、六義とは苦空無常無我・四相遷変・不得自在・不住自性・因縁所生・相観待の義である。また報身の義、常楽我浄、一如不動、十自在・本住体性・遠離因縁・超過観待等を以て汙字の実義を明かしている。また更に旋陀羅尼門に約して汙字の実義を説き、「三界業報」等の四字一句の百七十三句の偈頌を以て諸方面より汙字の実義を述べている。この偈頌に示せる汙字の実義は一面には顕教諸宗の教義を批判し、更に密教教義の核心にふれた説をのべている。「四種曼荼、即是真仏」といい、「同一多如、多故如如、理理無数、智智無辺」と説くが如きは特に注目すべき点である。第四に麼𑖦字の釈段は、『理趣釈』に𑖮𑖳𑖽字を釈するとき、「謂わく、麼字とは一切法我義不可得なり、我に二種有り、謂わゆる人我法我なり、此の二種は皆是れ妄情の所執なり、名づけて増益の辺と為す、若し損減増益を離るれば即ち中道に契う」という。この文等によって麽字の字義を総釈して「一切諸法吾我不可得」と説き、別釈に於いて、遮情・絶言・表徳・妙用難思・平等・円徳・損己益物の七義を以て𑖦字の実義を説き、一段の文の結釈として、「若し麽字の吾我門に入りぬれば、之れに諸法を摂するに一一の法として該ねざること無し。故に経に我則法界、我則法身、我則大日如来、我則金剛薩埵、我則一切仏、我則一切菩薩、我則縁覚、我則声聞、我則大自在天、我則梵天、我則帝釈、乃至我則天龍鬼神八部衆等なり。一切の有情非情麽字に非ざること無し。是れ則ち一にして能く多なり、小にして大を含す、故に円融の実義と名づく」という。即ち上の七義に加えて円融の我を以てして、麽字の実義の結釈としているのである。この文の意趣は十界の衆徳有情非情の諸法を麽字吾我門に摂する義を示したものである。但し「経云」と記すも、この文と同一の文は諸経の中に見当たらない。大師の『大日経開題』に「上大日尊従《よ》り下六道の衆生の相に至るまで、各々の威儀に住して種々の色相を顕わす。並びに是れ大日尊の差別智印なり。更に他身に非ず。故に経にいわく、我則法界、我則金剛身、我則天龍八部等という。是の如くの法身互相に渉入すること猶し絹布の絲縷の竪横相結して不散不乱なるが如し」(法界浄心本。弘全洋一・六三九)という。その意今の釈に同じき故に、大師は『大日経』「阿闍梨真実智品」や瑜伽の大本等によって釈せられたものか、『大日経疏』の処々の文を取り交えているようにも見える。

大科第二の合釈段は吽字は阿・訶・汙・麽の四字合成の字であるから、此の一字に法身(𑖀)・報身(𑖮)・応身(𑖄)・化身(𑖦)の四身の義ありとし、この四字に一切諸法を摂し尽くすことを明かしている。またこの一字に三乗の人の因行果を摂することを説き、「此の一字を以て三乗の人の因行果等を摂して悉く摂して余すところ無し、及び顕教一乗秘密一乗の因行等准じて之れを知れ」と釈し、次にこの字に諸経論に明かす所の理を摂すとして、「且らく大日経及び金剛頂経に明かす所皆此の菩提心為因、大悲為根、方便為究竟の三句に過ぎず、若し広を摂して略に就き、末を摂して本に帰すれば、即ち一切の教義は此の三句に過ぎず。此の三句を束ねて以て一の吽字と為す。広ずれども乱れず、略すれども漏れず。此れ即ち如来不思議の力、法然加持の所為なり。千経万論なりと雖も亦此の三句一字を出でず。其の一字の中に開く所の因行果等、前に準じて之れを思え。只吽字に是の如くの義を摂するのみに非ず、所余の一一の字門も亦復是の如し」と述べている。即ち因行果の三句は一切の教義を含み、吽字はこの三句を束ねたもので、一切の経論に説く法門は悉く吽字一字におさめることが可能であるとし、更に吽字以外の諸字もこれに準じて見ることができることを明らかにしている。そして本文は更に𑖮𑖳𑖽字に擁護の義、自在能破の義、能満願の義、大力の義、恐怖の義、等観歓喜の義があることを説いて筆を収めている。この中の「擁護の義」は『大日経疏』第九の大力大護明妃の釈文と、その中の法幢高峯観三昧の釈文とによって説く。「自在能破の義」と「能満願の義」とはまた前引の『大疏』第九の文につづく釈文によっている。「大力の義」は『大疏』第九の大力大護明妃の真言の中の「摩訶沫麗」の釈文により、「恐怖の義」は同じくこの真言の中の「鉡鉡」二字の釈文による。「等観歓喜の義」は『大疏』第十（「具縁品」）の観自在菩薩の真言の釈文によっている。

本書には全体の結釈と見るべき文はない。或いは瓊算が見た『吽字義釈』には、全巻の結釈となる文章をもっていたのかも知れぬ。要するに本書は阿訶汙麽四字合成の𑖮𑖳𑖽字を四字に分解し或いは総合して、種々の立場から観察し、その所含の義理を布演して真言教義を説き示したものである。また吽字以外の悉曇の諸字門、諸尊の種子が何れもこのような方法で、その字に含む所の深義を探り、真言の教義を示し得ることを指摘し、声字実相義に説いた声字実相の意義を此一字によって例示したものと見ることができる。

四　𑖮𑖳𑖽字の形音義

𑖮𑖳𑖽字の概念を明確に把握するために、字形と字音と字義の三方面から解説する。

第一、字形。既に説くが如く𑖮𑖳𑖽字は𑖀𑖮𑖄𑖦の四字合成の字である。その中で𑖮字は本体で、その他の三字は点画である。𑖀は𑖮字の秘し点で、字形はかくれている。凡そ悉曇文字はすべて筆を下す最初に一点を打ち、これを𑖀字と意得る。『大日経疏』第十九（「百字成就持誦品」）に「此の迦𑖎字の上頭に即ち阿形有り、当に知るべし、此の百字皆爾なり」というはこの意である。大師の『秘蔵記』に「𑖮𑖳𑖽字は𑖀𑖮𑖄𑖦の四字を以て成就せり。阿字は字体無けれども訶の音の中に在り」と釈して、字音について𑖀に字体が無いことを説く。その意は𑖮の音の終りの響きをとったもので、𑖮は本、𑖀は末とするのである。𑖀の音には内声の𑖀と末韻の𑖀とある。人口を開けば必ず𑖀の声がある。これを内声の𑖀という。諸法の根本である。また五十音の中のアカサタナハマヤラワには必ずアの韻がある、これを末韻の𑖀という。この二種の中今は内声の𑖀をとるのであって、本書初日下に「二に阿字の義とは、訶字の中に阿の声有り、即ち是れ一切字の母《も》、一切声の体、一切実相の源なり、凡そ最初に口を開くの音《こえ》に皆阿の声有り、若し阿の声を離んぬれば則ち一切の言説無し。故に衆声の母と為す」というはこの意である。次に𑖄字は𑖮の下部に加える𑖳を指す。これを大鉤点という。このウ点に長短二種ある。短のウは𑖄であって譬喩の義、長のウーは𑖄であって損減の義である。本書は損減の義を以て釈しているから、損減の𑖄字の点画を加えたものと意得るべきである。損減の汙𑖄字は増益の麽𑖦字とよく相応する。東寺の頼宝・杲宝・賢宝や高野山の長誉など短の𑖄字とする学者もあるが、これは旋陀羅尼門に約して、譬喩の𑖄字を長の𑖄字に移して損減の義をのべたものと解するのである。旋陀羅尼釈は密教によく用いる所であるから、この解釈も全然誤りとはいえない。しかし文相から考えると長の𑖄字とするが至当である。有快はこの義をとっている。次に麽𑖦字は上の大空点・である。本書九日下に「此の吽字の上に空点有り、是の空点は麼字の所生なり」と説く。この釈文は前後の文脈から見て、二字増益損減を対明して人法二我の執を除き、二空を証して字不生に入る義を所詮とする故に、字空点とするは文意に相応している。然るに本書には更に「上に大空点有り、是れ佉字門なり、即ち是れ大空の義なり」と述べて、この空点を字の所変とする義を説く。悉曇で空点となる字は、東密には《アギヤウジヤウダウナウマウキヤ》の五字ありとし、台密にはを認めない。故に今東密独特の佉字空点の義を示したものと思う。大師が「佉字大空」と釈せられるのは、『大日経疏』第十六（「入秘密曼荼羅品」）に「又齷字の上に点を加う。此の点は即ち是れ大空欠《ケン》字門なり」とあるに依るようである。

梵字の空点には円点と仰月とある。今の吽字についても、『理趣釈』に「其の字（吽字をさす）の頭上に円点と半月と有り、即ち謂わく人我と法我となり」と釈し、字であることを示している。然るに台密の安然は等の五字は仰月の画となり、字は円点●となると説き、大師と説を異にしている。しかし智広の『悉曇字記』にも字が仰月となることを明かしているから、安然の説はよくない。

第二、字音。初めに梵字について説き、後に対訳字について述べる。梵字の字はの二字を合わせ、これに空点を加えた字であるから、訓《クム》と発音すべきである（を反せば倶《ク》の音、これに空点を加えるとクムと発音する）。然るに古来これをウムと発音している。その理由について古来の学者の間に異説がある。隆源の『字義釈勘注抄』上（真言宗全書本下一頁）、明覚の『悉曇形音義』三、『命息鈔』（『広鈔』という）一（七右）、有快の『吽字義鈔』（『略鈔』という）一（三）、『問題』二、雲寂の『吽字義私記』上（全書本二頁上）、周海の『吽字義纂要』上（全書本二頁上）等にこれを論じている。その中『命息鈔』に三義出すが第一義がよい。この説は本末相通の義である。倶《ク》と宇《ウ》とは本末の音で、末韻の倶《ク》を本韻の汙《ウ》に転じて吽《ウム》と読むと。『略鈔』もまたこの義をとっている。「ウム」とよむ証拠は『陀羅尼集経』第一釈迦仏頂の真言にある。この真言には𑖮𑖳𑖽字を三字出すが、何れも烏吽二合とあって、「ウン」とよませている。東密では小野・広沢の諸流に皆「ウム」「ム」の二種の発音を相伝している。声に喉舌唇の三内の声がある中で、今の牟《ム》は一切の声の中の最末である。

喉―ア
舌―ラ
唇有三
　一、和本
　二、波中
　三、摩末
　　一、摩本―喉
　　二、弥中―舌
　　三、牟末―唇

次に対訳の汙字について検討するに、一説には『広韻』等に呼厚切《ノ》、于今切《ノ》の二種あるを引いて、于今切《ノ》を採用し、しかも三五相通の義によって釈している。于今の切は唵《オム》である。この於《オ》を宇《ウ》に転じてウムと呼ぶと。これが三五相通の義である。また一説には翻訳の三蔵が支那音によらず口伝によって吽《ウム》と読ましたという（『命息鈔』一・九左）。また一説には支那音について、吽に幾《キ》牟《ム》・伊《イ》牟《ム》・於《オ》牟《ム》・古《コ》牟《ム》・宇《ウ》牟《ム》等の諸音があり、何れも阿《ア》訶《カ》相通による異訓である。宇《ウ》牟《ム》というも本来この漢字に具する所の音である。その上師承による相伝の説であるから切音によって改易すべきではないという（曇寂の説）。

第三、字義。吽字は諸の経軌疏章に種々深義あることを説き、本書に詳しくこれを釈しているが、今その中の数義を述べることにする。已に述べたことと重複する点もあるが、これをまとめ

て説くのである。

一、𑖮𑖳𑖽字は𑖮字を以て本体とする。𑖮字は因縁造作の義である。衆生がおこす所の煩悩は生死の果報を得る。この生死の果報は一切の智慧功徳寿命を損減する故に、𑖮字因縁の下に損減の𑖳点を加える。損減の終局は我憍慢の心を発すから、上に吾我の𑖦字を加える。生死の損減増益等は阿字門に入ればついに不生である。これを吽字の字義とする。

二、凡夫外道は増益の執を起こす。この執を除いて人空を得る。二乗は損減の執を発し、この執を除いて法空を得る。凡夫二乗の増益損減の執は阿字本不生の門に入れば畢竟空である。人法二空を得て本不生に住する。これを吽字の字義とする。

三、吽字は三解脱門の義を示す。『大疏』第九に如来甲の真言を説くとき、吽字について空・無相・無願の三解脱門の義を説き、『理趣経』の一切無戯論如来（文殊菩薩）の章にもこの義を述べている。𑖮𑖳𑖽字の上の空点（『大疏』の釈は𑖡曩字空点で𑖦字空点ではない）は空解脱門、本体の𑖮字は無相解脱門、下の𑖳点は無願解脱門の義を示す。有空の所作を離れて諸法平等と観じ、生死界を願わず涅槃をも願わず、空解脱門に住する。しかもこの空もまた空であると悟って、因縁を離れ、𑖮字の実義に徹するを無相解脱門という。𑖳字の実義を観ずれば有空を損減して本不生の理を悟る故に、無作（無願）の解脱門に契う。

四、吽字は空仮中三諦の義を有する。『秘蔵記』にこの義をのべて、「阿字は一切諸法本不生の義なり、訶字は一切諸法因縁所生の義なり、また浄菩提心なり、塢字は空の義また損減の義なり、麽字は有の義また増益の義なり。夫れ一切諸法を或るは空と執し、或るは有と執す、空執を除かんが為には有と説き、有執を除かんが為には空と説き、空有の病を除かんが

為には非空非有と説く、是れを中道と称す。言尚し中道に留まれば、其の言を除かんが為にまた中道も不可得なりと説く。是の不可得を阿字門に入れて見れば、不可得もまた不可得なり。茲に於いて言を絶すれば是れ一切諸法本不生不可得の義なり」と説いている。本体の𑖮字は因縁生の一切諸法である。𑖄字は仮有の義、𑖦字は空の義、阿𑖀点は中道諦である。凡夫二乗は因縁生の法に対して或るは空と執し（二乗）或るは有と執する（凡夫）。故にこの有執を断ぜしめんが為に空諦を説き、空執を除かんが為に仮諦を説く。しかも諸法はその実、空にも非ず仮有にも非ず中道諦である。この中道諦のものを仮りに有と説き、或いは空と説く。その実は空も有を離れず、有も空を離れないから、これを三諦円融という。

五、吽字は因行果の三句の義を示す。𑖮は因の義、𑖄は行の義、空点は果の義である。この義は前にのべた如く、本書九日下に三乗の人の因行果について説き、『大日経』『金剛頂経』等に明かす所の菩提心為因・大悲為根・方便以究竟の三句もこの一字に摂し尽くすことを明かしている。

六、吽字は四種法身の義を有する。𑖀字は法身、𑖮字は報身、汙字は応身、麽字は化身である。この義は前に述べた如く本書八日下に釈している。

以上は特に注意すべき点を要約して説明したのであり、詳しくは本書の本文によって研究していただきたい。

五　字相と字義

前に述べた如く本書は吽字を釈するに字相と字義とに分かって説明している。吾宗は総じて悉曇の諸字を釈する場合、字相と字義とを分かってその字のもつ浅略・深秘の両義を明らかにする。故に今章に於いて字相と字義との区別について要旨を説くことにする。普通は世間の一般人の所用の字の意義を字相とし、出世間の義を説くを字義という。しかるに吾宗には、大師が『梵網経開題』に、「字相則顕、字義則秘」と説くが故に、顕教の説を悉く字相とし、密教の義を字義と定める。字相とは眼に見て分別し得るをいう。仮相であって迷情である。字義とは相の下にかくれている義趣である。この義趣は覚者が悟る所の実相である。

字相と字義の分斉について『本母集』十九、『杲宝私鈔』九、『即身義東聞記』四、『伝宝記』五等東寺系の学者の諸書に四重秘釈を設けて説明している。『杲宝私鈔』には顕密の区分について擬儀外迹の義と尅正分別の義とを以て説明し、擬儀外迹の義に於いて、四重を立て、初重は世出世の区別に約し、第二重は大小乗の区別に約し、第三重は一乗三乗の別に約し、第四重は顕密の別に約して区別している。また『命息鈔』に或る古鈔を引いて相義の四重分別を説く。古鈔の釈は釈義と引文とが一致していない点があるから注意を要する。今これ等の説を参照して字相字義の四重分別を簡単に示すと、

初　重
- 字相—顕—仮—有相—世間—　前四妄語—詮旨各別。
- 字義—密—実—無相—出世間—第五如義語—詮旨不別。

『声字義』『釈論』『字母釈』等を証とする。

第二重
- 字相—俗諦—竪ニ詮二一相一義一。
- 字義—真諦—横ニ詮二一切義一。

『十住心論』第十・『大疏』第七・観賢ノ『大疏鈔』等を証とする。

第三重
- 字相—相待—能詮所詮相待。依二可得ノ字一詮二不可得ノ義一。
- 字義—絶待—亡二能所一観二円明一能詮ノ外ニ無二所詮一。

『大疏』二十・『同』七・『秘蔵記』の文を証とする。

第四重┬字相—遮情—一法界。
　　　└字義—表徳—多法界。

『大疏』六・『大日経開題』『即身義』の文を証とする。

四重秘釈は初重の字相字義を根本とし、第二重以下は初重の字義から順にこれを開く。初重の字義を第二重の字相とし、第二重の字義を第三重の字相とし、第三重の字義を第四重の実相とする。初重の相義は仮実を以て分別し、第二重は真俗二諦を以て分別し、第三重は相待絶待を以て分別し、第四重は遮情表徳を以て分別する。また初重は顕密対弁にあり、第二重以上は皆秘密の中の分別である。この四重の意義を下に略述する。

初重の意義。大師の『梵網経開題』に「字相則顕、字義則秘」という。『声字義』に「声字は仮にして理に及ばず、実相は幽寂にして言語を絶す」と説くは、顕教の分斉を明かす。文字によって理をあらわすも、文字は仮、理は真実であり、文字は観智の方便で筌諦にすぎず。字の相のみあって実義が無い。実義は文字の裏にひそんでいる。故に字相とする。『声字義』に「声字則実相」というは秘密の分斉である。一々の声字に皆義趣を帯する。例せば𑖀は本初の声であるから本不生の義を詮わし、𑖎は作業の意を有する𑖎𑖯𑖨𑖿𑖧 kāryaの初めであるから作業の義をあらわすが如きである。『釈論』に五種言説を説くが、その前四種の言説は真実語でないからこれを字相とし、第五の如義言説を字義とするは、この意である。

第二重の意義。𑖎字は作業、𑖮字は因縁の義を示す等を字相とし、𑖎字作業不可得、𑖮字因業不可得等と説くを字義とする。密教の声字則実相の中一字を以て一義をあらわすを字相とし、一相を除遣して無礙渉入するを字義とする。作業の義、因縁の義等といえば一義一相で差別しているから、これを字相とする。一々の字に不可得を観ずれば諸字がすべて法性の理に入り、一味平等で声字一門の相を見ない。故にこれを字義とする。本書に損減・損益を汙字・麼字の字相とし、損減不可得・増益不可得を汙字麼字の字義とするは此の意である。『十住心論』第十に「今世間に誦習する所の悉曇章とは、本是れ如来の所説なり、梵王等転々伝受して世間に流布せり。同じく用うというと雖も、然も未だ曽て字相字義真実の句を知らず」等と説くは、第二重の字相字義は共に真言密教に属することを示す証である。

第三重の意義。この重は不可得を字相とし、円明を字義とする。前重の字義は声字各々の一門によって一味不分の不可得の理に入る。しかしこれは能詮と所詮との別を立てる故に、第三重では第二重の字義を以て字相とする。声字は挙体不生で声字の外に所詮の理は無いと知り、声字の相を動ぜずして挙体円明の体なりと観ずるを字義とする。円明とは円は輪円衆徳の義、明は純白無垢の義である。前重の不可得の中に更に円明の実相を観ずるは、空有不二絶待の法性であるから字義とする。

第四重の意義。前重の円明を以てこの重の字相とし、能詮所詮の別を存するを字義とする。前重には能詮の文字が直に所詮の円明であると説き、能所を亡じて一心一味の円明に帰する故に、一法界遮情の法門である。故にこれを第四重では字相とする。然るに文字は能詮で理趣を詮すを性とする故に、円明の中に更に能所を存して三密が歴然としている。これ表徳多法界の実義である。故にこの重ではこれを字義とする。『即身義』に「能所の二生有りと雖も都て能所を絶せり、法爾道理に何の造作かあらん、能所等の名は皆是れ密号なり」と説ける中の「都絶能所」は第三重の字義、第四重の字相で、「密号の能所」というは第四重の字義である。

四重秘釈は前にも述べた如く東寺系の学者の説く所で、宥快はこれを好まず、初二重の釈で意を尽くしているとする。初重は顕密対弁の義、第二重は自宗不共門の釈で、字相字義共に真実であり浅深なしと見ている。

以上即声吽三部書の梗概について述べた。三部書には真言教義の重要な部門が説いてあるから、この外に論述すべき課題もある。しかし講義時間の都合もあるので、この辺で筆をおく。これを手がかりとして直接本文を研修せられんことを希望する。三部書にも多くの参考書があるが、『密教大辞典』や『真言宗全書解題』にこれを示しておいたから、今は省略する。

この一文は種智院大学公開講座の講義テキスト用である。昭和四十八年十一月一日脱稿。

小田慈舟誌

般若心経秘鍵・菩提心論の要旨

第一　般若心経秘鍵

一　序　説

高祖の著作には顕教の経典を秘密眼を以て開会して釈し、密教の教旨を説くものがある。『法華経開題』『梵網経開題』などこれに属する。本書もこれに類すると見る説が古くからある。しかし、高祖は『般若心経』を釈尊が印度の鷲峯山で説いた経で、大般若菩薩の内証三摩地法門を明かした密教経典であり、説主釈尊を変化法身であると見ている。在来の註釈家は『般若心経』を『大般若経』の肝要を集約した顕経と見ているが、高祖はこれを否定して、文句が『大般若経』の文言と類似しているからとて、『大般若経』の心要を略出した経ではないと説いている。従《よ》って『般若心経秘鍵』は顕経を開会して密教教義を説くのではない、本来の密教経典としての『般若心経』の奥旨を説くとするのである。高祖の『秘密曼荼羅十住心論』や『秘蔵宝鑰』『弁顕密二教論』『即身成仏義』『声字実相義』『吽字義』とは全く趣を異にした著作である。本書が十巻章の一として重視せられるのは特異の著作だからである。

本書の要義について長谷宝秀大僧正の『十巻章玄談』巻下に、経本の種類、教主の分斉、雑部密教等の要目をあげて、所釈の『般若心経』について説き、次に能釈の『秘鍵』について、釈家の不同、製作の因縁と時期、一部の大綱、表文の真偽、所被の機根、末註等について述べている。そのいずれの項目も重要ではあるが、今はこの中の数項について要旨をのべる。

二　所釈の経本

本書に釈する『般若心経』には多くの異訳本がある。『開元釈経録』（智昇撰）、『貞元新定釈教目録』（円照撰）等の諸目録や註釈書にのせているものを集めて、前記の『十巻章玄談』に十三本をあげている。

一、羅什訳

(1)摩訶般若波羅蜜大明咒経一巻　開元録・貞元録・安然・智光・真興等の書にのせる。縮閏八・大正八。姚秦弘始四―十四（A.D.四〇二）訳。

(2)摩訶般若波羅蜜多心経　秘鍵・文鑑の註。

二、玄奘訳

般若波羅蜜多心経　開元・貞元・秘鍵・文鑑・安然・真興等。智光は「摩訶」を加う。唐貞観二十二年（A.D.六四八）五月二十四日訳。沙門智仁筆授。月九・大正八。

三、義浄訳

般若波羅蜜多心経　秘鍵、「仏説」の二字を加える意か。真興。武后久視元年―唐開元元年（七一三）日蔵般若部。

四、法月訳　二本あり、一は重訳という。

普遍智蔵般若波羅蜜多心経　貞元・秘鍵・安然・真興。文鑑は新訳般若波羅蜜多心経と名づく。　唐開元二〇―二三（七三五）月九、大正八。

五、般若訳　迦畢試国沙門。西明寺にて訳す。

新訳般若波羅蜜多心経　仁請来。貞元・秘鍵・安然・真興。文鑑は普遍智蔵般若波羅蜜多心経と名づく。　唐貞元六年（七九〇）八月十一日利言と共訳。月九、日蔵般若部、大正八。

六、智慧輪訳

般若波羅蜜多心経　安然・真興。　唐大中年中（八五〇頃）の訳。大正八。

以上六本は現に世に行われ、一―三の三本は正宗分のみ、四―六の三本は序分正宗分流通分の三分があり、梵本に二種あることが知られる。

七、呉、優婆塞　支謙訳。

摩訶般若波羅蜜咒経　或は「摩訶」を欠ぐ。貞元。

八、唐　菩提流志訳　武后長寿二年（六九三）訳。思玄綴文。

般若波羅蜜多那経　開元・貞元・真興。智光は「摩訶」を加え「那」を除く。

九、唐　実叉難陀訳　景龍二年―景雲元年（七一〇）

摩訶般若随心経　貞元。文鑑は普徧智蔵般若波羅蜜多心経と名づけ、般若訳と同本とする。

一〇、不空訳

般若波羅蜜多心経　安然。文鑑は玄奘訳と同本とする。至元勘同録に出す。

以上四本中、七八九の三本は『貞元録』第二十四有訳無本録中に列ねている。現存しない。不空訳については秘鍵にふれていないから、恐らく誤説であろう。

一一、趙宋　施護訳。

仏説聖母般若波羅蜜多経　高麗大蔵目録に出す。月九・大正八

一二、梵本般若波羅蜜多心経　般若。運。

一三、梵唐対訳般若心経　澄。仁。

この二本安然の『八家秘録』に出す。

以上『十巻章玄談』下に示す所である。この外に大正蔵八には法成訳の『般若波羅蜜多心経』をのせ、これに国訳本や、我国伝承の梵本、西蔵本等を加えると多数の経本がある。榛葉元水編述の『般若心経大成』には梵本心経十七本、西蔵文七本、蒙古文二本、満州文二本、漢訳十二本、新訳五本を集めている。但し大師以後の施護訳等の経本は直接『秘鍵』との間に関係がないから、今はこれらの諸資料の研究はさしひかえて、『秘鍵』に関係あるも

ののみ説明を加えよう。

大師が『秘鍵』で取り上げている心経は羅什訳、玄奘訳、義浄訳、法月訳、般若訳の五本である。この五本の同異を説き、羅什訳の経本を講ずる旨をのべて、「第一に羅什三蔵の訳、今の所説の本是れなり」という。然るにその経文は一切経に収めてある羅什訳『摩訶般若波羅蜜大明咒経』ではない。上記の第二の「摩訶般若波羅蜜多心経」であり、現在我宗にて日常に読誦用に供している。この経本は大蔵経所収の玄奘本と殆ど同じで「遠離」の次の「一切」の二字の有無と、前題に「摩訶」の有無と、後題に般若の次の「波羅蜜多」の四字の有無の別があるのみである。羅什は旧訳家であり、玄奘等新訳家とは訳語を異にするものが少なくない。「心経」についていえば、現行本の「観自在」を「大明咒経」には「観世音」、「般若波羅蜜多」を「般若波羅蜜」、「五蘊」を「五陰」、「舎利子」を「舎利弗」としている。これらの点から見ると、『秘鍵』に羅什訳とするは玄奘訳の誤りではないかという疑問を生ずる。然るに大師は『秘鍵』所釈の経本と玄奘訳本との相異を明らかにして、

次に唐の遍覚（玄奘のこと）三蔵の翻には題に仏説摩訶の四字無く、五蘊の下に等の字を加え、遠離の下に一切の字を除く、陀羅尼の後に功能無し

と述べている。我宗常用の『心経』では題に「仏説摩訶」の四字があるが、禅宗に読誦するものは「仏説」の二字を除く。「仏説」を加えるは『秘鍵』の釈によったものである。次に玄奘本について「五蘊の下に等の字を加う」とあるも、現存一切経本には「等」の字は無い。大師所覧本には「等」を加えていたようである。陀羅尼の後に功能を説かぬことは、法月般若訳の本との比較を示したもので、現読誦用の経にもこれは無い。このように検討して見ると、大師は羅什訳と称する現読誦用の『心経』を相伝していたと見ねばならぬ。大師が勝手に羅什訳としたのではあるまい。古徳はこの問題で苦労している。どうもはっきりした根拠を見出し得なかった。然るに智山の覚眼

能化の『撮義鈔』や、真賢の『科註』に指摘するが如く、慧琳の『一切経音義』第十（大正五四・三六九中・下）に、

　大明咒経前訳の般若心経

　般若波羅蜜多心経羅什訳

　五蘊威損の反、蘊は猶聚のごとき他

とある。慧琳は不空三蔵の弟子で大興善寺に住した学僧である。羅什訳の『心経』が新訳と同じ用語を使用し玄奘訳にほぼ同じであることの理由を充分に説明している資料ではないが、これによって大師在唐の時現在読誦用の『心経』が羅什訳として認められていたと想像することができる。

『秘鍵』には『般若心経』の教主と説主と対告衆（聴聞者）とを明かして、「仏鷲峯山に在《いま》して鶖子等の為に之れを説く」という。ここに仏というは印度出現の生身釈迦仏か、変化法身の釈迦か古来異論がある。大師以前の註釈家は『般若心経』を『大般若経』の要旨を述べた経で別会の説法とは見ない。従《よ》って教主は『大般若経』の説主生身の釈迦と見るであろう。しかし高祖はこれを別会の説法とし、密経とするから、教主は変化法身の釈迦、説処は鷲峯山、対告衆は舎利子（鶖子）と見ている。説処を鷲峯山とするは、法月と般若の訳本に「一時仏王舎城耆闍崛山中に在りて」と説くによったものである。耆闍崛（Gṛdhra-kūṭa）は鷲峯山または霊鷲山と訳する。対告衆の上首を舎利子（Çāri-putra 鶖子）とするは大師所釈の経文に準じたのである。

般若、法月、智慧輪等の訳本に当経の説主を観自在菩薩とするが故に、『続決』第九に『心経』は仏説か観自在説かを問答している。この論則では答者は本書の文を証として仏説とする義をとっている。

当経の教主を釈尊と定めた上で、生身か変化法身かまた異論がある。頼瑜の『愚草』には生身の釈迦が説いた顕経で、大師の釈は開会の釈であるとする。高野山伝統の説ではこれに反して変化法身釈迦が説いた密経とする（『宗

決』第十七・『続決』第八)。この説は『秘鍵』の釈意に契っている。『般若心経』を密経とする理由は、この経が般若菩薩の心真言を説きその内証を明かしているからである。この経は般若菩薩の内証にそなえる所の四重円壇の曼荼羅を説く経であり、般若無相の空理を宗体とする経ではない。所説の法門が秘密の法であるから、能説の教主は変化法身である。

当経が般若菩薩の三摩地法門を明かした経で、『大般若経』の略出でないということについて、杲宝の『秘鍵聞書』第四に文理十証をあげて論じている。参照したらよい。(真言宗全書本七四頁以下、長谷師の『玄談』下九九頁以下)

三　両部と雑部

高祖の『真言宗所学経律論目録』(略称、『三学録』)に経合一百五十部二百巻と表し、その中で金剛頂宗の経六十二部七十三巻、胎蔵宗の経七部十三巻、雑部の経六十三部百四十六巻をあげている(最初の部数巻数の表示は一々の列名と一致していない)。この中に金剛頂部と胎蔵部と雑部とをわけているのは設教の本旨が異なり、経宗が別だからである。『般若心経』は『三学録』にのせていないが、変化法身の所説であるから雑部の経である。

本宗の仏身観に種々の説があるが、金胎両部の教相は四種法身説を基本とする。この四種法身に横竪の両辺があり、横平等の義では四身皆一相一味で自性を同じくする。竪差別門では四身の身土は同一でなく、浅深麁妙の別がある。両部と雑部とを区別するは、この中の竪差別門の義による。金胎両部大経は自性自受用法身が自性法界宮で従心流出の自眷属に対して説く所の法門であり、理法身の大日が唯理の法門を説けるが大日経胎蔵法であり、智法身の大日が唯智の法門を説けるが金剛頂経金剛界法である。これが胎金両部で純一無雑の大法である。これに対して雑部密経は大日如来が加持三昧に住して現じた他受用・変化・等流の随他三身が、随他の法界宮に住して自性会に相応しない機根のために、根本自性の一法を伝説する応病与薬の法門である。これを能説の仏身についていえば、両部大経の教主は本質の仏身、雑部密経の教主は垂迹影像の仏身である。随他三身の説法は、衆生化益のためにその性欲に応じて説く故に、その法門は雑々で唯理唯智の法門ではない。雑部の名義について両部雑説或いは顕密雑説の義を立てる学者もあるが、能説の教主も所説の法門も共に雑々であるから雑部と名づけたとするがよい。但し雑部の密経もその宗体は両部大法を離れず、三密平等の法を説く所の秘密方便で、顕教に説く方便とは異なる。

四　秘鍵著述の因由とその時期

『秘鍵』の刊行本には巻末に高祖の上表文をかかげている。その文意は、嵯峨天皇の弘仁九年に天下に大疫病が流行した。そこで天皇自ら紺紙に金泥を以て『般若心経』一巻を書写し、予（高祖）にその講讃を命じた。この書はその講讃の文章である。しかも未だ結願の詞をのべない間に多くの病者が蘇生し、日光赫々とかがやき夜を昼と変ぜしめた。この奇瑞は予が戒徳によるのではなく、全く金輪聖王弘仁帝の御信仰の力によるものである。但し神舎に参詣する者はこの『秘鍵』を誦ぜよ、予は且つて鷲峯山に於けるこの経説法の会座に列席して仏から親《まのあた》り聴聞したから、経の深義をよくわきまえている、という趣旨である。

この上表文によると本書は弘仁九年に高祖が勅命によって著述したものであり、疫病退治のために書写遊ばされた嵯峨天皇御宸筆の紺紙金泥の『心経』の供養講讃が著述の因由となるのである。これは事実であろうか。上表文と称するも、文章が拙劣であり表の体裁をなさず、大師の真作と見ることは疑わしい。殊に『秘鍵』の本文に「余童を教ゆるの次でに聊《いささか》綱要を撮《と》って彼の五分を釈す」とあるに反する。弘仁九年疫病祈願を因由として著述するという説を安易に認めることはできぬ。藤原敦光撰『弘法大師行化記』に、本書を承和元年仲春の作とし、東大寺真言院で道昌法師に開演せしめたと記している。承和元年は弘仁九年から十七年後である。宥快法印など高野山の古徳は上表文を信じて弘仁九年作とするが、済暹の『秘鍵開門訣』、頼瑜の『開蔵鈔』、三等の『蛇鱗記』等は承和元年説をとっている。また杲宝の『東聞記』はこの両説を折衷して、弘仁年中に開題を作り、承和元年に再治して秘鍵とするという。私はその内容から考えて高祖晩年の御作と思っている。

村上天皇応和元年（西紀九六一）東寺長者寛朝僧正が天皇の御前にて弘法大師に十号あることを上奏した。その席に比叡山の延昌座主が居て、同山に弘法大師真蹟『秘鍵』上表文があることを奏したので、勅命によってこれを取り寄せ、後に高野山へ送られた。それ以後上表文を『秘鍵』につけて流布するに至ったという。また一説には比叡山文殊楼にあった上表文を観賢僧正が護法神を遣わして持ち帰ったという。しかし此の上表文は信憑性が乏しい。これに留意したのが智積院能化運敞（一六一四―一六九三）と讃州覚城院の学僧三等（延享三年寂 一七四六）である。運敞は『谷響集』に偽作説をのべ、三等は『蛇鱗記』上に七失をあげて偽作と断定した。『性霊集』にある数種の上表文と今の上表文とを比較するに、文章に両者雲泥の差がある。今の上表文は文辞拙劣であり、表の体裁を成さず、不遜な態度が見え、他の謹厳謙抑な上表文とは大いに異なる。全く信用するに足りない。但し現に大本山大覚寺心経殿に嵯峨帝の宸筆の『般若心経』を奉安しているから、弘法大師が勅命を受けて供養し講讃せられたと想像することはできる。従《よ》って上表文は偽作であってもその記事に近い事実はあったかも知れぬ。ただこれを以て本書を弘仁九年の作と定めたり、製作の因由ときめることはよろしくない。著述の因由は『秘鍵』の説文に従うが正しい。

五　秘鍵の綱要

本書は序分・正宗分・流通分の三分から成り立っている。序分には帰敬序・発起序・大綱序・大意序の四序があり、正宗分には先ず経の説主と説処と対告衆とを説き、次に翻訳の同異を明かし、次に五分の科判を示して人法総通分・分別諸乗分・行人得益分・総帰持明分・秘蔵真言分の五分を以て『心経』の経文を配釈し、更に二番の問答を設けている。第一の問答は密語を解釈するは仏意に背かないかという疑問について述べ、第二の問答は『心経』を顕経と定めた上で、この経に密教の解釈をするは顕密混乱を招き不当であると難じ、これに対して在来の釈家は『心経』が密経であることを知らずして顕経と定めたことを誤りであると指摘し、般若菩薩の内証法門を説いた密経であることを答えている。最後に流通分に於いて、『秘鍵』が五分の科を設けて『心経』を釈したこと、この経は一字一文がすべて般若菩薩の法曼荼羅身で、法界に遍じ、またこの文字が一切衆生本具の理智であり、無始無終で我が一心であることを示し、後に文殊般若二菩薩の徳用をのべている。またこの経はこのように尊い経であるから未来に流通し護持すべきことを勧めている。

序分に帰敬・発起・大綱・大意の四序を設くるは、序分としては最も丁寧な方法である。経論によっては序分を欠ぐものもあり、四序の中の一二を用いる場合が多い。

六　題号と撰号

本書の題目を「般若心経秘鍵」という。秘鍵の「鍵」には「カギ」と「トザシ」との二訓がある。「カギ」は閉鎖してある所を開く道具であり、「トザシ」は閉鎖するに用いる道具である。本書の場合はこの両訓共に用いることができるが、ここでは「カギ」の意を用いて、『般若心経』に於ける秘密甚深の義を解説した書であるから『般若心経秘鍵』と名づけたと解釈しておく。『般若心経』は羅什訳の『仏説摩訶般若波羅蜜多心経』をさしている。

題の下に「并ビニ序」とあるは書題の序題とを別にせず、書題に序題を併せている意である。

撰号とは著者の名をいう。本書には遍照金剛撰という。高祖は恵果阿闍梨について灌頂入壇の際、金胎共に大日如来の座に投華せられたからその金剛号を遍照金剛という。ここに遍照金剛撰とあるは高祖の御作なることを示している。

題下に撰号をおく理由につき、古徳は㈠人法不離の義、㈡作者の相濫を除く、㈢人をして信を起こさしめる、の三義を説く。人法不離の義とは題は法、撰号は人であるが、『付法伝』上に「謂わゆる道自ら弘まらず、弘まること必ず人に由る」と説くが如く、人法不離の義を以て撰号をおくという意である。この説も誤りとはいえないが、常識的にいえば、作者の混乱をさけるため、また読者を信用させるために撰号を記すと見たらよい。

七　帰敬発起の二序

文殊の利剣は諸戯を絶つ　覚母の梵文は調御の師なり
《ちくまん》の真言を種子とす　諸教を含蔵せる陀羅尼なり
無辺の生死何《いか》んが能く断つ　唯だ禅那と正思惟とのみ有ってす
尊者の三摩は仁譲らず　我れ今讃述す哀悲を垂れたまえ

この二頌八句の偈は帰敬序と発起序とである。帰敬序は帰依敬礼の意をあらわす。今は文殊・般若二菩薩の字印形の三秘密身即ち種子と三昧耶形と尊形に対して帰依し、これを敬い礼拝する旨をのべている。文殊菩薩は般若智慧門の総部主、般若菩薩は正しく当経の本尊であるから、此の二尊の加被を得て容易にこの著作を成しとげるために、これに帰敬するのである。「文殊の利剣」は文殊菩薩の尊形と、三昧耶形を示す。文殊は右手に智慧の利剣をもって（『文殊軌』『五字陀羅尼頌』等の説）衆生の戯論煩悩を断破するから「諸戯を絶つ」という。文殊は具さには

曼殊室利 Mañjuçrī という。妙吉祥・妙徳または妙音と訳する。第二句の「覚母」とは般若菩薩をさす。この菩薩は三世諸仏の覚りの母であるから仏母または覚母という。左手に梵篋を持つ（胎曼持明院の像、『陀羅尼集経』第三）。「梵文」は梵語の経文の意、「梵篋」は貝多羅葉《ばいたらよう》の梵経を納めた箱をさす。「調御」は如来十号の一である。如来は衆生の放逸心を調御するから「調御師」という。但し今は般若菩薩所持の梵文をさす、法を以て諸仏の師とする意である。「𑖠𑖱𑖾・𑖦𑖽」は𑖠𑖱𑖾は般若菩薩の種子真言、𑖦𑖽は文殊菩薩の種子真言である。般若菩薩の種子は経には𑖠𑖱とするが、今は𑖦字が大空点を付して成菩提を示しているので、これに対応せしめて涅槃点を付し、この二字によって定慧の二徳をあらわしたのである。「種子」は一々の梵字の徳を草木の種子の徳に喩えたので、正しくは「種子の字」というべきである。種子には引生・摂持・多含等の義がある。第四句は𑖠𑖱𑖾・𑖦𑖽の二字に衆徳を含むことを説く。頌の第三四両句は𑖠𑖱𑖾・𑖦𑖽の二字に顕密二教の法を悉く摂持するという意である。

第五句以下の四句は発起序である。本書を製作する因縁を述べている。第五句は凡夫は三界六道に輪廻して無量の生死海に沈淪《ちんりん》するが、この苦痛を脱れるにはどのようにしたらよいかと問い、第六句は生死を断滅するには定慧の二徳によることを答える。「禅那」は思惟修（旧訳）静慮（新訳）等と訳し、義訳して定という。心の散乱を対治する義である。「正思惟」は智慧のことである。定と慧とは密接な関係がある。定は慧によって熟し、慧は定によって発《おこ》る。定と相応せぬ慧は邪智となり、慧を伴わない定は辺定となり、共に生死の繋縛をたちきる力はない。然るに文殊般若二菩薩は定慧の二徳を具足するから、この二尊の徳によって凡夫の生死流転の苦悩を除くというが今の文の意である。

第七句の「尊者三摩」等は文意がはっきりしないから学者の見解が区々である。今一義によって釈せば、般若菩薩の内証三摩地を説くことを釈尊が他に譲らず、自ら鷲峯山に於いてこれを説かれたという意である。「尊者」は般若菩薩、「仁」は能仁で釈尊をさす。「三摩」は三摩地の略で平等摂持入我我入の義を示す。即ち諸尊の内証のことで、今は般若菩薩の内証をさしている。第八句は文殊般若二菩薩の加護によって著述の完成を期するために請益する意である。

八　大綱序の釈

夫れ仏法遥《はる》かに非ず、心中にして即ち近し、真如外に非ず、身を棄てて何《いず》くにか求めん。迷悟我に在れば発心すれば即ち到る。明暗他に非ざれば信修すれば忽ちに証す。（中略）慈父導子の方大綱此《これ》に在り乎。

この一章は教法がおこる因縁をのべ、仏法の大綱を示している。故にこれを大綱序という。およそ両部理智の二徳は衆生の身心に本来そなえているもので遠く他に求めるに及ばない。極大頓機は発心と同時に証果を得、上根上智は信修すれば一生に仏徳をあらわす。然るに多くの衆生は無明煩悩によって生死の苦海に流転して無量の苦悩をなめ、しかも自ら迷えることを覚らず、かえって覚者を嘲《あざけ》っている。仏陀医王の教薬によらねば、大日覚王の光明に照らされて救済せられる時が何れの日に来るであろうか。大慈大悲の仏陀はこれを黙視することができないから、自証門を下って化他門に出で救済の手を下して教法を説きたまう。然るに衆生の機根は千差万別であるから一法門を以て全衆生を悉く救済することはできぬ。機根の勝劣に応じてその病源を察し、その本縁性欲によってこれを教化し救済し、顕教の機根のためには顕教の法門を説き、密教相応の機根のためには秘密法門を説かねばならぬ。教法が多岐にわかれるはこれがためである。即ち密機のためには金胎両部理智の二門を設け、顕機のためには人・天・声聞・縁覚・菩薩の五乗の法門を設けたのである。これ仏陀が衆生を教化せられる大綱である。

九　大意序の釈

大般若波羅蜜多心経とは即ち是れ大般若菩薩の大心真言三摩地法門なり。（中略）失《とが》智人断《ことわ》りたまえ、而已《まくのみ》。

この一章は『心経』一部の大意を明かし、かねては『秘鍵』著述の因由をのべている。故にこれを大意序という。

この経は大般若菩薩の大心真言三摩地法門を明かす。その文は十四行で一紙にも足りない短文であるが、そのふくむ所の法は肝要であり、その義理は甚深である。即ち経の「深般若波羅蜜多」の一句には五蔵の般若をふくみ、「三世諸仏依二般若波羅蜜多一故得二阿耨多羅三藐三菩提一」の一行の文には七宗の行果を摂し尽くしている。更に経文の句義について大意を示せば、「観自在菩薩」と「菩提薩埵」の句は五蔵七宗の諸乗の行人をあげ、「度一切苦厄」と「究竟涅槃」は諸教の得楽を示し、「照見五蘊皆空」の五蘊は迷境をさし、「三世諸仏」は悟心を示している。「色不レ異レ空、空不レ異レ色、色即是空、空即是色、受想行識亦復如レ是」は普賢菩薩の内証を示す三種無碍円融の義を示している。「不生不滅、不垢不浄、不増不減」は文殊菩薩の内証法門である所の諸法皆空の理を示す。「是故空中無レ色無二受想行識一無二眼耳鼻舌身意一無二色声香味触法一無二眼界一乃至無二意識界一」は三科の法を空ずることを明かし、弥勒菩薩の内証三界唯識の義を示し、「無レ智亦無レ得、以二無所得一故」は理智不二境智一体の義を示して観自在菩薩の内証を明かしている。「無二無明一亦無二無明尽一乃至無二老死一亦無二老死尽一」は縁覚の法門を示し、「無二苦集滅道一」は声聞の法門を説く。このように『心経』には般若菩薩の内証に具わる所の普賢・文殊・弥勒・観音の四菩薩及び声聞縁覚二乗の法門を説くが、その上更に真言の中の「𑖐𑖝𑖸《ぎゃてい》gate」の二字は顕密諸蔵の行果をのみ、「𑖢𑖯𑖨」（𑖢𑖯𑖨𑖭𑖽 pāra saṁ）は顕密の法教を含んでいるから、一々の声字一々の名実は無限の時を歴ても説き難く、塵数無量の仏も極めたまうことは出来ない。故にこの経を誦持し講説し供養すれば苦を抜き楽を与え、修習し思惟すれば無上菩提の道を得て無礙の神通を起こすことができる。

この一章の文意は後に詳説するから、その時に明らかになることではあるが、上に説いた中のいくつかの主要な句について解説を加えよう。「大心真言三摩地法門」とは、大般若菩薩に身陀羅尼・心陀羅尼等があり、大心真言というは心陀羅尼をさし、経の末に説く掲諦等の真言である。この真言は般若菩薩の内証法門を説くから三摩地法門という。「五蔵」は小乗の経律論三蔵と般若蔵（大乗の三蔵）と陀羅尼蔵をさす。『六波羅蜜経』に五蔵のことを説く。「七宗」とは下に説く所の建・絶・相・二・一と秘蔵真言で、十住心の中の第四住心以上の出世間の七ヶ住心をさす。「箘持」とは心外の法を箘び去って心内の法を持取する意で、三界唯識の法をさすが、今は法を人に従えて弥勒菩薩を箘持という。

本文の「余童を教ゆるの次でに」以下の文は、『秘鍵』著述の意趣を述べている。文意は理解し易いから省略する。「或るが問うて云わく」以下は通妨問答である。問は『解深密経』の三時教判によって当経を第二時未了義の空教と判じて第三時中道の顕了教を含まぬと難じ、答者はこの難を心経を以て大般若の提要と見るから起こったものであると判じ、『心経』は三世諸仏の師たる般若菩薩の内証を説く密経だから、総持多含で一字に五乗の義を含み、一念に三蔵の法を説いて欠げず、況んや一経一部に何の欠落があろうかと答えている。

十　心経の題釈

仏説摩訶般若波羅蜜多心経とは（中略）若し総の義を以て説かば皆人法喩を具す。斯れ則ち大般若波羅蜜多菩薩の名なり、即ち是れ人なり。此の菩薩に法曼荼羅真言三摩地門を具す、一一の字は即ち法なり。此の一一の名は世間の浅名を以て法性の深号を表わす、即ち是れ喩なり。

この章は『般若心経』の題名を釈している。経に梵本の題と漢訳の題とあるが、『仏説摩訶般若波羅蜜多心経』

というは梵漢を交えた題で説心経の三字は漢語、その他は梵語である。本文に梵題を示して、

ぼだはしゃまかはらじゃはらみたかりだそたらん

としている。これは少し誤っている。正しい梵名は buddha-bhaṣa-mahā-prajñā-pāramitā-hṛdaya-sūtraṁ である。転写の間に誤りを生じたものか。

この経題は全体が直に人であり、法であり、喩である。人に約せばこの経は大般若菩薩であり、法に約せばこの菩薩所具の法曼荼羅大心真言三摩地法門であり、喩に約せばこの一一の文字が皆世間普通の文字であるが、しかもこの世間の文字を以て法性海の深号を顕わすから何れも喩である。この釈は真言教義による深秘の釈で、顕教にいうが如く一題を分解して人法喩を立てる七種立題の範疇とは趣を異にしている。

十一　説主と説処と対告

此の三摩地門は仏鷲峯山に在《いま》して、鶖子等の為に之れを説きたまえり。

この文は『心経』を説いた教主と、説法の会座と、聴聞者即ち対告衆とを明かす。このことは前にも述べた。大般若菩薩の三摩地法門を説く所のこの心経の説主は変化法身の釈迦如来である。この経を顕経とする人は生身の釈迦とするが、高祖は変化法身とする。説所は印度の王舎城の東北に聳える耆闍崛山即ち鷲峯山である。これは般若、法月両三蔵の訳した心経によられたものであろう。次に対告衆は舎利弗を初め諸の菩薩天人等である。舎利弗（Çāri-putra）は鶖子と訳する。旧訳に身子というは誤りである。身の梵語は çarīra である。

十二　翻訳の同異と顕密の差別

此の経に数《あまた》の翻訳あり。第一に羅什三蔵の訳、今の所説の本是れなり。（中略）謂わゆる龍に蛇の鱗《いろくず》有るが如し。

この一章は『般若心経』に多くの異訳本があること、この経は般若菩薩の大心真言を説く密経であって顕教系の注釈家が『大般若経』の心要を略出した顕経と見るは誤りであることを明かしている。この事は前にのべたことではあるが、今『秘鍵』の説文について説明を加えておく。この一章は異訳本としては羅什・玄奘・義浄・法月・般若の五本をあげてその同異を明らかにし、今は羅什本を講ずることを述べている。更に『陀羅尼集経』第三に此の真言法を説き、その経題は羅什本に同じという。大師が『般若心経』を密経とせられるのは『陀羅尼集経』に基づいている。但し『集経』の経題は『般若波羅蜜多大心経』とあって羅什本と全同ではない。

『心経』の顕密分別を明かして、この経を顕経と見るは龍に蛇の片鱗があるから蛇であると言うに同じである。文言の類似を以て暗推する憶説にすぎない、と説く。

本文に「此の菩薩に身心等の陀羅尼有り」と説くが、『集経』には身陀羅尼と名づくる真言は見当たらぬ。経に「身印を作して大咒二十一反を誦せよ」とあるから、大咒のことを身陀羅尼といわれたのであろう。

十三　五分の科判

『秘鍵』は前章に次いで、人法総通分・分別諸乗分・行人得益分・総帰持明分・秘蔵真言分の五分に分かって、経文を配当している。人法総通分は「観自在……度一切苦厄」の文で、後四分の人と法とを総通して明かすから、人法総通分と名づける。この経に説く所の建絶相二一と秘蔵真言の七宗の行人とその所観の法を説く。第二分別諸乗分は人法総通分に建立する所の七宗の中顕教の諸乗を分別して、建（普賢・華厳）・絶（文殊・三論）・相（弥勒・法相）・二（声聞・縁覚二乗）・一（観音・天台）の六宗の義を説く。経は「色不異空……無所得故」の文である。第三行人得益分は七宗の行人の得益を一処に説く。経の「菩提薩埵……三藐三菩提」がこれに属する。第四総帰持明分は上の散説の法門を摂して第五の秘蔵真言に帰入することを説く。経の「故知般若……真実不虚」がこれである。第五秘蔵真言分は正しく真言の体をあげるので、経に説く陀羅尼真言をさす。陀羅尼は秘蔵真言だから秘蔵真言分という。

十四　人法総通分の大旨

第一人法総通分に五あり、因行証入時是れなり。（中略）頌に曰わく、

観人智慧を修して　深く五衆の空を照らす

歴劫修念の者　煩を離れて一心通ず

人法総通分には因行証入時の五法を明かしている。因行証入は真言行者修行転昇の次第を示すから四転の法門である。五転では方便為究竟を加えるが、この究竟の果は四転成就の結果であるから、今は四転を以て五転をあらわしている。因行証入は経文につけば「因」は菩提心で「観自在」の句に当たる。観自在は七宗の行人をさす。この行人は各自ら修行する法に観達自在であるから観自在という。この能行の人は本覚の菩提心を具足しているから、これを因の句に配する。次に経の「行深般若波羅蜜多」は「行」の句である。般若波羅蜜多の行を修する。般若に文字・観照・実相の三種があり、観照般若は能観の智、実相般若は所観の理であるから、今これを「能所観法」と釈する。次に「証」とは証菩提のことで、修行によって証する智をいい、経の「照見五蘊皆空」に当たる。五蘊が皆空であることを照見するは観照般若の功能を示す証菩提である。文の「照空」は「五蘊皆空と照見する」の経文

をさしたのである。次に「入」とは入涅槃で、般若の行によって得る所の果である。経の「度一切苦厄」で、文にはこれを略して「度苦」という。証菩提は智を体とし、入涅槃は理を体する。生死の苦海を度脱して涅槃安楽の果を得、分段変易二種生死の苦を超え人法二空に顕わす所の実相般若の理に入る。次に「時」とは般若の教によって修行する人の経る時分を示し、経の「時」の一字を釈する。修行者が七宗に分かれるから、その智も無量であり、修行の時も多く差別がある。即ち建乗の行人は見聞・解行・証果海の三生を経過し、絶相一の三乗の人は三大劫を経て成仏する。但し一（天台法華）の行人については異義があり、「妄執」をあてる説もあるが、今は三劫の中に摂する義をとる。声聞乗は六十劫、縁覚乗は百劫を経て涅槃に入る。声聞乗に三生、縁覚乗に四生の人もあるが、今は長期の修行を示したのである。真言乗の行人は三妄執を越えて自証を成ずるから今「妄執」という。

人法総通分と名づける故にこの章には人と法とを説明していなければならぬ。然るに上に説く因行証入時は法のみを説くように見える。しかし、これは五法に即して人を明かしているから人法共に説いたことになる。また別していえば「観自在」の句が行人を示している。

今の頌文は長行に説いた所を要約して示した重頌である。初句は能行の人と因行の二転を述べ、第二句は証菩提を明かし、第三句は時を明かし、第四句は入涅槃を示している。煩悩を度脱して一心の本源に通達する意で、経の「度一切苦厄」に当たる。「五衆空」とは五蘊皆空の意である。

十五　分別諸乗分の一（建乗・普賢）

第二の分別諸乗分に亦五あり、建絶相二一是れなり。初めに建とは謂わゆる建立如来の三摩地門是れなり。（中略）頌に曰わく、

色空本より不二なり　事理元来《もとより》同なり
無礙に三種を融ず　金水の喩其の宗なり

分別諸乗分は建絶相二一の五段に分かれているから本章は初めにこの事を明かし、次に建乗を説明している。建乗は建立如来即ち普賢菩薩の三摩地門で、華厳宗の法門である。経文は「色不レ異レ空、空不レ異レ色、色即是空、空即是色、受想行識亦復如レ是」に当たる。この経文は三種無礙円融の義を説く。即ち色不異空とは事事無礙を明かす、色は事、空は理であるが、次句に空不異色と説くから異空の空も色となって、事事無礙となる。次に「空不異色」とは理理無礙の義である。空は理、色は事であるが、この色は上の句に空と異ならずというから理に同じく理理無礙の義を説くことになる。次に「色即是空、空即是色」は事理無礙円融の義を示す。色は事法、空は理法であるから事理無礙を示している。「受想行識亦復如是」とは上に五蘊の中の色蘊について説いたから他の四蘊もこれに準じて知るべきことを明かしたのである。かくの如く円融の三法を建立するは普賢菩薩の内証である。故に普賢の秘号を建立如来という。深秘の意では普賢菩薩は菩提心の徳を司るから菩提心建立の意を以て建立如来と称するが、今は浅略釈に準じて「普賢の円因は円融の三法を宗とするが故に以て之れに名づく」と釈したのである。

頌文は第一句に事事無礙と理理無礙の義を示し、第二句に事理無礙の義を明かし、第三句に三種円融の義を結釈し、第四句に喩を以て無礙の義を釈する。第四句の「金水の喩」とは金師子の喩と水波の喩とである。

十六　分別諸乗分の二（絶乗、文殊）

二に絶《ぜつ》とは無戯論《むけろん》如来の三摩地門是れなり。（中略）頌に曰わく、
八不に諸戯を絶つ　文殊は是れ彼の人なり

独空畢竟《どくくうひつきょう》の理　義用最も幽真なり

分別諸乗分の第二絶乗は経文の「是諸法空相不生不滅不垢不浄不増不減」に当たる。即ち無戯論如来文殊菩薩の三摩地法門で、三論宗の宗義を示している。文殊菩薩は八不正観を以て八迷の戯論煩悩を断破する。経の不生等の六不は『中観論』に説く八不と開合の異なりはあるが同体である。即ち経の不垢は不来、不浄は不去、不増は不常と不異、不減は不断と不一とに相当する。文殊は智慧の利剣をもって生滅断常一異去来の八迷の戯論を能く断ずるから、その内証を絶という。絶の名は人につけば無戯論如来の無の義、法にては不生等の観を以て生滅等の戯論を断絶するをいう。頌文第一句は法について述べている。三論宗には相待空・絶待空・独空の三種空を説く。その中の独空は相待を離れた究竟の極理本性自然の自性空であるから、この意を示して頌文第三句に「独空畢竟理」という。文殊の種子《まん》はこの大空の義を示している。

十七　分別諸乗分の三（相乗、弥勒）

三に相とは謂わゆる摩訶梅多羅冒地薩怛嚩《まかばいたらぼうじさとば》の三摩地門是れなり。（中略）頌に曰わく、

二我何れの時にか断つ　三祇に法身を証す
阿陀は是れ識性なり　幻影は即ち名賓なり

本章は相乗を明かす。摩訶梅多羅冒地薩摩怛嚩（mahā-maitreya-bodhi-sattva）即ち大慈氏菩薩の三摩地法門を説く。旧には弥勒菩薩と名づける。宗につけば法相宗の法門である。法相宗は遍計所執・依他起性・円成実性の三科の法を説き百法を立てて諸法の相状を明かすが故に相という。また弥勒菩薩は能く衆生の心行性欲等の相状を知って、それに応じて大慈を施す故に相という。相乗は経文の「是故空中無レ色、無二受想行識一、無二眼耳鼻舌身意一無二色声

香味触法一無二眼界一乃至無二意識界一」に当たる。五蘊十二処十八界を空ずる意である。従って経文を直に法相宗に配当するは矛盾しているようである。これにつき『宥快鈔』八に古来の異説を三義あげている。一義には今経は文殊の大空妙慧を明かす。彼の空理の上に諸乗を建立する故に空ぜられる三科を以て法相の義を意得べしという。また一義には無の言は所執に約す、依他の色心は所執を離れるから無というと。この義は法相宗の意は諸法を実有とする執着を破するために、諸法の性相を詳細に説くという意である。また一義には法相宗の所談に依他円成の二法について執空体空の二義がある。若し執空の義なら次上の如く、若し体空の義なら直に三科の法に於いて空の義があるという。無は空の義である。以上三義の中に第一義を本とし、第二三義を兼ねて意得たらよい。『大日経』「住心品」の三劫段に「大乗の行あり、無縁乗の心を発《おこ》して法に我性無し、何を以ての故に彼れ往昔是の如く修行せし者の如きは、蘊の阿頼耶を観察して自性は幻陽炎影響旋火輪乾闥婆城《げんようえんようこうせんぐわりんげんだつばじょう》の如しと知る」と説く。この文と今の相乗と同意である。

本文の中の「大慈三昧」等の句は弥勒菩薩の徳を明かす。この菩薩は大日の大慈の徳を司り、一切衆生に楽を与える。また法相宗には因果の道理を詳らかに説いて衆生を導く故に文に「因果を示して誡となす」という。法相宗は真如は凝然として諸法を作さず、諸法は阿頼耶識の所変であると説き、相（有為の万法）と性（無為の真如）との間は無常と常住と各別と説く故に「性相別論」といい、三界は総《す》べて自心の変作で、心外の法は悉く妄境界であると遮遣するから「唯識境を遮す」という。

頌文も相乗の綱領を明かしている。この乗の菩薩は三大無数劫の間に六度万行を修し、煩悩所知の二障を断じて人法二我を空じ、五十二位の階級を経て四智三身の功徳を証する。この乗に説く行位や唯識の義等は『十住心論』第六に詳細に説いている。頌の初二句はこれらの義を問答したのである。第三句は八識建立の義を説く。第八識は未来の善悪一切諸法の種子を執持するから執持識即ち阿陀那（ādāna）識と名づける。前七識の根本となるから「阿陀は是れ識性」という。第四句は依他起性の法は因縁生法で、不実の法であるから、幻や光影の如きものであり、無自性であることを明かす。

十八　分別諸乗分の五（声聞縁覚二乗）

四に二とは唯蘊無我抜業因種是れなり。是れ即ち二乗の三摩地門なり。（中略）頌に曰わく、

風葉に因縁を知る　　輪廻幾《いくば》くの年にか覚る
露花に種子を除く　　羊鹿の号《な》相連れり
（中略）頌に曰わく、
白骨に我何《いずく》んか在る　　青瘀《しょうお》に人本より無し
吾が師は是れ四念なり　　羅漢亦何ぞ虞《たのし》まん

この章は縁覚と声聞との二乗の三摩地法門を明かすから二と標している。十住心の中の第五抜業因種心と第四唯蘊無我心とに当たる。今は初めに縁覚乗を説く、経文の「無二無明一亦無二無明尽一乃至無二老死一亦無二老死尽一」の句に当たる。経文は流転の十二因縁と還滅の十二因縁とを共に否定する義を示しているが、普通は縁覚は流転の十二因縁によって衆生の現前相を如実に説明し、還滅の十二因縁を観じてその繋縛をはなれて悟る。故に経の「無」の字は少し理解しにくいが、前に説明した如く般若無相の空理の上に建立する縁覚の法門であることを念において理解したらよい。文に「因縁仏」とあるは縁覚のことである。梵語辟支仏（pratyeka-buddha）の仏と縁覚の縁との梵漢取りまぜて因縁覚という。

「風葉」等の頌文は縁覚乗の行相を示す。第一句は縁覚が飛花落葉等の自然現象を観察して、十二因縁縁起の法相を知ることを明かし、第二句は縁覚が生死輪廻の繫縛《けばく》から脱するに要する年月を問う。答えは示していないが短きは四生長きは百劫である。第三句は無常観を説いて無明煩悩の種子を除くことを明かし、第四句は声縁二乗を合して説く理由を示している。「羊鹿」は『法華経』「譬喩品」に説く羊鹿牛の三車の譬によったもので、羊車は声聞、鹿車は縁覚をさす。声聞と縁覚とは共に小乗の涅槃を果とするから合説することが多い。

本文の「無苦集滅道」以下は声聞乗を明かす。経文の「無苦集滅道」の一句が該当する。この場合の「無」も上の縁覚の時の説明に準じて意得たらよい。「苦集滅道」は声聞所観の四諦の法である。「依声得道」とは声聞を指す。声聞は如来の声教を聞いて悟道を得る。

頌文の第一・二句は声聞が不浄観を修するに死者の九相を観ずるが、今はその中の第八の白骨(骨鎖相)と第三の青瘀の相をあげて他を省略したのである。第三句の中の「四念」とは声聞が観ずる四念処観をさす。「羅漢」は阿羅漢(arhat)の略で、声聞縁覚が到達する最上の果報である。応供・殺賊等と訳する。

十九　分別諸乗分の五(一乗、観音)

五に一とは阿哩也嚩路枳帝冒地薩怛嚩の三摩地門なり。(中略)頌に曰わく、

蓮《はちす》を観じて自浄を知り　菓《このみ》を見て心徳を覚る
一道に能所を泯ずれば　三車即ち帰黙す

この章は一の法門を明かす。観自在菩薩の三摩地法門であり、宗につけば天台宗である。これを一と名づくるは、浅略には法華一乗は三乗を開会して一乗に帰する故であり、深秘にはこの乗に境智不二一道清浄の義を説く故に一

と名づくるのである。経文に「無レ智亦無レ得、以レ無二所得一故」とあるに相当する。「無」は般若の真空を指し、「智」は能証の覚智、「得」は所証の理である。能証所証の二相を滅して理智を立てるは法華一乗の妙談である。故に『秘鍵』にこの義をのべて、「智は能達を挙げ、得は所証に名づく、既に理智を泯ずれば強ちに一の名を以てす」という。「阿哩也齷路枳帝冒地薩怛齷」は聖観自在菩薩の梵名であるが、阿哩也は聖、齷路枳帝は観、冒地薩怛齷は菩薩の具名であるから、自在の梵名「伊湿伐羅」を欠いでいる、故に具さには ārya-avalokita-içvara-bodhi-sattva というべきである。観自在を旧訳には観世音または光世音という。観世音の訳語は『法華経』に「其の音声を観ずれば皆解脱を得」と説くが如く、この菩薩は衆生苦悩の音声を観じて彼を解脱せしめる義である。この菩薩を今得自性清浄如来と名づけているが、これは『理趣釈』に「得自性清浄法性如来とは観自在王如来の異名なり、即ち此の仏を無量寿と名づく。若し浄妙仏土に於いては現に仏身を成じ、雑染五濁世界に生住しては即ち観自在菩薩と為《す》」と釈しているによる。但し今は「法性」の二字を略している。『理趣釈』の意は因位に観自在菩薩と名づけ、果位には無量寿如来と号することを説く。従って今は因果同体の義を以て得自性清浄如来を直に観自在菩薩の秘号としたのである。観自在菩薩は左手に未敷蓮花を持ち、右手でこれを開く勢をしている。未敷蓮は一切衆生の身心に本来清浄の理を有することを示している。この本来清浄の理を一道無為と名づけ、または一道清浄という。この清浄の理は無明三毒の泥中にあっても六道四生の中に往来してもその垢穢に染せられずけがされない。それは泥中に生じた清浄な蓮花の如きであるから、「一道清浄妙蓮不染」という。この一道をまた一乗ともいう、仏乗である。『法華経』に開示悟入の四仏知見を説く。深秘の義では𑖀字の四点にあたる。本文に「衆生に開示して苦厄を抜く」というはこの四仏知見の中の開と示との二をあげて、悟と入の仏知見を兼ねしめる意である。一切衆生の発心修行は皆観自在菩薩の加持力による。「苦厄を抜く」はこの菩薩の内証を示してその得益を明かしている。普賢・文殊・

弥勒・観音は慈悲喜捨の四無量心の徳を以て内証とする。弥勒は大慈、観音は大悲、普賢は大喜、文殊は大捨の徳を司る。四菩薩共に内に他の三心を兼ねてはいる。嘉祥大師の三転法輪の判教によれば『法華経』と『涅槃経』は摂末帰本法輪である。『秘鍵』の本文に「法華涅槃等摂末帰本の教唯此の十字に含めり」と釈するは、一切衆生を悉有仏性と説く『法華経』と『涅槃経』とは『心経』の「無智亦無得以無所得故」の十字に摂することを明かしている。

頌文の第一・二の両句は蓮華の清浄なるを見て自心の自性清浄の理を知り、花台の果実を具足せるを観て心中の万徳円満の体を覚ることを明かす。故にこの両句は順に遮情と表徳の相を示している。第三・四の両句は法華一乗の一道清浄心は理智能所の隔歴を融泯して境智不二一味平等の義に到達すれば羊鹿牛の三車の法門も同じく一乗実教に帰し、三乗の権教止滅するという意である。「帰黙」は止滅の意である。

二十　行人得益分

第三の行人得益分に二つ有り、人法是れなり。（中略）頌に曰わく、

行人の数《かず》は是れ七、　重二彼の法なり
円寂と菩提と　正依何事《なにごと》か乏しからん

第三行人得益分は経の「菩提薩埵依㆓般若波羅蜜多㆒故心無㆓罣礙㆒。無㆓罣礙㆒故無㆑有㆓恐怖㆒、遠㆓離一切顛倒夢想㆒、究竟涅槃。三世諸仏依㆓般若波羅蜜多㆒故得㆓阿耨多羅三藐三菩提㆒」に相当する。この文を人法の二に分かって説く。「菩提薩埵」の一句は行人を示し、「依般若」以下は行人の得益たる因行証入の四法を明かす。「菩提薩埵」は分別諸乗分に説く所の建絶相二一の六宗の行人と後に説く真言行人とを総括した句である。薩埵は諸乗によって異なり

がある。『五秘密儀軌』に愚・智・金剛の三種薩埵を説き、『大日経疏』一に愚童・有識・菩提の三種を説く。高祖はこれらの説によって、愚・識・金・智の四種薩埵をあげたのであり、『高雄口決』にこれを順に凡夫・二乗・菩薩・仏に配当している。但しこの配当等については古徳の異説が多く、また菩提薩埵の句に二乗をふくめて見ることにも異論があるが、三乗の得名を分別する時には菩提薩埵は大乗の菩薩にかぎるも、通門の時は三乗共に自己当分の菩提を求むる人であるから、皆菩提薩埵である、と意得たらよい。

　法について因行証入の四を説く。第三分は行人の得益を明かす文段であるから、本来なら証菩提と入涅槃とを説けばよい。しかしこの二法は因行によって得る法だから今因行証入の四法を明かすのである。経の「依㆓般若波羅蜜多㆒故」は因行の二法を示す。因は浄菩提心、行は大悲万行で、この二共に智慧によるから「依般若波羅蜜多故」という。故に釈文に「般若は即ち能因能行」という。経に「心無罣礙故……究竟涅槃」というは入涅槃の句で、般若の行に依って無障礙の真理を証し、一切の顛倒妄想の障を遠離して究竟涅槃の極位に至ることを示している。これを釈文では「無礙離障は即ち入涅槃」という。経に「三世諸仏」等というは証菩提の句である。釈文ではこれを「能証の覚智は即ち証果なり」と述べている。般若波羅蜜多は菩提の異名である。この菩提は因行に対すれば所証なるも、涅槃に対すれば能証であるから「能証の覚智」という。

　頌文は行人得益分の大綱を述べている。第一句は行人に七宗の行人あることを示し、第二句は因行証入の四法をこの分に説くことを明かし、第三・四両句は涅槃と菩提と正報と依報とに万徳を具足して欠けるところが無いことを示している。「重二」は因行と証入と二重の二法を指し、「円寂」は涅槃の訳語である。「正依」は正報と依報で、菩提の智果を得た仏と、仏の所住の浄土たる涅槃円寂の理果とである。

二十一　総帰持明分

第四の総帰持明分に又三あり。名体用なり。（中略）頌に曰わく、

総持に文義　忍咒有り悉く持明なり
声字と人法と　実相とに此の名を具す

この章は分別諸乗分に建立した六宗の法を総結して第五秘蔵真言分に帰入する義を説く。経の「故知、般若波羅蜜多、是大神咒、是大明咒、是無上咒、是無等等咒、能除二一切苦一、真実不レ虚」に当たる。この経文に名体用の三種を示す。「是大神咒」等の四種の咒明は名を示す、順に声聞・縁覚・諸大乗・秘蔵真言の明咒である。「真実不虚」は持明の体をさし、掲諦等の真言である。真言の体は声字実相で虚偽迷妄をはなれているから「真実不虚」という。「能除一切苦」は持明の用を説く。四種の咒明を声聞・縁覚・諸大乗・秘蔵真言の四乗に配当するは一往の義で、若し通門に約せば四乗各々四種の咒明があると意得たらよい。

頌文は上半に四種総持共に持明の義があることを明かし、下半に声字等の五法に総持の名を具することを述べている。総持は陀羅尼 dhāraṇī の訳である。普通は文句の長いものを陀羅尼または大咒と名づけ、文の短いものを小呪・心呪・真言等という。『秘蔵記』に陀羅尼を総持と名づける理由を説いて、一字の中に一切の法文を含蔵するからであると釈し、さらに陀羅尼に明・呪・密語・真言等の別名があることを明かしている。従って今の文に咒明・神咒・持明等というは真言を指すこと明らかである。

経に大神咒等の四名をあげているが、大神咒はその体が殊勝で功用が自在であるから神咒と名づけ、その神用が他に比較すべきもの無く光顕するから大明咒と名づけ、神呪が此の上なく勝れているから無上咒と名づけ、更に対比すべきものがないから無等等咒と名づけたのである。

頌文の中「総持に文義忍咒有り」というは、科名の持明の句は文義忍咒の四種陀羅尼に通ずることを明かす。経には「是大神咒」等と説いて、四種総持の中の呪陀羅尼のみを示しているが、実は持明陀羅尼には文義忍咒の四種の義を含んでいるから、今この事を明らかにしたのである。総持と持明とはその体は同じである。総持は万徳を総摂任持する義である。持明の持は摂持の義、明には二意ある。一には陀羅尼は如来の光明の中に現われる意、二には煩悩の闇を除いて智慧の光明を得る意である。四種の中の文陀羅尼は能詮の教文をさし、一字一文に一切の文を含むをいい、義陀羅尼は所詮の義理をさし、一一の義理に一切の義理を包括するをいう。忍陀羅尼は得悟の果をさし、一一の文字に万徳を忍持して失わざるをいい、咒陀羅尼は神験等を意味する。声字が神験を発して災禍をほろぼすをいう。『瑜伽論』『仏地論』等の顕教の人師は四種総持を人につけて説くが、密教は人法にわたって四種を見ている。『字母釈』にこのことを詳説している。頌の第三・四句は声と字と人と法と実相との五法にわたって総持の名を具することを説く。「此名」とは文義忍咒の四名をさす。万法は声字人法実相の五法を出でないから、この句に総持に万法を具することを明かしている。

二十二　秘蔵真言分

第五秘蔵真言分に五有り。（中略）頌に曰わく、

真言は不思議なり　観誦すれば無明を除く
一字に千理を含み　即身に法如を証す
行行として円寂に至り　去去として原初に入る
三界は客舎の如し　一心は是れ本居なり

この章は秘蔵真言分で、経の「故説㆓般若波羅蜜多咒㆒、即説㆑呪曰、掲諦掲諦波羅掲諦波羅僧掲諦菩提娑婆訶」に当たる。「般若波羅蜜多咒」とは大般若菩薩の大心咒で、掲諦等の真言である。釈文にはこの真言を五つに分解してその句義を説明し、声聞・縁覚・顕の諸大乗の菩薩及び真言曼荼羅の行果と諸乗の究竟菩提証入の義を説くとのべている。掲諦𑖐𑖝𑖸（gate）とは「行ける」「去った」の意を有する梵語であるが、密教では世間の文字に即して深義を見る習があり、𑖐𑖝𑖸は行の義、𑖐は本体の𑖝𑖸（ta）字に如如の義を見るので証果の意とし、𑖐𑖝𑖸の二字に行果の義があると解する。今これを重ねているから、声聞と縁覚との行果に配当する。「波羅掲諦𑖢𑖐𑖝𑖸」（𑖢は𑖢𑖯𑖨の誤りでpāragate 波羅は彼岸の義である）は「彼岸に行った」の意である。高祖はこれを「円満最勝」の義と解して、諸大乗の行果としている。「波羅僧掲諦𑖢𑖭𑖽𑖐𑖝𑖸」（𑖢𑖭𑖽は𑖢𑖯𑖨𑖭𑖽の誤でpārasaṃgateである。僧 saṃ は到達・竟の意）は彼岸に到達しおわったことを意味する。故に高祖はこれを「真言曼荼羅具足輪円の行果を明かす」と釈している。『秘蔵記』には波羅僧を「和合の義」と註しているが、これは理智和合の意であり、万徳輪円を意味する。菩提娑婆訶𑖤𑖺𑖠𑖰𑖭𑖿𑖪𑖯𑖮𑖯（bodhi－svāhā）は菩提は覚と訳し、娑婆訶は成就の義で菩提の円成を祈る詞である。故に高祖は「上の諸乗究竟菩提証入の義」と釈す。娑婆訶の句につき、『仁王経念誦儀軌』には成就・吉祥・円寂・息災増益・無住の五義を、『秘蔵記』には究竟・円満・驚覚・成就・散去の五義を説く。今ここに「証入」という証菩提と入涅槃の二徳を示している。娑婆訶に入涅槃の義があるとする意で散去の義によったものである。生死の此岸を去って涅槃の境に入る意を示している。

掲諦等の真言を声聞縁覚の行果等に配する義は真言の句義釈で浅略の釈である。梵字に含む真言密教の法門を釈するに十六玄門という考え方がある。遮情・表徳・浅略・深秘・字相・字義・一字摂多・多字摂一・一字釈多・多字釈一・一字成多・多字成一・一字破多・多字破一・順観旋転・逆観旋転がこれである。この十六法は秘密総持の玄理に入る門であるから十六玄門という。高祖は『三種悉地軌』『大日経疏』第七等によって『法華経釈』にこの十六法を説く。今『秘鍵』に「字相義等」というはこの中の字相字義の二をあげてその他をこれに等取しているのである。字相字義とは梵字に形・音・義の三ある中の義について立てる名で、字相は「文字の相」の意であるから字形をさす場合もあるが、字義（深秘の義の意）に対する時の字相は浅略の義であって字形の意ではない。掲諦等の真言には浅略深秘重々の釈があるから、それらの重々の釈によれば無量の人法理智定慧等の義があって、無限の長年時を経ても説き尽くすことが困難である。故に若しこの深義を聞かんと欲わば真言受学の作法に従って阿闍梨を拝し灌頂に浴して学ぶべきである。

今章には二頌ある。初の一頌四句は総じて真言の功能を嘆じ、後の一頌は別して『心経』所説の大心真言の功能を説く。初頌は一行阿闍梨の『字母表』の中から引用したもの、後頌は高祖の自作である。初頌の要旨は次の如くである。如来自内証の法を説ける真言は如義真実の語で、神変不思議の功力を有するから、この真言を観念し誦持すれば無明煩悩の惑は除かれる。また真言には一字に無量の義を含む、故にこの真言には即身に理智の二徳を証得し成仏する功能を具する。「法如」とは大綱序に「仏法真如」と説いたものに当たり、智と理の二徳をさす。次に後の一頌は第一・二の両句に掲諦掲諦波羅掲諦波羅僧掲諦の義を示し、第三・四両句に菩提娑婆訶の義を説いている。即ち「行行」と「去去」とは四種の掲諦の義、「円寂」は涅槃を指し、「原初」は菩提を示し、かねて涅槃にも通じている。「三界」は欲色無色の三界、「一心」は般若菩薩の本心、一切衆生の于栗多心を指す。

二十三　問答決疑

問う、陀羅尼は是れ如来の秘密語なり、所以《このゆえ》に古《いにしえ》の三蔵諸の疏家皆口を閉じ筆を絶つ。今此の釈を作る、深く聖旨に背けり。（中略）問う、顕密二教其の旨天《はるか》に懸《はるか》なり。今此の顕経の中に秘義を説く不可なり。（中略）顕密は人に在り、声字は即ち非なり。然れども猶お顕が中の秘、秘が中の極秘なり。浅深重重耳。

この一章に二番の問答を設けて疑難の解決をはかっている。第一の問答は密語を解説するは仏意にそむきはせぬかという問題を提起してこれに対する解答を与え、第二の問答はこの『般若心経』を密経とすれば顕密混乱するという問題をあつかっている。第一の問に対する解答の意は次の如くである。如来の説法には二種ある。顕機のためには顕の多名句を説き、秘機のためには真言総持の陀羅尼を説く。如来は『大日経』に阿𑖀字等の義を説き、『守護経』に唵𑖌𑖽字等の義を明かすが如く諸経の中に種々の真言種子の字義を説き、龍猛菩薩・善無畏三蔵等真言の祖師訳経の三蔵もまた陀羅尼の字義を説いた。故に真言陀羅尼の字義を説くと説かぬとは教機によるのであって、その説黙は何れも仏意に契っている。釈文の中の「多名句」とは多くの字句が集って一つの義をあらわすをいう。「総持の字」はこれに対して一字に無量の義をふくむをいう。順に顕と密とに当たる。

第二番の問答は難者は『般若心経』を顕経ときめた上で、この経に密教の解釈をするは顕密混乱を来たす不当の釈であると非難し、答者はそうでないことを述べている。在来の釈家はこの経が密経であることを知らず顕経としているけれども、顕経と規定することはできぬ。医薬の達人は常人が気付かない物でも薬性があればこれをよりわけて採取し、解宝の人は常人が顧みない砿石の中からでも宝を発見する如く、秘経を理解する人は当経が密経であることを知る。経の顕密を知ると知らないとはどちらが過失であるか。ことに般若菩薩の真言法は法身如来が金剛頂部の『修習般若波羅蜜菩薩観行念誦儀軌経』の中に説き、変化法身の釈迦は舎衛国給孤独園に在《いま》して諸菩薩天人のためにこの菩薩の画像壇法真言手印等を説いた。『陀羅尼集経』第三巻にのせてある経がこれである。凡そ顕密の分別には重々あり、顕密を判ずるは機見による。声字には一定の相はない。また顕経中に説く陀羅尼秘義と密経中に説く極秘の説等秘密にも重々浅深がある。今の『心経』や『陀羅尼集経』は全く秘密の中の秘密である。

二十四　流通分

我れ秘密真言の義に依って　略して心経五分の文を讃す
一字一文法界に遍じ　無終無始にして我が心分なり
翳眼の衆生は盲《めしい》て見ず　曼儒般若は能く紛《ふん》を解く
斯の甘露を灑いで迷者を霑《うるお》す　同じく無明を断じて魔軍を破せん

この二頌八句の偈は流通分である。初めの二句は『秘鍵』に於いて五分の科を設けて『般若心経』を釈したことをのべ、次の二句は所釈の『心経』は一字一文皆般若菩薩の法曼荼羅身で、法界に遍満している。この文字は一切衆生の本具の理智であって、始めも無ければ終りもない。ただ我が一心であることを明かしている。次に後の四句は文殊般若二菩薩の徳用をのべている。「翳眼の衆生」とは、大綱序の長眠子狂酔人を指し、理智二法をさとらない衆生をさす。「曼儒」は曼儒室利の略で文殊菩薩である。

第二　菩提心論

一　序　説

本書は具《つぶさ》には『金剛頂瑜伽中発阿耨多羅三藐三菩提心論』という。真言行者の菩提心の行相を明らかにすることを説いた書であり、行願・勝義・三摩地の三種を開いて菩提心の行相を明らかにし、これによって即身成仏の理趣を述べ、兼ねては顕密二教の浅深優劣を示している。従《よ》って高祖は『弁顕密二教論』上に「龍樹大聖所造の千部の論の中の密蔵肝心の論なり。是の故に顕密二教の差別浅深及び成仏の遅速勝劣皆此の中に説けり」と述べている。諸教ことに成仏の遅速勝劣については論に「惟し真言法の中にのみ即身成仏するが故に、是れ三摩地の法を説く。諸教の中に於いて闕して書せず」というによって明らかである。高祖はこの論を、弘仁十四年十月十日進官の『真言宗所学経律論目録』に所依の論蔵と定め、承和二年正月二十二日・同二十三日の三業度人の官符にも修学の論蔵としてのせてある。末徒学修の重要な書で、古来十巻章の中に入れて研修をしている。

論蔵には集義論と釈経論とある。集義論は諸経の義理を集約して作った書であり、釈経論は一経一部の文句を解釈して作った書である。当論はいずれに属するか異論があり、道範は金剛頂部の『金剛峯楼閣一切瑜祇経』「冒地心品」を釈した釈経論と見ているが（杲宝の『菩提心論聞書』第一）、それよりも集義論と見る方がよい。『貞元録』第二十二に大乗集義論の中に当論の名を列ねている。所依の経については杲宝『聞書』第一に四重の義を示すが、通じては金胎両部大経を所依とし、別しては『金剛頂経』によると見たらよい。題名がこの意に合致する。『聞書』に慈尊院栄海の説として『金剛頂経』の中の『勝初瑜伽軌』による義をあげているが、特定の一儀軌とするよりは、通じて金剛頂経諸会の経軌によると見る方がよい。杲宝・宥快共に金剛頂部所摂の論としている。

二　当論の作者

わが宗には当論は龍猛造不空訳とする。『貞元録』等に龍樹造とし、高祖もこれを信じて処々に「龍猛の菩提心論」と説くから、末徒悉くこの義を用いている。龍樹と龍猛は同一人で、梵語の那伽閼頼樹那（Nāgārjuna）の訳語の異なりである。然るに台密の智証大師円珍はその著『雑問雑記』に『貞元拾遺録』を証として不空集とする義を述べている。『貞元拾遺録』は古来疑義があり、杲宝『聞書』等にこれを論じ、台密にも山門の安然等共に円珍の説を排している。

当論の作者につき『有快鈔』一・『続々決』九・『宝冊鈔』七等にもこれを論じているが、龍猛作でないとする説の論拠は主として次の四点である。

一、『大日経疏』を引用する難。三摩地段に『大疏』を引用しているが、この書は善無畏の口授、一行の記である。龍猛がこれを引くというは時代のずれがある。

二、『供養次第法』引用の難。三摩地段に引用しているが、この書は善無畏感得の書である。

三、「大阿闍梨」の句についての難。当論の最初にあるこの句は仏菩薩を指す名字ではない。若し龍猛作ならば大阿闍梨は金剛薩埵を指すことになり不都合である。

四、『貞元拾遺録』に不空集とあるから。

以上の四点について前記諸書の破釈によるに、『大疏』引用の難は、訳者不空が翻訳の際に加えた註である（論の本文ではない、現行本に割註とする）。このような例は他にもある。第二の難は、善無畏感得の『供養次第法』と金剛智訳『大毘盧遮那仏説要略念誦経』とは同本であり、『要略念誦経』は龍猛が南天鉄塔開塔の際感得した経であり、不空が当論翻訳の際この経を『供養次第法』と訳したのである。第三の難は『大疏』に金剛薩埵大阿闍梨・毘盧遮那大阿闍梨等の用例があり、難とするに及ばぬ。第四の難は、古来の諸師多く信用せず。『貞元録』第二十七に明らかに不空訳と記す故に、不空集とするは誤りである。その上円珍も『大日経指帰』には「龍猛の菩提心論」と説き、自著に異なった両説を示している。

三　著述年代とその伝来

作者を龍猛と定めた上で、その著作年代を考えると、龍猛の出世年代に異説が多いので、正確なことは判然しない。高祖は『付法伝』に如来滅後八百年に密教が流伝すと述べているから、真言宗伝統の説はこれに従っている。但し近代の研究の結果はこの説と一致していない。この点は松長有慶著『密教の相承者』第四章を参照したらよい。中国伝来の時期は不空翻訳以後であるが、当論は唐の代宗皇帝の詔により大暦年中（A.D.七六六―七七四）の訳である。また我国への伝来は高祖の請来を初めとするから、平城天皇大同元年（A.D.八〇六）以来である。

四　当論の構造

当論は序分も流通分もなく、唯正宗分のみである。最初に真言行者の発心の相《すがた》を述べ、次に行願・勝義・三摩地の三段を開いて、正しく菩提心の行相を明らかにし、次に問答を設けて顕教の二乗菩薩の修行と密教の三摩地法門との相異を示して顕教の域内にとどまってはならぬことを説き、最後に菩提心の徳を讃嘆して、

若し人仏慧を求めて　菩提心に通達すれば
父母所生の身に　速やかに大覚の位を証す

という五字四句の頌文を以て結んでいる。

菩提心の行相として説く所の行願・勝義・三摩地の三心は当論の眼目であるから、後章で更に詳しく説くが、ここでその要旨だけを述べておく。

第一行願心とは法界の有情を悉く同根同体の生物として把握し、これを無上菩提に導き、仏道に安住せしめることを念として行ずる大悲心の利他行である。行願とは行は広くは六度・四摂・三密等の行をさし、自利利他に通ず

るが、今は利他の行を主とする。願は広くは五大願等の諸仏菩薩の誓願であり、これ亦自利利他に通ずるが、今は化他の願を主とする。高祖の『三昧耶戒序』や『平城天皇灌頂文』にはこの心を大悲心と名づけているが、これは大慈大悲の心であり、専ら化他行の心であることを表わしている。当論には化他行として利益安楽の二行を説くが、後に説明する。

第二勝義心とは『戒序』に深般若心とも名づくというが如く、般若の深慧を以て一切諸法の無自性を観じて万有の実相を開顕し、諸教の浅深優劣を判じて、劣法を遮遣する向上心である。凡夫外道二乗顕教諸大乗の菩薩の浅深をわきまえ、劣法を捨て勝法をとり、前九住心の無自性を観じて秘密荘厳の住心にすすみ、真言行道を修するをいう。『秘蔵宝鑰』下に「九種の住心は自性無し、転深転妙にして皆是れ因なり、真言密教は法身の説なり、秘密金剛は最勝の真なり」と説くはこの意である。当論には相説と旨陳の二節にわけて勝義心を説明している。相説とは諸法の仮相について無自性の義を説き、旨陳は縁生無性の義をのべて諸法の実性について無自性の義を明かしている。故に『秘蔵宝鑰』には当論の相説段の文を第六住心までに引証し、旨陳段の文を第七・第九住心に、三摩地段の文を第十住心に引く。

凡そ仏道修行は自証化他の二途を出でない。戒によって正定を堅固にし、定心によって智慧をみがき、智慧によって正理を観じ、邪行をすてて正道を行じ、自証を満足する。これが勝義心であり、勝義心に裏付けられて一切衆生に大慈悲の利他行を施すが行願心であり、この二心の作用を完成するとき、仏果を証し、三摩地心に安住することができるのである。

第三の三摩地心は菩提心の体である。故に『戒序』には大菩提心と名づけている。行願・勝義二心は菩提心の用である。またこの二心は能求の心で、三摩地心は所求の心、自心本具の性徳である。三摩地 samādhi は等至・等念等と訳し、旧訳には三昧の名字を用いて定・正定等と訳している。心を一境に集中し、散乱の心をしずめ、妄念をはなれるをいう。凡聖不二の理を覚り、自他平等の観念に住する状態である。

五　戒序の四心と当論の三心との同異

『三昧耶戒序』には真言の秘密三昧耶の戒は菩提心戒であり、その菩提心は信心・大悲心・勝義心・大菩提心の四種心であると説き、大菩提心に能求所求を分けている。その釈は当論の説と多少出没はあるが、大悲心以下の三心の内容は論も『戒序』も同一である。ただ『戒序』の信心は論に説かない。「信心」の名は不空の『三十七尊心要』にあり、『大日経疏』に白浄信心と称しているものに相当する。『疏』には白浄信心の作用として「決定誓願を生じて一向に一切智智を志求し、必ず当《まさ》に普く法界の衆生を度すべし」と説明している。この句の上半は勝義心のはたらきを示し、後半は大悲行願心の作用を明かしているから、白浄信心は菩提心の体をさしたこと明らかである。従って『戒序』の四心について信心を以て体とし、他の三心を義用とする古徳の説がある。このように解すれば論の三心説との間に少しく隔たりがあるように感ぜられる。然るに『戒序』に信心を説明して「信心とは決定堅固にして退失なからしめんと欲うが為の故に、この心を発《おこ》す。これに十種あり。一には澄浄の義、能く心性をして清明白ならしむるが故に。二には決定の義、能く心性をして淳《もっぱ》ら堅固に至らしむるが故に。三には歓喜の義、能く諸の憂悩を断除せしむるが故に。四には無厭の義、能く懈怠《けだい》の心を断除せしむるが故に。五には随喜の義、他の勝行に於いて同心を発起する故に。六には尊重の義、諸の有徳に於いて軽賤せざるが故に。七には随順の義、見聞する所に随って違逆せざるが故に。八には讃嘆の義、彼の勝行に随って心を至して称歎するが故に。九には不壊の義、専ら一心に在って忘失せざるが故に。十には愛楽の義、能く慈悲心を成就せしむるが故なり」という。この中の澄浄等の十義は『釈摩訶衍論』第一に信の十義として説明する文によっている。この文は菩提心の体に澄浄等の十徳を具えているから信心と名づくるという意である。しかも『戒序』は第四の菩提心（三摩地心）を説明するとき、能求の菩提心と所求の菩提心とを開き、所求の菩提心を「無尽荘厳金剛界の身是れなり、大毘盧遮那四種法身四種曼荼羅、皆是れ一切衆生本来平等にして共に有せり」と釈するから、高祖も三摩地の菩提心が真言行者の菩提心の本体であると解しているのであり、論に「此の三摩地は能く諸仏の自性に達し、諸仏の法身を悟って法界体性智を証して大毘盧遮那仏の自性身受用身変化身等流身を成ず」と説くと一致している。故に菩提心の体は三摩地心であり、行願勝義二心がその義用であることは両祖の意一致していると見ねばならぬ。高祖が第一に信心をあげたのは、不空の『心要』や善無畏の『疏』によって、菩提心の体を信心と名づけ、そのもっている徳性を『釈摩訶衍論』の十義を以て解明したのである。信心と三摩地心と異なるものではあるまい。行願勝義の二心も三摩地心の外にあるのではない、三心四心と分かつはその内容を詳しく観ずるための解説にすぎず、一菩提心に同時にそなわる徳を分けて説明したのである。論に「勝義行願三摩地を戒と為す」と説き、『戒序』に「諸仏如来此の大悲勝義三摩地を以て戒と為し、時として暫くも忘れず」と釈するも、三心一体の菩提心戒を以て仏性三昧耶戒とする意である。

六　題号と撰号と訳者

当論の題は正しくは『金剛頂瑜伽中発阿耨多羅三藐三菩提心論』という。『発菩提心論』または『菩提心論』と称するは略名である。しかも亦題を付して「瑜伽惣持教門説菩提心観行修持義」という。正題は金剛頂十万頌の経本を所依とすることを示して「金剛頂瑜伽中」といい、金剛頂経に説く所の菩提心の義を説く論であることを明らかにしている。「阿耨多羅三藐三菩提（anuttara-samyak-saṃbodhi）」は無上正等正覚または無上正真道と訳する。「阿耨多羅」は無上、「三藐」は正等、「三菩提」は正覚の意で、自覚覚他覚行円満の仏果の義である。「心」は無上等正覚を求むる心をさすと共に、所求の三摩地をも意味する。次に亦題は瑜伽惣持教門の中に説く真言行者の発菩提心と修行との相を説く意である。「瑜伽惣持教門」の句についてこれを胎蔵法をさすとし、正題と亦題とを金胎両部に配する説もあるが、これはよくない。瑜伽 yoga は『大疏』には観行応理と釈し、相応の義であり、惣持は陀羅尼 dhāraṇī の訳語で惣摂任持の義であって金胎両部に通ずる用語であり、これを特に胎蔵に配すべきではない。今は金剛頂瑜伽惣持教の中という意で、やはり当論の所依を示した句である。また題の中の「観行」は観念修行の意で観即行と見たらよい。「修持」は修行持念の意である。

「龍猛菩薩造」という撰号については、当論の作者の章でのべたから今は略する。

訳者不空三蔵は金剛智三蔵付法の弟子で、真言付法第六祖である。諱は智蔵という。唐の長安城靖善坊の大興善寺に住していたから、今の訳者名に「大興善寺三蔵沙門」という。大興善寺は長安城十大寺の一である。「大広智不空」の句は「大広智」は永泰元年（A.D.七六五）十一月に代宗皇帝から賜わった徳号、「不空」は不空金剛の略で、灌頂壇に於ける投華得仏の金剛号である。当論の翻訳は前にのべた如く大暦年中（A.D.七六六—七七四）に代宗皇帝の詔を受けて訳したものである。不空三蔵の伝歴は『貞元録』第十五・十六、『宋高僧伝』一、『仏祖統記』三十、高祖の『秘密曼荼羅教付法伝』第二、『真言付法伝』等に出ている。玄宗・粛宗・代宗三朝の国師と仰がれた唐代密教の巨匠である。

七　行願心

行願心とは大悲利他の心であり、同体大悲の心を以て一切衆生を救済して無上菩提に安住せしめることを念とする。行は六度四摂等の自利利他の行、願は五大願であるが、しかもこの心は利他を主とすること前に述べた通りである。五大願の第一は衆生無辺誓願度という。この願に従って真言行者は一切の有情界を利益安楽の二行を以て済度することを念とせねばならぬ。一切衆生は己身と同体である。『梵網経』や『心地観経』に一切の男子は悉く我が父、一切の女子は悉く我が母と説く。また有情は六道に輪廻する故に生々世々に互いに父母となりて恩徳を蒙り、一切の男女は悉く己身と同体というべきである。また『大乗起信論』『釈摩訶衍論』に説くが如く、一切衆生は平等に真如の顕現であって、衆生の身命と我が身命と一味一相で相離れない。このように事《じ》についても理《り》の上からも一切衆生と己身と同体であると観ずることによって、深い大悲心を生じて一切衆生を救済し度脱せしめようと欲《おも》う。その救済の行としては利益行と安楽行との二行がある。利益行とは一切衆生を勧誘して菩提心を発起せしめ無上覚を証せしめる行であって、真言の法を以て衆生を済度するをいう。彼等を度脱せしめるに、声聞や縁覚の如き智慧の劣った法を以て導いたり、顕教大乗の法を以て済度してはならぬ。一切衆生は皆如来蔵本覚の仏性を具えているから、必ず無上菩提に安住することができる。故に劣った教法で導いてはならぬ。『華厳経』第五十一「如来出現品」（実叉難陀訳八十巻経。仏陀跋陀羅訳六十巻経の第三十六「如来性起品」）に、一切衆生は一人として真如の理徳と能証の智徳とを具足せぬ者は無い（現流本には如来智慧とあるが、如来と真如とは同意である）、ただ彼等は根本無明（妄想）と枝末煩悩の人法二執（顚倒は法執、執着は人執）の惑があるから無上菩提を証し理智の二徳を開顕することができぬ、若しこれらの諸煩悩を離れると、始覚智（一切智）と本覚智（自然智）とを得て、始本不二融渉せる無礙智を現前することができる、と説いている。この経の意によれば一切衆生は悉く如来蔵性を有することが明らかである。

次に安楽行とは一切衆生は悉く如来蔵性を具足して成仏し得ると知るから、真言行者は一切衆生を軽蔑し侮慢することなく、抜苦大悲の精神を以てこれを救済し、また物質的たると精神的たるとを問わず衆生の願望に従って、これを供給して普く布施の行を修し、自己の身命をもおしまず、衆生をして安存せしめ悦楽せしめる。かくの如くすれば衆生は行者に親近するから、その言葉を信じ、その命に従うようになる。衆生の心情がこのように調練せられると、如法にこれを教導すれば、衆生がこれに従うであろう。もしこのように教導しても機根が劣り愚朦であれば強いて済度すべきでない。能く方便をめぐらして引進せねばならぬ。かくの如く衆生を導くを安楽行という。

八　勝義心

行願心は衆生の願望にまかせて大小権実の種々の教法を以て方便引進したのであるが、勝義心は教法の優劣を判じて勝れた教法を以て修行せしめる。般若の慧を以て劣法を捨てて勝法を以て菩提心の転昇を計り、諸法の無自性をさとる。諸法の無自性について、当論には相説と旨陳の二段を開いて説明している。相説は仮相について説き、旨陳は法の実性本旨を陳べる。即ち相説は表面の外部を説き、旨陳は内部の深旨を考察する。相説はその義が麁浅、旨陳はその義が微妙である。相説段は凡夫外道二乗大乗の初心の菩薩等の無自性を説く。旨陳段は深く縁生無性の義について染浄諸法の本質を究めてその無自性を観じ、真性の旨趣に徹することを明かす。

相説段の中で初めに第一住心の凡夫の無自性なることを説いて、論に「凡夫は名聞利養資生の具に執着して務《いとな》むに安身を以てして恣《ほしいまま》に三毒五欲を行ず」とのべている。凡夫は名誉欲にとらわれ、慢心を発し、或いは自身を利養する衣服飲食等の資生の具をむさぼり、または生活をたすける資材に執着して、仮りの安楽を求め、日夜身心を労している。思いを他人に及ぼすことなく、三毒五欲（色声香味触の五塵の境に対する欲）を常に行じて恥ずる所がない。誠にはかなき哀れむべき行為である。真言行者はかくの如き劣法にとらわれず、これを厭い捨てねばならぬ。

故に論に「真言行人誠に厭患すべく棄捨すべき」という。次に外道の行果はどうか、これまた無自性で真言行者の求むべき法ではない。論に「諸の外道等その身命を恋《おし》みて或いは助くるに薬物を以てして仙宮の住寿を得、或いは復天に生ずるを究竟と以為《おも》えり」という。仙術を学び人仙の果を得て長寿をのぞみ、或いは生天をねがい、下界は麁苦障であり、上界は静妙離であるとする六行智観を凝らし、天の果報を受ける。外道を明かす論文について、十住心の場合第三住心のみを明かすか第二・三両住心を明かすか異論があり、一義には第二住心を説かずとするが、『遍満記』に「諸の外道……仙宮の住寿を得」の文を第二住心に配し、「或いは復天に生ずるを究竟と以為えり」を第三住心の説文と見ている。人仙をのぞむ一類の外道を以て人乗全体を示すとはいえぬが、第二住心の中の一部とはすることができよう。ともかく仙をねがい生天をのぞむ者は長寿を得るも生死界を脱れない。煩悩があり過去世の罪殃が尽きていないから、彼等の善業力の果報が尽きると、再び悪念を起こして三途の苦海に沈み、久遠の生命を得ることはできず、迷界を脱却することは不可能である。従って彼等の自性を観ずるに、これまた無自性であって、外道の法は幻夢陽焔等の如きものである。真言行人はその実体をよく観じ、その行果をねがってはならぬ。

次に声聞縁覚二乗の法を観ずるに、これまた無自性である。声聞は苦集滅道の四諦の理を観じて阿羅漢果を得、縁覚は十二因縁を観じて阿羅漢果を証するを目的とし、衆生の体は五蘊が仮に和合して生じた仮有の存在であるから人我は執着すべきでないと知る。しかも四大五蘊の法は実在と思っている。五蘊とは色受想行識蘊で、四大はその中の色蘊を地水火風の四大に開いたものである。故に論に「また二乗の人声聞は四諦の法を執し、縁覚は十二因縁を執す、四大五《ご》陰《おん》畢竟磨滅すと知って深く厭離を起こして衆生執を破し、本法を勤修して其の果を尅証《こくしょう》す、本涅槃に趣くを究竟と已為《おも》えり」と説いている。文の「五陰」とは五蘊のことであり、「本涅槃」とは無余涅槃で、阿羅漢果である。論文に「四大五陰畢竟磨滅す」と説くは人法共に空ずる義ではないか、それならば二乗は人空法有と説く常の談と相異する。そこで古来種々の見解があるが、今一義によれば、これは人我を破する為に五蘊を析破することを明かす。この義は二乗に一分析法空の義を認めるが、彼等は当体即空の義を知らぬから、人空法有の分斉であるとするのである。ともかく二乗は人空の理をさとるも法空の義を知らず、その行果は共に無自性であるから、真言行人はこれをねがってはならぬ。故に論文に「真言行者当に観ずべし、二乗の人は人執を破すと雖も猶し法執あり、但し意識を浄めて其の他を知らず、久々に果位を成じて灰身滅智を以て其の涅槃に趣くこと太虚空の湛然常寂なるが如し」という。文に「意識を浄む」というは二乗の人は眼耳鼻舌身意の六識を知るも、末那・阿頼耶の第七・八二識の存在を知らぬことを明かす。論文にはふれていないが二乗の修行の期間をいえば、声聞は早きは三生、遅きは六十劫、縁覚は早きは四生、遅きは百劫の修行である。

法相宗には五性各別と説く。菩薩定性・縁覚定性・声聞定性・不定性・無種性の五種である。この中の不定性には声聞縁覚種性・声聞菩薩種性・縁覚菩薩種性・声聞縁覚菩薩種性とある。法相宗の意では、この五性の中の菩薩定性と不定性の中の後に菩薩に転ずる者のみが大乗に廻心して成仏する、その他は廻心向大することはないと説く。然るに一乗教には五性各別の説は仮説であって、一切衆生は悉く仏性を有し皆成仏すと説く。定性二乗と雖も劫限が満ちた暁には廻心向大すという。廻心の問題については当論は一乗教の説と同じである。故に論文に「定性有る者は発生すべきこと難し、要《かなら》ず劫限等の満つるを待って方《まさ》に乃ち発生す。若し不定性の者は劫限を論ずること無し、縁に遇えば便ち廻心向大す、化城より起こって三界を超《こ》えたりと以為《おも》えり。謂わく宿《むかし》仏を信ぜしが故に乃ち諸仏菩薩の加持力を蒙りて方便を以て遂に大心を発す。乃し初め十信より下遍ねく諸位を歴て三無数劫を経、難行苦行して然して成仏することを得」と説く。文の中の「劫限等の満」というは『涅槃経』には八・六・四・二万・十千劫と説く、これらの何れかの劫の間寂滅語言三昧に住して劫限の満つるを待たねばならぬ。五果によって八万劫乃至十千劫を経ることが異なる。劫限の後善知識に遇う善縁によって廻心向大する。不定性の者は劫限に関係なく善知識に遇えば廻心向大し、変易身を受けて菩薩の大行を修する。「化城」は『法華経』に説く三百由旬の化城をさす。「十信より下」とは十信の初信の位から十住・十行・十廻向・十地・等覚・妙覚の五十二位をさす。三大無数劫の間に六度四摂等の行を修し五十二位の位階を経て成仏する。二乗の成仏は誠に難行苦行である。真言行者は智慧狭劣なる二乗の行果を楽ってはならぬ。

次に菩薩大乗の行果もまた無自性である。最初から菩薩大乗を志す者について、論には「また衆生有りて大乗の心を発し菩薩の行を行じて諸の法門に於いて遍修せざること無し。復三阿僧祇劫を経て六度万行を修し、皆悉く具足して然して仏果を証す。久遠にして成ずることは斯れ所習の法教致次《むね》第有るに由ってなり」と説く。ここに大乗菩薩というは十住心の中第六住心に当たる。最初より大乗の心を発して四弘誓願を立て、遍く修して三大劫の間六度四摂を行じて漸く仏果を成ずる。論文は四弘願の中の法門無辺誓願学の一について述べているが、実は全四弘誓願に応ずる行をする。三大無数劫の長い間修行するは三賢十地等の階級に応じて修行の法が異なるからである。第一阿僧祇劫には三賢位（十住・十行・十廻向）にあって有漏の六度万行を修し、第二阿僧祇劫には初地より七地までを経て努めて無漏の六度万行を修し、第三阿僧祇劫には意のままに自在に無漏の六度万行を行じ、漸次に修行の道程を高める。故に成仏の時期がおくれる。真言行者この大乗の菩薩を観ずるに、前の外道二乗等と同じく、無自性であるから、真言の極果よりはるかに劣っている。

以上相説について勝義菩提心の大綱を説いたが、更に行願三摩地に関連して勝義心を見るに、行願心に於いて無尽無余一切の衆生世界に於ける衆生を利益安楽の二行を以て救済する大慈悲心を発す者は化他の心が強く、唯自利の二乗に比するに遥かに勝れている。この菩薩化他の心なき外道二乗を遮遣するは勝義の菩提心である。また三摩地菩提心に住して瑜伽勝上の真言密教を修する者は即身成仏して凡位より直に仏位に入る。よって外道二乗等の浅劣の法を超勝するのみでなく、更に三賢位を経て十地の位に昇った顕教菩薩の境界も遠くこれに及ばない。即ち外道二乗顕の菩薩等の無自性を覚ってこれらの劣法を捨て、勝れた真言密教を志求し修行するを勝義菩提心に住すという。論に以上の意を示して「今真言行人前《さき》の如く観じ已るべし、復無余の衆生界の一切衆生を利益し安楽する心を発すものは、大悲決定するを以て永く外道二乗の境界を超ゆ。復瑜伽勝上の法を修する人は能く凡より仏位に入る者なり。また十地の菩薩の境界を超ゆ」という。

次に旨陳段の論文について述べる。旨陳とは深般若の妙慧を以て諸法の実体について無自性を観ずるをいう。上の相説段に於いて凡夫外道并に大小乗の人について無自性の観を明かすも、法体無自性の義はあらわしていないから、その観法は浅劣である。然るに今は深く能治の教法・所治の煩悩の染浄二法の法体について無自性の義を明かす。一念無明の心から下転して迷妄を生じ六趣に輪廻するも、覚悟する時は種々の法は滅する故に自性がないと説き、惑業苦の三道について無自性の義を明かし、後には諸仏の従真起用の設教について無自性の義を説く。如来随機の説法も心源に至るときはこれを捨つべき故にまた自性がない。凡そ諸法は染浄の二法を出でない。故に今真妄の二法をあげて諸法の無自性を明かす。また染浄と次第することは流転の衆生に対して能治の教法を起こす故に、初めに妄染の生起をあげ、次に教法の縁起を明かすのである。

旨陳を明かす論文は「また深く一切の法は自性無しと知る」以下の文である。「夫れ迷途の法」以下は妄法について無自性を明かしている。迷うている凡夫の世界にあっては一切の法が悉く妄想から生じた妄法である。妄想とは根本無明煩悩をさす。無明煩悩は宇宙の根本実在の原理に迷うをいう。この無明煩悩から次第に展開して無量無辺の煩悩を成じ、地獄等の六趣に輪廻するに至る。従ってこの妄法は因縁生の法で自性は無い。因縁生無自性を覚れば妄想は止み迷妄の法はすべて滅する。故にこの義をよくさとるべきである。然らばこの迷妄の法を滅却すべき浄法はどうであろうか、実は浄法もまた無自性である。諸仏の大悲後得智は真身（体大法身）より報応二身（用大）を現じ、この二身が後得智の上に大慈悲を起こして衆生を救う行動をおこし、衆生の心病に応じて教薬を与え、諸の法門を設けて衆生の迷惑を対治するのである。衆生済度の方便として設けた教法であるから、衆生が悟りを開き涅槃の境地に住すれば、教法は必要がない、故にこの浄法も実は無自性である（ここにいう浄法とは顕教方便教で真言密教ではない）。故に『大日経』「住心品」には「諸法は無相なり、為《いわ》く（現流経には「謂く」に作る）虚空の相なり」と述べている。この文は三句の中の菩提心為因を別説する文の一節である。浄菩提心は衆相を離れて無礙なること恰も虚空の如くである。虚空は一切処に遍じて万像の所依となるも一切の相を離れて動揺することなく分別もない。然るに万法もまた菩提の相の如く虚空相であって一切相を離れているから、今万法の無自性の義を証するために此の文を引証したのである。

論文に「是の観を作し已るを勝義菩提心と名づく」とあるは、相説・旨陳に通じて総じて勝義心を結釈したものである。相説段に諸乗の人の修する教が無自性なることを観じ、旨陳段にては染浄諸法の体が無自性であることを観じて、一切法の無自性を知り、劣法に対する執着を除き究竟真実の最勝法に向かって進むを勝義心と名づくる由を結ぶのである。

九　勝義行願二心の合釈

当に知るべし、一切の法は空なり、已に法の本無生を悟《さと》んぬれば心体自如にして身心を見ず、寂滅平等究竟真実の智に住して退失無からしむ。（中略）万徳斯に具し、妙用無窮なり。所以《このゆえ》に十方の諸仏勝義行願を以て戒と為《す》。

（中略）大毘盧遮那経にいうが如し。菩提を因と為《し》、大悲を根と為《し》、方便を究竟と為《す》。

この一章は勝義行願二心を合釈している。その中で初めから「心源空寂なり」までの文は勝義心を明かし、「万徳斯に具し妙用無窮なり」の二句は行願心を明かし、「所以《このゆえ》に十方の諸仏勝義行願を以て戒と為《す》」は上の総釈を結んで初めの「勝義行願三摩地を戒と為《す》」の釈に合するのである。但し上は三門の行相を明かす故に「勝義行願三摩地を戒と為《す》」と釈し今は勝義行願二門を明かす故に「三摩地」のところを略している。論文の「但し此の心を具する者」以下は勝義行願二心の徳を嘆じ、「華厳経にいわく」以下は引証文であり、『華厳経』二文、『無量寿観経』、『涅槃経』二文、『大日経』の四経の文を引いている。この内『華厳経』の第二の引文は取意の文である。

相説・旨陳の別釈には人法染浄諸法の無自性を明かしたから、今章にはこれを一括して「一切の法は空なり」という。この諸法無自性空の観相が成就し諸法の本無生を悟れば、能観の心体が自然に如（真如六大体性）にかない身心の別を見ず、色心の実相は常に大日如来平等智身であることを知る。この観心が成就すれば身心の究竟を悟る平等不生の実智に住して退転することはない。行者が縁によって妄心を生ずるときは、その因縁を観じて本不生の理に住し、迷妄を脱却することにつとめて妄心に従うてはならぬ。妄心が止めば心源が空寂となり本性清浄となって、一切諸法の無自性を照見することを得る（以上遮情の意）。また深秘の意をいえば、迷悟染浄を差別し煩悩と菩提とを区別して見る執着が止む時は、煩悩と思うたことが直に自心の功徳となり本性の仏徳と知る。この位は安楽寂静で何等の動揺もない。この境地を心源空寂という。

勝義菩提心によって諸法の本不生をさとった行者は化他門の功徳を悉く具足し、不思議の業用をおこして自由自在に摂化利生の事業をするから、論文に「万徳斯に具し、妙用無窮なり」という。これは行願菩提心の作用である。

上述の如く勝義行願二心はその功徳が広大であるから、三世十方の諸仏は皆これを戒とせられた。諸仏が菩薩因地にあって修行した時この二心を戒として修行したのであるから、論文に「十方の諸仏は勝義行願を以て戒とす」と説いている。

引証文の中に第一の引文は『華厳経』「十地品」（八十巻本第三十四巻）の文である。経は悲智二行が諸行の導首となることを説く。即ち勝義行願二心が諸行の導首であるとする意である。大悲を先導として智慧と方便と共に相応する。智は諸法の因果染浄を知り、能く凡夫の位より聖者に入る功徳がある。方便とは布施・愛語・利行・同事の四摂法等の善巧方便を以て衆生の機根に相応してその苦厄を救うをいう。この悲智方便を具足する境界は信も慧も共に清浄無垢であり、白浄信心を体得した境地である。しかもこの境界に入る者は如来の無量の不可思議神力を具足するに至り、始本不二の無礙自在の智を現前し、自ら能く悟り他力をかることはない。従って如来と同一となりこれと異なる所なく、最勝の大菩提心を発す。仏子が初めてこの勝妙な心を発せば凡夫の位を超えて仏の所行の処即ち初地以上の聖者の位に入り、成仏の因を具足して欠げたる所なく、仏と平等であり、必ず無上覚を証することを得。かくの如き悲智方便具足の心を纔《わずか》におこせば凡位を去って初地に入ることを得、無上菩提を楽い求むる意志堅固で、大山王の動揺することなきが如く、無明煩悩に動ぜられることはない。

第二の証文は『華厳経』の取意の文である。十地を明かす中の諸文の意によったものと見える。初地より十地に至るまで地々の中に皆大悲を以て主とすと述べている。これは十地各々に行願心を主とすることを明かしている。

第三の証文は『無量寿観経』の文で、行願大悲の心の証文である。この経は劉宋畺良耶舎訳の『仏説観無量寿経』（大正一二）のことである。経に十六相観を説くときの第九の真身観の説文であり、引用する所の「仏心とは大慈悲是れなり」の句は古来多くの人が親しんだ名句である。経文は「次に当に更に無量寿仏の身相光明を観ずべし。乃至仏身を観ずるを以ての故に亦仏心を見る。仏心とは大慈悲是れなり、無縁の慈を以て諸の衆生を摂す。（中略）是れを遍く一切の色身を観ずる想とす。方に第九の観と名づく」とある。

第四の証文は『涅槃経』第二の文である。これまた行願心の証である。上の『観経』の文は果位の仏心の大悲心を明かしたが、この『涅槃経』の文は因人の大悲心が仏心に同じきことを明かしている。因果の異なりはあるが大悲の行体は同じである。経の文意は如来入涅槃の縁を説き、純陀（Cunda 妙義または稚小と訳す、中印度波婆城の人）が釈迦仏入涅槃の前最後の飲食供養をした、これは一切衆生を哀憐する慈悲心を以て供養したのである。釈尊がこの供養を受けた時、大衆が純陀を讃嘆して、汝は値い難き仏世尊に遇い奉り、法を聞き、最後の供養をした、汝は今檀波羅蜜を具足した、汝は人身を受くるも心は仏心に同じである、汝は真に仏子であると述べた。

第五の証文は同じく『涅槃経』（南本三四、北本は三八巻）の文で、行願勝義二心の証である。この文は初めは迦葉菩薩が如来の果徳を讃嘆する文、「発心畢竟」已下は初発心の功徳を嘆ずる文である。初文は世間の衆生を憐愍したまう大医王（世尊）は悲智二徳を具足したまい、しかも御身は生老病死等に悩まされず、またその智慧は寂静で煩悩等に散動せられることもない。人法二執を離れて無我の境界に住する。この無我は空無ではなく却って涅槃の真我の徳（常楽我浄の四徳の一）を具足している。無上世尊はこの悲智の二徳を具足し玉《たま》うから今これを敬礼する。次に初発心の者の功徳を考えるに、その功徳もまた広大で仏果の徳と異ならない。その難易をいえば初発心の方が困難である。菩薩の発心は化他大悲を本とするから、自らは仏果を得ずとも先ず他を得度せしめる。故に我は初発心者を礼拝する。初発心には種々の功徳がある。一には已に人天の師となり、二には二乗の境界よりも勝れ、三には三界を超過している。発心は最極無上の位である。この発心は大悲を本とする。故に行願勝義の二心はまことに尊ぶべきである。

第六の証文は『大日経』「住心品」の三句の「菩提心を因と為《し》、大悲を根と為《し》、方便を究竟と為《す》」の文である。

菩提心為因とは如来の智慧は菩提心を発すを因とし、この菩提心が次第に増長して修行の功をつみ、大悲の行が円熟して遂に究竟真実の仏果を証し、化度方便の行を満足する。されば今引証の文の中の菩提心為因の句は正しく勝義菩提心の証であり、兼ねては行願の意をふくむ。大悲為根方便為究竟の二は行願心を証している。

十　三摩地心

南山では古来三摩地心の論文を不読段と称して教相談義の席では素読も講義もせぬ習いである。これは三摩地心の論文は事相に関する秘義をのべているからである。しかし三摩地心の説明を省いては真言行者の菩提心の実相を解することはできぬ。故に詳しい説明は遠慮するが、その要旨だけは述べておく必要がある。今簡単にこれを説明しておく。詳細な講伝は許可灌頂を要するから、別の機会にゆずる。

三摩地菩提心は真言行者の菩提心の体であることは前に述べたが、論文には普賢大菩提心とも名づけて、真言行人が無上菩提を証するには「法爾に応《まさ》に普賢大菩提心に住すべし。一切衆生は本有の薩埵なれども貪瞋癡の煩悩の為に縛せらるるが故に、諸仏の大悲善巧智を以て此の甚深秘密瑜伽を説いて修行者をして内心の中に於いて日月輪を観ぜしむ。この観を作すに由って本心を照見するに湛然清浄なること猶し満月の光の虚空に遍じて分別する所無きが如し。または無覚了と名づけ、または浄法界と名づけ、または実相般若波羅蜜海と名づく。能く種々無量の珍宝三摩地を含すること猶し満月の潔白分明なるが如し」と説く。即ち衆生の一心に具する菩提心を普賢大菩提心と名づけ、または無覚了・浄法界・実相般若波羅蜜海ともいい、無量の功徳を具足すること、この本心をさとるためには自心を月輪と観ずべきことを明かしている。論文に「普賢大菩提心」というは別しては金剛薩埵を指して普賢と名づけたのであるが、通じては金剛界曼荼羅三十七尊をさす。『即身義』の講説の時に引用した『蓮華三昧経』

の「帰㆓命本覚心法身㆒、常住㆓妙法心蓮台㆒、本来具㆓足三身徳㆒、三十七尊住㆓心城㆒」文の頌文と今の普賢大菩提心と同意である。また論文の「一切衆生本有薩埵」等というは、同経の「普門塵数諸三昧、遠㆓離因縁㆒法然具」と同意である。即ち衆生の本覚をさして本有薩埵という。論文に「日月輪」を観ずと説くは『理趣会普賢修行念誦軌』(不空訳、大正二〇)に日輪観を説き、『大楽金剛薩埵修行成就軌』(不空訳、大正二〇)に月輪観を説くによるか。論の「無覚了」とは本有菩提心に理智の二徳があり、この智は能覚所覚を離れているから無覚了という。「浄法界」とは理であり、「満月の光虚空に遍じて分別する所無きが如し」というに当たる。「実相般若波羅蜜海」とは理智不二の位をさす。実相は所達の理、般若は能達の智である。日月輪の中で、当論は月輪観を以て菩提心の実相を観ずることを説く。世間の月輪に晦日《つごもり》より翌月の十五日までに明昧の十六分あるを以てこれを金剛界曼荼羅三十七尊中の薩王愛喜・宝光幢笑・法利因語・業護牙拳の慧門の十六大菩薩位に比して観ずる。但し月輪を譬喩として意得ると、これを直に菩提心の法体として意得ると二意ある。阿闍梨について学ばねばならぬ要義である。善無畏の『禅要』に月輪に自性清浄義、清涼の義、光明の義の三義を説く。月輪を観ずる上に意得べきことである。十六大菩薩の中の薩王愛喜は東方阿閦仏の四親近である。阿閦は大円鏡智の徳を司る。この智を金剛智と名づける。宝光幢笑の四菩薩は南方宝生仏の四親近である。宝生は平等性智の徳を司る。この智を灌頂智とも名づける。法利因語の四菩薩は西方阿弥陀仏の四親近である。この仏は妙観察智の徳を司る。この智を蓮華智とも転法輪智とも名づける。業護牙拳の四菩薩は北方不空成就仏の四親近である。この仏は成所作智の徳を司る。この智は事業智であるから羯磨智とも名づける。阿閦等の四仏は中台毘盧遮那の所現で、大日の法界体性智の徳の一分を司る仏であり、四智を総合成就する所が法界智である。三十七尊の中の金剛・宝・法・業の四波羅蜜菩薩は何尊から出生したか、二伝あり、一伝には大日より出生すという。『金剛界礼懺経』『都部要目』『分別聖位経』等にこの義を説く。一伝には四仏より出生すという。『三巻金剛頂経』『略出経』『三十七尊出生義』等の説であり、当論もこれと同じである。この場合、東方阿閦仏より金剛波羅蜜、南方宝生仏より宝波羅蜜、西方阿弥陀仏より法波羅蜜、北方不空成就仏より業波羅蜜を出生する。論に四波羅蜜は三世一切の賢聖（過去現在未来の三千仏を指すか、三十七尊は成身会の曼荼羅であるから）を出生し養育する母であるという。即ち仏母であり、定妃である。

月輪の十六分を以て金剛界曼荼羅の慧門の十六尊とし、また『般若経』の中の十六空の義に擬することを論に説いて「三十七尊の中に於いて五仏四波羅蜜及び後の四摂八供養を除いて、但し十六大菩薩の四方の仏の所摂たるを取る。また摩訶般若経の中に内空より無性自性空に至るまでまた十六義有り。一切有情の心質《しんぜつ》の中に一分の浄性有り、衆行皆備われり。其の体極微妙にして皎然明白なり、乃至六趣に輪廻すれどもまた変易せず。月の十六分の一の如し。凡そ月の其の一分の明相若し合宿の際に当れば、但し日光の為に其の明性奪わる。所以《このゆえ》に現ぜず。後ち起つ月の初めより日々に漸く加して十五日に至って円満無礙なり。所以に観行者阿字を以て本心の中の分の明を発起して只漸く潔白分明ならしめて無生智を証す」という。

真言行者菩提心の種子を阿𑖀字という。阿字は一切諸法本不生の義である。故に論は次上引用の文についでこの義を説き、阿字の五義、『法華経』の開示悟入の四仏知見の義を説く『大日経疏』の釈を示している。『疏』を当論に引用することについては、前に作者を論ずる時に述べたから、今は略する。論に阿字菩提心の徳を讃ずる頌文をかかげて、

八葉白蓮一肘の間に　阿字素光の色を炳現す
禅智倶に金剛縛に入れて　如来寂静の智を召入す

という。この偈頌は『金剛頂経瑜伽修習毘盧遮那三摩地法』（金剛智訳、大正一八・三二八中）の入智の印明を説く時に述

べている。その真言に唵一麽折囉二微舎悪（oṁ vajra-āveça aḥ 唵金剛の召入よアク）という。入智の印明は無漏智を召き蔵識の中に入れて、三密金剛を散ぜぬようにするのである。儀軌によれば種子真言は𑖀𑖾字であるが、この字は本体が𑖀字であり、従って頌文に阿字素光色という、菩提心の種子である。行者は自身の前一肘の所に八葉白蓮を観じ、その上に𑖀字をおいて観ずる、この字大光明を放って水精の如く白色である。行者は二手金剛縛して二風をのべて、この字を取って自己の心殿の中におく。これ即ち阿字観である。この時に観ずる月輪は一肘量である。『禅要』に行者の身を去ること四尺の所にこれと対面して高からず低からざる位置に一肘量の円明なる浄月輪を観ずることを説く。白蓮は本性の義を示す。肉団心を開く時は赤色で胎蔵八葉である。阿字観は『大疏』第四・『同』第十二にこれを説く。金剛縛は外縛と内縛と両伝あり、阿闍梨の指示に従ったらよい。阿字観の功能について、論には「当に円明の浄識を観ずべし。若し纔《わずか》に見るをば則ち真勝義諦を見ると名づく。若し常に見れば則ち菩薩の初地に入る。若し転《うたた》漸く増長すれば則ち廓《かく》法界に周ねく、量虚空に等し、巻舒自在にして当に一切智を具すべし」という。

論は阿字観について三密行と五相成身観とを説く。これは菩提心の観行修持を明かす。阿字観も菩提心観であるが、金剛界法の眼目たる五相成身観も菩提心の種三尊転成の義を具に観じ心月輪の広斂二観を修する観法であり、三密行は真言行者の日常不断の行である。三密は身語意の三密でこれは已に『即身義』で説いたから今は略する。五相成身は論には通達心・菩提心・金剛心・金剛身・証二無上菩提一獲二金剛堅固身一という。金剛界の『蓮華部心軌』等には五相成身観の前に沈空滞寂の行者が空中の秘密仏の驚覚開示によって、この観に入ることを明かす。金剛界法の諸次第にこの秘密仏の驚覚を蒙る時の状態を「妙観察智」の名で示し、五相成身の次第を通達菩提心・修菩提心・成金剛心（この下に広金剛・斂金剛を開く）・証金剛身・仏身円満と名づけ、更にこれに関連して諸仏加持・四仏加持を説いている。五相成身観が成就すれば本尊身と一体となる、故に仏身円満といい、或いは金剛堅固身を得という。論には五相成身の功徳をのべて、「此の観若し成ずれば十方国土の若しは浄若しは穢六道の含識三乗の行位及び三世の国土の成壊、衆生の業差別、菩薩の因地の行相、三世諸仏悉く中に於いて現じ、本尊の身を証して普賢の一切の行願を満足す」と説いている。

十一　問答決疑と菩提心の結釈

三摩地心の釈をおわった後に問答がある。この一段は不読段ではない。この問答は、上に二乗は法執があるから成仏せずといったが、今月輪観三摩地を修せしめるは法執ではないか、いかなる区別があるかという問意であり、答は真言行人が自身即仏の教に遇う時、顕教所談の人法二執は輪円具徳であると知るから、彼の人法二執は已にこれを破している。二乗の法執常途の義相を以て如実知自心の実談を難じてはならぬというのである。論に「人法上執を破す」というは三妄執の中の第三極細妄執をさし、「無始間隔」というは第四の微細妄執根本無明である。論文に「此の三摩地は能く諸仏の自性に達し、諸仏の法身を悟って、法界体性智を証し、大毘盧遮那仏の自性身受用身変化身等流身を成ず。為《いわ》く行人未だ証せざるが故に宜しく之れを修すべし」という。道範の『談義記』下に「諸仏の自性に達す」を本地法身とし、「諸仏の法身を悟る」を自受用身とし、「法界体性智を証す」を他受用身に配し、これを順に智理事の三点に配している。本地法身等の三身に配釈することは遍満の『記』によったものである。

論に『大日経』第三「悉地出現品」の文を引証する。経には「当に知るべし、真言の果は悉く因業を離れたり、乃至身に無相の三摩地を証触す。真言者当に得べし、悉地は心従《よ》り生ず」とあり、今その末句を引いている。心とは菩提心であり、三摩地菩提心を発せば凡身に頓に仏果を証し、更に多劫の修行をかりない。

論に次に『金剛頂瑜伽経』の文を引く。これは『三巻大教王経』等の意によったもので経の全文ではない。上の「悉地は心従り生ず」の人証として一切義成就菩薩が五相成身観によって本尊の身を成就することを明かしている。

論に更に『大日経供養次第法』の文を引く。これは如法に修行して本尊の身を成ずることを証するためである。経文は檀度を説く文である。若し世間の勢力無く他人を饒益することを得ない者は、この菩提心の観門に住すべきことを明かす。

論に「若修証出現」等と説くは総じて菩提心の義を結釈したものであり、この中に「若し人仏慧を求めて」等の頌文をかかげて論を結んでいる。この頌文は前に当論の構造を明かすとき引用した。高祖は即身成仏の証文として『即身義』に引いている。

昭和四十九年六月四日　脱稿

小田慈舟大僧正　年譜

明治二十三年　三月二十七日　広島県比婆郡西城町大字西城二五二に生まれる
明治三十二年　三月三十一日　比婆郡西城町西城尋常高等小学校尋常科四年修了
明治三十五年十一月　十二日　瀬尾頼深師を戒師として得度、師僧・林哲深（城福寺三十三世）
明治三十六年　三月二十七日　比婆郡比和村比和尋常高等小学校高等科四年卒業
明治三十七年十一月　　三日　城福寺道場において四度加行を成満
明治三十八年　四月　　十日　古義真言宗聯合中学入学
明治四十二年　四月　　五日　高雄神護寺において葦原寂照大阿に従って伝法灌頂入壇、後に和田大円阿闍梨より具支灌頂・瑜祇灌頂・神道灌頂を受法
明治四十三年　三月　三十日　真言宗聯合京都中学（入学校改称）卒業
明治四十三年　十月二十六日　教師試補
明治四十五年　四月　　十日　真言宗聯合京都大学本科入学
大正　三年　八月二十六日　広島県比婆郡敷信村西光寺住職拝命（昭和四年一月二十四日依願免）
大正　五年　三月二十七日　真言宗聯合京都大学（入学校改称）本科卒業
大正　六年　四月　十二日　選抜生拝命、五年間自宗部（宗学）を研修す（和田大円・泉智等・長谷宝秀・鎌田観応・龍池密雄・松永昇道・高岡隆心・森田龍僊・金山穆韶の各阿闍梨に師事、特に『大日経奥

心師に受く）

疏』を密門有範・森田龍僊師に、『理趣経』を長谷宝秀師に、『曼荼羅鈔』『秘蔵記』を高岡隆

大正　八年十二月　五日　真言宗京都中学教諭兼舎監
大正　十年　四月　十九日　真言宗京都大学教授
大正　十一年　四月　一日　密教大辞典編纂会常務理事、編纂主任（昭和八年まで）
昭和　二年　四月　一日　大谷大学教授嘱託
昭和　八年　四月　一日　真言宗全書刊行会編纂委員、常任委員並びに校正主任（昭和十二年まで）、そのほか『大正新脩大蔵経』『国訳一切経』『国訳密教』『仏書解説大辞典』『国民百科大辞典』等に校訂・訳註・解説を執筆
昭和　九年　二月　六日　広島県比婆郡比和町大字森脇三二七城福寺住職拝命
昭和　十二年　四月二十九日　密教研究会評議員（高野山大学密教研究会）
昭和　十三年　三月　十三日　京都専門学校（真言宗京都大学改称）教授辞任
昭和　十三年　四月　一日　高野山大学教授
昭和　十六年　二月　十一日　高野山密教学研究部長
昭和　十八年　十月　一日　高野山密教研究所評議員並びに研究員
昭和二十一年　七月　三十日　神宮寺兼務住職
昭和二十一年十一月　三日　真言宗御室派広島宗務支所長（昭和二十五年一月十日まで）
昭和二十二年　九月　一日　総本山仁和寺仁和会理事

昭和二十四年　三月三十一日　高野山大学教授辞任
昭和二十四年　四月　一日　種智院大学教授
昭和二十四年十一月　六日　御室派仁和聖典編纂委員
昭和二十六年　十月　三十日　比和町公平委員
昭和二十八年　四月　一日　比和町教育長（昭和三十一年九月三十日まで）
昭和三十二年　二月　十五日　人権擁護委員
昭和三十三年　二月　十一日　大僧正に昇補
昭和三十九年　二月二十一日　総本山仁和寺顧問
昭和四十二年　十月以降　大阪天野山金剛寺等にて『大日経疏』『釈摩訶衍論』『両部曼荼羅』『金剛頂経』『理趣経』『秘蔵記』等を講伝、その他『引導作法』『諸尊法』『西院流十八道』等を伝授
昭和四十三年　十月　五日　第八回密教学芸賞受賞
昭和四十四年十一月　一日　定額位
昭和四十五年　六月二十三日　人権擁護委員県連副会長
昭和四十五年　十月　十九日　東京護国寺において『金剛頂経』講伝（二十八日まで）
昭和四十六年　五月　十九日　総本山仁和寺において『両部曼荼羅』講伝（昭和四十七年五月二十日まで）
昭和四十八年　四月　一日　種智院大学名誉教授
昭和五十二年　七月二十六日　総本山仁和寺第四十二世門跡　真言宗御室派管長に就任
昭和五十三年　四月二十八日　遷化（世寿八十八歳）

『真言宗各派』(『日本宗教講座』第十五回配本)　東方書院　昭和十年四月
『両部曼荼羅講伝』(一)(二)　京都・仁和寺　昭和四十六年、四十七年
『大日経疏住心論講説』(一)(二)(三)(四)　広島・安楽寺　昭和四十八年、四十九年
『十巻章講説』上下二巻　高野山出版社　昭和六十一年五月
カセットブック　『十巻章素読』　北辰堂
『大随求菩薩考』『密宗学報』四三、四五、五一　大正六年一月、三月、九月
「三種成佛説に就いて」　『密宗学報』五五　大正七年一月
「道範阿闍梨の教主観」(一)(二)　『密宗学報』六〇、六一　大正七年六月、七月
大日経関係末書解題(一)～(八)　『密宗学報』七三～七八、八一、八三　大正八年七月～十二月、大正九年三月、五月
「秘蔵宝鑰講義」　『密宗学報』八四～九〇、九二～九九、一〇一～一〇五、一〇七、一〇九、一一一、一一四、一一七、一二一～一二三、一二五、一二九、一三〇、一三三～一三七　大正九年六月～大正一三年十一月
「大乗仏教の精神」『六大新報』八九五号(新年号)　大正十年一月
「異本即身義について」　『密宗学報』一一九　大正十二年五月
「頼宝法印の生寂年代」　『密宗学報』一三八　大正十四年一月

「勅封心経について」『密宗学報』一四一（後宇多法皇御忌記念号） 大正十四年四月
「旅路」『密宗学報』一四六、一四八、一四九 大正十四年九月、十一月、十二月
「巡礼の旅」『密宗学報』一五七、一五八 大正十五年八月、九月
「慈雲尊者の徳化」『密宗学報』一六二（慈雲尊者号） 昭和二年一月
「九方便と五悔」『密宗学報』一六八、一六九 昭和二年八月、九月
「御室版両部曼荼羅の開版と其功労者」『密宗学報』一七八 昭和三年六月
「京都諸山の真言宗声明本について」（上）（中）（下）『密宗学報』一八〇、一八二、一八四 昭和三年九月、十一月、昭和四年一月
「典籍叢誌」（一）（二）『密宗学報』一九一、一九三 昭和四年八月、十月
「『声明の歴史及び音律』を読みて」『密宗学報』二〇三 昭和五年八月
「寛平法皇と本覚大師」『密宗学報』二二五（本覚大師記念号） 昭和八年四月
「海恵法皇の密宗要訣鈔」『ピタカ』四 昭和九年四月
「弘法大師伝全集を繙きて」『ピタカ』九 昭和九年九月
「興教大師正伝を拝読して」『ピタカ』三一三 昭和十年三月
「栂尾氏の新著『秘密事相の研究』」『ピタカ』三一六 昭和十年六月
「弘法大師の事相について」『密教研究』五七 昭和十年十二月
「『五輪九字秘釈の研究』について」『ピタカ』四一九 昭和十一年九月
「真言宗の曼荼羅」『宗教年鑑』一 昭和十四年一月

「大正新脩大蔵経を手にして」『ピタカ』八ー七　昭和十五年八月
「高祖大師の鎮護国家思想とその事蹟」『宗教研究』七四　昭和十五年十月
「真言密教の曼荼羅思想について」『印度学仏教学研究』一　昭和二十九年七月
「弘法大師の諸開題等に散見する釈論の思想」『密教文化』八六　昭和四十四年二月
「弘法大師の教学と釈摩訶衍論」『密教学研究』一　昭和四十四年三月
「弘法大師の教え　秘密曼荼羅について」『六大新報』（東寺智山仁山誕生法要特集号）　昭和四十八年七月
「十巻章概説（一）顕密二教判と十住心」『密教学』十　昭和四十八年十月
「長谷宝秀師の大日経疏玄談の校訂」『密教学』十　昭和四十八年十月
「十巻章概説（二）即声吽三部書の要旨」『密教学』十一　昭和四十九年九月
「十巻章概説（三）般若心経秘鍵・菩提心論の要旨」『密教学』十一　昭和四十九年九月
「真言密教の特質」（一）、（二）『密教学』十二　昭和五十年十月
「真言宗全書刊行の思い出」『続真言宗全書会報』一　昭和五十年三月
「諸儀軌稟承録について」『続真言宗全書会報』二　昭和五十年十一月
「秘密儀軌について」『続真言宗全書会報』三　昭和五十一年二月
「安流について」『続真言宗全書会報』四　昭和五十一年五月
「釈論有快鈔解説」『続真言宗全書会報』六　昭和五十一年十二月
「大日経疏の註釈書について」『続真言宗全書会報』八　昭和五十二年六月
「真言密教の特質」（三）『密教学』十三・十四合併号　昭和五十二年十月

「三十帖策子中の経軌について」『国宝三十帖策子』昭和五十二年十一月

「密教教学の主要問題　行道を中心として」（遺稿）『密教学』十五号　昭和五十三年十二月

編　集　記

種智院大学名誉教授　山崎　泰廣

小田慈舟和尚の講伝録は、第一巻に『大日経』を、第二巻に『金剛頂経』『理趣経』『秘蔵記』を収録し出版したが、諸種の事情で第三巻が遅延したことをお詫びしたい。講伝として残っていた「両部曼荼羅講伝」に「十巻章概説」「弘法大師の教学と釈摩訶衍論」「弘法大師の諸開題等に散見する釈論の思想」、そして「西院十八道伝授録」「施餓鬼法」「率都婆について」の諸論文を加えて第三巻とし、ここに漸く『小田慈舟講伝録』は、全三巻として完成することになった。

講伝録としては、「両部曼荼羅講伝」を加えてこれで完了をするのであるが、教相の書を二十五巻とする場合、講伝には無い『十巻章』と『釈摩訶衍論』に関する小田和尚の論文が、幸いにも残されていたのでこれを加え、これによって教相総てにわたる、和尚の学風を伝えることが出来た。

「両部曼荼羅講伝」は、真言宗所依の『大日経』『金剛頂経』を典拠とし、大日如来を中心とする諸尊の総合体系の構造をもつ都会《とえ》の曼荼羅を講ずるものであるが、近年この両部曼荼羅を、宗の内外でしばしば両界曼荼羅と称することに対して厳しく戒められている。胎蔵数種の曼荼羅の異図についてその理由を探り、そこには善無畏系と、不空・ブッダグヒヤ系の二つの系統のあることを明かし、金剛界における九会の成立過程などその典拠を挙げ、伝統に立ちつつ緻密な検討が加えられている。

「十巻章概説」では、教相判釈としての『二教論』と十住心、即・声・吽の三部書、そして『秘鍵』と『菩提心論』の三篇の論文にまとめているが、『十巻章』についての更なる詳細な解釈は大著『十巻章講説』上・下二巻（高野山出版社）に述べられている。

『釈摩訶衍論』に関連して和尚には二つの論文がある。

『釈摩訶衍論』は我が国へ請来の当初から、その真撰をめぐって論議された論書であるが、大師はそこに説かれている密教世界の明晰な分析に共鳴し、顕教と密教の峻別と、その多重構造をもつ大師の真言教学構築の上に大いに活用されている。

「弘法大師の教学と釈摩訶衍論」においては、先ず大師が『釈論』を用いる態度に次の三種の型のあることを挙げている。

1．顕密対弁の資料とする。

2．『釈論』を純粋密論と見て、論に説く所の三十三法を直に金剛界三十七尊に配し、人法一如の思想を説く。

3．『釈論』の釈相法準じて特殊の解釈をする。

そして恵果和尚口説弘法大師記とされる『秘蔵記』と『弁顕密二教論』『秘蔵宝鑰』『十住心論』のいわゆる横竪の教相判釈に引用された『釈論』の文言とを検討している。

次に「弘法大師の諸開題等に散見する釈論の思想」の論文では、『大日経』『金剛頂経』『理趣経』『法華経』『梵網経』『最勝王経』『金剛般若経』の各々の大師の「開題」について触れている。「開題」は大師のその経典に対する態度を明確に表明するものであり、ここにも大師の釈論的な分析の影響が見られる。「開題」の後『三昧耶戒序』『付法伝』『三部書』『釈論指帰』等について触れ、前掲の論文の結語のところで「この論文は恩師長谷宝秀・森田龍僊両先生の提撕に負う所大である…近時『釈論』が宗徒から敬遠され放棄されているように思うので、注意を喚起する一助にとも思って、この題を出した次第である」と結んでいるが、この二つの論文では大師の殆どの思想書にわたって『釈論』の引用部分を一つ一つ抽出し、各々に解釈が施されている。

以上は教相に関するものであったが、事相のものとして、和尚の遺稿の中に「西院流十八道伝授録」があった。中院流や三宝院流の出版物は多くあるが、西院流のものは少ないので、遺稿は「十八道」のみであったが、敢えて活字とすることにした。

なお「施餓鬼法」と「率都婆について」は、それぞれの出典を挙げ、和尚による適確な解説が懇切に説かれているので、これを加えた。

講伝は、弘法大師悟境へのたゆみなき先徳方の探求の軌跡であり、そこに示される宗学は、真言宗の命である。小田慈舟和尚はこの伝燈に従い、悟りの巨象を、隅々までも余すことなく丁寧に撫でてゆき、その体温を、そしてその奥に鼓動する微かな心音までも、一つ一つ緻密に確認するが如き学風であった。

二十一世紀には、新資料による文献学・歴史学、そして西洋哲学を媒体とする思索などの再構築が必要であるが、そこには確たる伝統宗学の結晶としての本講伝録が、重要な役割を擔うことにあるものと信ずる。

第三巻の出版に際して、高橋良海（旧名・高田順仁）種智院大学講師からは、現代表記・校正にご労苦をして頂いたことに、謝意を表したい。

二〇〇二年秋

小田慈舟（おだ・じしゅう）
明治23年　広島県比婆郡西城町に生まれる。
大正５年　真言宗聯合京都大学（現種智院大院）卒業。
以降、高野山大学教授・種智院大学名誉教授・真言宗御室派管長など歴任。
昭和43年　密教学芸賞を受く。
昭和53年　遷化。
著　書　『十巻章講説』（高野山出版刊）
『密教大辞典』編纂主任，教義・論題・経軌等を執筆。『真言宗全書』編輯常任委員として校正・解題執筆。『大正新脩大蔵経』『国訳一切経』『国訳密教』『仏書解説大辞典』等に校訂訳註解説の執筆。論文多数。

小田慈舟講伝録　第３巻

2002年10月26日　初刷発行

著　者　小田慈舟
編　者　山崎泰廣
発行者　今東成人
発行所　東方出版㈱
〒543-0052　大阪市天王寺区大道1—8—15
TEL (06)6779-9571　FAX (06)6779-9573
印刷所　亜細亜印刷㈱

ISBN4—88591—250—4　乱丁・落丁本はお取替えいたします。